제4판

교육행정 및 학교경영의 이해

진동섭 · 이윤식 · 김재웅 · 김도기

교육과학사

머리말

2007년 8월 『교육행정 및 학교경영의 이해』라는 교재를 처음 펴낸 지 15년이 넘었고, 제3판을 낸 지도 4년 5개월이 지났다. 교육학의 하위 학문 가운데 교육행정학 분야만큼 정치의 영향을 많이 받는 분야도 없을 것이다. 정권이 바뀔 때마다 관련 교육정책과 조직은 변화가 불가피하다. 이는 교육행정학 교재를 주기적으로 개편해야 하는 요인으로 작용한다. 이번에 제4판을 내면서 그동안 교육행정과 정책 분야에서 이루어졌던 많은 변화를 반영하고, 관련 통계자료도 최신 자료로 대체하였다. 아울러 최신 관련 연구 결과를 최대한 반영하였다.

그동안 필자들이 강의하면서 느낀 점을 중심으로 일부 내용은 삭제하고, 다른 내용을 추가하기도 하였다. 교재의 전체 구조에서 가장 큰 변화는 종전의 '여성과 교육행정' 관련 장을 삭제하는 대신에 '교육법'을 추가한 것이다. 그렇다고 교육행정 분야에서 여성 문제가 완전히 해결됐다는 것은 아니다. 여교사가 주를 이루고 있는 학교에서 페미니즘 관점은 여전히 유효하기는 하지만, 초등학교의 경우 여교장의 비율이 50%를 넘는 등 실질적인 변화가 있기도 하고, 예비교사에게 더 필요한 내용이 교육 관련법에 대한 이해라고 보아 이 장을 특별히 추가하게 된 것이다.

그리고 또 다른 중요한 변화로는 다음 두 가지가 있다. 하나는 종전에 '장학론'으로 되어 있던 내용을 제4판에서는 '교원의 전문성 개발'이라는 주제로 제목을 바꾸면서 장학과 함께 학교컨설팅과 교사 전문적 학습공동체를 다룬 것이다. 다른 하나는 학교경영과 학급경영이 별도의 장으로 구성되어 있었으나, 제4판에서는 이 둘을 통합하여 하나의 장으로 구성한 것이다.

제4판의 전체적인 구조와 내용은 다음과 같이 구성하였다. 제1부 〈교육행정의 이론적 기저〉에서는 '교육행정의 기초', '교육행정 이론의 발달', '교육행정의 과정', '동기이론'과 '지도성 이론'을 다루었다. 제2부 〈교육행정의 과정별 이론과 실제〉는 Urwick과 Gulick이 제시한 POSDCoRB라는 행정의 과정을 따라 구성하였다. '교육기획론', '교육정책론', '교육조직론', '교원인사행정론', '의사소통론', 그리고 '교육재정론'으로 구성되었다. 여기에서 의사소통론은 교육행정의 과정 가운데 Directing, Co-ordinating, Reporting의 세 단계를 아우르는 이론으로 보았다. 그리고 '교원의 전문성 개발' '학교경영 및 학급경영', '학교평가', '교육법' 등의 내용을 제3부 〈교육행정 및 학교경영의 주요과제〉로 구성하였다.

제4판에서 이렇게 큰 변화를 꾀할 수 있었던 것은 교육행정학 분야에서 가장 왕성하게 학술연구 활동을 하는 학자 가운데 한 사람인 교원대학교의 김도기 교수가 공동 저자로 참여했기 때문에 가능하였다. 필자들의 전문 영역과 관심에 따라 분담하여 책임 집필하기는 하였지만, 서로 읽고 토의하며 상호 학습하는 과정을 거쳤기 때문에 이 교재는 필자 공동의 소산이라고 할 수 있다. 혹시 교재 가운데 미흡한 부분이 있다면, 그것 또한 전체 저자의 공동 책임이다.

다양한 교직과목 가운데 교육행정 과목은 법규와 제도 중심으로 다루게 되는 경향으로 말미암아 자칫 딱딱하게 느껴지기 쉽다. 필자들은 교육행정이라는 현상이 나와는 동떨어져 "저기-바깥에" 차갑게 존재하는 현상이 아니라 나의 몸 가까이에서 체험될 수 있는 아주 구체적이고 실감 나는 현상이라는 점을 드러내고자 하였다. 각 장에서 소개하는 여러 이론도 독자들이 이해하기 쉽게 풀어쓰고, 이론의 변천 과정을 하나의 스토리 속에서 이해할 수 있도록 재미있게 서술하고자 하였다. 그리고 가능한 한 관련 사례를 많이 들어 딱딱한 이론이 손으로 만져질 수 있도록 하였다. 교육행정 현상은 하나의 탐구 대상이기도 하지만, 개선되어야 할 실천이기도 하므로, 이론과 실제가 서로 호환되는 가운데 교육행정에 대하여 입체적으로 이해할 수 있는 안목이 생기기를 바란다.

제4판을 내게 되어 매우 기쁘기는 하지만, 이것이 필자들의 마지막 작업이라고 생각하지 않는다. 교육행정과 정책이 계속하여 변화하고, 이론적으로 또 실천적으로 새롭게 등장하는 교육행정의 주제가 있는 한, 필자들은 새로운 판으로 독자들을 만날 것을 약속한다.

이번에도 이 책을 출판해 주신 교육과학사 관계자 여러분께 감사의 마음을 전한다.

2023년 1월

저자를 대표하여 진동섭

차 례

제1부 교육행정의 이론적 기저

차 례

제2부 교육행정의 과정별 이론과 실제

차 례

제 1 부

교육행정의 이론적 기저

제1장 교육행정의 기초

교육행정학은 교육행정이라는 현상에 관한 학문이다. 교육행정은 어떤 관점에서 보느냐에 따라 다른 모습으로 나타난다. 여기에서는 교육학과 행정학의 접점에 있는 교육행정학이라는 분과학문의 학문적 성격을 고찰한다. 이에 앞서 교육행정의 개념을 살펴본다. 이와 관련하여 학교와 교육의 개념, 그리고 행정과 경영의 개념을 구분하는 일은 매우 중요하다. 끝으로, 교육행정의 원리에 대하여 살펴본다.

제1절 교육행정의 개념

교육행정이라는 용어는 교육과 행정의 합성어이다. 따라서 교육행정의 개념을 규정하기 위해서는 교육의 개념과 행정의 개념을 살펴보아야 한다. 이와 관련하여, 교육과 학교가 혼용되고 있다는 점에서 교육과 학교의 개념을 비교할 필요가 있고, 최근 들어 교육행정이라는 용어와 함께 학교경영 또는 교육경영이라는 용어가 사용되고 있다는 점에서 행정과 경영의 개념도 아울러 비교할 필요가 있다.

1. 학교와 교육의 개념

가. 학교의 개념

제도는 일상적으로 체험되는 세계이다. 제도는 일상인들이 생활하기에 편리한 방식으로 그 범주가 구분된다. 예컨대 일상인들은 "교육" 하면 학교라는 제도를, "종교" 하면 교회라는 제도를, "정치" 하면 정부와 정당이라는 제도를 떠올리며, 이러한 제도를 구체적인 삶의 현장으로 인식하며 살아간다.

학교는 국민교육을 하도록 설립된 제도이다. 그러나 학교는 이론적 실재로서 교육 이외에도 다양한 세계, 즉 정치, 경제, 심리, 종교, 행정 등이 발견되는 복합체이다. 따라서 학교에 관한 학제적 연구를 하는 것은 학교라는 제도를 풍부하게 이해하는 데 도움을 줄 수 있으나 교육이라는 이론적 세계를 드러내는 데에는 한계가 있다. 공교육제도의 중심 기관인 학교가 교육을 하기 위하여 만든 기관이라는 점에서 많은 사람은 "교육" 하면 학교를 떠올린다. 그러나 사회제도의 하나인 학교는 이론적 실재로서 교육만 수행하는 기관은 아니다. '교육도' 하는 기관이라고 해야 옳다.

우선, 학교는 정치적 기능을 수행한다. 동서고금을 막론하고 정치권력을 잡은 집단은 학교를 집권 세력의 정당성을 확보하고 연장하려는 정치적인 목적으로 이용해 왔다. 교과서의 내용에서, 교원의 양성과 임용에서, 대학입시 등 중요한 교육정책과 각종 행정 지시 등에서 우리는 그러한 증거를 발견할 수 있다. 누가 권력을 많이 갖느냐와 관련된 보편적인 현상을 정치라고 할 때, 학교 안에서도 매일매일 정치적인 사건이 발생한다. 교장과 평교사 사이에서, 교원과 학부모 사이에서, 교사와 행정직 사이에서, 때로는 교사와 학생들 사이에서 우리는 힘겨루기를 자주 목격하게 된다. 소위 미시(微視) 정치이다. 학교 안의 정치는 학교라는 장소를 빌려 일어나고 있는 정치적인 현상이기 때문에 정치학이라는 관점을 가지고 보아야 잘 드러나는 세계이다.

둘째, 학교는 경제적 기능을 수행하고 있다. 경제는 돈의 흐름과 관련이 있다.

국가적으로 학교를 위해 얼마만큼의 재정을 어디에 투입할 것인가부터 개별 학교에서 사용하고 있는 각종 비용에 이르기까지 돈과 관련된 일이 학교 안에서는 매일 매일 발생하고 있다. 재정의 집행에서 가장 중시되는 가치는 경제적 효율성이다. 학교운영위원회는 학교 회계에 따라 주어진 예산을 어디에 사용할 것인지 심의, 결정해야 한다. 이러한 일들은 비록 학교라는 공간에서 이루어지고 있기는 하지만 교육활동이 아니라 경제활동이다. 이 세계는 경제학이라는 관점을 가지고 보아야 보이는 세계이지, 교육학이라는 관점을 가지고 본다고 해서 보이는 세계가 아니다.

셋째, 학교와 관련해서 사람들의 관심을 끄는 기능은 학교의 사회적 기능이다. 이것은 개인이 사회경제적 지위를 획득하는 데 학교 체제 안에 얼마나 오래 머물러 있었느냐(學歷)와 어느 학교를 졸업했느냐 하는 것이 얼마나 큰 영향을 미치는가의 문제이다. 많은 사람이 이 목적 때문에 학교에 다니고 있는 것이 사실이라고 하더라도, 이것은 사회학적 관점으로 볼 때 잘 드러나는 학교의 사회적 기능이지 교육적 기능은 아니다.

넷째, 학교 안에는 행정이나 법과 관련된 일이 매우 많다. 학교를 설립할 때 지켜야 하는 법, 교사를 임용할 때 지켜야 하는 법, 교재를 선택할 때 지켜야 하는 법, 학생들을 평가할 때 지켜야 하는 법 등, 학교에서 이루어지는 많은 일은 법률과 관련이 있다. 학교는 상위 교육행정기관으로부터 오는 각종 공문을 처리해야 하고, 교사들도 때로는 가르치는 일 이외의 행정 업무에 시달리기도 한다. 이러한 일들이 매우 중요하고 아무리 많다 하더라도 그것은 교육이 아니다. 이러한 현상은 행정학적인 또는 법학적인 관점으로 볼 때 잘 보이는 삶의 양상이다.

그 외에, 학교는 학생의 안전과 외적 아름다움 등을 골고루 만족시킬 수 있는 학교 건물과 시설을 마련해야 한다는 점에서 건축과 관련된 일이 있다. 학교에서는 교직원과 학생들의 기쁨과 슬픔 등 감정과 정서와 관련된 사회심리학적인 현상도 종종 일어난다.

물론 학교 안에서 우리는 '교육'이라는 삶의 양상을 발견할 수 있다. 이것은 교육학적 관점으로 보아야 잘 보이는 인간의 활동이다. 교사와 학생 간에, 그리고 학생 간에 가르치고 배우는 과정이야말로 학교라는 사회적 기관이 설립된 취지의 핵심에 있다고 할 수 있다. 교육이란 무엇인가에 대해서는 다음 절에서 소개한다.

요컨대 학교라고 하는 생활세계는 이론적 실재로서 교육만 발생하는 공간이 아니라 정치, 경제, 사회, 행정 등 다양한 세계가 혼재된 공간이다. 따라서 다양한 학문의 관점에서 '학교'를 탐구하면서 이론적 실재로서 '교육'을 탐구하는 것으로 착각하는 것은, 일종의 범주 착오를 범하고 있는 것이라고 할 수 있다.

나. 이론적 실재로서 교육

그렇다면 이론적 실재로서 교육이란 무엇인가? 이 물음에 답하기란 그리 쉬운 일이 아니다. 이홍우(1991)는 지금까지 여러 학자가 이 물음에 답하려고 탐구한 결과를 대표적인 세 개의 교육관으로 정리하였다. 그가 선택한 세 개의 교육관은 정범모(1976)의 공학적 교육관, Peters(1966)의 성년식으로서의 교육, 그리고 Durkheim(1956)의 사회화로서 교육이다. 이홍우는 이 세 개의 교육관이 각각 완전한 하나의 교육관으로서 교육의 특정한 측면을 강조하고 있는 것으로 보았다.

그러나 이 세 교육관은 모두 이론적 실재로서 교육 현상을 드러내는 데에는 한계가 있는 것으로 생각된다. 우선 정범모의 공학적 교육관은 교육을 외부에서 주어진 목표를 달성하는 수단과 방법에 초점을 맞추고 있다는 점에서 기능주의와 결과주의의 오류를 범하고 있다. 어떠한 기능을 수행하는 것이 교육이라고 보거나 어떤 결과를 가져오게 한 것이 교육이라고 보면, 이와 관련된 변인이 너무 많아 사실 무엇이 교육인지 잡아낼 수가 없게 된다. 교육의 목표가 교육 주체로부터 오지 않고 외부에서 주어진다는 것도 교육의 원리에 맞지 않는다. 이러한 교육관은 이론적 실재로서 교육 자체의 구조와 특징에 대해서는 알려주는 바가 없다.

Peters는 '교육받은 인간'의 특징을 드러냄으로써 교육을 정의하려고 하였다. 여기에서 교육받은 사람은 '지적인 학문의 세계'에 입문된 사람을 가리킨다. 이 개념은 마치 교육이 완결된 상태가 있는 것처럼 말하고 있으나, 교육은 계속적 과정으로 이해되어야 한다. 한편 Peters는 교과의 내재적 가치에 주목한 나머지 교과를 탐구하는 행위와 교육 행위를 같은 것으로 보는 오류를 범하고 있다. 다시 말하면 Peters의 교육관은 교과의 내재적 가치를 강조하고 있을 뿐 이론적 실재로서 교육이 무엇인지에 대해 언급하지 않고 있다고 할 수 있다.

끝으로, Durkheim은 학교를 통해 사회구성원들이 공통의 언어, 가치관, 문화 등을 습득함으로써 사회의 일원이 되어 가는 사회화 과정을 교육과 동일시하였다. 이 개념은 학교를 교육으로 보고 있는 상식과 통하는 점이 있다. 그러나 사회화의 목표가 교육 주체의 외부(사회)에 고정되어 있고 그것에 동화하는 것을 교육이라고 본 점에서 이론적 실재로서 교육의 특징을 드러내는 데에 한계가 있는 것으로 판단된다.

교육에 관한 이러한 문제점을 극복하고 있는 하나의 관점으로 장상호(2000, 1997, 1996, 1991, 1990, 1986)의 교육본위론이 있다. 그는 이론적 실재로서 교육이라는 세계를 새로운 개념망에 의해 포착하려고 노력해 왔다. 지금까지의 교육학이 제도로서 교육, 즉 학교를 염두에 두고 다른 학문, 소위 모학문의 도움을 받아 학교에서 일어나고 있는 제반 삶의 양상을 연구함으로써 학교에서 이루어지고 있는 모든 일을 교육으로 오해하도록 했다는 것이다. 이럼으로써 '교육=학교'라는 신화를 강화해 왔다고 비판한다.

학교와 상관없이 인간의 고유한 활동으로서의 교육을 교육으로 보게 할 수 있는 개념은 어떤 것일까? 심리적 현상으로 환원될 수 없고 사회적 현상으로 환원될 수 없고 철학이나 윤리학의 대상으로 환원될 수 없는 교육의 고유한 구조는 어떤 것일까? 장상호(1991: 22-23)의 말을 직접 들어 보자.

> 각종 수도계(修道界)와 더불어 이 세상에는 교육계라고 하는 이종(異種)의 세계가 존재한다. · · · 이 세계는 이 세계 나름의 고유한 관심과 목표를 두며 비교육의 세계에서는 전혀 생각할 수 없는 새로운 양상을 보인다. 교육계는 수도계의 품차라고 하는 결과를 재생하기보다는 그 품위를 향상시키는 주체적 과정 자체의 재생에 목표를 둔다. 다시 말하면 교육은 각종 수도계의 현품(現品, 현 수준)을 소재로 활용하여 그 나름의 고유한 과정을 반복하면서 다른 수도계로 환원시킬 수 없는 고유한 내적 가치를 추구한다. 교육의 주체는 임의의 현품에서 위로는 상구계(上求界, 배움의 세계)를 추구하고 아래로는 하화계

> (下化界, 가르침의 세계)를 추구하는 삶의 양식을 향유한다. 교육의 주체는 자신이 위치한 현품에서 출발하여 미품(未品)을 실현시키는 초월의 삶을 반복한다. 한 품위의 관문을 통과하자마자 다시 다른 관문이 나타나고 그 과정을 반복하는 처절한 구도(求道)의 길이 거기에 전개된다. 현품이 현품을 부정하고 지양(止揚)할 수는 없다. 거기에는 배움이라고 하는 별도의 등가적 과정이 필요하며 이에 해당하는 세계를 우리는 상구계라고 부른다. 공유되지 않은 품위는 외롭다. 따라서 교육의 주체는 그것을 타아(他我)와 공유하려고 한다. 그는 마땅한 후진(後進, 후배 또는 제자)을 찾고 그들의 품위를 자신의 품위쪽으로 동질화시키는 과정을 반복한다. 자아의 품위를 타아에 직접 전달하는 방법은 없다. 여기에는 가르침이라고 하는 매개적 과정이 필요하며 이에 해당하는 세계를 우리는 하화계라고 부른다. 상구계와 하화계는 서로 환원될 수 없는 고유한 속성을 가지고 있으며, 그들은 상대를 전제하면서 하나의 공조체제를 구성한다. 교육계는 이와 같은 상구계, 하화계, 그리고 그들을 소인(素因)으로 해서 이루어지는 전체체제를 총칭한다. 교육계는 구체적인 사건, 사물, 인간, 활동 속에서 고유한 무늬, 결, 규칙, 특징을 나타낸다.

장상호는 교육에 대한 전통적인 관점으로는 보이지 않던 이론적 실재로서 교육의 세계를 교육답게 보도록 해 주는 새로운 개념망을 우리에게 제시하고 있다고 할 수 있다. 그는 교육을 자격증이 있는 교사에 의해서 학교라는 공간에서만 이루어지는 현상으로 생각하지 않는다. 교육은 학교뿐만 아니라 가정, 놀이터, 학원, 직장, 박물관, 문화원, 극장, 매스컴, 인터넷 등 삶의 전 공간에서 일정한 조건만 충족된다면 발생할 수 있는 인간의 고유한 활동이다. 그는 교육의 소재도 국가가 배우라고 지정해 준 커리큘럼에 한정되지 않는다고 본다. 그의 주장에 따르면, 횡적으로는 모든 종류의 수도계[1]가, 종적으로는 각 수도계의 품위가 모두 교육의

1) 장상호(2005: 330)에 의하면, 수도계는 인간성의 한계를 벗어나고자 하는 세계로서, 세속계가 추구하는 가치와는 달리 진(眞,) 선(善), 미(美), 성(聖) 등 고유한 내재적 가치를 추구하며, 각종의 수도계는 "끝이 보이지 않는 위로 오르는 사다리"로 가정된다. 학문, 예술, 도덕, 선, 요가, 유도, 검도, 그리고 각종 취미영역 등이 여기에 해당한다. 그는 특정 수도계에서 품위가 다른 두 사람, 즉 후진과 선진이 각각 다른 동기에서 다른 원리에 따라 다른 활동을 하는 교섭과정을 교육으로 파악하고 있다. 그는 자신의 현품의 부족함

소재가 될 수 있다. 그리고 장상호에 의하면 소위 '공부 못하는 사람', 즉 수도계의 품위가 낮은 사람도 얼마든지 자신의 현재 품위를 깨뜨리고 상승하는 기쁨을 맛볼 수 있다. 한편, 가르치는 기쁨도 박사과정 학생을 지도하는 교수와 초등학교 학생을 가르치는 교사 사이에 차이가 없다. 요컨대 교육적 체험은 제도권 안의 교사와 학생에 제한되는 것이 아니라, 또 소위 공부 잘하는 학생들에게만 허용되는 것이 아니라 누구에게나 열려 있는 것으로 보는 것이다.

2. 행정과 경영의 개념

전통적으로 행정은 정부 등 공공 부문에, 경영은 기업 등 민간 부문에 적용되는 것으로 알려져 왔다. 교육이 정부의 일이라는 점에서 교육행정이란 용어가 자연스럽게 사용되었으나, 최근 들어 교육경영이란 용어가 등장하였다. 그 배경을 이해하기 위해서는 행정과 경영의 개념을 구분할 필요가 있다. 행정은 입법, 사법, 행정이라는 국가권력의 3권분립 원칙에 따라 국가의 공권력을 바탕으로 행정부 조직을 관리하는 것을 의미한다. 반면에 경영은 산업혁명 이후 발전하기 시작한 시장경제의 핵심 부문으로서 기업을 관리하는 것을 뜻한다. 이 두 가지 기능은 조직의 목표 달성을 위한 수단이라는 측면에서 공통점이 있으나, 다음과 같은 측면에서 차이를 보인다(김윤태, 2001; 박동서, 1984).

첫째, 활동의 주체 면에서의 차이이다. 행정의 주체는 정부이고, 경영의 주체는 회사 등 민간 부문이다. 겉으로 보기에 비슷한 행위라도 그것을 누가 하느냐에 따라 행정이 되기도 하고 경영이 되기도 한다. 예컨대 조직을 새로 만드는 일, 조직에서 일할 사람을 충원하는 일, 조직 구성원들이 높은 동기 수준을 유지하도록 하는 일, 조직의 목표를 달성하기 위해 의사소통하는 일, 조직의 과업을 수행하는

을 깨닫고 더 나은 자기를 만들어 가려는 후진의 활동(상구, 上求)과 자신에게는 이미 오류로 판명났거나 유치하기 짝이 없는 품위에 머물러 있는 후진을 도와 자신의 위치로 끌어올리고자 하는 선진의 활동(하화, 下化)이 만나 이루는 인간의 삶의 양상을 교육으로 본다.

데 필요한 재원을 마련하고 그것을 효율적으로 집행하는 일 등은 정부에서도 하고, 기업에서도 한다. 그러나 이러한 일들을 정부가 하면 행정이 되고, 기업이 하면 경영이 되는 것이다.

둘째, 활동의 목표 면에서의 차이다. 행정은 공익을 추구하는 반면에 경영은 이윤의 극대화를 추구한다. 정부의 행정 활동이 때때로 정부 관료의 개인적 이익이나 특정 사회계층 또는 특정 지역의 이익을 고려하여 이루어지고 있다는 비판을 받기도 하지만, 행정은 원래 국민 대다수의 이익을 도모하는 것을 목적으로 한다. 한편, 기업의 규모가 커지면서 기업의 공공성이나 사회적 책임을 이야기하고는 있으나, 기업의 본래 목적은 이윤을 극대화하여 그 혜택을 주주들과 구성원들에게 나누어주는 데 있는 것이다. 물론 경영이 정부 정책의 영향을 받고, 때로는 정부도 기업의 도움을 받을 수밖에 없다는 점에서 기업과 정부는 상호의존하고 있는 측면이 없지는 않으나, 근본적으로 양자의 목표는 다르다고 할 수 있다.

셋째, 권력성 면에서의 차이다. 행정은 국가의 공권력을 바탕으로 강제성을 띠고 있는 반면에, 경영은 강제성을 띠는 권력이 약하다. 물론 기업의 경우 그 규모가 커지면 나름대로 권력이 강해져 원하는 바를 이루기도 하고, 국가권력과 결탁하여 권력을 누리기도 하지만, 그 속성상 정부가 지닌 권력과는 다른 것이다. 행정에서의 강제성 있는 권력은 법령에 기반을 두고 있으며 그 적용 범위도 관련 있는 모든 집단과 국민 전체에까지 확장된다. 권력의 강제성 정도뿐만 아니라 권력의 적용 범위에 있어서 행정과 경영은 큰 차이를 보인다고 할 수 있다.

넷째, 서비스의 독점성 면에서의 차이다. 행정은 본질상 독점성을지니고 있지만 기업 경영은 경쟁을 그 바탕으로 한다. 정부 행정의 경우 그 독점성으로 인하여 서비스의 질이 낮아도 국민은 그것을 받아들일 수밖에 없다. 기업 경영의 경우, 한 제품과 서비스에 대하여 기업 간 경쟁 때문에 소비자는 가격과 품질을 비교하여 자기에게 알맞은 것을 선택할 수 있다. 행정의 독점성은 때때로 행정의 비효율과 낭비로 이어지고, 최근 이에 대한 비판의 목소리가 높아지고 있다. 이와 관련하여 정부의 행정 행위를 감시하고 평가하고자 하는 비정부기구(NGO, Non-Governmental Organization)의 활동을 눈여겨볼 필요가 있다.

한편, 정부도 기업으로부터 '경영 마인드'를 배워야 한다는 주장도 설득력을 얻고 있으며, 대통령, 장관, 대학의 총장이 최고경영자(CEO, Chief Executive Officer)와 같은 역할을 담당하기를 요청하고 있는 것도 행정의 독점에서 오는 비효율과 무사안일이 특징인 과거의 관행을 깨뜨려 달라는 요구라고 할 수 있다. 그동안 학교도 교육 서비스의 독점으로 인하여 사회의 변화나 학생과 학부모의 요구에 민감하게 대응하지 않아도 별 무리 없이 운영되어 온 것이 사실이다. 그러나 최근 들어 학교에 대한 학생과 학부모의 불만과 비판의 목소리가 커지고 변화에 대한 요구가 늘고 있어, 경영으로부터 배우지 않으면 안 될 처지에 놓여 있다. 전통적으로 공적 부문이라고 여겨져 왔던 학교에 경영이라는 용어를 적용하기 시작한 것은 이러한 최근 흐름과 관련이 있다.

사실 교육행정이냐 교육경영 또는 학교경영이냐 하는 것은 교육과 관련하여 매우 중요하고도 흥미 있는 주제이다. 학교 또는 교육에 경영이라는 말을 붙이게 되면 학교를 통한 교육 서비스는 공공재보다는 사유재(민간재)의 성격에 더 가깝게 된다. 공공재와 사유재(민간재)의 개념에 비추어 교육을 이해해 보자.

경제학자들은 통상 공공재의 두 가지 특징을 다음과 같이 말한다(이준구, 2004; 천세영, 2001). 첫째, 소비에서의 비경합성이다. 보통 상품은 서로 경합적인 성격이 있어서 내가 먼저 소비해 버리면 다른 사람이 그것을 소비할(또는 구매할) 기회가 줄어든다. 그러나 국방 서비스 같은 공공재의 경우에는 내가 혜택을 누린다고 해서 다른 사람이 그 혜택을 누릴 수 있는 기회가 줄어들지 않는다. 둘째로 배제불가능성이다. 이 말은 대가를 치르지 않은 사람을 서비스 대상에서 제외할 수 없다는 말이다. 일반적으로 돈을 낸 사람에게만 서비스와 상품을 제공하고 있다는 점을 생각해 보면 쉽게 이해할 수 있다. 앞서 예로 든 국방 서비스의 경우, 대가를 치른 사람(세금 낸 사람)만 소비하게 만들 수 없다는 점에서 전형적인 공공재라고 할 수 있다.

이 두 가지 성격을 완벽하게 갖추고 있는 공공재는 많지 않다. 도로의 경우 한꺼번에 몰려드는 경우 혼잡의 문제가 발생하는 것을 보면, 비경합성을 온전하게 충족하지 못한다. 그러나 공공재는 적어도 위의 두 가지 특성을 많이 지니고 있다고 할 수 있다. 사유재(민간재)는 공공재와는 달리 경합과 배제의 원리에 따라 움직이기 때문에 시장에서 가격 조절을 통해 생산과 소비를 조절할 수 있다. 그러나 비경합성과 비배제성의 원리가 특징인 공공재의 경우 시장에 맡겨서는 수익을 낼 수가 없다는 점에서 민간 부문이 자발적으로 참여하기를 기대하기가 어렵다. 따라서 적절한 수준의 공공재를 생산, 공급하는 책임을 정부가 맡게 된다고 할 수 있다.

오랫동안 교육은 공적 경비로 운영되어야 하는 공공재라는 인식이 널리 받아들여져 왔다. 이러한 주장의 근거로 교육은 본질적으로 인간이라면 누구나 누려야 하는 기본적인 권리라는 점, 교육의 평등한 분배는 정의로운 사회의 기초가 된다는 점, 국가 수준에서 교육이 발전하면 경제가 발전하여 전체 국민이 잘살 수 있게 된다는 점 등이 거론되고 있다. 그러나 대학, 특히 일류대학의 졸업장은 희소한 가치이며, 이것은 비경합성과 비배제성이라는 공공재의 성격을 충족시키지 못한다는 점에서, 교육은, 특별히 고등교육은 사유재(민간재)의 성격이 강하다는 점도 부인할 수 없는 사실이다. 우리나라의 경우 학원, 과외교육 등 사교육의 경우는 더 말할 필요가 없이 사유재(민간재)로 인식되고 있다. 학교의 경우 다른 사유재(민간재)에 비해 공공재의 성격을 일부 지니고 있기는 하나, 소비에서의 비경합성과 배제불가능성 중 어느 하나도 온전히 충족시키지 못하고 있다. 요컨대 학교급이 올라갈수록 공공재의 특성으로부터 멀어지고 있다고 할 수 있다. 따라서 학교는 순수한 공공재도 아니고 순수한 사유재(민간재)도 아닌 혼합재로 보기도 한다(천세영, 2001).

학교에 대한 경영 아이디어는 바로 이러한 학교의 공공재적 성격에 대한 회의와 비판으로부터 시작되었다고 할 수 있다. 이러한 생각을 하는 사람들은 학교를 민영화하는 게 낫다고 주장하기도 한다. 이들은 학교를 설립·운영하는 데 드는 돈을 왜 정부가 모두 부담해야 하는가에 대하여 의문을 제기하며, 그렇게 많은 재정을 투입하고 있음에도 불구하고 학생 개인이나 사회 전체가 느끼는 만족도가 떨어지고 있다는 점에 주목한다. 일부 학교 민영화 주창자들은 차라리 교육을 국가가 간섭하는 학교로부터 독립시켜 시장에 맡기는 편이 낫겠다는 극단적인 주장을 펴기도 한다(윤봉준, 1997; Brown, 2002; Coulson, 1999; Tooley, 2000). 이들은 학교를 행정의 대상이라기보다 경영의 대상으로 보고 있으며, 자유 시장으로부터 배워야 할 요소들로 선택, 자유, 경쟁, 학부모의 재정적 책임(수요자 부담), 학교의 이윤 추구 등을 들고 있다.

미국, 영국 등 일부 국가의 경우 초·중등학교에 대한 학부모의 학교선택권(school choice)을 어떻게 확대하느냐가 최근 교육개혁의 화두이다. 경쟁이라는 시장의 요소를 도입하겠다는 것이다. 우리나라의 경우, 정부가 제공하고 있는 공교육에 대한 학부모, 학생, 기업체로부터의 불만이 매우 높은 상태에 놓여 있다. 공공재정으로 균등한 교육을 모든 사람에게 제공해야 한다는 생각으로 비교적 표준화된 획일적 교육을 운영해 오고 있다. 그런 가운데 교육 이민과 탈학교를 선택하는 사람들의 숫자가 늘어가고 있다. 이러한 상황에서 학교에 '고객 만족' 또는 '고객 감동'이라는 경영의 목표를 도입하라는 요구는 불가피한 것이라고 할 수 있다. 학교를 온전하게 수익을 목표로 하는 경영의 대상으로 볼 수는 없지만, 적어도 그 운영에 있어서 경영에서 강조하고 있는 효율성, 전문성, 책무성 등의 원리를 적용하는 것이 타당하고 보는 것이다(김재웅, 2005). 그러나 이러한 신자유주의 교육개혁은 빈익빈 부익부 현상을 가속화하고 불평등한 사회구조를 영속화하는 데 기여할 가능성이 크다는 비판의 목소리에도 귀를 기울일 필요가 있으며, 그 적용에 있어서 신중해야 할 것이다.

3. 교육행정의 개념과 영역

'교육행정'이란 말은 교육이란 개념과 행정이란 개념의 합성어이다. 여기에서 교육과 행정을 각각 무엇으로 보고, 교육과 행정의 관계를 어떻게 보느냐에 따라 교육행정은 다르게 이해될 수 있다. 여기에서 교육을 '제도적 실재로서 교육', 즉 학교로 보면, 교육행정은 학교행정과 크게 다르지 않다. 그러나 교육을 '이론적 실재로서 교육'으로 보면 교육행정과 학교행정은 구분되어야 한다.

이론적 실재로서 교육을 대상으로 하는 교육행정은 학교뿐 아니라 다양한 삶의 공간에서 이루어지고 있는 교육이라는 인간 활동을 지원하고 조장하는 정부의 제반 활동을 가리킨다. 앞에서 지적한 것처럼 교육은 학교뿐만 아니라 가정, 직장, 학원, 문화원, 평생교육원, 놀이터, 인터넷 등 다양한 공간에서 이루어지는 인간 활동이다. 이러한 점에서 엄밀하게 말하면 교육행정은 그 범위를 잡기가 매우 힘든 게 사실이다. 그러나 교육행정은 교육이 일어나고 있는 공간이 어디냐에 상관없이 다른 가치보다는 교육적 가치의 실현을 중시해야 한다.

반면에 학교를 대상으로 하는 학교행정은 이론적 실재로서 교육을 비롯하여 학교 건물 신·개축, 교사의 임용과 승진 및 전보, 정치사회화, 직업능력 함양, 상급학교 진학, 도덕성 함양, 친구 사귀기, 돈 관리 등 학교라는 조직이 굴러가는 데 필요한 다양한 기능과 관련하여 이를 조장하고 지원하기 위한 제반 활동을 가리킨다. 이렇게 보면 학교행정은 그 초점이 굳이 이론적 실재의 교육 하나에 맞추어질 필요가 없다. 학교에서는 때때로 다양한 이해집단 사이의 가치관의 차이로 인하여 교육적 가치와 정치적 가치, 경제적 가치, 사회적 가치 등 다른 가치와 갈등하고 있으며, 학교행정에서는 이러한 갈등을 잘 처리하는 것이 중요하다. 이 경우 교육적 가치를 중시하는 학교행정가는 교육적 가치를 우선순위에 두려 할 것이지만, 그렇지 않은 학교행정가는 교육적 가치를 희생하면서 정치적 가치나 경제적 가치를 추구할 것이다.

따라서 무엇을 본위로 하느냐에 따라 학교행정을 교육행정의 하위영역으로 볼 수도 있고(학교가 교육이 일어나고 있는 여러 공간 가운데 하나라는 점에서), 교육행정을 학교행정의 하위영역으로 볼 수도 있다(교육이 학교에서 일어나고 있는 여러 현상과 기능 가운데 하나라는 점에서). 그러나 실제로 교육행정은 공교육 제도인 학교와 교육청, 그리고 교육부를 중심으로 이루어지고 있다고 해도 과언이 아니다. 따라서 이 책에서는 교육행정의 개념을 논의할 때 제도적 개념으로서 교육에 초점을 맞추고자 한다. 다시 말하면 교육행정의 대상을 사회적·공공적·조직적 활동으로서의 교육으로 보고자 한다(김종철, 1985). 여기에서 교육의 '사회적' 특성은 교육의 목적, 조직, 소재, 방법 등이 사회적으로 규정되고 제도교육이 사회적 맥락에서 이루어지고 있다는 것을 뜻한다. 교육에 '공공적' 특성이 있다는 말은 교육이 사적 영역에 머물러 있는 것이 아니라 국가 및 지방자치단체의 관심이며, 사립학교를 포함한 교육제도를 공교육의 틀 속에서 운영하고 있다는 것을 뜻한다. 이와 관련하여 학습권, 무상 의무교육, 교육기회 균등, 국가발전을 위한 교육 등이 강조된다. 교육의 '조직적' 특성은 교육활동의 규모가 커짐에 따라 교육이 방대하고 복잡한 조직의 틀 속에서 이루어지고 있음을 가리킨다. 2021년 4월 현재 267만 명의 초등학생, 135만 명의 중학생, 130만 명의 고등학생이 6,157개 초등학교에서 19만 1천 명의 교원, 3,271개 중학교에서 11만 3천 명의 교원, 2,424개 고등학교에서 13만 1천 명의 교원에게 각각 배우고 있으며(교육부, 한국교육개발원, 2021),[2] 이들을 행·재정적으로 지원하기 위하여 중층적으로 이루어진 중앙 및 지방교육행정 조직체제가 작동하고 있다.

이러한 의미의 교육행정은 관점에 따라 '교육에 관한 행정'과 '교육을 위한 행정'으로 구분할 수 있다(김종철, 1985). 교육에 관한 행정은 교육을 정부가 수행하고 있는 여러 분야의 행정 가운데 한 분야로 보는 관점으로서 행정의 통합성이 강조되는 관점이다. 이에 따르면, 행정은 입법과 사법을 제외한 모든 공권적 작용으로서 내무, 외무, 군무, 법무, 재무 등의 영역으로 구분된다. 이 가운데 내무행정은 보육행정과 경찰행정으로 구분되며, 교육행정은 바로 보육행정 가운데 하나로 분류된다. 이때 교육행정은 입법 작용을 통해 법정화된 교육정책을 실현하는 공권적 작용으로 이해된다. 이러한 입장을 택하게 되면 교육행정의 특수성보다는 일반행정의 전문성이 강조된다.

교육을 위한 행정은 교육활동의 특수성과 전문성이 강조되며, 행정은 교육활동의 목표를 설정하고 이러한 목표를 달성하는 데 필요한 인적·물적 조건을 마련하는 수단의 역할을 담당하는 것으로 보는 관점이다. 이것은 미국의 교육행정학자

2) 저출산의 영향으로 우리나라 학생수는 최근 들어 계속 감소추세를 보이고 있다. 그러나 학생수의 감소에도 불구하고 교원은 지속적으로 증원하여 2021년 현재 교원 1인당 학생수가 초등학교 14.0명, 중학교 11.9명, 고등학교 9.9명으로서 선진국 수준에 근접해 있음을 알 수 있다.

인 Moehlman(1951)과 Campbell 등(1968)이 주장하는 기능주의의 입장을 따르고 있는 것으로 교육행정의 목표는 학교 수업의 질을 높이는 데 필요한 조건을 정비하는 데 있다. 이러한 입장을 택하게 되면 교육행정의 봉사활동, 기술적 측면, 정치적 중립 등이 강조되는 반면에 행정에 작용하고 있는 권력적 측면이 소홀히 취급된다.

그러나 교육행정이 실천되는 현장에서는 교육에 관한 행정과 교육을 위한 행정의 구분은 의미가 없다. 왜냐하면 그것은 교육에 관한 행정이며 동시에 교육을 위한 행정이 되지 않으면 안 되기 때문이다. 이러한 교육행정은 교육적 가치의 수호라는 소극적 역할과 교육적 가치의 조장이라는 적극적 역할을 동시에 수행해야 한다. 전자는 학생들의 지적 능력과 품성을 기르고 건강한 신체발달에 해가 되는 방향으로 교육이 이루어지고 있는지 감시하고 모니터하는 일, 학교 또는 교육조직 밖의 체제로부터 오는 각종 비(반)교육적 압력에 저항하는 일 등을 포함한다. 후자는 교육적 가치의 실현을 위해 가용자원과 수단을 동원하여 학교 또는 교육조직 내적으로 노력하고, 학교 또는 교육조직 외부와 상호작용하는 일을 포함한다.

교육행정의 영역은 분류 기준에 따라 다음과 같이 나눌 수 있다. 교육활동의 부문별 영역에 따라 유아교육 행정, 초등교육 행정, 중등교육 행정, 고등교육 행정, 교원교육 행정, 교육시설 행정, 직업교육 행정, 특수교육 행정 등으로 구분된다. 교육활동의 기능 구분에 따라 교육내용에 관한 행정(교육목표, 교육과정, 교과서, 장학 등 포함), 인적 조건에 관한 행정(교직원인사, 학생인사 등 포함), 물적 조건에 관한 행정(시설, 재정, 사무관리 등 포함), 기타 지원에 관한 행정(연구, 홍보 등 포함) 등으로 구분할 수 있다. 행정력이 미치는 범위와 수준에 따라 학교 행정, 지방 교육행정, 중앙 교육행정 등으로 구분할 수 있다. 교육행정의 과정요인별로 교육기획, 교육정책결정, 교육조직, 교원인사, 의사소통과 교육행정, 교육재정과 교육기관 평가 및 통제 등으로 구분할 수 있다.

제2절 교육행정학의 학문적 성격

학문은 그것이 대상으로 하는 세계에 관한 탐구를 통하여 진리를 드러내는 일을 한다. 교육행정학이 하나의 분과학문으로서 위상을 정립하고 있는지에 대한 논란이 없는 것은 아니나 대체로 하나의 분과학문으로서 성립하여 성장, 발전해 오고 있는 것으로 인정되고 있다(임연기, 2003). 여기에서는 분과학문으로서 갖추어야 하는 일반적 요건을 살펴보고 이에 비추어 교육행정학의 학문적 성격에 대하여 논의하고자 한다.

1. 분과학문의 일반적 요건

세계에 대한 인간의 호기심과 관심은 세계에 대한 지식을 끝없이 증대시켜 왔다. 분과학문은 세계의 한 단면을 드러내 주는 역할을 해 왔고, 분과학문의 분화와 발전은 그만큼 세계에 대한 인간의 이해 수준을 증대시켜 왔다고 할 수 있다. 일반적으로 다음 몇 가지의 요건을 충족시켜야 하나의 분과학문으로 성립된다(김윤태, 2001; 김종철, 1985; 장상호, 1997, 2005).

첫째, 하나의 분과학문이 성립되려면 그것이 탐구하고자 하는 대상 세계가 분명해야 한다. 인간의 세계에 대한 탐구 활동으로서 학문이 그 특성을 드러내기 시작한 것은 그리스 시대부터라고 할 수 있다. 초기의 탐구 분야는 주로 자연 영역 전반으로서 자연현상의 기저를 이루고 있는 근본 물질이 무엇인지에 관한 탐구가 주를 이루었다. 오늘날의 철학과 과학이 분화되기 이전의 탐구는 주로 '자연철학'이라고 부를 만한 것이었다. 기원전 5세기 중엽 그리스가 학문적 문화의 중심이 되면서 탐구의 대상은 자연으로부터 수학, 인간, 그리고 사회 전반에까지 확장되었다. 이러한 과정에서 모든 학문의 어머니인 철학으로부터 수학, 의학, 역사학, 법학, 정치학 등 다양한 분과학문이 파생되었다. 중세를 거치면서 신학이 모든 학문의 중심에 위치하게 되었지만, 그 이후 계몽주의 시대로 넘어오면서 학문을 종교로부터 해방하고자 하는 다양한 노력이 이루어지고, 그 결과 경험과학에 기초한 자연과학이 발전하게 된다. 이후 시민사회의 출현과 함께 인간 사회를 규범적으로 다루는 데에서 한 걸음 더 나아가 객관적인 연구방법을 동원하여 탐구하고자 하는 사회과학의 발전이 가능하게 되었다. 이러한 분과학문의 발전과정에서 각각의 분과학문은 나름대로 독자적인 연구 대상을 확보해 왔다고 할 수 있다. 앞으로도 세계에 대한 인간의 과학적인 탐구 노력이 지속되는 한 독자적인 연구 대상을 확보하면서 새로운 분과학문은 계속해서 출현할 것이다.

둘째, 분과학문은 그 세계를 탐구하는 연구방법을 갖추고 있어야 한다. 하나의 연구 대상에 관한 탐구에 있어서 하나의 연구방법을 고집할 필요는 없다. 그러나 대상 세계를 드러내는 데 필요한 타당한 연구방법이 없다면 분과학문으로서 존립하기는 어려울 것이다. 사회과학의 경우에 자연과학에서 통용되고 있는 연구방법을 적용하고자 하는 실증주의가 지배적인 연구방법으로 자리를 잡고 있다. 일반적으로 실증주의는 다음과 같은 기본 전제들을 가지고 있다(Deblois, 1979: 3).

① 지식은 본질적으로 가치중립적이다.
② 분석적 목적에서 보면, 사회 현상은 자연 현상과 질적으로 똑같다.
③ 자연과학에서 개발된 모형, 범례(exemplars), 기법 등은 사회 현상을 연구하는 데 완벽하게 적합하다.
④ 사회과학의 궁극적 목적은 자연과학의 그것과 다르지 않다: 그것은 사회 현상에 대하여 예언적 진술을 가능케 하는 경험적으로 검증이 된 고도의 이론적 체계를 창출하는 데 있다.

실증주의에 의하면, 인간과 인간 사이의 상호작용을 포함하는 사회 현상은 자연 현상과 마찬가지로 '저기 바깥에(out-there)' 그냥 있다. 따라서 우리는 사회 현상도 객관적이고 과학적인 방법으로 관찰하고, 기술하고, 설명하고, 더 나아가 예측하고 통제할 수 있다. 실증주의의 궁극적인 목적은 논란의 여지가 없는 가설들을 경험적으로 검증함으로써 자연과학에서와 같은 이론을 구성하는 데 있다(Bredo & Feinberg, 1982; Paris & Reynolds, 1983). 이러한 과정에서 가장 신뢰로운 방법은 관찰과 실험이다. 실증주의를 택하는 학자들은 사회 현상에 관한 객관적인 지식과 가치중립적이고 준법칙적인 규칙성을 발견하려고 노력한다.

그러나 일부 학자들은 사회과학이 자연 현상처럼 사회 현상을 '설명'하기보다는 그 안에서 사는 인간의 행동을 '이해'하는 데 그 목적을 두어야 한다고 믿고 있다. 이들은 실험과 관찰조차도 관점(이론) 종속성을 띨 수밖에 없다는 점에서 실증주의의 객관성을 비판한다. 이들은 사회 현상과 자연 현상의 이질성에 주목하면서 인간과 사회의 이해는 참여관찰, 심층 면접, 현상학, 해석학 등의 방법을 통하여 가능하다고 본다. 따라서 오늘날 사회과학의 경우 점점 더 복잡해져 가는 사회 현상을 종합적으로 이해하기 위하여 다학문적 접근방법(multidisciplinary approach) 또는 학제적 접근(interdisciplinary approach)이 강조되고 있다.

셋째, 분과학문은 탐구의 과정과 결과에서 내적 규율이 엄격하게 지켜져야 한다. 영어의 규율이란 뜻의 'discipline'은 학문이란 뜻도 동시에 지니고 있다. 즉흥적 감정에 의한 발언, 비논리적인 언술, 정치적 강요에 의한 발언 등은 학문을 구성할 수가 없다. 그리고 아무리 많은 정보가 집적되어 있다 하더라도 그것이 일정한 규칙 속에서 일정하게 연결되어 있지 않다면 그것은 분과학문의 지식이 될 수 없다. 어떠한 개념이나 단어도 서로 독립해서는 의미를 지닐 수가 없다. 전체적인 체계와 구조 속에서 개념과 단어는 의미를 지니게 되며, 그러한 체계만이 의미 있는 지식으로 간주될 수 있는 것이다. 특별히 대상 세계에 대한 객관적 기술(記述), 설명, 예측 및 통제를 목표로 하는 실증주의 접근을 취하고 있는 경우에 분과학문의 내적 규율은 훨씬 더 엄밀할 것이 요구된다. 다시 말하면, 대상 세계의 공통적 특징을 드러내는 것으로서의 개념을 상정하고, 이러한 개념들을 의미 있게 연결하는 규칙적 관계를 발견하게 되면 그것이 곧 법칙이 되고, 일련의 법칙들은 일종의 이론을 형성하고, 이러한 이론들의 집합체가 분과학문을 구성하게 되는 것이다.

끝으로, 분과학문 분야에 종사하는 학자들의 공동체인 학회가 중심이 되어 학문 활동을 전개하고 그 결과를 학술지를 통하여 발표한다. 분과학문은 뛰어난 한두 학자의 노력으로 비약적인 발전을 하기도 하지만, 그들의 성취가 다른 학자들에 의해 인정되지 않으면 계속하여 발전하기가 어렵다. 그래서 분과학문은 학문공동체로서의 학회를 구성하여 학회를 통하여 연구 결과를 발표하고 의견을 교류하며 상호비판하고 있다. 이러한 학회는 분과학문의 분화, 발전에 따라 분화, 발전되는 경향을 보이기도 한다. 학회원들은 연구 결과를 학회지를 통하여 발표하게 되는데, 학회는 학회지의 엄격한 심사과정을 통하여 일정 수준의 질을 유지하고 있다.

2. 교육행정학의 연구 대상

교육행정학이 하나의 분과학문으로 인정되려면 무엇보다도 독자적인 연구 대상을 확보하고 있어야 한다. 교육행정학은 언어의 형식상으로 보면 '교육행정'을 연구 대상으로 삼고 있는 학문이라고 할 수 있다. 문제는 여기에서 말하는 '교육행정'이 무엇을 가리키고 있느냐 하는 것이다. 위에서 우리는 제도로서 교육(예: 학교)과 이론적 실재로서 교육을 구분하였다. 이 가운데 교육행정은 제도로서 교육을 대상으로 하는 행정으로 보고, 교육행정을 "사회적·공공적·조직적 활동으로서의 교육활동을 지원하기 위한 수단적·봉사적 활동"(김종철, 1985: 33)으로 규정하였다.

교육, 학교, 행정의 관계를 보여주고 있는 다음의 [그림 1-1]에 의하면 기존 교육행정학은 B를 대상으로 탐구해 왔다고 할 수 있다. 다시 말하면 기존 교육행정학은 제도로서 교육, 즉 학교, 교육청, 교육부 등의 조직이 어떻게 운영되고 있는지에 관한 탐구와 함께 어떻게 하면 이러한 조직을 효과적이고 효율적으로 운영할 수 있는지에 관한 논의에서 주로 행정학의 탐구 논리와 방법을 적용해 왔다고 할 수 있다. 이 말은 교육행정학이 이론적 실재로서 교육과 행정의 관계(A)에 대해서는 별로 관심을 보이지 않았음을 의미한다. 교육행정학이 교육과 행정의 관계에 관한 분과학문으로 발전하려면 그 연구 대상을 B뿐만 아니라 A까지도 확장해야 할 것이다. 이것은 '교육을 위한 행정'이라고 할 때의 교육, 즉 이론적 실재로서 교육이 무엇인가에 대한 고민과 탐구가 진전되는 것만큼 가능해질 것이다.

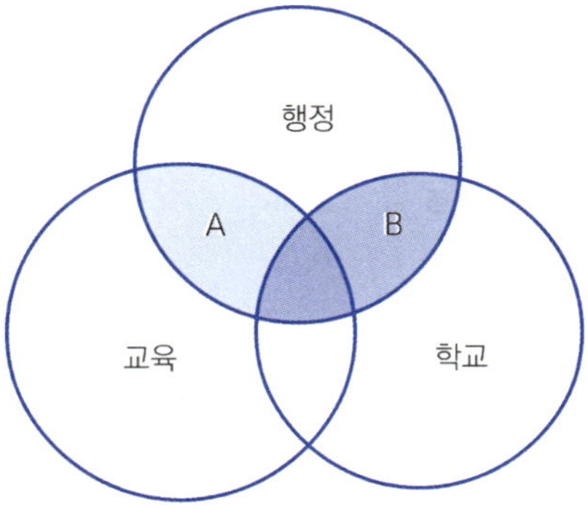

[그림 1-1] 교육행정학의 연구대상

3. 교육행정학의 연구방법

교육행정학도 사회과학의 한 영역으로서 사회과학의 연구방법론의 변화에 민감하게 영향을 받으면서 발전해 왔다. 사회과학이 실증주의의 영향을 받고 있을 때 교육행정학도 '신운동'(New Movement)이라는 이름 아래 경험과학적 연구방법이 주를 이루고 있었고, 실증주의에 대한 비판의 목소리가 높아진 때에는 교육행정학에서도 전통적인 실증주의 연구방법에 대한 반성과 비판이 제기되기도 하였다. 이와 관련하여 Griffiths-Greenfield 논쟁은 매우 유명하다. 교육행정학에서 가치영역을 제외하고 실증주의 방법론에 따라 경험적인 법칙을 수립하는 것을 주장했던 Griffiths(1957, 1964)에 대하여, Greenfield(1975, 1979)는 교육행정학을 포함하여 사회과학의 연구 대상은 통계적 숫자나 자료로 환원될 수 없는 특징을 지니고 있고, 개인의 선호도나 가치 등 주관성이 반영될 수밖에 없다고 맞섰다. Greenfield가 보기에 교육행정 행위는 자연 현상을 설명하는 방식으로 탐구되기보다는 그 행위에 대하여 행위 당사자가 부여하는 주관적 의미와 가치가 더 중요하다. 최근 들어

사회과학에서는 다학문적 접근방법과 학제적 연구방법이 많이 활용되고 있는데, 교육행정학에도 경향은 그대로 반영되어 있다고 할 수 있다. 제도로서 교육에 관한 행정을 연구하는 데 행정학뿐만 아니라 구체적인 연구 대상에 따라 역사학, 법학, 경영학, 경제학, 사회학, 심리학, 정치학, 인류학 등이 적용되고 있다.

4. 교육행정학의 내적 규율과 체계

교육행정학도 하나의 분과학문으로서 내적 규율과 체계를 갖추고 있다고 할 수 있다. 위에서 열거한 교육행정학의 연구 대상에 관한 과학적 탐구 결과에는 학문이 요구하는 수준의 엄정성을 갖춘 개념과 이러한 개념 간의 관계에 대한 이론들이 포함되어 있다. 예컨대 조직이론, 사회체제이론, 지도성 이론, 의사결정이론, 동기이론, 의사소통이론, 장학론 등이 교육행정 현상을 설명하고 이해하는 데 적절하게 적용되고 있으며, 이러한 이론의 집합이 교육행정학을 구성하고 있다고 할 수 있다.

5. 교육행정학의 학문공동체 및 학술지

교육행정학도 사회과학의 다른 분과학문에 비해 출범이 늦은 편이기는 하지만 하나의 분과학문으로서 학문공동체를 결성하고 학술지를 간행해 오고 있다. 미국의 경우 1946년도에 설립된 미국교육행정가연합회(the American Association of School Administrators: AASA)와 1947년 창립 회의를 가진 전국교육행정학교수협의회(the National Conference(지금은 Council) of Professors of Educational Administration: NCPEA)는 교육행정직의 전문직화와 교육행정학의 발전과 관련하여 중요한 역할을 담당해 오고 있다. AASA는 1948년 전국교육행정가연수원(the National Academy for School Administrators)을 설립하여 운영해 오고 있다. 1956년 교육행정 대학협의회(the University Council for Educational Administration:

UCEA)의 설립은 교육행정학의 발전과 관련하여 매우 중요한 의미를 지닌다. 이 협의회는 교육행정가 직전 및 현직 교육의 개선, 연구에 대한 자극과 수행, 발전 프로젝트를 위한 혁신의 권장, 그리고 연구·개발 활동 결과의 보급 등을 목적으로 하고 있었다. UCEA는 1965년부터 미국의 대표적인 교육행정학 학술지인 '계간 교육행정(*Educational Administration Quarterly*)'과 '교육행정초록집(*Educational Education Abstracts*)'을 발간해 오고 있다. 그 외에 미국에서 발간되고 있는 교육행정 분야의 주요 학술지에는 *The Journal of Educational Administration, School Executive, Educational Evaluation and Policy Analysis* 등이 있다.

우리나라의 경우 1967년도에 한국교육학회 산하에 교육행정학연구회가 발족되어 학술활동을 전개해 오다가 1983년 12월 이후 학술지 '교육행정학연구'를 발간해 오고 있다. 지금은 교육행정 관련 분야의 학회가 발간하고 있는 학술지로 '교육재정·경제연구', '한국교원교육연구', '교육정치학연구', '지방교육경영' 등이 있다.

결론적으로, 교육행정학은 하나의 분과학문으로서 위상을 갖추며 발전해 왔으나, 기존 교육행정학은 학문적 정체성의 관점에서 교육학의 하위영역이라기보다는 행정학의 하위영역에 더 가까운 모습을 띠고 있다고 할 수 있다. 교육학이 "교육이란 무엇인가"에 대한 질문에 대한 답을 구하는 학문이라고 할 때, 기존 교육행정학은 이 질문에 대하여 적절한 답을 제공하지 않고 있다. 특히 분과학문의 가장 중요한 탐구 대상 측면에서 이론적 실재로서 교육에 관한 행정보다는 제도로서 교육(학교)에 관한 행정에 주목해 왔고, 행정학의 지식과 연구방법을 학교에 적용해 왔다는 점에서 그렇다. 교육행정학이 교육학과 행정학의 만남으로 이루어지는 분과학문이라고 할 때, 학교 이외의 교육활동에 관하여 관심을 더 기울이는 한편, 교육적 가치를 극대화하기 위한 행정에 대한 고민이 더 필요하다고 할 수 있다.

제3절 교육행정의 원리

교육행정은 정부가 결정한 교육목표의 달성을 위하여 교육활동을 계획·조직·지도·감독하고, 현실적인 여건을 조성하여 이상적인 상태로 끌어올리려는 합리적인 노력이므로 거기에는 반드시 이상과 현실 사이의 교량적 역할을 하는 기본원리가 있어야 한다. 이 교육행정의 원리가 바로 행정이 추구해야 하는 가치와 관련된 철학적인 요소라고 할 수 있으며, 이 원리는 시대와 장소에 따라서 다르게 적용되었다. 오늘날 우리나라에서 교육행정이 따라야 할 행정의 규범과 원리를 합법성, 민주성, 능률성, 자주성, 책무성 등으로 구분하여 살펴본다.

1. 합법성의 원리

합법성(legality)이란 행정의 모든 활동이 합법적으로 제정된 법령에 따라야 함을 의미한다. 이러한 합법성은 국민의 권리와 자유를 보장하고, 국가 예산의 효율적 집행을 도모하며, 공무원이 부당하게 직무수행을 하지 못하게 하고, 재량권의 남용을 방지하기 위한 매우 중요한 행정의 원리라고 할 수 있다. 합법성의 원리는 모든 행정이 법률에 근거해야 하고, 법률에 위반되어서는 안 된다는 것을 의미한다. 우리나라의 경우 성문법 중심의 대륙법 계통의 법률체계를 지니고 있으며, 헌법에서도 교육과 관련하여 "학교교육 및 평생교육을 포함한 교육제도와 그 운영, 교육재정 및 교원의 지위에 관한 기본적인 사항은 법률로 정한다."(제31조 6항)라고 규정하고 있다. 따라서 교육행정은 헌법을 비롯하여 교육기본법, 초·중등교육법, 고등교육법, 평생교육법, 교육공무원법, 사립학교법 등 여러 법률과 이러한 법률을 기초로 하여 제정된 각종 대통령령, 지방자치단체의 조례 등에 따라 집행되어야 한다.(교육법에 대한 자세한 설명은 제15장 참조)

2. 민주성의 원리

행정의 민주성(democracy)은 민주주의의 이념인 자유와 평등, 그리고 주민의 참여가 실현될 수 있는 교육행정이 이루어져야 한다는 원리이다. 민주적 행정이 되기 위해서는 정치의 민주화가 필요하며, 전체 국민의 복리증진을 위하여 국민의 의사를 충실히 행정에 반영하고 국민의 참여를 높이며, 국민을 위하여 봉사하는 행정이 이루어져야 한다. 이를 위하여 제도적으로 교육행정의 과정이 민주화되어야 한다. 즉 공개행정으로 행정 문제를 국민에게 알리고, 국민의 이해와 협조를 구하고, 다양한 의견이 자유롭게 행정기관에 전달되도록 위원회나 심의회의 설치 등 제도적인 보장이 요망된다. 이와 더불어 교육행정에서 중요한 것은 기회균등의 원칙이다. 모든 국민은 능력에 따라 균등하게 교육을 받을 권리를 가지고 있으며(헌법 제31조), 모든 국민은 성별, 종교, 신념, 사회적 신분, 경제적 지위 또는 신체적 조건 등을 이유로 교육기회에서 차별을 받아서는 안 된다. 이를 위하여 법률에서는 여러 가지 학교를 설치하도록 규정하고 있다(교육기본법 제4조). 그리고 민주행정의 원리로서 중요한 것은 국민의 참여로서, 국민을 떠나 국민의 소리를 듣지 않는 민주행정이란 있을 수 없다. 교육정책의 수립에 있어서 광범한 국민의 참여를 통하여 공정한 민의를 반영케 하며, 정책의 집행과정에서도 권한의 위임 등을 통하여 행정가의 독단을 막아야 한다.

3. 능률성의 원리

행정의 능률성(efficiency)은 행정의 투입과 산출의 비율을 말하며, 효율성이라고 하기도 한다. 즉, 행정 활동에 최소한의 인적·물적 자원과 시간을 들여서 최대의 성과를 이룩해야 한다는 것이다. 행정은 국민의 각종 세금에 의한 막대한 예산으로 운영되는데, 행정의 효율성은 많은 국민의 편익을 위하여 매우 중요한 행정의 원리이다. 따라서 교육행정에서도 교육활동에 있어서 최소한의 노력과 경비를 투입하고 낭비를 극소화함으로써 최대한의 효과, 즉 교육목표를 최대한 달성하도록 해야 한다. 그러나 교육이란 단기적 효과보다는 장기적 효과가, 유형의 효과보다는 무형의 성과가 더 중요한 경우가 많으므로 이를 고려할 필요가 있다. 그리고 능률성의 원리는 민주행정의 원리를 희생하면서까지 강조될 수는 없으며, 양자 사이에 균형이 이루어져야 한다.

4. 자주성의 원리

교육행정의 자주성(autonomy)은 교육행정에서 교육 주체의 자율과 독립성을 존중하는 원리이다. 이와 관련하여, 헌법 제31조 4항에서는 "교육의 자주성・전문성・정치적 중립성 및 대학의 자율성은 법률이 정하는 바에 의하여 보장된다."라고 규정하고 있다. 그리고 교육기본법 제5조는 다음과 같이 교육의 자주성을 명시하고 있다. "국가 및 지방자치단체는 교육의 자주성 및 전문성을 보장하여야 하며, 지역의 실정에 맞는 교육의 실시를 위한 시책을 수립・실시하여야 한다." 또한 "학교운영의 자율성은 존중되며, 교직원, 학생, 학부모 및 지역주민 등은 법령이 정하는 바에 의하여 학교운영에 참여할 수 있다."라고 규정하여 교육의 자주성을 선언하고 있다. 교육행정의 자주성은 교육행정의 조직・인사・재정 면에서도 이루어져야 한다. 지방교육자치제도는 적극적인 주민의 참여로 지방 실정에 알맞은 자율적인 통제와 운영을 위한 장치로 이해된다. 그러나 이러한 교육행정의 자주성은 교육행정과 일반행정의 역학 관계 속에서 효율성과 갈등할 소지가 있으므로, 교육행정에 대한 지방자치단체와 교육청 사이에 조화와 균형이 필요하다. 그리고 자주성의 원칙에는 학문의 자유, 대학의 자유, 사학의 자주성, 학교의 자주적 경영의 원칙도 포함된다.

5. 책무성의 원리

책무성(accountability)은 책무이행자가 책무요구자에게 자신의 성과를 설명해야 한다는 원리로서, 공교육제도의 집행에 필요한 경비가 국민의 세금에서 나온다는 사실에 기초를 두고 있다. 여기에서 책무요구자는 넓게 보면 국민이고, 책무이행자는 교육행정 당국이 된다. 책무성의 원리는 설정된 행정목표의 달성도를 가리키는 효과성(effectiveness)과 관련이 있다. 우리나라의 경우, 교육행정의 원리로서 책무성 개념이 본격적으로 적용된 것은 1995년 5월 31일에 발표된 교육개혁안 이후이다. 이 개혁안은 교육기관의 자율성, 수요자의 선택권 확대와 함께 성과도 묻는 책무성을 강조하였다. 이에 따라 시·도교육청평가, 학교평가, 학업성취도 평가, 교육기관 정보공개, 교원평가 등 책무성 관련 정책이 도입되었다(신지승, 김규태, 2014). 이 가운데 교원평가는 제9장 교원인사행정론에서, 학교평가는 제14장 학교평가에서 좀 더 자세하게 다룬다.

교육부는 1996년에 시·도 교육청 평가를 도입하고, 평가 결과에 따라 재정을 차등하여 배분하였다. 학교평가는 시·도 교육청 평가의 항목으로 포함하여 시행하다가 현재는 시·도 교육청별로 학교 자체평가 중심으로 하고 있다. 오랫동안 운영한 근무성적평가의 문제를 보완하기 위하여 2004년에 교원능력개발평가가 도입되었고, 논란 끝에 2011년에 교원 등의 연수에 관한 규정으로 제도화되었다. 교원능력개발평가 결과 미흡 판정받은 교사들은 규정에 따라 연수를 받도록 하고 있다. 교육기관 정보공개는 학교의 효율성과 투명성을 높이기 위해 2009년에 법제화되어 '학교 알리미'라는 시스템을 통해 이루어지고 있다.

학업성취도 평가는 국가 교육표준 도달 여부와 정책의 효과성 점검을 위하여 실시하고 있으며, 2011년에는 학업성취도 평가의 결과를 학교 수준에서 공개하는 법안이 통과되었다. 그러나 이는 경쟁의 과열과 교사의 사기 저하 등을 이유로 거센 저항에 부딪혔고, 결국 시·도 교육청과 지역교육청별로 학업성취도 평가 결과가 발표되었으며, 국가수준 학업성취도 평가는 2017년부터 표집평가로 전환되었다. '낙오학생 방지법(NCLB, No Child Left Behind)'에 이어 '모든 학생 성공법

(ESSA, Every Student Succeeds Act)'이 시행되고 있는 미국의 경우, 학업성취도가 교육 책무성에서 가장 중요한 지표로 활용되는 반면에, 우리나라는 학업성취도를 책무성 자료로 활용하는 정책이 표류해 온 것으로 보인다(김지현, 2021). 그러나 "학습지원 대상 학생에게 필요한 지원을 함으로써 모든 학생의 기초학력을 보장하여 능력에 따라 교육을 받을 수 있도록 그 기반을 조성하는 것을 목적"으로 하는 '기초학력보장법'이 2022년 3월 25일부로 시행되고 있어, 앞으로 학업성취도를 기반으로 하는 책무성 정책에 변화가 예상된다.

질문 / 토의거리

1. 학교제도 내 교육의 모습을 떠올리며, 이론적 실재로서 교육을 설명해 보자.
2. 행정과 경영의 개념적 차이를 토대로, 교육행정의 개념을 설명해 보자.
3. 분과학문의 일반적 요건을 생각하며, 교육행정학의 학문적 성격을 말해 보자.
4. 한국의 학교 제도 내에서 일어나고 있는 교육학적 · 정치학적 · 경제학적 · 사회학적 · 법학적 현상을 비교 · 탐색한 결과를 토대로, 고유한 교육적 현상에 대해 논의해 보자.

참고문헌

교육부, 한국교육개발원(2021). 2021 간추린 교육통계. 충북, 진천: 한국교육개발원.

김윤태(2001). 교육행정 · 경영의 이해. 서울: 동문사.

김재웅(2005). 학교 민영화의 개념, 유형, 그리고 전망. 교육행정학연구, 23(1), 27-47.

김종철(1985). 교육행정신강. 서울: 세영사.

김지현(2021). 책무성 정책 2.0: 미국 "모든 학생 성공법"(Every Student Succeeds Act)의 사례로 본 책무성 정책의 새로운 방향과 시사점. 교육행정학연구, 39(2), 69-94.

박동서(1984). 한국행정론. 서울: 법문사.

신지승, 김규태(2014). 한국 초·중등 교육의 책무성 연구 동향 분석. 열린교육연구, 22(4), 347-370.

윤봉준(1997). 교육위기 타개는 공교육의 민영화로. 자유기업센터 제2회 자유주의워크숍 발표자료. 9-59.

이준구(2004). 시장과 정부: 경쟁과 협력의 관계. 서울: 다산출판사.

이홍우(1991). 교육의 개념. 서울: 문음사.

임연기(2003). 한국 교육행정학의 학문적 특성과 과제. 교육행정학연구, 21(1), 331-353.

장상호(1986). 교육학의 비본질성. 교육이론, 1(1), 5-53. 서울대학교 교육학연구회.

장상호(1990). 교육의 정체혼미와 교육학의 과제. 교육이론, 5(1), 21-64. 서울대학교 교육학연구회.

장상호(1991). 교육학 탐구영역의 재개념화. 교육학연구, 91-2. 서울대학교 교육연구소.

장상호(1996). 교육적 관계의 인식론적 의의. 교육원리연구, 1(1), 1-50.

장상호(1997). 학문과 교육(상): 학문이란 무엇인가. 서울: 서울대학교 출판부.

장상호(2000). 학문과교육(하). 서울: 서울대학교 출판부.

장상호(2005). 학문과 교육(중-1): 교육이란 무엇인가. 서울: 서울대학교 출판부.

정범모(1976). 교육과 교육학. 서울: 배영사.

천세영(2001). 한국교육과 교육재정연구. 서울: 학지사.

Bredo, E., & Feinberg W. (Eds.). (1982). *Knowledge and values in social and educational research*. Philadelphia: Temple University Press.

Brown, K. (2002). *The right to learn: Alternatives for a learning society*. London & New York: Routledge.

Campbell, R. F., et al. (1968). *Introduction to educational administration*(3rd ed.). Boston: Allyn & Bacon.

Coulson, A. J. (1999). *Market education: The unknown history*. New Brunswick & London: Transaction Publishers.

Deblois, C. (1979). Challenge to administrative theory. *The Canadian Administrator*, 18(8), 1-6.

Durkheim, E. (1956). *Education and sociology*. Translated by S. D. Fox. New York: Free Press. (Original French edition, 1925)

Greenfield, T. B. (1975). Theory about organization: A new perspective and its implications for schools. In Hughes, M. (Ed.), *Administering education: International challenges* (71-99). London: Athlone.

Greenfield, T. B. (1979). Ideas versus data: How can the data speak for themselves? In G. Immergart & W. Boyd (Eds.), *Problem-finding in educational administration: Trends in research and theory* (167-190). Lexington: Lexington Books.

Griffiths, D. E. (1957). Toward a theory of administrative behavior. In R. F. Campbell & R. Gregg (Eds.), *Administrative behavior in education* (354-390). New York: Harper.

Griffiths, D. E. (1964). The nature and meaning of theory. In D. E. Griffiths (Ed.), *Behavioral science and educational administration* (95-118). Chicago: University of Chicago Press.

Moehlman, A. B. (1951). *School administration*. Boston: Houghton Mifflin.

Paris, D. C., & Reynolds, J. F. (1983). *The logic of policy inquiry*. New York: Longman.

Peters, R, S. (1966). *Ethics and education*. London: George & Unwin Ltd.

Tooley, J. (2000). *Reclaiming education*. London: Cassell.

제2장 교육행정 이론의 발달

행정이란 행정가가 조직을 통하여 조직의 목표를 달성하는 일이다. 교육행정은 학교, 교육청, 교육부 등 교육 조직을 통하여 그 조직의 목표를 달성하는 일이다. 교육행정 이론은 조직의 어떤 측면을 강조하느냐에 따라 구조중심 접근, 인간중심 접근, 정치적 접근, 문화적 접근 등으로 발전해 왔다. 그러나 새로운 접근이 등장했다고 해서 그 이전의 접근이 무효화되거나 없어지지는 않고, 새로운 접근과 병행하면서 적용되어 오고 있다.

제1절 구조중심 접근

교육이 소수 특권계층의 전유물이었을 때에는 교육이 사사로이 또는 소규모로 이루어졌기 때문에 교육을 전문적으로 운영하는 교육행정 기능을 필요로 하지 않았다. 우리나라의 경우, 조선시대의 서당만 하더라도 훈장이 가르치는 일과 행정을 동시에 담당했다. 미국의 경우, 건국 초기에 마을마다 설립된 다학년 1교실 수준의 영세한 학교에 행정을 담당하는 전문인력을 별도로 둘 필요가 없었다. 교육행정은 학교를 중심으로 하는 공교육체제의 도입과 밀접한 관련을 맺으면서 발전해 왔다고 할 수 있다. 미국은 공교육이 시작된 20세기 초 무렵부터 학생 인구가 급증하였으며, 이에 따라 많은 수의 교원과 함께 신설 학교가 많이 필요하게 되었다. 증가하고 있는 학교 재정에 대한 책무성과 효율성에 대한 요구가 커진 것도 학교행정의 전문화를 부채질했다고 할 수 있다. 대규모화된 학교체제를 주먹구구로 운영하기에는 한계에 직면했고, 전문적으로 관리할 필요가 커졌다. 전문적인 교육행정 기능이 요구되었다. 이때 기댈 수밖에 없었던 이론은 산업계에서 유행하고 있던 과학적 관리론이었다. 그 외에 Weber의 관료제론도 같은 맥락에서 적용되었다. 최근에는 PERT, MBO, MIS 등 첨단 경영기법도 도입되고 있다. 교육행정에서 이러한 흐름은 조직의 구조를 중심으로 행정을 수행하는 구조중심 접근이라고 할 수 있다.

1. 과학적 관리론과 교육행정

가. 과학적 관리론

과학적 관리론은 Taylor(1911)가 제시한 과학적 관리의 원리에 터하고 있는 것으로, 그는 당시 기업이나 공장에서 발견되는 비능률의 문제를 해결하기 위해서는 법칙과 원리를 체계적으로 적용할 필요가 있다고 주장하였다. 그가 제시하고 있는 과학적 관리의 원리는 대규모화된 조직을 운영하는 데 더 이상 주먹구구 방식은 통하지 않는다는 것을 보여주고 있다. Taylor의 과학적 관리의 원리는 다음 세 가지 전제를 바탕으로 추진된 실험 연구를 통하여 발견된 것들이다.

① 어떠한 과업이든 그것을 수행하는 데 필요한 '최선의 방법(one best way)'이 있다.
② 그와 같은 방법은 과학적 연구를 통하여 발견되거나 개발될 수 있다.
③ 이러한 최적의 방법을 발견, 개발, 적용하는 것은 관리자의 책임이다.

이러한 전제하에 추진된 연구 결과, 그가 제시한 주요 과학적 관리의 원리는 다음과 같다.

① 과업에 대한 과학적인 직무분석, 과업수행 상태에 대한 관찰 및 자료 수집 등을 통하여 과업 수행을 위한 '최적의 방법'을 개발한다.
② 과업을 수행하는 데 가장 적합한 사람을 과학적으로 선발한다.
③ 근로자를 과학적으로 교육 훈련하여 과업 수행을 위한 전문성을 개발, 유지하도록 한다.
④ 관리자와 근로자 간에 기능적 분업을 인정하면서 양자 간에 긴밀한 협동이 이루어져야 한다.

Taylor가 제시하고 있는 과학적 관리의 원리는 과학기술이 발전되고 첨단 경영기법이 적용되고 있는 지금 시점에서 보면 조잡하기 이를 데 없는 것이다. 특별히 당시 공장이나 기업의 과업의 종류와 난이도, 그리고 복잡성 등을 고려하면, 그가 주장하고 있는 과학적 연구를 통한 '최적의 방법'이 그렇게 대단한 것이 아닐 수도 있다. 그러나 대부분 조직이 주먹구구로 운영되었던 당시 상황에서 그의 주장은 그야말로 '혁명적'인 것이었다. 그만큼 파급효과도 컸다고 할 수 있다.

과학적 관리의 원리는 조직의 생산성을 극대화하기 위하여 고안된 것이라고 할 수 있다. 대체로 근로자들이 자기 능력을 최대로 발휘하지 않고 있다고 보고, 테일러는 어떻게 하면 근로자들이 자기 능력을 최대로 발휘하여 과업을 수행하게 할 수 있을지 연구하게 된 것이다. 구체적으로, 그는 과학적 연구를 통한 근로자의 표준작업량 산출, 그 과업을 수행할 수 있는 표준조건(과학적인 작업 방법)의 설정, 생산량에 비례하는 성과급, 기획과 작업수행의 분리 등을 통하여 조직의 효율성을 높일 수 있을 것으로 보았다. 조직에 대한 이런 관점은 조직의 '구조'에 주목하는 관점으로 아직 조직 안에서 일하고 있는 주체로서 '인간'에 대한 관심은 보이지 못하고 있다. 여기에서 인간은 주어진 기능을 충실히 수행하는 기계로서 조직의 한 부품일 뿐이다.

나. 과학적 관리론의 교육행정에의 적용

Taylor의 과학적 관리론은 당시 산업계뿐만 아니라 학교에도 큰 영향을 미쳤다. 미국의 경우 1900년대 초 증가하는 이민, 인구 증가, 의무취학 등으로 인하여 학생 수가 급증하였고, 이들을 수용하기 위한 교실과 학교의 신축과 이들을 가르칠 교사의 임용에 막대한 재정이 필요하게 되었다. 재정을 조달하는 것도 중요한 일이었지만, 주어진 재정을 효율적으로 사용하는 것 또한 중요한 일이었다. Callahan(1962)은 1910년부터 1930년까지 미국의 학교가 어떻게 과학적 관리론의 영향을 받았는지 연구하면서 당시를 '능률의 숭배(cult of efficiency)' 시대라는 이름으로 명명하기도 하였다.

1910년대에 미국에서 과학적 관리의 원리를 학교행정에 적용하고자 했던 사람으로 Spaulding 등(1910), Spaulding(1913)과 Bobbitt(1912, 1913)이 유명하다. Spaulding은 학교도 기업처럼 과학적 관리에 따라 보다 효율적으로 운영되어야 한다고 하였다. 그는 1913년 미국교육연합회(NEA)에서 발표한 '과학적 관리를 통한 학교체제의 개선'이라는 강연에서 과학적 관리의 본질을 첫째, 성과의 측정과 비교, 둘째, 성과를 달성할 수 있는 조건, 특히 수단과 시간의 분석과 비교, 그리고 성과에 의하여 정당화될 수 있는 수단의 계속적 채택과 활용 등으로 정리한 바 있다. 이러한 과학적 관리는 학교 운영과 관련하여 재정 절감과 효율적 운영에 이바지하였다. 그의 이러한 주장은 지금 기업과 대학에서 많이 통용되고 있는 목표관리(Management by Objective, MBO)의 아이디어와 크게 다르지 않다는 점에서 주목할 만하다.

Bobbitt은 1912년에 발표한 '교육에서 낭비의 추방'이라는 논문에서 다음과 같은 과학적 관리의 원칙을 제시하였다.

① 가능한 모든 시간에 교육시설을 활용한다.
② 교직원의 작업능률을 최대로 유지하며, 교직원의 수를 최소로 감축한다.
③ 교육에서의 낭비를 최대한 제거한다.
④ 교사들에게는 학교행정을 맡기기보다 학생들을 가르치는 데에 전념하도록 한다.

Bobbitt은 이어서 1913년에 '미국교육학회 연보'에 실린 '과학적 관리의 도시 학교에의 적용'이라는 논문에서 학교를 공장에 비유하여 다음과 같은 과학적 관리의 원칙을 충실히 적용할 것을 주장하기도 하였다.

① 생산품(학생)의 표준화
② 생산방법(교수방법)의 표준화
③ 생산자(교사)의 자격 강화 및 훈련의 과학화
④ 감독자(교장, 장학사)와 생산자(교사)의 분업
⑤ 생산자(교사)에게 작업(학교교육)의 성격, 달성해야 할 목표, 작업 방법, 작업환경, 활용해야 할 시설 등에 관한 자세한 정보제공과 지시

이렇듯 과학적 관리의 원리를 교육행정에 적용하고자 하는 것은 당시의 상황으로 볼 때 불가피한 점도 있었고, 교육행정 실천에 있어서 대세를 이루고 있었다고 할 수 있다. 과학적 관리론에서 시작된 효율성 중시의 교육행정관은 지금까지도 지속되고 있다고 할 수 있다. 그러나 당시에도 학교를 공장에 비유하여 과학적 관리의 원칙을 적용하고자 하는 시도에 대해 강력하게 비판하는 사람들도 있었다. 그 가운데 Gruenberg(1912, 이형행〈1985: 78〉에서 재인용) 같은 사람은 다음과 같이 주장하기도 하였다.

> 학교조직과 교육방법이 우리 경제생활의 특색을 이루는 기업조직과 그 운영방식을 모방하고 있다. 우리는 대기업의 가치평가에 따른 능률의 기준을 받아들여 공장에서 통용되고 있는 가격과 생산이라는 입장에서 교육의 결과도 측정하고 있다. 그러나 교육의 과정은 인간 유기체와 그의 독특한 개성을 다루는 것이기 때문에 공장에서 규격화된 제품을 생산하는 과정과는 비교될 수 없다. 즉 교육의 능률은 지출경비 1달러당 얼마나 많은 학생을 진급시켰으며 교사 봉급 1달러당 얼마나 많은 학생을 가르쳤느냐로 측정될 수 없는 것이다. 교육의 능률은 인간성, 재능, 그리고 이해력 등을 얼마나 증대시켰느냐로 측정되어야 한다.

과학적 관리론의 교육행정에의 적용을 둘러싸고 벌어졌던 논쟁은 지금도 여전히 유효하다고 할 수 있다. 이러한 논쟁을 통하여 우리가 알 수 있는 것은 교육행정에서 교육적 가치의 실현을 무시하고 효율성 중심의 경제 논리만 가지고는 부족하다는 사실이다.

2. 관료제론과 교육행정

가. 관료제론

현대의 대규모화되고 있는 모든 조직은 그 목적을 불문하고 관료제적 특성을 지니고 있다고 해도 과언이 아니다. 관료제(bureaucracy)라는 용어가 전에도 있기는 하였으나, 관료제에 관한 이론을 처음으로 학문적으로 체계화한 사람은 독일의 사회학자인 Weber이다. Bureaucracy에서의 bureau는 원래 18세기 프랑스 정부 관료의 책상보를 가리키는 말로 안목의 협소, 오만한 자세, 절차의 경직성과 복잡성 등의 의미를 함의하고 있다. 이에 따라 관료적(bureaucratic)이라고 하는 말은 경멸적이고 부정적인 용어로 사용되기도 한다. 그러나, Weber(1947)는 관료제를 논의하면서 '관료주의' 또는 '관료적'이라는 부정적인 의미를 모두 배제하고 가치중립적인 용어로 사용하고 있다. 그는 관료제를 하나의 이상적인(ideal) 형태 또는 순수한(pure) 형태의 조직으로 개념 정의하고 있다. 관료제는 합리성을 최대로 보장해 주는 조직의 형태로서, 조직 안에서 일하고 있는 '인간'보다는 '구조' 자체를 강조하고 있다는 점에서 위에서 살펴본 과학적 관리론과 일맥상통한다.

Weber의 관료제를 이해하기 위해서는 먼저 그가 분류하고 있는 권위의 유형을 이해해야 한다. 그는 어떤 조직이든 조직이 정상적으로 작동하기 위해서는 모종의 권위가 필요하다고 보았는데, 권위가 정당화되는 방법에 따라 권위의 유형을 전통적 권위(traditional authority), 카리스마적 권위(charismatic authority), 그리고 합리적 · 합법적 권위(rational-legal authority)로 구분하였다. 첫째, 전통적 권위는 권위의 뿌리를 전통에 두고 있다. 하급자가 상급자의 명령과 지시에 순응하는 이유는 단지 "언제나 그렇게 해 왔다"는 데에 있다. 혈연을 중심으로 하는 대가족제도에서 그 예를 찾아볼 수 있다. 할아버지에서 아버지로 이어지는 권위는 대가족제도 안에서 발생하는 많은 문제를 해결하고 정리하며 조직을 이끌어 가는 기본 원리가 된다.

둘째, 카리스마적 권위는 권위의 근거가 지도자 또는 상급자의 비범함 능력 또는 자질에 있다. 하급자들이 그의 명령이나 지시를 따르게 되는 것은 전통이나 합리성 때문이 아니라 그가 지닌 신비한 속성 때문이다. 카리스마적 권위의 예는 종교, 정치, 군사 분야의 경우 많은 추종자가 그들의 지도자를 숭배하며 무조건 따르는 경우에서 발견할 수 있다.

셋째, 합리적·합법적 권위는 권위의 근거가 법규에 있다. 조직 구성원들이 조직 생활 속에서 상급자의 지시나 명령을 따르는 것은 그의 권위가 합리적인 법규에 터한 것이라고 믿고 있기 때문이다. 따라서 상급자나 지도자의 권위가 합법적으로 행사되지 않거나 법적 지위를 상실하게 되면 그 권위는 인정되지 않거나 상실되는 것으로 본다. Weber는 바로 이러한 합리적·합법적 권위가 관료제의 기초를 이루어야 한다고 주장하였으며, 현대사회 대부분의 대규모 조직은 이러한 합리적·합법적 권위에 따라 조직이 운영되고 있다고 할 수 있다. 이와 관련하여 "관료제는 조직을 (카리스마를 지닌) 한 개인의 절대적인 통치와 (전통에 얽매여 있는) 과거의 죽은 손으로부터 자유롭게 풀어 주었다"라고 멋지게 표현한 Dubin(1958: 371)의 진술은 의미심장하다. Weber가 주장하고 있는 합리적·합법적 권위에 기반을 두고 있는 이상형 조직으로서 관료제의 특징은 다음과 같다.

① 법규에 따른 직무의 배분: 조직의 목적을 달성하는 데 필요한 직무와 권한의 배분은 명확하게 법규에 따라 규정된다.
② 계층제(hierarchy): 직무의 조직은 계층제의 원리에 따라 구성되어 하급자는 상급자의 통제와 지시를 받는다.
③ 문서주의: 모든 행정 행위는 문서에 의하여 처리된다. 즉 조직 구성원은 개인적 감정이 아니라 형식주의적 비인격성(impersonality)에 입각하여 직

무를 수행한다.

④ 공 · 사의 분리: 공적 사무는 사적 사무와 분리된다. 즉 관청과 사택이 구분되고 직무상의 금전 및 설비와 관료의 사유물은 엄격히 구분된다.

⑤ 전문지식과 기술: 관료는 선거에 의해 선출되거나 정실(favoritism)에 의해 임명되는 것이 아니라 특별한 교육과 훈련을 통하여 얻은 전문지식과 기술에 의해 선발되어 임명된다. 전문지식과 기술을 검증하는 방법에는 시험과 자격증이 있다.

⑥ 직업 안정성: 고용당국은 규정된 조건하에서만 관료를 해임할 수 있는 반면에 관료는 언제나 사임할 수 있는 자유를 가진다.

⑦ 직위에 따른 보수: 관료의 보수는 계층제의 직위에 따라 책정되고 지급된다.

관료제는 Weber가 제시한 원리대로 운영이 되기만 한다면 그야말로 나무랄 데 없는 합리적인 조직이 될 수 있을 것이다. 관료제는 대규모화된 현대의 조직을 운영하는 원리로서 기여하고 있다고 할 수 있다. 그러나 실제로 관료제의 원리가 적용될 때 예기치 않은 부작용과 역기능이 나타나고 있다. 이것은 관료제의 특성이 지나치게 강조되는 데서 나타나는 것으로, 조직의 목표를 달성하는 데 저해 요인으로 작용하게 된다. 관료제의 결과 나타나는 대표적인 역기능과 병리현상에는 다음과 같은 것들이 있다.

① 과잉동조에 의한 목표-수단의 도치: 조직의 목표 달성을 위한 수단이 되어야 할 규칙의 준수 자체가 목적으로 바뀌는 현상으로 관료제에서 형식주의가 만연될 때 나타난다. 이러한 병리현상은 때때로 작은 일에는 성공하나 큰 일에서 실패하는 결과를 가져오기도 한다.

② 문서주의(red tape): 관료제에서 모든 행정 업무는 일정한 양식과 절차에 따라 문서를 통해야 한다는 점에서, 문서를 많이 만들고 도장을 많이 찍기만 하면 과업 수행을 잘하고 있는 것으로 인정된다. 그 결과 일의 중요성과 상관없이 서류만 쌓이는 문서주의 현상이 발생하기도 한다. 레드 테이프

(red tape)라는 용어는 17세기 영국의 관청에서 일정 분량의 사무 서류를 붉은 끈으로 묶었던 데서 비롯된 것이다.

③ 무사안일주의: 계층제의 원리를 충실히 따르다 보면 적극적으로 새로운 일을 하려 하기보다는 과거의 관행에 따르거나 상급자의 명령과 지시에 무조건 순응하려는 경향이 나타난다. 더 나아가 이러한 현상은 변화와 쇄신에 대한 저항이라는 관료제의 병리현상과 연결되어 나타나기도 한다.

④ 업무량과 상관없는 확장: Parkinson은 관료는 부하의 수를 늘리기를 원하고 자기들 서로를 위해 일을 만들어 내고 있다고 하면서, 그 결과 업무량과 상관없이 관료제의 조직은 끊임없이 확장되어 간다고 주장하였다. 이것을 '파킨슨의 법칙'이라고 한다.

⑤ 훈련된 무능: 전문성에 따른 분업을 특징으로 하는 관료제는 한정된 분야의 전문성을 지닌 전문가를 필요로 하게 된다. 이들은 하나의 지식과 기술에서는 뛰어난 전문성을 지니고 있으며 기존 규칙의 준수에 길들여진다. 그 결과 다른 분야에 대한 이해가 부족하고 조직 전체의 방향을 인지하지 못한 채 협소한 안목으로 일을 하게 됨에 따라 아집화, 시야협소, 무능화 등의 병리현상이 나타난다.

⑥ 인간성의 상실: 일부 비판론자들은 관료체제 안의 개인들이 자기가 하는 일의 의미를 알지 못한 채, 조직의 목적에 봉사하는 조직의 노예로 전락하고 있다는 비판을 한다. 즉, '개인'이 지닌 지식과 기술이 '경영'의 소유가 되고 개인은 경영의 방향에 따라 움직이는 꼭두각시에 불과하다는 것이다(Foster, 1986). 이런 의미의 관료제는 개인을 감옥에 가두어 두는 '철창(iron cage)'에 비유되기도 한다.

나. 관료제의 학교행정에의 적용

관료제의 특징은 현재 대규모화되고 있는 거의 모든 조직에 나타나고 있으며, 학교체제도 예외가 아니다. 학교의 관료제적 특성은 다음과 같이 요약될 수 있다

(한국교육행정학회, 1995: 167-168). 첫째, 학교 조직도 분업화되어 있다. 학교 안에는 교무부, 학생부, 연구부, 진로진학부, 윤리부, 체육부, 행정실, 그리고 각 교과별 조직과 학년별 조직 등 교직원이 분담하는 부서들이 있다. 학교의 교무분장표가 이것을 잘 보여준다.

둘째, 비록 그 층이 많지는 않지만 학교 조직의 계층화도 관료제의 특성을 나타낸다. 교장, 교감, 부장교사, 교사 등 직무 수준을 달리하여 학교 행정상의 명령과 복종의 관계에서 위계화되어 있다.

셋째, 조직 운영상의 비인격성과 법규 중심의 학교 운영도 관료제적인 특성을 보여준다. 즉 학교 조직의 운영에 있어서 개인적 사정이나 문제가 고려되지 않고, 기본적으로 학교 운영은 교육관련 법률 (교육기본법, 초・중등교육법, 사립학교법과 각각의 시행령), 교육공무원법, 교육과정령, 교(학)칙, 각종 예규 및 지침 등 각종 법규에 기초하여 이루어진다.

넷째, 전문성에 기초하여 교원이 충원된다. 교사는 교육대학, 사범대학, 학부 또는 교육대학원에서 교원양성과정을 이수하고 교사 자격증을 소지하여야 하며, 교감과 교장이 되기 위해서는 각각 일정 기간의 교직 경력과 함께 자격 연수를 받아야 한다.

다섯째, 교사들의 승진이 대체로 연공서열에 따라 이루어지고 평생직으로 보장된다는 점도 학교가 지닌 관료제의 특성이다.

여섯째, 공직으로서의 교직은 교원에 의해 사유재처럼 사고팔거나 유산으로 물려줄 수 있는 것이 아니다.

이처럼 학교가 관료제적인 특징을 지닌 것이 사실이지만 정부 조직이나 기업체와는 달리 관료제적인 원리가 엄격하게 적용되기 어렵다(Campbell et al., 1987). 예컨대, 교사는 학교 조직의 위계상 하위직이기는 하지만 나름대로 전문적 훈련을 마친 전문가로서 자기 직무에 종사하고 있다. 또한 주로 일하는 공간이 교장이나 교감이 가까이서 감독할 수 없는 독립된 교실이며, 교사의 직무에 대한 평가에 있어서 획일적인 기준을 적용하기가 곤란하다. 학교가 관료제적인 특성이 있지만, 관료제에 맞지 않는 측면이 있는 것은 학교가 가지고 있는 전문직 조직의 성격 때문이다.

학교체제의 관료성 정도를 측정하고자 하는 초기 연구들 가운데 대표적인 것은 Hall(1962)의 것이다. 그는 권한의 위계화 정도, 재직자를 위한 규칙, 절차의 상세화 정도, 비인격성 정도, 세부 전문화 정도, 그리고 요구되는 전문 능력 정도 등 여섯 가지 특성으로 구분하여 학교의 관료성 정도를 측정하고자 하였다. 학교체제 안에는 비교적 독립적인 관료성과 전문성이라는 뚜렷한 두 가지 유형이 있는데, 위의 여섯 가지 요인 중 앞의 네 가지는 학교체제의 관료적 차원과 관련이 있고, 뒤의 두 가지는 학교체제의 전문적 차원과 관련이 있다. Hoy와 Miskel(1996)은 학교조직의 관료성과 전문성의 정도에 따라 학교조직의 유형을 아래 〈표 2-1〉에서 보는 것처럼 네 가지로 구분하였다.

〈표 2-1〉 학교 조직 구조의 유형

구 분		전문성 정도	
		높음	낮음
관료성 정도	높음	베버적	권위주의적
	낮음	전문적	무정부주의적

전문성 정도와 관료성 정도가 모두 높은 학교의 경우, Weber의 이상적인 관료제 모형과 가장 유사하다는 점 때문에 베버적인 구조 유형으로 명명한 것이다.

권위주의적인 학교 유형은 전문성을 희생하면서 관료성을 강조한다. 권위주의적인 학교에서의 권위는 위계상의 지위에 주어진다. 규칙, 규정, 지침 등에 대한 순응이 조직 운영의 기본 원리가 된다. 권력은 중앙에 집중되어 있으며, 맨 꼭대기에서 아래로 흐른다. 규칙과 절차는 비인격적으로 일관성 있게 적용된다. 교장이 항상 최종 결정권을 갖는다. 그리고 이러한 학교에서는 조직과 상급자에게 충성하는 사람이 먼저 승진한다.

전문적인 유형의 학교는 실질적인 의사 결정이 교사들에게 위임되는 학교이다. 조직 구성원들이 전문적인 능력을 지닌 전문가로 인정되며, 조직 내에서의 중요한 결정을 할 수 있다고 본다. 규칙과 절차는 획일적으로 적용되는 엄격한 잣대이기보다는 안내자 역할을 한다. 요컨대, 전문적인 학교 유형은 전문성과 지식을 가진 사람들(즉, 교사들)이 중요한 의사 결정을 하는 학교이다.

무정부주의적인 학교 유형은 관료성과 전문성이 모두 낮은 학교이다. 따라서 혼란과 갈등이 매일 매일의 조직 운영에서 발견된다. 이러한 학교 유형에서는 비일관성, 모순, 비효율성 등이 특징적으로 나타난다.

여기에서 중요한 것은 학교 체제가 관료성과 전문성이라는 두 가지 다른 조직 원리에 의해 운영됨에 따라 두 요소 간 갈등을 빚어낼 여지가 적지 않다는 점이다. 일반적으로 전문성과 관료성의 갈등은 전문직과 관료직에 의하여 사용되는 사회 통제 체제의 차이에 기인한다. 전문직은 자기 자신의 활동을 이끌어 가는 윤리 강령(code of ethics)을 내면화하도록 배워 왔으며, 이러한 강령은 동료들에 의하여 유지된다. 전문직은 자기들의 직업에 스스로 책임을 지며, 동료들에 의한 평가와 검열을 통하여 통제된다. 그러나 관료직의 경우에는 통제가 동료 집단의 손에 놓여있지 않으며, 위계상의 권위에 따라 통제가 이루어진다. 업적은 자기가 만든 평가 기준이나 동료 집단의 감시에 따라 평가되는 것이 아니라, 자기의 상사로부터 받은 지시에 따라 평가된다. 특별히 인간과 인간의 만남, 열정과 환희, 총체적 인간 형성과 의미 추구 등을 특징으로 하는 교육행위는 비인격성을 특징으로 하는 관료제의 특징과 마찰을 가져올 수밖에 없는 속성이 있다고 할 수 있다(허병기, 2005). 요컨대, 전문적 행위의 궁극적인 기준은 전문적인 지식이지만, 관료적 행위의 궁극적인 정당화는 조직의 규칙, 규정, 상사의 지침 등과의 일치도에 따라 이루어진다. 여기에 바로 전문적 자율성과 관료적 통제 사이의 영원한 갈등의 근원이 있는 것이다.

과연 가르치는 일이 전문적인 일인가, 다시 말하면 교직이 전문직인가에 대한 논란이 있는 것은 사실이지만, 대체로 교직은 Liberman(1956)이 말하는 전문직의 특성을 갖추고 있는 것으로 평가되고 있다. 예컨대, 교육에 관한 이론이 계속 축적되고 있고, 교직은 고도의 지적 능력이 필요하고, 교사가 되기 위한 장기간의 교육 훈련 기간이 필요하고, 학생의 복지에 대하여 교사가 책임감을 지니고 있고, 전문직 단체를 가지고 있으며, 교사의 자율성에 대한 요구가 점증하고 있다는 사실 등은 교직이 전문직임을 나타내 준다고 할 수 있다. 일부에서는 교사도 노동자라는 점을 강조하고 있으나, 사회 전반적으로 보면 교직의 전문성과 자율성에 대한 요구는 점점 더 증가할 것으로 생각된다. 이러한 상황에서 학교의 관료성만 강조한다면, 학교에서의 관료성과 전문성 사이의 갈등은 더욱 깊어질 것이다. 따라서 학교가 학생들에 대한 교육이라는 그 소기의 목적을 효과적으로 달성하기 위해서는 학교행정이 경직된 관료주의에서 벗어나 교사의 전문적인 자율성을 인정하고 신장하는 방향으로 나아가야 할 것이다(김재웅, 1998).

3. 구조중심 접근의 특징

지금까지 살펴본 구조중심 접근의 특징을 정리하면 다음과 같다.

① '인간 부재'의 폐쇄체제로서의 조직을 가정하고 있으며, 조직은 주어진 목표를 달성하기 위해 존재한다.

② 그 목표를 달성하기 위한 최선의 구조, 과업, 기술, 환경 등이 존재하고, 경영 또는 행정은 그것을 찾아 적용하는 일이다.

③ 인간은 합리적 동물로서 경제적 보상으로 통제할 수 있다.

④ 행정에서 가장 중요하게 추구되는 가치는 효율성이다. 따라서 교육행정에서 '교육'에 대한 심각한 고려 없이도 교육행정이 가능하다.

⑤ 관리자 중심 이론이다.

⑥ 최근에 조직의 효율성을 높이기 위해 도입되고 있는 첨단 경영기법(PERT, MBO, MIS 등)도 구조중심 접근의 일종으로 이해될 수 있다.

제2절 인간중심 접근

위에서 우리는 조직의 구조 측면을 중시하는 교육행정의 흐름을 살펴보았다. Taylor의 과학적 관리론, Weber의 관료제, 그리고 최근의 경영기법 등은 조직에서 실제로 일하고 있는 인간 자체에 주목하지 못하였다. 구조중심 접근에서 인간은 기계의 부품과도 같이 상부의 명령에 복종하는 존재, 합리적인 결정을 내릴 줄 아는 이성적인 존재, 돈과 같은 보상에 따라 행동하는 존재 등으로 이해된다. 아직 인간을 감정도 있는 살아 숨쉬는 존재로 파악하지 못한 것이다. 조직 속에서 생생하게 살아 움직이는 인간을 발견하게 된 것은 인간중심 접근 덕분이다. 그러나 아이러니하게도 이러한 조직 속의 인간은 Mayo 등이 과학적 관리론에 입각한 호손(Hawthorne) 연구를 수행하다가 우연한 계기에 '발견'한 것이다. 이후 인간중심 접근은 인간관계론에 이어 동기이론으로 연결된다. 교육행정의 경우 인간중심 접근은 교육행정의 민주화에 기여한 것으로 알려져 있다.

1. 인간관계론

가. Follet

행정에서 심리적인 측면을 인정하고 인간관계론의 가능성을 연 사람은 Follet(1924)이다. 그녀는 행정에서 경직된 과학적 관리의 원리가 적용되는 것에 반대하고 조직의 원리에 역동감과 창의적인 민주정신을 불어넣었다. 그녀는 조직의 원리로서 가장 중요한 것으로 역동적이고 조화있는 인간관계 유지를 들면서, 어느 조직이든 지도자는 다음 네 가지 종류의 조정에 관심을 가져야 한다고 하였다(Fox & Urwick(1973)을 인용한 이형행(1985: 53 재인용).

① 책임있는 사람들의 직접적인 접촉에 의한 조정: 책임있는 사람들은 조직 속에서 그들의 위치와는 관계없이 조직의 구성원과 직접적인 접촉을 하고 있어야 한다. 수평적인 의사소통은 조정에 있어서 명령의 수직적 연결과 동일하게 중요하다.

② 초기 단계에서의 조정: 직접적인 접촉은 행정 과정의 초기 단계에서 시작되어야 한다. 관련자들은 정책의 수립과정에 참여하여야 하며, 결정된 후에 통고받기만 해서는 안 된다.

③ 상황 속의 모든 요소들을 상호 관련시키는 조정: 모든 요소들은 서로 관련되어야 하며, 이러한 상호 관련성은 그 자체로서 중요시되어야 한다.

④ 계속적 과정으로서의 조정: 행정상의 결정은 한 과정에 있어서 한 순간이다. 많은 사람들이 결정에 참여하고 있으므로 최종 또는 궁극적 책임의 개념은 환상에 불과하다. 결합된 지식과 공동책임이 그 자리를 대신한다. 권한과 책임은 수행되어야 할 실제적 기능에서 나와야 하는 것이지 계층제의 직위에서 나와서는 안 된다.

Follet은 조직의 관리자가 성공하기 위해서는 구성원 각자의 능력을 최대한 발휘하도록 해야 한다고 하면서, 이때 중요한 것은 공식적인 권력 행사가 아니라 집단 역동을 활용할 줄 아는 능력이라고 주장하였다. 개인과 집단을 조화시키는 협력과 조정을 중시하는 Follet의 견해는 분명 과학적 관리론의 원리와는 차이가 있으며, 그녀의 사상은 인간관계론의 발달에 영향을 미쳤다고 할 수 있다.

나. 호손(Hawthorne) 연구

Mayo, Roethlisberger, Dickson 등은 1927년부터 1932년 사이에 시카고 근교에 있는 서부전기회사(Western Electric Company) 호손(Hawthorne) 공장에서 과학적 관리의 원리를 검증하기 위한 일련의 실험연구를 수행하였다. 연구주제는 작업장의 조명수준, 휴식시간, 노동시간, 급료 등 물리적 조건과 작업성과의 관계를 밝히고자 하는 것이었다.

먼저 조명 실험 결과, 공장의 조명을 높이는 것이 생산 수준에 긍정적인 영향을 미칠 것이라는 과학적 관리론의 가정과는 달리 조명 수준과 생산 수준 사이에 의미 있는 상관관계가 발견되지 않았다. 그리고 휴식 시간의 증가와 생산량 증가 사이에도 아무런 관계가 없다는 것이 발견되었다. 그 외에도 교환대 배선작업 관찰 실험 결과, 근로자들은 열심히 일하면 일할수록 더 많은 시간급을 받기 때문에 가능한 한 열심히 일할 것이라고 하는 과학적 관리의 성과급 원리가 적용되지 않았다. 회사가 지시하는 경제적 자극 방법에 대해 노동자들은 무관심하고 오히려 근로자들은 스스로 생산량을 제한하고 있음이 밝혀진 것이다. 이들 연구 결과가 시사하는 바는 조직의 물리적 조건보다 사회심리적인 요인이 생산에 더 큰 영향을 미친다는 것이다. 이러한 일련의 연구를 통해 연구자들은 수동적으로 기계의 톱니바퀴처럼 복종하는 인간이 아니라 살아서 움직이는 감정이 있는 '인간'을 발견한 것이다. 다음은 호손 연구 결과를 종합 정리한 것이다(Hoy & Miskel, 1996: 15).

① 경제적 유인가가 유일한 동기유발 요인은 아니다. 비경제적인 사회적 요인이 경제적 유인효과를 제한한다.
② 근로자들은 개인으로서가 아니라 비공식 집단의 구성원으로서 경영진에게 반응한다.
③ 생산 수준은 개인적 능력이 아니라 비공식 집단의 사회적 규범에 따라 결정된다.
④ 고도의 전문화가 반드시 작업집단을 가장 효율성이 높은 조직으로 이끄는 것은 아니다.
⑤ 근로자는 경영진의 자의적인 결정으로부터 자신을 보호하기 위하여 비공식적 조직을 이용한다.
⑥ 비공식적인 사회적 조직은 경영진과 상호작용한다.
⑦ 협소한 통솔범위가 효과적인 감독에 반드시 요구되는 것은 아니다.
⑧ 비공식적 지도자는 때때로 공식적 지도자만큼이나 중요하다.

⑨ 개인은 적극적 인간 존재이지, 수동적인 기계의 톱니바퀴가 아니다.

경영과 행정에서 이러한 인간중심 접근은 Maslow, McGregor, Herzberg 등의 동기이론으로 연결되어 발전하였다. 인간관계 이론이나 동기이론은 조직의 구조적 측면을 강조하지 않고 과업을 수행하는 주체인 조직 안의 인간에 관심이 가 있다는 점에서 공통점이 있다. 동기이론은 어떻게 하면 조직 구성원이 자발적으로 조직의 목표에 헌신하도록 할 것인지와 관련된 것이다. 인간의 동기유발은 바로 인간의 욕구를 충족시킴으로써 가능하다는 전제하에 인간의 욕구 체제에 관한 연구를 수행해 온 바, 인간의 욕구 체제가 복잡하다는 것을 연구를 통해 밝혀냈다. 자세한 동기이론은 제4장에서 다룬다.

2. 인간관계론과 교육행정

인간관계론이 교육행정의 민주화에 영향을 미친 것은 사실이나, 교육행정의 민주화는 인간관계론의 영향 하나만으로는 설명이 되지 않는다. 교육행정의 민주화 운동은 산업계에서 적용되고 있던 인간관계론과는 별도로 전개되었다. 즉 관료적이고 억압적인 교육행정에 대한 반발로서 교육행정의 민주화 운동이 추진되었다고 할 수 있다. 이때 강조된 것은 교육행정의 과정에 대한 이해집단의 참여와 동의였다. 이와 관련하여 가장 중요한 역할을 한 사람이 Dewey(1916)이다.

Dewey는 「민주주의와 교육」이라는 저서에서 당시에 학교행정에 적용되고 있던 과학적 관리론을 비판하면서 교육행정 과정에서 교사의 참여를 중시하였다. 더 나아가 그는 학생을 전인격적으로 존중하고, 교육의 과정에서 교육적 가치를 중시하는 교육을 도입해야 한다고 주장하였다. 듀이는 학교를 '사회의 축소판'으로 보고, 학교 안에서 민주주의를 체험하도록 하는 것이 사회의 민주주의를 발전시키는 데 도움이 될 것으로 믿었다. 따라서 학교의 구조와 운영에 있어서 민주주의의 원리가 적용되어야 할 것으로 본 것이다.

이러한 영향 속에서 당시 교육행정 관련 저서와 논문은 민주교육, 민주교육행정, 민주장학, 민주 교수법 등을 중요한 주제로 다루었다. 교육행정의 민주화와 관련하여 1930년대와 1940년대에 걸쳐 교육행정 분야에서 중요한 사람은 Moehlman(1951)이다. 그는 교육목표를 충분하고도 효과적으로 달성하기 위한 봉사활동으로서의 교육행정 아이디어를 체계화한 것으로 유명하다. 그가 보기에 교육행정에서는 권력적·강압적 요소보다 민주적·봉사적 요소가 더 중요하다.

교육행정에 대한 이러한 관점의 변화는 자연스럽게 인간관계론에서 강조하고 있는 원리들과 만나게 되었다. 예컨대, 교장의 비억압적이고 비지시적인 지도력이 강조되고 교사의 참여가 강조되며 학교 안의 비공식적 조직의 중요성이 커진 것은 모두 인간관계론의 영향이라고 할 수 있다. 아울러 교육행정의 과정의 각 단계를 가리키는 용어도 인간관계론의 영향으로 변화를 맞이하게 된다. 예컨대 과학적 관리론에서 통용되던 명령, 지시 등의 용어가 인간관계론의 영향으로 자극, 의사소통 등의 용어로 바뀌게 된 것이다. 더 나아가 인간중심 접근은 교사의 사기, 직무만족, 인간관계와 의사소통 등의 주제를 연구하는 데 영향을 미쳤다.

한편, Koopman 등(1943)은 학교를 민주화하기 위하여 달성해야 하는 과제로 교육에 대한 사회적 책임 규명, 민주적 지도성의 개념 개발, 조직의 민주적 형태 수립, 모든 사람의 참여 보장, 교사의 역할 구명 등을 들었다.

그리고 Griffiths(1956)는 학교행정에 인간관계론을 본격적으로 적용할 것을 주장하였다. 학교행정에서 인간관계를 맺는 기술이 매우 중요함을 역설하면서 성공적인 인간관계 기술을 습득하기 위해 학교행정가가 이해해야 할 인간관계의 내용을 다음과 같이 정리하였다.

① 동기유발(motivation)
② 객관적인 상황파악(perception)
③ 정확하고 신속한 의사소통(communication)
④ 민주적인 권력구조(power structure)
⑤ 합리적인 권위(authority)

⑥ 고도로 앙양된 사기(morale)
⑦ 역동적이고 효과적인 집단과정(group dynamics)
⑧ 민주적이고 합리적인 의사결정(decision-making)
⑨ 민주적인 지도성(leadership)

이렇듯 교육행정의 민주화는 사회운동으로서 성격과 함께 인간관계론의 영향이 뒤섞여 있다고 할 수 있다. 그러나 1950년대 이후 교육행정의 연구와 실천에서는 사회운동으로서 교육행정의 민주화는 퇴색하고 이데올로기적으로 중립적인 경험적 연구로서의 인간관계론만 남게 된다. 우리나라의 경우 교육행정의 민주화는 1980년대 이후 사회의 민주화 운동과 궤를 같이하면서 다시 한번 큰 물결을 이루게 된다. 오늘날 학교행정에서 인간관계론은 '인화(人和)'라는 구호 속에서 그 흔적을 찾아볼 수 있다. '사람들이 모여 쌀을 함께 먹는다'는 의미를 지닌 인화를 강조하는 교장은 회식을 자주 하고, 교사들의 애경사를 직접 챙기면서 학교를 운영하는 경향이 있다.

3. 인간중심 접근의 특징

위에서 살펴본 인간중심 접근의 특징을 정리하면 다음과 같다.

① 조직 속에 생생하게 살아 움직이는 인간을 '발견'했다. 인간은 더 이상 기계의 부품이 아니라고 본다.
② 조직의 목표가 외부에서 주어진다고 보는 폐쇄체제로서 조직을 가정하고 있다.
③ 인간이 열심히 일하게 하는 동인은 경제적 보상이 아니라 사회심리적 보상이다.
④ 추구되는 가치는 효율성이며, 이를 위해 인간의 동기에 대한 지식을 활용하고 있다. 일부 비판적인 학자들은 인간중심 접근에서 강조하고 있는 동

기유발을 일종의 인간 조종기술(manipulation)로 이해하고 있다. 인간중심 접근은 철창으로서 조직 안의 인간을 진정으로 사랑하고 해방하려는 의도를 지닌 것이 아니라 조직의 목적을 달성하는 수단으로 인간의 동기를 활용하고 있을 뿐이라고 비판한다(Foster, 1986). 인간중심 접근은 조직 안에서 생생하게 살아 숨쉬는 인간을 발견하고 인간의 욕구가 경제적이고 외재적인 욕구 이외에 다양한 욕구가 있다는 것을 밝혀내는 데 공헌을 한 것은 사실이지만, 이 모든 것도 결국 조직의 효율성을 높이기 위해 사용되고 있을 뿐이라는 점에서 이 접근은 '양의 탈을 쓴 이리'라는 비판을 받기도 한다.

4. 구조중심 접근과 인간중심 접근 비교

위에서 우리는 구조중심 접근과 인간중심 접근이 나오게 된 배경과 의미, 그리고 각각의 내용에 대하여 살펴보았다. 교육행정에 관한 이 두 가지 접근은 조직에 관한 기본 가정, 인간에 관한 기본 가정, 동기유발의 방법 등에 있어서 다른 입장을 따르고 있다. 구조중심 접근은 조직을 기계에 비유하는 반면에 인간중심 접근은 조직을 유기체에 비유한다. 이에 따라 조직 안에서 일하고 있는 인간은 전자의 경우 기계의 부품으로, 후자의 경우 유기체의 일부를 이루는 세포(생명체)로 간주된다. McGregor의 이론에 의하면, 구조중심 접근은 이론 X, 인간중심 접근은 이론 Y를 기초로 하고 있다고 할 수 있다. 이론 X는 성악설에 기반한 것으로, 인간은 기본적으로 일을 싫어한다고 가정하기 때문에 엄격하게 감독하고 통제해야 하며, 경제적 요인으로 동기화된다고 본다. 반면에 성선설을 따르고 있는 이론 Y는 인간이 본질적으로 일을 싫어하지는 않으며, 적당한 여건만 갖추어 주면 인간은 자발적으로 협력하며 일한다고 본다. 동기유발을 위한 수단으로 구조중심 접근은 주로 경제적 보상을 강조하는 반면에 인간중심 접근은 사회심리적 보상을 택한다고 할 수 있다. 전자는 주로 공식 조직에 주목하는 반면, 후자는 비공식 조직도 공식조직

못지않게 중요하게 여긴다. 구조중심 접근을 택하고 있는 학교 행정가는 주로 과업과 법규를 중심으로 지시하고 점검하는 반면에, 인간중심 접근을 선호하는 학교 행정가는 회식 등을 통한 인화 중심의 인간관계를 중심으로 조직을 이끌어 가려고 할 것이다.

그러나, 구조중심 접근과 인간중심 접근은 몇 가지 점에서 공통점이 있다. 첫째, 두 접근 모두 조직 내부의 문제에 모든 관심과 노력을 집중하는 경향이 있다. 조직 외부의 환경과 조직 사이에 이루어지고 있는 상호작용에 대해서는 아직 주목하지 못하고 있다. 이런 점에서 두 접근은 조직에 관한 개방체제 접근보다는 폐쇄체제 접근을 취하고 있다고 할 수 있다.

둘째, 두 접근은 조직의 목표는 외부에서 누군가에 의해 주어진다고 본다. 따라서 조직 구성원들 스스로 조직의 목표를 설정해 나가는 과정 자체에 대한 관심은 소홀한 편이다.

셋째, 이러한 목표 설정 과정에서 구성원들 사이에 있을 수 있는 갈등에 대해서도 중요하게 다루고 있지 않다. 두 접근 모두 조직은 항상 조화롭게 돌아가야 한다고 믿고 있으며, 조직 안에서의 갈등은 일탈 현상(구조중심 접근) 또는 병리현상(인간중심 접근)으로 간주된다.

끝으로, 두 접근 모두 어떻게 하면 주어진 조직의 목표를 효율적으로 달성할 수 있을지의 문제가 최상의 관심이다. 두 접근이 교육행정에 적용되는 경우, 학교조직 자체의 목표를 달성하기만 하면 그만이라고 본다. 여기에서 두 접근의 차이는 목표 달성의 방법, 즉 수단의 차이로 이해된다. 다시 말하면 구조중심 접근과 인간중심 접근 안에서 학교 행정가는 학교조직이 추구해야 하는 가치에 대하여 굳이 고민하지 않고서도 훌륭한 행정 행위를 할 수 있다. 두 접근 모두 추구하고 있는 최상의 가치는 효율성이기 때문이다.

제3절 정치적 접근

조직의 내부 문제에만 골몰하던 구조중심 접근과 인간중심 접근은 학교조직을 둘러싸고 있는 정치적 · 경제적 · 사회적 환경과 맥락을 보지 못했다. 때때로 외부 환경과의 상호작용은 조직의 구체적인 작동에 매우 중요하게 영향을 미친다. 전통적인 이 두 접근은 조직의 목표를 주어진 것으로 가정하지만 실제 조직 생활에서는 조직의 목표를 설정하는 과정 자체가 그렇게 단순하지 않다. 이것을 둘러싸고 벌어지는 조직구성원 간의 갈등도 때때로 심각하다. 이러한 문제들은 조직구조와 인간을 동시에 고려하고 조직의 안과 밖을 동시에 고려할 수 있는 접근이 필요하다. 교육행정에 대한 정치적 접근은 이러한 문제를 해결할 수 있는 하나의 대안으로 등장한 것이다. 이 접근은 개방체제로서의 학교, 정치체제로서의 학교를 강조한다.

1. 정치적 접근의 전제와 특징

1950년대 후반부터 정치학과 정책학의 관심을 끌기 시작한 정치적 접근은 조직과 인간에 대하여 다음과 같은 기본 전제를 지니고 있다.

① 조직 내의 대부분의 중요한 결정은 희소자원의 분배와 관련 있다.
② 조직은 다양한 특성을 지닌 개인들과 이해집단으로 구성되는 연합체이다.
③ 조직 구성원들과 이해집단은 가치, 선호, 믿음, 정보, 실재에 대한 인식(세계관) 등에 있어서 차이가 난다. 이러한 차이는 대체로 지속적이며 천천히 변화한다.
④ 조직의 목표는 고정된 것이 아니라 개인들과 이해집단 간의 협상, 타협, 유리한 위치를 선점하려는 경쟁 등을 통해 계속하여 형성되어 가는 것이다.

⑤ 조직이 분배해 줄 자원의 한정성과 개인들과 이해집단 사이의 가치 차이로 말미암아 권력과 갈등은 조직 생활의 핵심적 특성을 이룬다.

이러한 전제 속에서 발전되어 온 교육행정에 대한 정치적 접근은 다음과 같은 점에서 구조중심 접근이나 인간중심 접근과 차이를 보인다(Sergiovanni, Burlingame, Coombs, & Thurston, 1987: 115-118). 첫째, 이전의 두 접근이 기본적으로 조직으로서 학교 안의 힘, 사건, 활동 등에 관심이 집중되었으나, 정치적 접근은 학교와 외부 환경 사이의 상호작용에 관심이 있다. 이 접근은 이전의 두 접근과는 달리 개방체제로서 조직을 가정하고 있다. 조직은 자기 자신이 일부를 구성하고 있는 보다 큰 상위체제의 하위체제로서 존재하며, 조직 밖의 환경의 힘의 영향을 받기도 하고 주기도 하면서 적응해 간다. 조직으로서 학교는 외부로부터 투입요소를 받아 나름대로 전환과정을 거쳐 학교 밖의 환경으로 배출한다. 그리고 문제가 제기되고 해결되는 과정, 협상이 진전되어 합의가 도출되는 과정 등 조직과 외부 환경 사이의 상호작용은 기본적으로 정치적 성격을 띠고 있다. 또한 조직으로서 학교 자체도 이해관계를 극대화하려는 서로 경쟁하는 개인들과 이해집단으로 구성되어 있다는 점에서 학교 안에도 똑같은 정치적 원리가 적용된다. 이러한 점에서 조직의 정치적 성격을 도외시했던 이전의 두 접근은 순진한 접근이라고 할 수 있다.

둘째, 이전의 두 접근은 주어진 정책의 집행에만 관심이 있는 반면에, 정치적 접근은 정책이 결정되고 발전되어 가는 과정 자체에 관심이 있다. 정책의 집행에만 관심이 있는 앞의 두 접근의 경우, 행정은 효율적인 수단을 찾아 적용하기만 하면 된다는 점에서 행정의 문제는 '기술적' 또는 '방법적' 문제로 환원된다. 그러나 정치적 접근에서는 목표가 주어지는 것이 아니라 그것 자체가 상당히 불안정하고 끊임없이 변화하는 속성을 지닌 것으로 본다. 따라서 여기에서는 개인들과 이해집단 사이에 목표에 대한 합의가 도출되어 가는 협상과정 자체에 관심을 두게 된다.

셋째, 앞의 두 접근은 조직에서의 갈등을 빨리 해소해야 할 위험요소로 보지만, 정치적 접근은 갈등을 자연스러운 현상 또는 조직 건강을 위해 필요한 것으로 본다. 구조중심 접근에서 갈등은 일사불란하게 돌아가는 기계로부터의 일탈

(deviation)로 간주되고, 인간중심 접근에서는 유기체인 조직에 병(pathology)이 난 것으로 간주된다. 이러한 갈등은 앞의 두 접근에서는 조직의 효율성을 해치는 것으로 인식된다. 그러나 정치적 접근의 경우 정책을 형성해 가는 과정에서 조직구성원들 간에 목표, 가치, 전략 등의 차이로 말미암아 생기는 갈등은 아주 자연스러운 것이다. 조직 갈등은 때때로 조직 외부의 압력 때문에 생기기도 한다. 이 경우에도 갈등이 생길 가능성이 있으며 이러한 갈등 또한 협상, 타협 등 정치적 과정을 통해 해결되어야 한다. 정치적 접근에서는 이러한 갈등을 오히려 조직이 건강하다는 신호로 본다.

끝으로, 이전의 두 접근에서는 정책결정에 있어서 '합리성'과 '효율성' 가치를 신봉하고 추구하지만, 정치적 접근은 이러한 원칙을 받아들이지 않는다. 이것은 앞의 세 가지 특징과 어느 정도 관련이 있다. 목표가 주어지는 것이 아니라 조직구성원들과 이해집단 사이에 타협을 통해 결정되기 때문에, 이때 도출된 조직의 목표는 최선의 결정이라기보다 '만족할 만한(satisfying)' 결정일 뿐이다. 정치적 접근을 따르는 학교 행정가도 문제가 발생하는 경우 최선 최고의 해답을 구하기보다 다양한 요구를 어느 정도 만족시킬 수 있는 대안을 찾는다.

2. 정치체제로서 학교조직

교육행정에 대한 정치적 관점은 교육이 결코 정치적으로 중립이 아니라는 사실을 드러내 주었다. 그러나 흥미롭게도 아직도 '교육의 정치적 중립', '교육의 전문성', '교육의 자율성' 등의 이름으로 '교육에 대한 비정치적 신화'를 신봉하는 사람들이 많다. 이들은 정치란 '더러운 것'이고 교육은 '고상한 것'이라는 이분법적인 사고 속에서 교육에 왜 정치를 끌어들이느냐고 비판한다. 이러한 분위기 속에서 학교 안에서 이루어지고 있는 현상과 학교와 관련하여 이루어지고 있는 모든 정책결정 과정에 숨겨져 있는 '정치적인' 특성을 드러내기 위하여 교육정치학이라는 분과학문이 출현한 것은 눈여겨볼 만하다(김재웅, 2021; Wirt & Kirst, 1982).

교육행정에서 정치적 특성은 정치체제가 교육조직의 운영에 영향력을 행사하고 있다는 사실과 학교조직 자체의 운영이 정치적 원리에 따라 이루어지고 있다는 데에서 찾아볼 수 있다. 교육조직에 대한 정치체제의 영향에 대한 교육정치학의 관심은 학자의 배경과 관심에 따라 그 영역이 국가 수준으로부터, 시・도 수준(미국의 경우 주 수준), 시・군 수준(미국의 경우 학교구 수준), 학교 수준, 그리고 심지어 교실 수준에 이르기까지 다양하다. 구체적으로 각 수준별로 교육정치학이 다루고 있는 주제는 교육의 기회배분, 선발, 교육과정과 교재, 교사양성, 교육체제 구성원들의 정치적 행동반경 등이 있다(김재웅, 2021).

그리고 교육정치학의 논리에 따르면, 모든 교육조직은, 그것이 교실 수준이든, 학교 수준이든, 아니면 지방교육체제 수준이든, 국가 수준이든, 그것 자체가 여타 정치체제가 돌아가는 원리에 따라 돌아간다는 것이다. 교육조직이라고 해서 정치적인 요소로부터 자유로운 순수하고 고상한 체제가 아니라 그것도 사람 냄새가 나는 정치적인 조직의 성격을 지니고 있고 지닐 수밖에 없다는 것이다. 교육정치학의 많은 연구는 교육조직 안에서 각종 중요한 결정을 할 때나 교육 프로그램을 운영하고자 할 때 이해관계를 달리하는 집단들이 자기의 이익을 극대화하기 위한 과정에서 갈등할 수 있고, 이러한 갈등은 정치적 과정을 통하여 해결될 수밖에 없다는 것을 드러내고자 한다. 예컨대 학교 수준에서의 정치 현상은 영화로 더 유명해진 이문열의 「우리들의 일그러진 영웅」에서도 찾아볼 수 있다. 이 소설은 학교 안에서 학생들 간에, 그리고 학생들과 교사 사이의 권력관계가 어떻게 형성되고 변화해 가는지를 사실적으로 잘 묘사하고 있다. 그 이외에도 학교 안에서의 정치 현상은 교사들 간에, 교장과 교사들 사이에, 교사와 행정직원 사이에서 발견된다. 그리고 최근에는 학교운영위원회를 중심으로 학부모와 지역사회 인사까지 이러한 학교의 정치 현상을 만들어 내고 있다. 이것은 소위 학교의 미시정치학(micro-politics of school)이라는 이름으로 연구되고 있다(Ball, 1987; Malen, 1995).

3. 정치적 접근의 공헌과 한계

정치적 접근은 다음과 같은 점에서 이론적으로 또는 실천적으로 교육행정의 발전에 기여한 것으로 평가된다. 첫째, 정치적 접근은 학교가 실제로 어떻게 운영되고 있는지 그 실상을 보여줌으로써 학교가 사회에서 '고립된 섬'으로 존재하는 것이 아니라는 것을 드러냈다. 이러한 연구 결과는 교육조직이 결코 정치적으로 중립적인 상태에서 운영되지 않는다는 것을 알려주었다(Sergiovanni, Burlingame, Coombs, & Thurston, 1987: 123-124).

둘째, 정치적 접근은 교장의 '힘겨루기'의 중재자로서 역할을 강조하고 있다. 특히 다양한 이해관계 집단이 개입하고 있는 힘겨루기의 규칙이 공정하지 않다든가 힘겨루기 과정에서 '교육적 가치'가 훼손되고 있는 경우 교장의 역할은 더욱 중요하다고 할 수 있다. 힘겨루기의 규칙이 잘못되었을 경우 중재자로서의 교장이 개입하여 그것을 고치려고 노력해야 한다. 그러나 이것이 그렇게 쉬운 일은 아니다. 왜냐하면 교장 스스로 이해관계를 지닌 당사자로서 힘겨루기에 참여하고 있기 때문이다. 힘겨루기의 원천은 대체로 권력과 돈이다. 이러한 점에서 자기의 사사로운 이익보다는 학교 전체의 이익과 교육적 가치를 수호하고 조장하려는 교장의 '교육적 지도성'이 매우 중요하다고 할 수 있다.

셋째, 교육행정이 진행되어 가는 모습 그 자체가 하나의 '잠재적 교육과정'[1)]을 구성한다는 점이다. 학교에서 중요한 결정이 내려지는 과정이나 외부 환경이 학교에 영향을 미치는 과정 등을 보면서 학생들은 교육에 대해, 학교행정에 대해 뭔가를 배운다는 것이다. 이러한 점에서 힘겨루기에서 공정한 규칙의 적용은 매우 중요하다고 할 수 있다.

---

1) '잠재적 교육과정'(latent curriculum)이란 학교에서 계획하거나 의도하지 않았음에도 불구하고 학생들이 학교생활을 통하여 경험하는 모든 것을 가리킨다. 예를 들면, 학교에서 가르치려고 명시적으로 계획하지 않았지만, 학생들은 학교에 들어감으로써 집단생활에 대하여, 권력관계에 대하여, 상벌관계에 대하여 학습하게 된다. 잠재적 교육과정은 지적 영역보다는 정의적 영역과 더 깊은 관련이 있고, 학교를 떠난 후에도 영향을 미친다.

정치적 접근은 위와 같은 공헌이 있음에도 불구하고 다음과 같은 점에서는 한계를 지니고 있다. 첫째, 정치적 접근은 교육조직 안의 정치 현상에만 관심을 기울인 나머지 합리성이나 협력 가능성을 등한시하는 경향이 있다. 둘째, 정치적 접근은 교육행정 관련 문제를 합리적으로 적극적으로 해결하는 데 관심이 적고 이해집단 간 갈등과 그것의 해소에만 관심이 있다. 셋째, 정치적 접근은 힘겨루기의 중재자로서 학교 행정가의 역할을 강조하고 있으나, 이것은 행정이 체제유지와 현상유지의 수단으로 전락할 가능성을 내포하고 있다. 힘의 균형만 이루면 된다는 생각에 '좋은 게 좋은 거지'라는 생각을 부지불식간에 심어줄 가능성이 있다는 점에서 기본적으로 비관적인 입장에 서 있다고 할 수 있다.

제4절 문화적 접근

정치적 접근은 여러 측면에서 이전의 구조중심 접근과 인간중심 접근과 다르다. 그러나 이 세 접근은 모두 조직에 관한 객관적 인식론에 터해 있다는 점에서 공통점이 있다. 즉 이 세 접근은 하나의 객관적 실체로서 조직(예: 학교)이 존재하고, 이것을 객관적으로 연구할 수 있다고 본다. 반면에 문화적 접근은 조직에 관한 주관적 인식론에 터하고 있다. 문화적 접근에 따르면, 저기 바깥에 확실하게 존재하는 조직은 없고, 조직 구성원들이 주관적으로 체험하는 조직만 있을 뿐이다. 여기에서는 조직 경험이 구성원들에게 주는 의미가 중요하고, 특별히 구성원들 사이에 공유된 가치와 의미로서의 문화가 중시된다. 문화적 접근에서는 행정의 과정에서 학교 문화의 역할을 중시한다. 교육행정에서 문화적 접근에 관하여 관심이 높아진 것은 1980년대 중반 이후이다.

1. 문화적 접근의 전제

문화적 접근은 다음과 같은 기본 전제에 터하고 있다(Bolman & Deal, 1984: 149-159).

① 조직 생활에서 중요한 것은 무엇이 일어났느냐가 아니라 일어난 일의 의미이다.
② 일의 의미는 무엇이 일어났느냐에 의해 밝혀지는 것이 아니라 인간이 그것을 어떻게 해석하느냐에 달려 있다.
③ 조직 생활에 있어서 가장 의미 있는 일은 사실 애매하거나 불확실한 것들이다. 무슨 일이 왜 어떻게 일어났는지 모르는 경우가 허다하다.
④ 이러한 애매성과 불확실성으로 말미암아 조직에 대한 합리적·객관적 접근은 불가능하다.
⑤ 바로 이러한 애매성과 불확실성의 수준을 낮추기 위해 발명된 것이 각종 '상징(symbol)'과 '신화(myth)'이다.
⑥ 조직 구성원들이 공유하고 있는 가치, 신념, 의미로서의 조직 문화는 조직의 성과에 영향을 미친다.

2. 조직 문화와 상징

조직 문화란 조직구성원이 공유하고 있는 가치, 신념, 의미이다. 이것은 특정 집단에게 특정한 의미를 부여하며, 새로운 구성원들에게 전수되어 간다. 조직 문화는 조직구성원들로 하여금 특정 가치, 정서, 신념을 공유하도록 함으로써 조직구성원을 하나로 묶어주는 접착제의 역할을 한다. 이러한 조직 문화의 의미를 이해하고자 할 때 중요한 개념이 바로 상징이다. 상징은 다음과 같은 특징을 지니고 있다. 첫째, 상징은 복잡하고 불확실한 세계에 대하여 개략적인 의미를 부여해 준다. 이러한 과정을 통해 상징은 세계를 편안하게 인식하고 체험할 수 있게 해준다.

둘째, 상징은 때때로 현실세계를 위장(camouflage)하거나 왜곡(distortion)하는 데 의도적으로 사용될 수 있다. 상징의 이러한 기능은 특별히 정치가들의 관심과 주목을 받아왔으며(Edelman, 1964a, 1964b), 어떤 의미에서 정치가들은 상징을 통한 현실세계 조작의 명수라고 할 수 있다. 어두운 현실세계도 언어의 정치적 사용과 상징적 조작 결과 희망을 주는 청사진으로 변신하는 것이다.

셋째, 학교와 관련된 대표적인 상징의 사례들을 찾아보면 다음과 같다. '학교' 또는 '교실'과 같은 장소를 나타내는 언어는 실제로 그 안에서 어떤 일이 일어나고 있는지와 상관없이 '교육'이 일어나고 있는 곳으로 인식되고 있다. 이것은 하나의 '신화'가 되어 세대에서 세대를 거쳐 전수되고 있다. '학년', '교사' 등의 언어는 나이에 따라 학생들을 배정하고 자격 있는 교사가 학생들에게 적합한 교육을 효과적으로 실시하고 있을 것으로 믿게 하는 효과가 있다. '교과서', '수학교과', '과학교과' 등의 언어는 공식 교육과정에 들어 있다는 이유 하나로 실제 수업에서 무엇이 어떻게 가르쳐지고 있는지와 상관없이 학교에서 그러한 교과와 관련하여 훌륭한 교육이 일어나고 있을 것이라는 생각을 갖게 한다(Meyer & Rowan, 1991). 이외에도 우리나라에서는 '강남 8학군', '서울대', '남녀공학', '교직의 여성화', '전교조', '교육평등' 등 수없이 많은 용어가 상징적 기능을 수행하고 있다. 이러한 상징들은 실제로 어떠한지와 상관없이 우리의 믿음과 생각을 특정한 방향으로 지배하고 있다. 이러한 상징을 아무런 의심없이 받아들일 때 그러한 상징은 아무도 의심하지 않는 하나의 '신화'로 자리잡게 되는 것이다. 학교와 관련된 많은 상징은 학교에서 실제로 어떤 일이 일어나고 있는지 자세히 검사하지 못하게 하면서 학교를 보호하는 기능을 은연중에 수행하고 있다고 할 수 있다. 아울러 일부 상징들은 학교에 대한 학부모와 지역사회의 불안과 불만을 해소하는 데 도움을 주기도 한다.

3. 학교조직의 문화와 교육행정

하나의 조직으로서 학교도 문화를 지니고 있다. 개별 학교들은 그 역사와 전통

속에서 나름대로 독특한 문화를 발전시켜 오고 있다고 할 수 있다. 예컨대 서울대학교 문화가 있고 서강대학교 문화가 있다. 연세대학교 문화와 고려대학교 문화가 다르고 이화여자대학교 문화와 숙명여자대학교 문화가 다르다. 인천에 있는 제물포고등학교는 개교 이래 실시해 온 '무감독고사'로 유명하다. 이 학교는 초대 길영희 교장 이래 '학식은 겨레의 등불, 양심은 민족의 소금'이라는 기치를 내걸고 성실하고 양심적인 인재를 기르는 데 힘을 써 왔으며, 하나의 상징으로 '무감독 고사'는 학생과 교사, 학부모, 동창회, 지역사회 등이 공유하는 가치와 의미가 되어 왔다.

학교 문화는 학생과 학부모, 교사, 지역사회 등이 공유하고 있는 가치, 의미, 상징, 신념 등을 모두 포함하는 말이다. 학교 문화는 조직 구성원들에게 가치 있는 것이 무엇인지 알려주며, 그들이 어떻게 생각하고 느끼고 행동해야 하는지에 대한 지침도 제공한다. 신입회원들이 들어올 때 이들도 기존의 문화에 하루빨리 순화되기를 바라는 것은 당연하다. 학교 문화가 한번 정립되면 쉽게 바뀌지 않는 이유가 여기에 있다. 물론 기존 문화가 현실 적합성이 떨어진다든가 조직 구성원 상당수로부터 호응을 받지 못한다든가 할 때는 새로운 문화 창출을 놓고 갈등이 생기기도 한다. 이와 관련하여 Bates(1981: 43)는 다음과 같이 말하고 있다.

> 따라서 학교 문화는 상황을 어떻게 정의하느냐에 대한 갈등과 타협의 산물이다. 학교 언어, 비유, 신화, 의례(rituals) 등에 대한 행정적 영향력이 재생산되는 문화는 교사 및 학생의 의식을 결정하는 주요 요소이다.

교장은 과연 학교 문화를 창출해 내거나 변화시킬 수 있을까? 학교 문화를 새롭게 형성하고자 하는 교장은 학생과 학부모, 교사, 졸업생 등이 학교와 관련된 다음의 질문에 어떻게 응답할지에 대해 민감하게 귀를 기울여야 한다: 우리 학교의 존재의미는 무엇인가? 우리 학교는 무엇을 중시하는 학교인가? 우리는 무엇을 믿고 있나? 우리의 독특한 점은 무엇인가? 많은 사람이 학교를 통해 얻고자 하는 것이 곧 그들의 핵심 가치와 의미를 나타내고 있기 때문이다. 학교 문화는 교훈, 의례, 전통 및 행사, 그리고 건축물과 상징 등을 통하여 표현된다. 학교 행정가는 이러한 요소들을 적절히 활용하여 교육적 가치를 담아낼 수 있을 것이다. 그리고 무엇보다도 학교 행정가는 학교와 관련된 많은 상징 가운데 일부 또는 하나를 선택적으로 강조함으로써 새로운 학교 문화를 창출해 나갈 수 있을 것이다. 이러한 점에서 문화적 접근은 "교육적 가치의 수호와 조장"이라는 교육행정 본연의 목적과 관련하여 이전의 세 접근에 비해 유리한 위치에 있다고 할 수 있다.

이렇듯 학교의 문화를 통하여 행정을 이끌어 가는 학교 행정가를 우리는 '문화적 지도성(cultural leadership)'을 지닌 학교 행정가라고 부른다. 이러한 지도자는 조직의 현 상태를 정확하게 진단하고 조직이 나아가야 할 바를 명확하게 제시하면서 조직 구성원들이 꿈과 비전을 공유하도록 하는 데 열성을 다한다(Bennis, 1984). 문 닫기 일보 직전의 공장에 부임하여 '경호'라고 하는 상징을 통해 새로운 조직 문화를 창출하여 회사 내 최우수 공장으로 변신하는 데 성공한 공장장 Peggy의 예(Blanchard & Bowles, 1998)는 학교 행정가에게 시사하는 바가 크다.

질문 / 토의거리

1. 교육행정 이론의 관점에서, 구조중심 접근과 인간중심 접근의 차이점을 비교 · 정리해 보자.
2. 교육행정학적으로 개방체제 혹은 정치체제로서의 학교조직의 특징을 말해 보자.
3. 교육행정 이론의 발달 과정상에서 문화적 접근이 가지는 의의에 대해 설명해 보자.
4. 한국의 학교조직 내에서 실제적으로 발생하고 있는 구조중심 접근, 인간중심 접근, 정치적 접근, 문화적 접근의 양상을 비교 · 탐색하여 논의해 보자.

참고문헌

김재웅(1998). 관료제 하에서 학교체제의 교육적 기능 활성화 방안 탐색. 한국방송대학교 논문집, 제25집.

김재웅(2021). 교육정치학 탐구. 경기, 파주: 교육과학사.

이형행(1985). 교육행정: 이론적 접근(중판). 서울: 문음사.

한국교육행정학회(1995). 학교 · 학급경영론, 교육행정학 전문서 9. 서울: 도서출판 하우.

허병기(2005). 교육운영의 관료제 비판: 관료제와 교육적 규범의 상충성. 교육학연구, 43(4), 141-170.

Ball, S. J. (1987). *The micro-politics of the school: Toward a theory of school organization*. London & New York: Methuen.

Bates, R. (1981). Management and the culture of the school. In R. Bates, & Course Team (Eds.), *Management of resources in schools*. *Study Guide I*. Victoria: Deakin University.

Bennis, W. (1984). Transformation power and leadership. In T. J. Sergiovanni, & J. E. Corbally (Eds.), *Leadership and organizational culture*. Urbana: University of Illinois Press.

Blanchard, K. & Bowles, S. (1998). *Gung Ho!* N.Y.: William Morrow.

조천제 외(역)(2001). 겅호: 다람쥐의 정신 비버의 방식 기러기의 선물. 서울: 21세기 북스.

Bobbitt, J. F. (1912). The elimination of waste in education. *Elementary School Teacher*, 12(6), 260-269.

Bobbitt, J. F. (1913). Some general principles of management applied to the problems of city school systems. *The supervision of city Schools*, 12th Yearbook of NSSE, Part I, 7-96.

Bolman, L. G. & Deal, T. E. (1984). *Modern approaches to understanding and managing organizations*. San Francisco, CA: Jossey-Bass.

Callahan, R. E. (1962). *Education and cult of efficiency*. Chicago: University of Chicago Press.

Campbell, R., Flemming, T., Newell, L. J., & Bennion, J. W. (1987). *A history of thought and practice in educational administration*. New York: Teachers College Press.

Dewey, J. (1916). *Democracy and education*. New York: Macmillan & The Free Press.

Dubin, R. (1958). *The world of work: Industrial Society and human relations*. Englewood Cliffs, N.J.: Prentice-Hall.

Edelman, M. (1964a). *Politics as symbolic action.* Chicago, IL: Markham.

Edelman, M. (1964b). *The symbolic uses of politics*. Chicago: The University of Illinois Press.

Follet, M. P. (1924). *Creative experience*. London: Longman, Green & Co.

Foster, W. (1986). *Paradigms and promises: New approaches to educational administration*. Buffalo, N.Y.: Prometheus Books.

Fox, E. M., & Urwick, L. (1973). *Dynamic administration: The collected papers of Mary Parker Follet*. London: The Camelot Press.

Griffiths, D. E. (1956). *Human relations in school administration*. New York: Appleton Century Crofts.

Hall, R. H. (1962). The concept of bureaucracy: An empirical assessment. *American Sociological Review*, 27, 295-308.

Hoy, W. K., & Miskel, C. G. (1996). *Educational administration: Theory, research, and practice*(5th ed.). New York: McGraw-Hill.

Koopman, G. R., et al. (1943). *Democracy in school administration*. New York: Appleton Century Crofts.

Liberman, M. (1956). *Education as a profession*. New Jersey: Prentice-Hall.

Malen, B. (1995). The micropolitics of education: Mapping the multiple dimensions of power relations in school politics. In J. D. Scribner, & D. H. Layton (Eds.), *The study of educational politics*. Washington, DC & London: The Falmer Press.

Meyer, J. W., & Rowan, B. (1991). Institutionalized organizations: Formal structure as myth and ceremony, In W. W. Powell, & P. J. DiMaggio (Eds.), *The institutionalism in organizational analysis* (pp. 41-62). Chicago: University of Chicago Press.

Moehleman, A. B. (1951). *School administration*. Boston: Houghton Mifflin.

Sergiovanni, T. J., Burlingame, M., Coombs, F. S., & Thurston, P. W. (1987). *Educational governance and administration*(2nd Ed.). Englewood Cliffs, N. J.: Prentice-Hall.

Spaulding, F. E., et al. (1910). *The aims, scope, and methods of a university course in public school administration*. Iowa City, Iowa: The National Society of College Teachers of Education.

Spaulding. F. E. (1913). Improving school systems through scientific management, Proceedings of the Department of Superintendence, National Education Association. Washington, DC: NEA, 249-279.

Taylor, F. W. (1911). *Principles of scientific management*. New York: Harper & Row.

Weber, M. (1947). *The theory of social and economic organization*. (Henderson, A. M., & Parsons, T. Eds. and Trans.). New York: Free Press.

Wirt, F. M., & Kirst, M. W. (1982). *Schools in conflict*. Berkely, CA: McCutchan.

제3장 교육행정의 과정

경영과 일반 행정에서 먼저 개발, 적용된 경영 또는 행정의 과정은 경영이나 행정의 효율성을 보장해 주는 것으로 인정되어 왔다. 이러한 경영 또는 행정의 과정이 교육행정에 적용된 것은 다소 늦은 감이 있기는 하지만, 그것이 중앙 정부나 지역 교육청 수준이든 개별 학교 수준이든 교육행정가에게 큰 도움을 준 것은 사실이다. 교육행정을 행함에 있어서 따라야 할 일종의 매뉴얼이 될 수 있기 때문이다. 여기에서는 POSDCoRB라는 신조어에 포함된 요소를 중심으로 행정의 과정을 소개한다.

제1절 교육행정 과정의 의의

조직이 조직의 목표를 달성하기 위해서 행하는 일련의 일을 행정이라고 할 때, 조직을 주먹구구식으로 운영하는 것보다는 일정한 절차와 단계를 따라 운영하는 것이 더 효율적이다. 행정의 과정은 행정가가 조직의 수준에 상관없이 적용할 수 있는 원리를 찾고자 한 노력의 결과 발견된 것이다. 중앙 정부 수준이든 지역 교육청 수준이든 단위 학교 수준이든 그 조직을 책임지고 있는 사람이 일정한 과정에 따라 행정업무를 수행해야 시행착오를 줄이면서 소기의 성과를 달성할 수 있다.

행정의 과정이란 조직의 목표 설정부터 목표 달성에 필요한 인적·물적 자원의 확보와 조정, 그리고 그 결과에 대한 평가에 이르기까지 일련의 과정과 각 단계의 결과가 앞의 단계에 환류(feedback)되는 일련의 순환과정을 의미한다. 다시 말하면, 행정은 여러 개의 분리 독립된 요소로 구성되는 행위가 아니라 여러 요소들이 의미 있게 연결되어 있을 뿐만 아니라 다음 요소에 영향을 미치기도 하고 뒤의 요소들의 결과가 앞의 요소에 영향을 미치기도 하면서 존재하는 일종의 순환적인 특성을 지닌 행위라고 할 수 있다. 이러한 행정의 과정은 행정가가 실제로 행정 업무를 수행하는 것을 관찰하여 얻은 기술적(descriptive) 연구 결과이기도 하면서 행정가에게 지침을 주는 처방적(prescriptive) 성격도 동시에 지니고 있는 것으로 평가된다.

행정의 과정에 관한 본격적인 연구가 시작되기 전에 먼저 기업체를 중심으로 경영의 과정에 대한 연구가 활발하게 진행되었다. 이때 선구자적 역할을 한 사람이 바로 프랑스의 Fayol이다. 1916년에 그는 경영의 요소를 기획(Planning), 조직(Organizing), 명령(Commanding), 조정(Coordinating), 통제(Controlling)의 다섯 가지로 나누어 기업체의 경영에 직접 적용하고자 하였다. 이후에 Fayol의 연구를 기초로 하면서 1937년에 미국의 Gulick과 Urwick은 미국 대통령의 행정 행위를 분석하였다. 그 결과 이들은 행정의 과정을 포스드코브(POSDCoRB)라는 신조어로 표현하였다. 이는 기획(Planning), 조직(Organizing), 인사(Staffing), 지시(Directing), 조정(Coordinating), 보고(Reporting), 그리고 예산(Budgeting)의 일곱 요소의 영어 머리글자를 따서 만든 것이다.

일반 경영과 행정 분야에서 경영 또는 행정의 과정에 관한 연구가 활발하게 진행된 것과는 달리 교육행정 분야에서는 과정에 관한 본격적인 연구가 뒤늦게 시작되었다. 그 이유는 교육행정의 경우 그 본질을 인사관리나 사무관리 같은 과업 중심의 운영 문제로 본 나머지 효율적인 행정 과정에 대한 관심이 소홀했기 때문이라고 할 수 있다(이형행, 1985: 250).

교육 분야에서는 1950년대 들어서 Sears가 Fayol의 기업 경영의 과정을 학교 행정에 적용하고자 한 것이 처음이다. 그 이후 미국 학교행정가 협회, Gregg, Campbell 등이 조금씩 변화시키면서 교육행정의 과정에 대한 연구 결과를 발표하였다. 지금은 모든 교육행정 조직에서 행정의 과정을 따라 행정 행위를 하고자 한다고 할 수 있다. 교육행정에서 과정에 관한 연구와 실천이 중요한 이유는 다음과 같이 정리할 수 있다(김종철, 1985: 286).

첫째, 과정이 없이 시행되고 실천되는 교육행정의 과업은 없다는 점이다. 어떤 과업도 구체적으로 집행되기 위해서는 일련의 과정을 거쳐야 한다. 따라서 행정의 과정에 대한 탐구는 과업을 보다 성공적으로 수행하기 위해 반드시 필요하다. 과정이 잘못되면 시행착오를 하게 되고 그 만큼 조직에 시간적으로, 재정적으로 부담을 주게 된다. 과업과 과정은 개념적으로는 분리되나 실제 행정의 수행에서는 뗄 수 없는 관계라고 할 수 있다.

둘째, 교육행정의 과정 그 자체가 민주사회의 원리와 관련이 있다는 점이다. 어떠한 과업을 수행함에 있어서 그 목표의 달성도 중요하지만 이에 못지않게 중요한 것이 절차적 합리성과 정당성이다. 특히 교육행정에서 목표의 달성 못지않게 과정이 중요한 것은 민주사회의 원리를 습득하도록 하는 것이 학교의 중요한 목표 가운데 하나이기 때문이다. 이러한 점에서 교육행정의 과정은 학생들과 국민들에게 일종의 잠재적 교육과정[1]으로서의 역할도 수행하고 있다고 할 수 있다.

끝으로, 학교 행정 관련 조직의 규모가 방대해지고 업무가 복잡해지면서 주먹구구 방식의 교육행정을 가지고는 소기의 성과를 거두기가 어렵게 되었다는 사실과 관련이 있다. 교육행정의 과정에 관한 탐구 결과 이에 대한 전문적인 지식과 이론이 축적되어 가고 있으며, 교육행정가가 이에 대한 전문적인 식견이 없이는 행정업무를 효율적으로 수행할 수 없게 되어 있다. 따라서 교육행정의 과정에 관한 전문적인 지식과 기술이 점점 더 중요해지고 있다. 이후부터 소개되는 이 교재의 각론은 교육행정 과정의 각 단계를 고려하여 기술되었음을 밝혀 둔다.

1) 잠재적 교육과정이란 공식적 교육과정에 명시된 것은 아니지만 학생들이 학교생활을 하는 동안 은연중에 배우게 되는 모든 내용을 가리킨다. 교사가 학생들을 다루는 방식, 학교 건물의 물리적·미학적 상태, 시험의 형태, 학교 행정의 과정 등을 통해 학생들이 뭔가 배우고 있다면 그것들이 곧 잠재적 교육과정이 되는 것이다.

제2절 일반 경영 및 행정의 과정

Taylor의 과학적 관리론이 발표된 이후 경영의 과정에 대해 관심을 가진 곳은 기업체 쪽이다. 최초로 경영의 과정에 관심을 가지고 연구한 사람은 프랑스의 Fayol로서 그는 합리적인 경영의 과정을 기획(planning), 조직(organizing), 명령(commanding), 조정(coordinating), 그리고 통제(controlling)로 보았다. Fayol의 경영의 과정을 공적 부문에 적용하여 연구한 사례로 유명한 것은 미국의 Gulick과 Urwick으로, 이들은 일반 행정의 과정을 POSDCoRB라는 일곱 요소로 정리하였다.

1. Fayol의 경영 과정

프랑스의 한 탄광회사에서 기사로 일을 시작했던 Fayol은 승진에 승진을 거듭하여 기업의 관리책임자의 자리까지 올라간 입지전적인 인물이다. 그는 기업인으로서의 성공의 이유가 개인의 능력이 아니라 조직의 원리와 경영의 과정을 합리적으로 관리한 덕분이라고 생각하였다. Fayol은 경영 요소를 기획, 조직, 명령, 조정, 그리고 통제 다섯 가지로 정리하고 있다(이형행, 1985; Gulick & Urwick, 1937). 이는 이후 경영과 행정의 과정을 연구하는 학자들이 반드시 참고해야 하는 기본이 되었으며, 이후에 나온 경영이나 행정의 과정은 이것을 일부 수정·보완한 것이라고 할 수 있다.

① 기획(planning): 기획은 경영이나 행정의 첫 단계로서 미래를 예측하고 대비하는 활동이다. 기획 단계에서는 조직이 추구하는 목표를 분명히 하고, 그 목표를 달성하는 데 필요한 주요 활동과 단계를 정리하고, 필요한 인적·물적 수단을 확보한다. 학교경영계획이나 학급경영계획이 이에 해당된다. Fayol은 훌륭한 기획의 특성으로 통합성, 지속성, 융통성, 정확성을

들었다.

② 조직(organizing): 목표가 정립되고 나면 그 목표를 달성하는 데 필요한 조직을 구성해야 한다. 조직에는 인적 조직과 물적 조직이 모두 포함된다. Fayol은 이 가운데 인적 조직에 더 큰 관심을 가졌다. 인적 조직은 업무에 따른 부서 조직의 구성과 임무, 상위자와 하위자를 일목요연하게 보여주는 직제표로 표시된다. 학교의 업무분장 조직표가 여기에 해당된다. 조직 단계는 각 직위를 차지할 사람의 자격과 능력 등도 명시하고 그에 알맞은 자격을 구비한 사람을 선발하는 일을 포함한다.

③ 명령(commanding): 명령은 단순히 복종만을 강요하는 것 이상으로 모든 고용인들이 조직을 위해 최선을 다하도록 하는 것을 포함한다. 이를 위해 관리자는 직원들의 능력과 관심을 정확히 파악하여 지시하여야 한다. 또한 관리자는 자신의 참모들과 부하들에게 항상 좋은 모범을 보여줌으로써 부하들의 애사심, 헌신, 자발성 등을 북돋워 주어야 한다.

④ 조정(coordinating): 조정은 조직의 모든 운영을 조화시키고 분산된 노력을 통합시키는 기능이다. 조정이 잘 이루어지는 조직은 각 부서가 최신 작업 프로그램에 따라 업무를 수행하며 부서 간 상호협력에 관한 명확한 지침을 가지고 있다. 반면에 조정이 잘 이루어지지 않고 있는 조직은 각 부서가 조직을 전체적으로 보려하지 않고 다른 부서의 노력을 의식적으로 인정하지 않으려 한다. 명령에서 수직적인 의사소통이 중요하다면 조정에서는 수평적인 의사소통이 중요하다. Fayol은 부서 간의 업무를 효율적으로 조정하기 위해 부서 간 정기적인 회의를 강조하고 있다.

⑤ 통제(controlling): 통제는 조직의 활동 결과를 검토하고 평가하는 과정이다. 통제의 목적은 경영의 과정에서 발생하는 문제를 발견하고 그것을 바로잡아 똑같은 문제가 다시는 발생하지 않도록 예방하는 데 있다. Fayol은 기획, 조직, 명령, 조정과의 관련성 속에서 통제의 의미를 설명하였는데, 기업에서의 통제는 바로 앞 단계에서 이루어진 모든 것들이 확립된 원리에 따라 수행되고 있는지 확인하는 것이라고 하였다. 구체적으로, 통제의 과

정에서 하는 일은 조직의 목표는 적절하게 수립되었는지, 인적 조직은 완전하며 직제표에 따른 인사배치에는 문제가 없는지, 명령은 원칙에 따라 행사되고 있으며, 부서 간 조정을 위한 회의는 적절하게 열리고 있는지 등을 확인하는 것이다. 이렇듯 통제는 기업과 관련된 모든 요소, 즉 사람, 사물, 행위에 적용된다.

2. Gulick과 Urwick의 일반 행정 과정

Gulick과 Urwick은 1937년에 공동으로 출간한 '일반행정학에 관한 논문집'에서 Fayol의 다섯 가지 경영 요소를 확장, 발전시켜 행정의 과정을 일곱 가지 요소로 보고 POSDCoRB라는 신조어로 표현하였다. 저자 가운데 한 사람인 Gulick은 미국 정부의 행정위원회에서 근무하면서 Roosevelt 대통령의 일반적인 직무를 관찰할 수 있는 기회를 가졌고, 최고 행정가가 어떤 직무를 어떤 과정을 거쳐 일하는가에 대한 답을 구하는 과정에서 POSDCoRB라는 일곱 요소를 추출하였다. POSDCoRB로 나타낸 최고 행정가의 일곱 가지 행정 활동 요소는 다음과 같다(Gulick & Urwick, 1937).

① 기획(planning): 기획은 조직의 과업과 그것을 달성하는 방법 및 수단에 대하여 포괄적으로 윤곽을 결정하는 일이다.

② 조직(organizing): 조직은 설정된 조직의 목표에 따라 업무를 수직적·수평적으로 세분화하고, 권한 구조를 공식적으로 수립하는 일이다.

③ 인사(staffing): 인사는 조직이 필요로 하는 직원을 채용하고 필요한 훈련을 제공하며, 과업 달성에 필요한 근무조건을 유지하고 개선하는 일이다.

④ 지시(directing): 지시는 조직을 이끌고 가는 관리자로서 끊임없이 여러 가지 결정을 하며, 그 결정을 전달·실천하고, 부하를 적절히 평가하는 기능을 포함한다.

⑤ 조정(coordinating): 조정은 조직의 공동 목표를 달성하는 데 모든 담당

부서가 마찰없이 일을 진행할 수 있도록 상호관계를 원만히 해 주는 활동과 노력을 가리킨다.

⑥ 보고(reporting): 보고는 업무수행과 관련하여 중요한 사실과 정보를 상급자에게 알려주는 일이다. 지시가 하향적 의사소통이라면, 보고는 상향적 의사소통이다.

⑦ 예산(budgeting): 예산은 조직의 과업을 수행하는 데 들어가는 모든 재정과 관련된 일련의 활동으로서 예산 작성, 예산 집행, 회계, 예산통제 등이 여기에 포함된다.

Gulick과 Urwick의 POSDCoRB는 Fayol의 다섯 가지 관리 요소 가운데 기획, 조직, 조정은 똑같고, 명령은 다소 부드러운 어투인 지시로 바뀐 것이다. 그리고 Fayol이 조직 과정의 일환으로 다루었던 인사를 독립된 하나의 과정으로 보았다. 이것은 그만큼 행정에서 인사 문제가 중요하다는 것을 시사하며, 이후에 발표된 행정이나 교육행정의 과정에서는 인사가 중요한 하나의 요소로 포함되어 있음을 알 수 있다. 끝으로 Fayol의 통제가 보고와 예산으로 구분된 것은 조직에서의 의사소통과 재정의 중요성을 인정한 결과라고 할 수 있다.

제3절 교육행정의 과정

기업체에서의 경영 과정에 관한 연구와 정부에서의 일반 행정 과정에 관한 연구는 과학적 관리 운동과 더불어 시작되었지만, 교육행정 분야에서는 행정 과정에 관한 관심이 뒤늦게 나타났다. 아마도 이것은 교육행정의 경우 과정보다는 과업 중심으로 사고하는 관행 때문일 것이다. 교육행정 분야에서는 스탠포드(Stanford) 대학 교육행정학 교수였던 Sears가 교육행정의 과정을 발표한 이래 미국 학교행정가협회, Gregg, Campbell 등이 교육행정의 과정을 체계화하는 데 일조하였다.

우리나라의 경우 서울대학교에서 교육행정학을 가르치고 정년퇴임 후에는 우석대학교 총장을 역임했던 김종철(1982)이 교육행정의 과정을 정리한 바 있다.

1. Sears의 교육행정과정

Sears(1950)는 Fayol의 다섯 가지 경영의 요소를 교육행정에 적용하여 교육행정의 과정을 기획(planning), 조직(organizing), 지시(directing), 조정(coordinating), 그리고 통제(controlling)로 구분하였다. 군사적인 뉘앙스를 지니고 있는 Fayol의 '명령(commanding)'을 다소 부드러운 용어인 '지시'로 바꾼 것 이외에는 Fayol의 것을 그대로 받아들였다. Sears는 행정을 다수의 분리 독립된 요소들로 구성된 것으로 보지 않고 각 요소들이 통합된 형태로서 계속적인 순환 과정을 이루는 것으로 보았다. 그가 제시하고 있는 다섯 가지 행정 과정의 요소들은 간략히 설명하면 다음과 같다.

① 기획(planning): 기획은 조직의 목표를 정립하고 과업을 수행할 수 있도록 준비하는 과정이다. 행정 과정의 첫 단계로서 행정 과정에서 분리 독립된 것이 아니라 전체 행정 과정의 일부로서 기능한다. 기획은 후속되는 행정의 과정에 영향을 미치기도 하고, 조직, 지시, 조정, 통제 등 뒤에 따르는 과정이 기획에 환류되어 영향을 미치기도 한다. 따라서 기획은 조직의 장래를 결정하는 데 매우 중요하며, 기획의 결과를 심사숙고하여 신중하게 할 필요가 있다. 이와 관련하여 기획을 담당하는 사람들의 전문화, 별도의 기획부서의 설치, 그리고 기획 방법의 과학화가 중요하다.

② 조직(organizing): 조직은 인적 자원, 물적 자원, 아이디어 등을 확보하여 구조화하는 작업이다. 예컨대 학교의 경우, 인적 자원은 교육조직, 행정조직, 학년, 학급, 각종 위원회 등으로 조직화되고, 물적 자원은 교실, 도서관, 체육관, 교수-학습 매체, 서류정리함 등으로 조직화된다. 규칙과 원칙 등의 아이디어는 교칙(학칙), 경영방침, 연간 행사표, 학습지도안, 성적처리

기준, 시간표 등으로 조직화된다. 행정의 과정에서 조직 단계가 얼마나 중요한지 이해하기 위해서는 '조직하기'라는 말의 의미를 깊이 생각할 필요가 있다. 그리고 조직 기능이 기획, 지시, 조정, 평가 등 다른 행정 과정과 어떤 관련을 맺고 있는지에 대해서도 끊임없이 고민하며 조직 행위를 해야 한다.

③ 지시(directing): 지시는 의사결정을 통해 확정된 사항을 조직 구성원들이 숙지할 수 있도록 전달하는 일이다. 지시는 본질적으로 상급자가 하위자의 행동을 통제하는 기능을 수행한다. 구체적으로, 지시를 받은 조직 구성원은 언제 일을 시작하여 어떻게 수행하며 언제 끝낼 것인지를 알아서 행동해야 한다. 그래서 지시는 행정의 과정 가운데 눈에 가장 잘 띠는 단계이기도 하다.

④ 조정(coordinating): 조정은 행정의 대상이 되고 있는 조직, 인사, 재정, 시설, 사무, 수업 등의 여러 측면이 학교라는 조직의 목표를 달성하는 데 있어 최적의 상태가 되도록 조화시키는 것이다.

⑤ 통제(controlling): 통제는 조직 구성원들이 조직 목표를 달성하는 데 얼마나 열심히 참여하고 있는지 확인하고 점검하는 일이다. 이러한 통제에는 직접 통제와 간접 통제가 있다. 직접 통제에는 교직원의 활동을 직접 감독하거나 성과를 얻기 위해 강요하는 것이 포함된다. 간접 통제는 주로 일정 기간 동안 활동 결과를 분석(심사분석)하거나, 특정 행위를 요구하거나 금지하는 것을 담고 있는 규정을 제정하는 일을 포함한다. 통제의 구체적인 방법으로는 법령, 규칙, 지시, 전통, 직업윤리 등이 있으며, 통제의 효율성을 높이기 위해 성과급, 상벌 등이 활용되기도 한다.

2. 미국 학교행정가협의회(American Association of School Administrators: AASA)의 교육행정과정

미국 학교행정가협의회(American Association of School Administrators: AASA, 1955)는 33차 연보에 실린 '학교행정에서 교직원 관계'라는 글에서 교육행정을 학교교육의 목표를 달성하기 위하여 인적·물적 자원을 효율적으로 사용하는 과정 전체로 보고, 이와 관련된 주요 기능과 요소를 다음과 같이 다섯 가지로 요약하였다.

① 기획(planning): 기획은 조직의 목표를 설정하고 목표를 달성할 수 있는 가능한 모든 경로와 그 결과를 면밀히 검토한 후, 가장 합리적인 수단을 선택하여 바람직한 방향으로 미래를 통제하려는 행위이다. 교육행정의 과정을 논리적인 순서로 볼 때 기획은 바로 맨 앞에 오는 기능으로서, 조직의 목표를 설정하고 그것을 성취하기 위한 수단과 방법을 결정하는 과정이다. 구체적으로 기획 단계에서 할 수 있는 요소에는 다음과 같은 것들이 있다.

- 조직 목표의 정의와 명료화
- 목표 달성에 영향을 미치는 모든 조건의 검토
- 목표 달성을 위한 가능한 행동전략의 결과 예측
- 위의 사항을 모두 고려하여 조직의 미래 진로와 관련된 의사결정

② 배치(allocation): 배치는 행정 과정의 두 번째 기능으로서 조직의 운영 계획에 따라 인적·물적 자원을 확보하고 배분하는 것이다. 이 단계에서는 조직의 목적 달성에 필요한 인재를 채용하고 책임을 부여하며, 재정 등 물적 자원을 확보·배분하게 된다. 조직의 구조는 그 자체가 인적 자원, 물적 자원, 책임 등을 배분하기 위한 기초라고 할 수 있다. Fayol이나 Sears가 '조직'이라고 불렀던 기능을 여기에서는 배치라고 한 것이다.

③ 자극(stimulation): 자극은 조직 구성원들이 조직의 목표 달성에 최대한 기여할 수 있도록 구성원의 행동을 자극하고 그 행동에 동기를 부여하는

일이다. 교육행정의 세 번째 기능으로서 자극은 행정적 지도성, 현직교육, 업적에 대한 평정, 보수, 승진, 보상, 인정 등을 포함하는 각종 유인체제를 통해 이루어진다. 이는 인간관계론의 영향으로 종전의 '명령'이나 '지시' 등의 용어를 '자극'으로 바꾼 것으로 볼 수 있다.

④ 조정(coordination): 조정은 조직의 하위 부서들의 활동이 조직의 목표에 부합하도록 통합시키는 일이다. 교육행정의 네 번째 기능으로서의 조정은 조직 구성원들과 하위 부서들의 활동이 조화를 이루도록 함으로써 조직 목표를 최대한 달성하는 데 기여하고자 하는 것이다. 조정은 인적·물적 자원의 유통과정을 통제하고 운영의 최적 시점을 포착함으로써 효과적으로 이루어질 수 있다. 그러나 조정이 성공적으로 이루어지기 위해서 가장 중요한 것은 구성원들이 서로 이해의 폭을 넓히는 한편, 조직 공동의 목표를 인식하고 수락하는 일이다. 따라서 조정과정에서는 공식적 의사소통뿐만 아니라 비공식적 의사소통도 필요하다. 그리고 하향적 의사소통뿐만 아니라 수평적 의사소통과 상향적 의사소통도 원활하게 이루어져야 한다.

⑤ 평가(evaluation): 평가는 위의 네 가지 행정 기능의 수행과정을 계속적으로 점검하는 일이다. 교육행정 과정의 마지막 단계로서의 평가는 조직의 목표 달성과 조직 구성원의 성장을 동시에 고려하면서 조직 활동과 그 결과를 확인하는 것이다. 평가 과정은 조직의 운영계획 수립, 책임의 할당, 자원의 분배, 그리고 구성원의 활동을 자극하고 조정하는 등 조직의 발전을 위하여 필요한 자료를 제공한다는 점에서 매우 중요한 단계이다. 평가 과정에서는 평가의 대상을 조직의 가시적인 목표 달성 여부에 한정할 것이 아니라 조직 구성원의 성장과 만족감의 정도도 포함하도록 해야 한다. 미국 학교행정가협의회가 이러한 점을 강조하고 있는 것은 교육행정에 관한 인간관계 접근의 영향 때문이라고 할 수 있다.

3. Gregg의 교육행정과정

Gregg(1957)는 미국 위스콘신(Wisconsin) 대학교의 교육행정학 교수로서 일반 행정 과정을 교육행정 과정에 보다 혁신적으로 적용하였다. 그는 Fayol의 경영과정에서 한 걸음 더 나아가 당시 경영학과 행정학에서 주목하였던 지도성, 집단과정, 인간관계 등의 개념을 강조하면서 교육행정의 과정으로서 다음과 같은 일곱 가지 요소를 제시하였다.

① 의사결정(decision-making): 의사결정은 모든 행정 과정에 선행하는 요소로서 행정 과정의 핵심이라고 할 수 있다. 일반적으로 의사결정은 목표의 수립과 목표 달성을 위한 수단의 선택을 포함하며, 개인 의사결정과 조직 의사결정으로 구분된다. 교육행정에서 중요한 것은 조직 의사결정으로서, 이는 조직 책임자의 가치, 조직 여건, 조직 구성원의 참여 등을 고려하여 합리적으로 이루어지는 것이 좋다. 그러나 이 경우 최종 의사결정은 조직의 최고 책임자에 의해 이루어지며, 그 결과에 대한 궁극적인 책임도 그에게 있다.

② 기획(planning): 기획은 미래의 합리적인 행동을 위한 지혜로운 준비 과정을 의미한다. 기획은 목표의 확인, 목표 달성을 위한 조건의 탐색, 사전 결과의 분석, 미래 진로의 결정 등의 일련의 과정을 포함한다. 기획은 조직의 목표와 목표 달성을 위한 수단 사이에 일관성을 유지하는 데 있어 필수적인 과정이며, 일회적인 활동이라기보다는 장기적인 안목에서 계속적으로 이루어져야 하는 활동이다. 기획의 성공적인 실천을 위해서는 기획의 산물인 조직 목표 및 비전에 대한 조직 구성원들의 공유가 필수적이며, 이를 위해서는 조직 구성원의 광범위한 참여가 권장된다.

③ 조직(organizing): 조직은 공동 목표를 달성하기 위하여 목적, 과업, 지위, 사람 등을 대상으로 하여 책임을 분담하는 일이다. 조직에는 공식 조직과 비공식 조직이 있는데, 교육행정의 과정에서는 통상 전자만을 대상으로

하는 경향이 있지만, 후자의 중요성을 간과해서는 안 된다. 특별히 비공식 조직이 공동의 목표 달성에 도움이 되는 방향으로 운영되도록 하는 것이 중요하다. 그리고 교육행정의 경우 조직의 원리로서 능률의 원리(목표 달성 추구)와 민주주의의 원리(구성원의 만족도 추구) 사이에 조화를 이루는 것이 중요하다.

④ 의사소통(communicating): 의사소통은 개인 간 또는 부서 간 정보, 의견, 아이디어 등을 교환하는 것이다. 의사소통은 송신자, 메시지, 수신자를 핵심 요소로 하고 있는데, 누가 송신자가 되고 누가 수신자가 되느냐에 따라 수직적 의사소통으로서 상의하달과 하의상달이 있고, 수평적 의사소통으로서 횡적교신, 협의 등이 있다. 조직의 목표 달성과 문제 해결을 위한 원활한 의사소통의 중요성은 아무리 강조해도 지나치지 않는다. 조직의 원만한 운영을 위해서는 공식적 의사소통 이외에 비공식적 의사소통에도 관심을 기울여야 한다. 그리고 조직을 살아있는 개방적 유기체로 존재하도록 하기 위해서는 조직 안의 의사소통뿐만 아니라 조직과 외부 사이의 의사소통도 매우 중요하다.

⑤ 영향(influencing): 영향은 조직의 공동 목표 달성을 위해 공식적인 권위를 사용할 뿐만 아니라 설득, 협의, 참여를 통한 협동적 관계를 구축하는 것을 의미한다. 영향은 조직 구성원 간 공동 목표의 공감, 조직 구성원의 자발적인 헌신 유발, 만족도 제공, 적절한 조언 제공, 조직 구성원의 능력 개발 기회 제공 등을 포함한다. 영향은 결국 지도성과 인간관계의 문제라고 할 수 있다. '영향'은 일반 경영이나 행정의 과정에서 '명령' 또는 '지시'로 되어 있는 것이 인간관계론의 영향을 받아 교육조직에 맞게 다소 부드러운 용어로 바뀐 것이라고 할 수 있다.

⑥ 조정(coordinating): 조정은 조직의 목표를 효율적으로 달성하기 위하여 조직 내의 인적·물적 자원을 통합·조절하는 것이다. 개인이나 집단의 행동을 효과적으로 조정하기 위해서는 법규, 지식, 전통, 관습, 윤리, 역할, 인성, 집단과정 등에 관한 깊은 이해가 필요하다. 그리고 책임 분담에 관한

정확한 규정, 조직의 정책 규칙에 관한 명문화된 규정, 공식적 의사소통의 체계, 각종 위원회, 행정 처리 절차에 관한 명문화된 규정, 관련 문서와 기록의 보존 등도 조정을 촉진하는 데 도움을 준다.

⑦ 평가(evaluation): 평가는 행정 활동의 과정과 성과를 검토하여 그 합리성, 효과성, 능률성 등을 측정하는 과정이다. 평가는 특별히 공익성을 띠고 있는 조직의 경우 책무성의 차원에서도 반드시 필요한 요소로서 교육행정의 경우에도 예외가 아니다. 평가의 결과는 행정 과정의 모든 단계로 환류되어 더 나은 행정 활동을 하는 데 기여하게 된다. 실제로 평가를 수행하는 단계에서 중요한 것은 무엇을, 어떠한 기준에 따라 평가할 것인지, 그리고 평가 결과를 어떻게 해석하고 활용할 것인지의 문제이다. 일정 기간 또는 특정 과업에 대한 평가를 할 수도 있으나 최근에는 행정의 전 과정에 대한 계속적인 평가가 강조되고 있다.

Gregg는 교육행정 과정의 요소들이 독립되어 존재하는 것이 아니라 상호관련되어 있음을 강조하였다. 예를 들어 의사결정은 모든 행정 과정에 선행하는 기능이기는 하지만 다른 행정 과정에서 분리 독립되어 있는 요소가 아니라 서로 관련을 맺고 통합된 일부분으로 존재한다는 것이다. 기획도 별도로 존재하는 것이 아니라 의사결정과의 관련 속에서 그리고 그 이후의 조직, 의사소통, 영향 등과의 관련 속에서 의미를 지닌다. 평가도 별도로 존재하는 것이 아니라 이전의 여섯 단계에 모두 적용되는 요소이다. 이렇듯 Gregg의 행정과정 요소들은 독자적으로 존재하는 것이 아니라 서로 관련 속에서 통합된 과정으로 존재하는 것이다. Gregg의 행정 과정의 특징은 의사결정을 기획과는 다른 요소로 보고 행정 과정의 첫 단계로 보고 있다는 점과 의사소통을 별도의 요소로 취급하고 있는 점이다. 특별히 의사소통을 별도의 과정으로 다룸으로써 조직의 성패와 관련하여 조직 활동에서 의사소통이 그만큼 중요하다는 것을 강조한다.

4. Campbell 등의 교육행정과정

1950년대 후반 이후 교육행정학의 이론화 운동에 많은 기여를 한 것으로 알려져 있는 Campbell은 행정 과정을 조직이 결정한 목표를 달성하기 위한 구체적인 수단과 방법을 선택하고 행동하는 과정으로 정의하였다. Campbell 등(1958)은 교육행정의 과정을 의사결정, 프로그램 짜기, 자극, 조정, 평가 등 다섯 가지 요소의 순환과정으로 기술하였다.

① 의사결정(decision-making): 의사결정은 심사숙고한 후에 도달한 결론 또는 이에 도달하기까지의 계속적이고 역동적인 과정을 가리킨다. 일반적으로 합리적인 의사결정은 문제분석과 결정이라는 두 단계로 구분된다. 문제분석은 문제가 발생된 원인을 찾아내는 행위이고, 결정은 그 문제를 해결하거나 문제의 증상을 완화시키기 위한 수단을 선택하는 행위이다. 문제분석 단계에서 중요한 것은 잘못된 것이 무엇인지 정확하게 확인하고 기술하는 일이다. 문제를 확인하고 나면 그 문제의 원인을 규명하고 그 문제를 해결할 수 있는 여러 대안 가운데 최적의 것을 선택하여야 한다. 어느 쪽 대안을 택하더라도 부분적으로 긍정적이고 부분적으로 부정적인 결과를 가져올 수 있다. 따라서 가장 합리적인 결정을 하려면 긍정적 효과를 최대화하고 부정적 효과를 최소화하는 대안을 선택하여야 한다.

② 프로그램 개발(programming): 프로그램 개발은 어떤 주요 결정이 이루어진 후에, 집행에 필요한 수많은 방법을 만드는 활동으로서, 구체적인 과업 수행을 위하여 자격을 갖춘 조직 구성원의 선발과 임용, 시설과 장비의 배치, 예산편성 등을 포함한다. Campbell 등은 종전의 행정 과정에 사용된 '조직(organizing)'이라는 용어를 프로그램 개발로 바꾸었다.

③ 자극(stimulating): 자극은 조직의 결정을 효과적이고 능률적으로 수행하기 위하여 조직 구성원의 자발적인 노력과 참여를 유도해 내는 교육행정가의 활동이다. 다시 말하면, 자극은 프로그램이 잘 실천될 수 있도록 프로그

램의 개발과 집행 시에 구성원들이 적극적으로 참여하도록 하고, 활발한 의사소통 등의 노력을 통하여 구성원들의 행동에 동기를 부여하는 것이다. 자극하는 방법은 직접적인 것과 간접적인 것으로 구분된다. 전자는 조직을 관리하는 교육행정가가 조직 구성원에게 직접적인 압력을 가하여 과업을 수행하도록 하는 방법이다. 이것은 조직 내에서 공식적인 지위를 가지고 있는 교육행정가가 그 지위를 가지고 영향력을 행사하는 것이다. 후자는 교육행정가가 일련의 조건들을 마련해 줌으로써 조직구성원이 주어진 상황하에서 자발적으로 과업수행을 위한 행동을 하도록 간접적으로 자극하는 방법이다. Campbell 등은 조건정비를 통해서 자발적 참여를 유도하는 간접적 방법이 개인에게 지시적 압력을 가하는 직접적 방법보다 더 효과적이라고 보았다.

그러나 간접적 방법을 통한 자극이 항상 성공하리라는 보장은 없다. 아무리 간접적인 방법을 통하여 인격을 존중하면서 조직 구성원을 자극한다 하더라도 결국 조직 목적에 합당한 행동을 할지 여부는 조직 구성원에 달려 있기 때문이다. 이것은 결국 교육행정가의 지도성과 직결된다.

이와 관련하여 Campbell 등은 조직의 구성원을 자극하는 수단으로서 참여를 강조하고 있다. 이들은 조직의 의사결정과 프로그램 개발 등의 과정에서 구성원들이 참여를 하게 되면 그만큼 조직의 일에 관심을 갖게 되고, 더 나아가 조직 목적을 달성하는 데 헌신할 것으로 보고 있다. 왜냐하면 어떤 결정에 구성원들의 개인적인 이해관계가 클수록 참여에 대한 그들의 관심은 높아지고, 조직의 구성원들은 자기들의 경험이나 능력의 범위 내에 있는 문제들에 관심을 갖기 때문이다. 성공적인 자극과 관련하여 의사소통은 매우 중요하다. 교육행정가는 조직 내에서의 모든 의사소통, 즉 하향적·상향적·수평적 의사소통, 그리고 공식적·비공식적 의사소통이 원활하게 이루어지도록 최대한 노력해야 한다. Campbell 등은 종전의 행정 과정에서 명령 또는 지시에 해당하는 용어 대신 다소 부드러운 표현을 위해 자극이란 용어를 쓰고 있다.

④ 조정(coordinating): 조정은 조직의 목적을 달성하는 데 필요한 인적 자원과 물적 자원의 구조와 과정을 적절하게 조절하는 것이다. 조정 단계에서는 때때로 조직의 목적을 재검토할 필요가 발생한다. 이러한 조직의 목적 달성과 관련하여 과업의 종류와 수행 기준에 변화가 오기도 하고, 변화된 과업과 업무수행의 기준으로 인하여 조직 구성원들의 배치를 조정할 필요가 발생하기도 한다. 교육행정가가 조정 기능을 제대로 수행하지 못하는 경우에는 조직의 효율성이 떨어지고 조직 내 갈등이 증폭될 가능성이 높다.

⑤ 평가(appraising): 평가는 행정 과정의 최종 단계로서, 조직의 목적이 어느 정도 성취되고 있으며, 조직이 잘 유지되고 있는가를 파악하는 것이다. 앞에서 다른 학자들도 강조하고 있듯이, 일회성 평가보다는 계속적인 평가가 중요하다. 이러한 일련의 평가에서 중요하게 다루어야 하는 질문은 다음과 같다(Litchfield, 1956).

- 목적과 그 목적을 성취하기 위한 절차가 서로 모순 없이 일치하고 있는가?
- 절차는 의도대로 실시되고 있는가?
- 조직의 목적은 어느 정도, 어떻게 잘 성취되고 있는가?
- 조직은 어느 정도 잘 유지되고 있는가?

이러한 질문들은 모든 조직은 어떤 특수한 목표를 달성하기 위하여 존재한다는 사실을 보여준다. 교육행정의 주요 대상인 학교의 경우 그 목표는 교수-학습 이외에도 정치사회화, 경제발전에의 기여, 친구 사귀기, 안전한 돌봄, 적성 발견, 대학 진학 등 다양하다. 따라서 평가는 구체적인 조직의 목표를 전제하지 않으면 안 된다. 조직의 목표가 다소 추상적일수도 있으나, 구체적일수록 평가 결과의 해석과 활용은 의미가 더 크다고 할 수 있다. 한편, 평가에서 중요한 것은 조직의 목표가 어느 정도 달성되고 있는가의 문제뿐만 아니라 조직이 조직의 목표를 지속적으로 달성하기 위하여 어떻게 잘 유지되고 있는가의 문제이다. 이것은 조직 구성원의 능력이나 헌신과 관련이 있다. 조직 구성원이 계속 성장하지 않고 자발적으로 헌신하지 않는 조직은 잘 유지될 수 없을 것이다.

5. 김종철의 교육행정과정

김종철(1985)은 다양한 일반 행정 및 교육행정의 과정을 종합하면서 기획과 정책결정, 집행, 통제와 평가 등의 세 단계로 교육행정의 과정을 정리하였다. 이 세 단계는 서로 깊은 관련을 맺고 있으면서도 하나의 계속적인 순환과정을 이루는 것으로 보았다.

① 기획과 정책결정: 김종철은 행정 과정의 첫 단계로서 기획과 정책결정을 묶어서 하나의 단계로 파악했다. 기획은 미래의 교육활동에 관한 지적·합리적 준비의 과정이고, 정책결정은 교육문제 해결을 위한 대안의 선택이다. 기획은 정책결정에 앞설 수도 있고 정책결정 뒤에 올 수도 있다. 기획이 정책결정 뒤에 올 경우 이를 교육계획이라고 할 수 있다. 단위학교의 학교교육계획도 이에 해당된다.

② 집행: 종전의 행정 과정에서의 조직, 의사소통, 조정, 자극, 영향 등의 요소들을 묶어서 김종철은 집행으로 요약했다. 조직이 내린 주요 결정과 정책을 집행하는 단계는 행정의 대부분을 차지한다. 집행단계에서 이루어지는 일은 분업의 체계에 따른 조직 구성원의 선발과 배치, 조직 목표 달성을 위한 각종 정보의 흐름, 구체적인 방향제시와 동기유발, 갈등의 최소화와 공동목표 달성을 위한 조정 등을 포함한다.

③ 통제와 평가: 통제와 평가는 행정 과정의 마지막 단계이다. 이 둘을 서로 바꿔 사용하는 학자들도 있으나 김종철은 다음과 같이 구분하고 있다. 통제는 결재, 보고, 규칙, 징계 등 조직 목표로부터 일탈을 방지하는 기능을 한다. 이러한 통제는 때때로 외부로부터의 속박을 의미하기도 한다. 그러나 이러한 통제는 조직의 유지를 위해 불가피한 것이다. 반면에, 평가의 목적은 학과 담당 교사가 학생들의 성적을 매기는 것과 마찬가지로 학교 또는 지역 단위 또는 국가 수준에서 이루어지고 있는 학교교육 전반에 걸쳐 또는 그 일부에 대하여 그 성과 및 효율성을 종합적으로 측정함으로써 문제를 진단하고 개선의 방향을 찾는 데에 있다.

제4절 행정과정의 요소 종합

지금까지 우리는 일반 행정과 교육행정을 분리하여 행정의 과정을 살펴보았다. 그 결과 시대에 따라서 행정과정의 요소가 조금씩 변화하여 왔음을 알 수 있다. 1950년대 이후 행동과학의 영향과 인간관계론의 영향으로 행정과정에서 강조하는 측면이 다소 달랐고, 그 용어도 상이했다. 예컨대 교육행정에 있어서 권력적·강압적 요인이 배후로 물러난 반면에, 교육행정 본연의 지원적·봉사적·전문적 측면이 강조되어 왔다.

〈표 3-1〉은 여러 학자들이 발표한 행정과정의 요소들을 정리한 것이다. 이것은 교육행정의 과정에 작용하는 공통 요소를 찾아내는 데 유용한 표로서 주로 일반 행정에서 교육행정으로 넘어오는 과정과 교육행정 분야에서의 변화과정을 일목요연하게 보여준다. 이 표에서 알 수 있는 사실로서 중요한 것은 다음과 같다(이찬교·김재웅, 1999: 17).

〈표 3-1〉 행정과정의 요소 종합정리

Fayol(1916, 1949)	Gulick과 Urwick(1937)	Sears(1950)
기획(planning) 조직(organizing) 명령(commanding) 조정(coordinating) 통제(controlling)	기획(planning) 조직(organizing) 인사(staffing) 지시(directing) 조정(coordinating) 보고(reporting) 예산(budgeting)	기획(planning) 조직(organizing) 지시(directing) 조정(coordinating) 통제(controlling)
AASA(1955)	**Gregg(1957)**	**Campbell 등(1958~1977)**
기획(planning) 배분(allocating) 자극(stimulating) 조정(coordinating) 평가(evaluating)	의사결정(decision-making) 기획(planning) 조직(organizing) 의사소통(communicating) 영향(influencing) 조정(coordinating) 평가(evaluating)	의사결정(decision-making) 프로그램작성 (programming) 자극(stimulating) 조정(coordinating) 평가(appraising)

첫째, Fayol에서부터 Campbell에 이르기까지 계속적으로 중요한 요소로 강조되는 것으로는 기획 · 조직 · 조정의 세 가지이다.

둘째, 일반 행정 과정의 초기에는 중요시되다가 교육행정 과정의 초기인 Sears에 와서 변화되거나 없어진 요소로는 명령(commanding)과 통제(control)가 있다. 명령은 Fayol이 사용하였으나 그 이후 지시(directing)로 바뀌었고, 교육행정 과정에서는 자극 또는 영향으로 바뀌었다. 통제는 Fayol이 사용하고 Sears에 의해서 교육행정 과정에 도입되었으나, 그 후 다른 교육행정학자들은 아무도 이 말을 사용하지 않았다. 교육행정의 과정에서 이러한 요소들을 기피하게 된 이유는 명령, 통제, 지시 등의 용어가 권위주의적인 명령하달식 인상을 강하게 주기 때문이다. 따라서 교육행정에서는 명령, 지시 등의 용어 대신에 자극 · 영향 · 지도 · 조언이라는 용어를 많이 사용하고 있다. 이는 교육행정에 관한 인간관계 중심 접근의 영향이기도 하다.

셋째, 초기단계에는 보이지 않다가 1950년대 이후에 행정이 발달됨에 따라 중요한 요소로 나타난 것으로서 의사결정(decision-making)이 있다. 행정에서 의사결정을 말할 때 행정의 전부, 또는 행정과 동의어로 사용할 정도로 중요한 요소가 되었다.

이러한 행정과정의 공통적인 요소들에 대해, 행정과정을 논한 학자들의 견해를 체계 있게 비교한 Knezevich(1975)의 '공교육행정(*Administration of Public Education*)'을 중심으로 설명하면 다음과 같다(이찬교 · 김재웅, 1999; 이형행, 1985).

① **기획**: Fayol에서부터 오늘날에 이르기까지 행정 과정을 논의하는 데 있어서 기획은 계속 강조되어 온 요소이다. 다만 Campbell만이 프로그램 개발(programming)이라는 용어 속에 기획의 기능을 포함시키고 있을 뿐이다. 많은 학자들은 기획을 조직의 목표를 명확히 설정하는 것으로 보았다. 기획은 미래지향적인 속성을 지니며, 이러한 속성은 환경의 역동적 변화에 대한 조직의 적응력을 높여 준다. 행정 과정에 있어서 기획의 기능이 일차적이면서도 중요하게 다루어지고 있는 이유는 바로 이 때문이다. 한마디로

기획은 조직의 목표를 설정하고 그것을 달성하는 데 필요한 최적의 수단을 선택하여 미래의 행동을 합리적으로 준비하는 일련의 과정이다. 대학의 기획처, 교육부의 기획조정실이 바로 그러한 역할을 한다. 따라서 모든 조직 활동의 목표를 수립하고 방향을 제시하는 기획 업무는 교육행정가의 가장 중요한 업무 가운데 하나로 자리 잡아야 한다.

② 조직: 기획의 다음 단계에 따라오는 조직도 Fayol 이후의 모든 학자들이 행정 과정의 중요한 요소로 들고 있다. 조직의 목표 달성을 위한 과업이 분담되고, 이것들이 하나의 통합된 운영 체계로 이루어지기 위해서 조직하는 일이 우선되어야 한다고 보는 것이다. 미국학교행정가협회(AASA)는 배치(allocating)라는 용어를 사용하여 조직, 인사, 예산 등을 여기에 포함시켰다. Campbell 등도 직원의 선발 및 조직, 시설과 장비의 배치, 예산편성 등을 프로그램 개발 속에 포함시켰으며, 이 용어가 조직이란 말보다 더 적절한 표현이라고 주장하였다. 행정의 과정을 POSDCoRB로 표현한 Gulick과 Urwick은 인사를 조직에서 분리시킴으로써 행정에서 인사의 중요성을 강조하였으나 넓은 의미의 조직은 인사 문제를 포함한다고 할 수 있다.

③ 자극(또는 지시): Fayol이 처음으로 명령이라는 용어를 사용하였으나, 그 이후의 행정학자들은 지시라는 표현으로 대치하였다. 지시는 일이 이루어지도록 다른 사람들의 행동을 유발하는 것으로 오늘날까지도 계속 사용되어 오고 있다. 그러나 교육행정 분야에서는 지시라는 용어가 권위주의적인 명령하달식 방법을 쓰는 듯한 인상을 준다는 이유에서 이의 사용을 기피하고, 자극(stimulating), 영향(influencing), 또는 지도성(leadership)이라는 용어를 선호하고 있다. 이는 인간관계론의 영향이기도 하다.

④ 조정: 기획·조직과 함께 Fayol에서부터 Campbell에 이르기까지 계속 강조되어 온 행정과정의 중요 구성요소이다. 따라서 조정이란 말 이외에 다른 용어를 사용한 학자는 한 사람도 없다. 조정은 조직구성원의 노력을 조절하고 통합시키는 것이다. 따라서 행정과정의 한 부분으로 분리시켜서

별개의 활동으로 보아서는 안 된다. 조정이 잘 이루어지면 노력, 시간, 재정 등의 낭비를 막고, 각 부서 간의 부조화 및 직원 간의 갈등을 예방할 수 있어서 업무능률의 향상, 집단분위기의 조성이 잘 이루어져서 조직목표의 달성에 효과적이다.

⑤ 평가(또는 통제): 초기의 행정과정에서 사용된 통제(control)라는 말은, 후의 교육행정의 과정에서 평가(evaluating)로 바뀌었다. 통제라는 용어 속에는 Gulick과 Urwick의 보고와 예산편성이, 그리고 미국학교행정가협회, Gregg, 그리고 Campbell 등의 평가의 개념이 포함되어 있다고 할 수 있다. 평가의 주요결과는 조직과 자원배분에 대한 새로운 계획이나 변화를 기도할 때에도 활용된다. 통제라는 용어가 전통적으로 권위주의적·강압적 의미가 강하기 때문에 교육행정에서는 평가라는 말을 더 많이 사용하고 있다.

질문 / 토의거리

1. 교육행정의 과정과 일반 행정 과정과의 차별성은 무엇인지 논의해 보자.
2. 교육행정 과정의 주요 요소들을 구체적 예를 들어 설명해 보자.
3. 교육행정의 기본 원리에 대해 설명해 보자.
4. 최근의 교육적 이슈 한 가지를 선택하여, 교육성의 원리에 비추어 보아 논의해 보자.

참고문헌

김종철(1982). 교육행정의 이론과 실제. 서울: 교육과학사.

김종철(1985). 교육행정신강. 서울: 세영사.

이찬교, 김재웅(1999). 교육행정(개정1판). 서울: 한국방송통신대학교출판부.

이형행(1985). 교육행정: 이론적 접근(중판). 서울: 문음사.

American Association of School Administrators (1955). Staff relations in school administration. *Thirty-third Yearbook of AASA*. Washington, DC: AASA.

Campbell, R. F. (1958). *Introduction to educational administration*. Boston: Allyn and Bacon.

Fayol, F. (1949). *General and industrial management*. (Storrs, C., & Urwick, L., Trans.). London: Sir Isaac Pitnam & Sons. (Original work published 1916)

Gregg, R. T. (1957). The administrative process. In R. F. Campbell, & R. T. Gregg (Eds.), *Administrative behavior in education* (pp. 269-317). New York: Harper & Brothers.

Gulick, L., & Urwick, L. (Eds.). (1937). *Papers on the science of administration*. New York: Institute of Public Administration, Columbia University.

Knezevich, S. J. (1975). *Administration of public education*(3rd ed.). New York: Harper & Row.

Litchfield, E. H. (1956). Notes on a general theory of administration. *Administrative Science Quarterly*, 1(1), 3-29.

Sears, J. B. (1950). *The nature of the administrative processes*. New York: McGraw Hill.

제4장 동기이론

동기는 사람으로 하여금 어떤 행동을 일으키게 하는 내적인 요인 또는 마음의 상태를 의미한다. 동기에 관련되는 이론은 크게, 내용이론과 과정이론으로 구분된다. 내용이론은 동기를 유발하는 내용 즉 '무엇'이 동기를 유발하는가에 초점을 두고 있다. 과정이론은 동기가 유발되는 과정 즉 '어떻게' 동기가 유발되는가에 초점을 두고 있다. 구체적으로, 대표적인 내용이론에 해당하는 Maslow의 욕구계층 이론, Herzberg의 동기 2요인설, Alderfer의 ERG 이론 등을 살펴보고, 대표적인 과정이론에 해당하는 Vroom의 기대이론, Locke의 목표설정 이론, 공정성 이론 등을 알아본다.

제1절 동기의 개념

동기(motive)는 사람으로 하여금 어떤 행동을 일으키게 하는 내적인 요인 또는 마음의 상태를 의미한다. 동기부여(motivation)는 이와 같은 상태로 되거나 또는 가져오게 하는 것을 의미한다. 동기는 그 자체가 행동이 아니기 때문에 직접 관찰할 수는 없지만, 관찰되는 행동을 통해서 유추해 볼 수 있다.

동기는 인간이 가지고 있는 욕구에 뿌리를 두고 있다. 동기는 욕구와 행동을 연결시키는 매개변인이다. 욕구와 동기와 행동의 관계는 [그림 4-1]과 같이 나타낼 수 있다. 행동은 개인의 욕구를 충족시키기 위한 수단이며 그 욕구가 개인에게 동기를 유발하는 것이다. 일반적으로 동기 또는 동기화는 세 가지 기본적 구성

요소들, 즉 인간 행동을 활성화시키고, 방향을 주며, 유지시키는 요소를 포함하고 있다.

[인간의 욕구] → [동 기] → [행 동]

[그림 4-1] 욕구 · 동기 · 행동 간의 관계

동기에 관련되는 이론은 크게 내용이론(content theories)과 과정이론(process theories)으로 구분된다. 내용이론은 동기를 유발하는 내용, 즉 '무엇'이 동기를 유발하는가에 초점을 두고 있다. 사람이 가지고 있는 욕구가 무엇이며, 그것의 우선순위가 어떤가에 관심을 둔다. 이에는 대표적으로 욕구계층 이론, 동기 2요인설(또는 동기 · 위생 이론), ERG 이론 등이 있다.

과정 이론은 동기가 유발되는 과정, 즉 '어떻게' 동기가 유발되는가에 초점을 두고 있다. 인간이 목표를 달성하기 위하여 노력하는 행동 과정에 관계되는 요인이 무엇이며, 그들이 어떻게 상호 관계되는가에 관심을 둔다. 이에는 대표적으로 기대 이론, 목표설정 이론, 공정성 이론 등이 있다.

제2절 동기의 내용이론

1. Maslow의 욕구계층 이론(Need Hierarchy Theory)

동기이론으로 가장 널리 알려진 것은 Maslow의 이론이다. Maslow(1970)는 인간의 욕구가 그 중요도에 따라 낮은 수준의 욕구에서 높은 수준의 욕구로 일련의 계층을 구성한다는 욕구계층 이론을 제시하였다. 이 이론은 두 가지 기본적인 전제에 터해 있다. 첫째, 인간은 무엇인가를 필요로 하는 결핍의 존재로서, 충족되지 않은 욕구만이 행동을 일으킨다. 둘째, 인간의 욕구는 충족되어야 할 순서대로 계층화되어 있어, 하위 욕구가 충족되면 다음 단계의 욕구를 충족시키기 위해 동기화된다.

욕구계층 이론은 한 단계의 욕구가 충족되면 이 욕구는 더 이상 동기를 유발하지 못하고, 다음 단계의 욕구가 행동의 동기가 된다고 가정하고 있다. Maslow는 [그림 4-2]에서 보는 바와 같이, 인간의 욕구를 다섯 가지 수준으로 나누었다. 생리적 욕구, 안전의 욕구, 소속과 애정의 욕구, 존중의 욕구, 자아실현의 욕구 등이다.

생리적 욕구(physiological needs)는 인간이 생존하고 살아가기 위해서 필요로 하는 음식, 물, 공기, 수면, 성(性), 안락, 숙소 등과 같이 가장 기초적인 욕구이다. 이것은 무엇보다 강력한 욕구인데, Maslow에 의하면 부분적으로나마 그것을 만족하기 전에는 사람들이 존중감이나 자아실현 등과 같은 높은 수준의 욕구를 가지지 않는다. 높은 수준의 욕구는 낮은 수준의 욕구가 만족된 후에 나타난다.

생리적 욕구가 충족되고 나서는 안전의 욕구(safety needs)가 나타난다. 안전의 욕구는 신체적 안전뿐만 아니라 정신적 위협과 혼란으로부터의 자유를 의미하는 심리적 안전도 포함한다. 직업적으로 안전하거나 안정성을 원하는 욕구도 이에 포함된다.

안전의 욕구보다 한 단계 높은 욕구는 소속과 애정의 욕구(belongingness and love needs)로서 이는 사랑, 애정, 소속감 등을 두루 포함하는 사회적 욕구의 집합이다. 인간은 다른 사람들과 관계를 맺으면서 살아가는 사회적 존재이다. 사람들은 사랑을 하고 싶어 하기도 하고, 사랑을 받고 싶어 하기도 한다. 또한 친목을 다지고 집단의식을 키우기 위해서 다른 사람들과 특별한 관계를 맺는다. 그래서 사람이 속한 집단은 기본적인 욕구를 만족시킬 수 있도록 영향력을 행사할 수 있는 힘을 가진다. 이 욕구가 좌절되면 부적응을 초래한다.

다음으로 존경의 욕구(esteem needs)는 다른 사람으로부터뿐만 아니라 자신으로부터도 존경받을 만한 사람이 되고자 하는 욕구이다. 모든 사람들은 다른 사람들로부터 존경받고 인정받기를 바란다. 그리고 이러한 존경의 욕구는 자존의 욕구와도 관계가 있다. 자존의 욕구는 자신에 대하여 가치 있고, 중요하고, 자부심을 가지는 감각과 연결된다. 반면에 자존의 결핍은 무기력, 무능, 열등 등과 관계가 있다.

마지막 단계인 자아실현의 욕구(self-actualization needs)는 자신의 잠재능력을 최대로 발휘하여 최상의 인간으로서 자기완성을 이루려는 욕구이다. 인간은 자기에게 어울리는 존재이면서 바라는 존재가 되기 위해 노력한다. 인간은 성장하고, 능력을 발휘하며, 새로운 지식과 기술을 배우고 창조하고자 하는 욕구가 있다. 자아실현의 욕구를 만족시킨 사람은 자신이 바라는 사람이 되기 위해서 꼭 해야 할 일을 한다. 자아실현의 욕구는 다른 욕구와 달리 욕구가 충족될수록 더욱 증대된다.

첫째, 둘째 욕구는 본질적으로 분명하고 물질적인 욕구인 반면, 셋째, 넷째, 다섯째 욕구는 불분명하며 인간적, 정신적인 욕구라고 볼 수 있다.

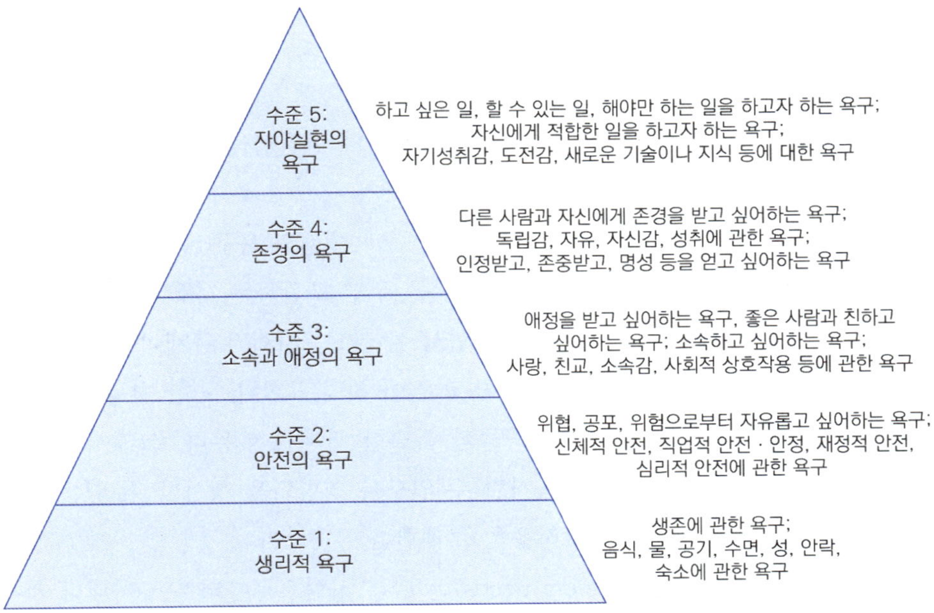

출처: Hoy, W. K., & Miskel, C. G.(2003). *Educational administration: Theory, research, and practice*(6th Ed.). New York: McGraw-Hill, p. 128.

[그림 4-2] Maslow의 욕구계층 이론

Maslow가 제시한 욕구계층이론은 한 사회의 발전 또는 시대적 변화에 따라서 두드러지는 욕구가 달라질 수 있음을 시사한다. Hersey와 Blanchard는, 현대사회의 대부분 사람들은 각 단계의 욕구를 완전하게 만족하고 있는 것이 아니라, 부분적으로 만족도 하고 불만족도 하면서 살아간다고 주장한다. 아울러 소속과 애정의 욕구, 존경의 욕구, 자아실현의 욕구 단계에서보다는 생리적 욕구, 안전의 욕구 단계에서 만족이 더 잘 되는 경향이 있다. 일반적으로 궁핍한 사회의 경우, 많은 사람들의 행동이 생리적 욕구나 안전의 욕구를 충족시키기 위한 것이 사실이다.

Hersey와 Blanchard는 생활수준이 낮은 사람들과 생활수준이 높은 사람들의 욕구 구조가 다르다는 것을 [그림 4-3], [그림 4-4], [그림 4-5]로 보여주고 있다(Hersey & Blanchard, 1977: 33-34). [그림 4-3]은 생활수준이 낮은 사람들의 욕구 구조가 어떤 특징을 가지고 있는가를 보여주고 있다. 생리적 욕구와 안전의 욕구 수준이 상대적으로 큰 것을 알 수 있다.

[그림 4-3] 생활수준이 낮은 사람들의 욕구 구조

미국 사회의 현대인들의 경우는 일반적으로 [그림 4-4]에서 볼 수 있는 바와 같이, 소속과 애정의 욕구가 가장 강하고, 존경의 욕구와 안전의 욕구가 다음으로 강한 반면, 자아실현의 욕구나 생리적 욕구의 경우는 비교적 그 중요도가 떨어지는 것으로 볼 수 있다.

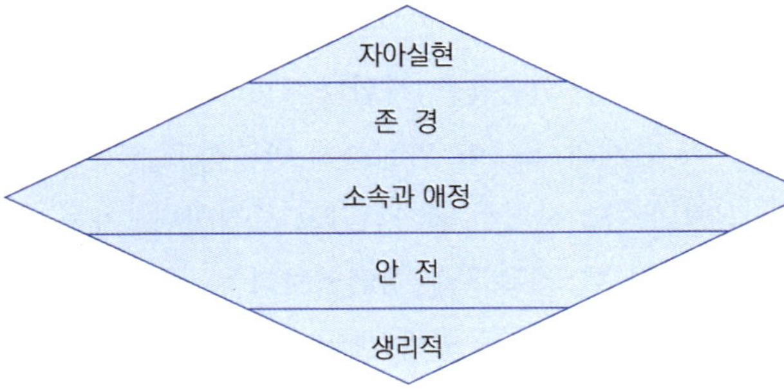

[그림 4-4] 현대 미국 사람들의 일반적 욕구 구조

그러나 생활수준과 교육수준이 높은 사람들은 [그림 4-5]에 나타난 바와 같이 생리적 욕구, 안전의 욕구, 소속과 애정의 욕구는 상당한 정도로 만족되어 있다. 그들은 주로 존경의 욕구와 자아실현의 욕구를 위한 행동의 경향을 보인다고 할 수 있다.

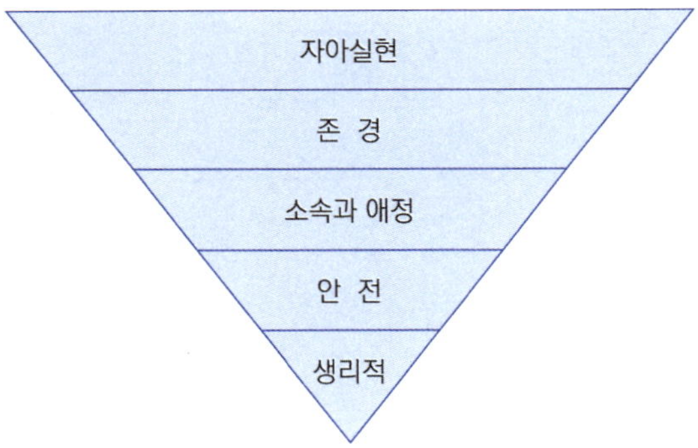

[그림 4-5] 생활수준과 교육수준이 높은 사람들의 욕구 구조

Maslow의 5가지 욕구 계층을 교원들을 대상으로 하여 적용해 보면, 대체로 전문성이 높은 교원들을 동기화하는 욕구는 상위의 욕구일 것이다. 소속과 애정의 욕구, 존경의 욕구, 자아실현의 욕구 등을 잘 충족시키는 방향으로 학교경영을 해 나가는 것이 학교관리자의 주요 역할이 될 것이다.

Maslow의 욕구계층이론에 대하여 다음과 같은 의문이 제기되기도 한다. 먼저 하위 단계의 욕구가 충족되어야 다음 상위 단계의 욕구가 발생한다고 전제하고 있으나, 여러 단계의 욕구가 동시에 발생할 수도 있다는 점이다. 경우에 따라서는 하위 단계의 욕구가 충족되지 않았는데도 상위 단계의 욕구가 인간의 행동을 동기화할 수도 있다. 양심수, 특정 이데올로기 신봉자, 수도자, 예술가 등은 자신이 옳다고 믿는 것을 위하여 생리적 욕구, 안전의 욕구, 소속과 애정의 욕구를 적극적으로 포기하는 것을 종종 볼 수 있다. 그러나 이러한 의문에도 불구하고 욕구계층이론은 조직 경영에서 구성원을 어떻게 동기유발시킬 것인가에 관한 유용한 아이디어를 제공하고 있다.

2. Herzberg의 동기 2요인설(Two Factor Theory)

동기 2요인설은 Herzberg가 제안한 이론으로 동기·위생이론(motivation-hygiene theory)이라고도 한다(Herzberg, et al., 1959; Herzberg, 1966). 전통적으로 만족의 반대는 불만족이라고 믿어왔다. 불만족의 원인을 제거하면 직무에 대한 동기가 유발되어 만족을 느낀다고 생각해왔다. 즉 직무에 대한 만족과 불만족은 일연속선의 양극에 존재하는 것이라고 믿었다.

그러나 Herzberg는 만족감과 불만족감은 본래 다른 것이라고 주장한다. 즉 만족의 반대는 '만족이 아닌 것'(no satisfaction)이고, 불만족의 반대는 '불만족이 아닌 것'(no dissatisfaction)이라는 것이다. 만족감을 주는 직무 요인과 불만족감을 주는 직무 요인은 그 유형에서 다르다는 것이다.

Herzberg는 미국 피츠버그 지방의 산업체에서 선정한 약 200명의 기술자와 회계사들에 대하여 면접을 실시하였다. 면접에서 직무수행상 어떤 것이 그들을 불유쾌하게 하고, 불만족스럽게 하는가? 그리고 직무수행상 어떤 것이 그들을 즐겁게 하고, 만족하게 하는가? 등의 질문을 하였다.

면접을 분석한 결과, 인간에게는 상호독립된 두 종류의 서로 다른 욕구 범주가 있는데, 이들이 인간의 행동에 각각 다른 방법으로 영향을 미친다는 결론을 내리게 되었다. 사람들은 자기가 하는 일에 불만을 느끼게 되면, 자기가 일하고 있는 환경에 대한 관심을 갖게 된다는 것을 발견하게 되었다. 한편 사람이 자기가 하는 일에 만족하고 있는 경우는 그 만족이 일 자체와 관계가 있다는 것을 발견하였다.

Herzberg는 이 첫 번째 범주의 욕구가 사람의 환경에 관한 것이고, 직무불만족을 예방하는 기본적 기능을 담당하고 있기 때문에 이를 위생요인(hygiene factor)이라 불렀다. 두 번째 범주의 욕구는 사람을 보다 우수한 업무수행을 하도록 동기부여 하는 데 유효한 것이기 때문에 이를 동기부여요인(motivator)라고 불렀다.

가. 위생요인

① 회사의 정책과 행정(company policy & administration), ② 감독(supervision), ③ 보수(salary), ④ 상사와의 관계(interpersonal relations with superiors), ⑤ 하급자와의 관계(interpersonal relations with subordinates), ⑥ 동료와의 관계(interpersonal relations with peers), ⑦ 작업조건(working conditions), ⑧ 지위(status), ⑨ 직무 안정성(job security), ⑩ 개인생활에의 영향(effects on personal life) 등이 위생요인이라고 할 수 있다. 이들은 모두 업무의 본질적인 면, 즉 일 자체에 관한 것이 아니고, 업무가 수행되고 있는 작업 환경 및 작업조건과 관계된 것들이다. 위생요인은 작업자의 생산능력 증대를 가져오는 것이 아니라, 단지 작업 제약 요인에 의한 작업수행상의 손실을 예방할 따름이다. 즉 위생요인은 불만족을 감소 또는 제거시킬 뿐이지 만족을 가져다주지는 않는다. 위생요인이라는 용어는 유지요인(maintenance factor)이라고 부르기도 한다.

나. 동기요인

① 성취(achievement), ② 인정(recognition), ③ 직무 자체(work itself), ④ 책임(responsibility), ⑤ 승진(advancement), ⑥ 성장 가능성(possibility of growth) 등이 동기요인 또는 동기부여요인(motivator)에 속한다. 이들 요인들이 직무만족에 정적인 영향을 미칠 수 있고, 그 결과 개인의 생산능력 증대를 가져오기 때문에 동기부여요인이라고 한다. 동기부여요인은 충족되지 않아도 불만은 일어나지 않지만, 일단 충족되면 높은 만족을 가져오고 적극적인 직무태도를 가지게 한다.

Herzberg의 이론은 피고용인의 감정을 새로운 접근으로 이해했다는 점과 피고용인들의 동기를 유발할 수 있는 직무설계(job design)에 대한 시사점으로 많은 주목을 받았다. 그러나 많은 관련 연구결과, 연구방법에 따라서 동기요인과 위생요인이 다르게 나타나고 있다는 점과 조직 구성원들의 개인 차이를 고려하고 있지 않다는 문제로 비판을 받기도 한다.

동기는 그 출발이 개인의 내부에 있는가 혹은 외부에 있는가에 따라 내재적 동기(intrinsic motivation)와 외재적 동기(extrinsic motivation)로 구분되기도 한다(한국교육심리학회, 2000). 내재적 동기는 과제에 대한 사랑, 흥미, 호기심 등 내적이고 개인적 요인들에서 유발된 동기를 가리킨다. 이 동기는 개인적 흥미를 추구하고, 능력을 발휘하며 그 과정에서 도전할 만한 것을 찾고 그것을 정복하려는 성향을 뜻한다. 내재적으로 동기화된 사람들은 과제 자체나 그것이 가져다 주는 성취감을 즐기며, 활동 자체가 보상으로 작용하기 때문에 외부로부터의 보상이나 유인책에 대한 요구가 낮다. Herzberg가 제시한 동기요인은 내재적 동기와 관련이 있다.

반면 외재적 동기는 과제 수행 결과로 인해 개인의 외부로부터 주어지는 칭찬이나 벌과 같이 주어진 과제 자체와는 관련이 없는 것들이다. 이때 외재적으로 동기화된 사람들은 활동 그 자체에는 관심이 없고 활동의 결과에만 관심을 기울일 수도 있다. 따라서 외재적 동기는 개인의 내적인 면에 긍정적인 영향을 줄 수도 있지만, 대체로 개인 내부의 동기를 감소시키거나 낮은 자기 인식과 피상적 동기를 형성시킬 수 있다고도 한다. Herzberg가 제시한 위생요인은 외재적 동기와 관련이 있다.

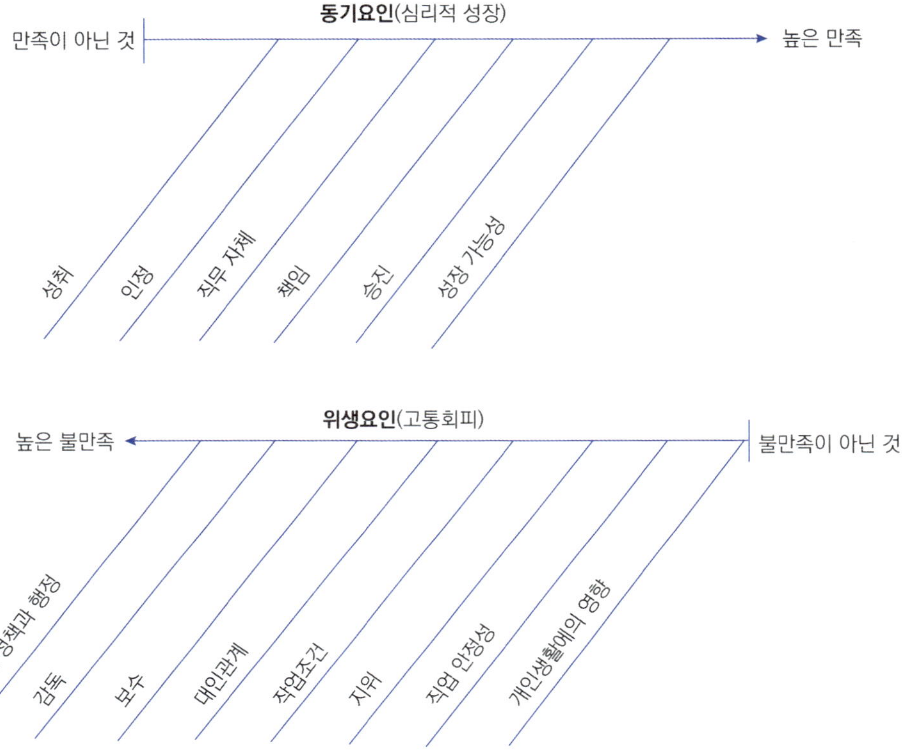

[그림 4-6] 직무상황 내의 동기요인과 위생요인

3. Alderfer의 ERG 이론

Alderfer는 인간의 욕구를 생존의 욕구(existence needs), 관계의 욕구(relatedness needs), 성장의 욕구(growth needs) 등 세 가지로 제시하였다. 세 가지 욕구의 영문 앞 문자를 모아서 ERG 이론이라고 한다(Alderfer, 1972). 이는 Maslow의 다섯 가지 욕구를 세 가지로 통합한 것이다. Alderfer도 Maslow와 같이 인간의 욕구는 낮은 수준의 욕구와 높은 수준의 욕구로 체계화될 수 있으며, 욕구가 동기의 주요 요인이라고 보았다.

① 생존의 욕구: 인간이 생존하기 위하여 기본적으로 필요로 하는 욕구이다. 이에는 신체적 생존을 위한 음식, 물, 수면 등에 관한 욕구와 조직에서의 보수, 직업 안정성, 근무조건 등에 관한 욕구가 포함된다. 생존의 욕구에는 대체로 Maslow가 제시한 생리적 욕구와 안전의 욕구가 포함된다.

② 관계의 욕구: 인간이 사회적 동물로서 다른 사람과 만족스러운 인간관계를 맺으려는 욕구이다. 상사, 동료, 부하, 친구, 가족 등과 인간관계를 맺으려는 욕구이다. 관계의 욕구에는 Maslow가 제시한 안전의 욕구 중 대인관계에 관련된 일부와 소속과 애정의 욕구, 그리고 자존심 등이 포함된다.

③ 성장의 욕구: 인간이 성장·발전하며, 자신의 특성이나 잠재력을 최대한 발휘하려는 욕구이다. 자기성취감이나 성장감을 느끼고자 하는 욕구, 새로운 기술이나 지식을 추구하고 개발하고자 하는 욕구이다. 성장의 욕구에는 Maslow가 제시한 존경의 욕구와 자아실현의 욕구가 포함된다.

Alderfer의 ERG 이론은 Maslow의 욕구계층 이론과 욕구의 단계별 속성이 유사한 점도 있지만, 다음과 같은 근본적인 차이점도 있다.

첫째, Maslow의 욕구계층 이론에서는 일단 충족된 욕구는 더 이상 동기요인이 될 수 없다고 하였는데, Alderfer의 ERG이론에서는 어느 단계의 욕구가 충족되지 않으면 하위단계의 욕구로 퇴행할 수도 있음을 지적하고 있다.

둘째, Maslow의 욕구계층 이론에서는 강도가 큰 우세한 욕구만이 일어난다고 하였으나, Alderfer의 ERG이론에서는 세 가지 욕구가 비록 강도에는 차이가 있을지라도 동시에 나타날 수 있는 것으로 본다.

셋째, Maslow의 욕구계층 이론에서는 하위단계의 욕구가 충족되지 않으면 상위단계의 욕구로 이동되지 않는다고 하였으나, Alderfer의 ERG이론에서는 하위단계의 욕구가 충족되지 않아도 상위단계의 욕구가 발생할 수 있음을 지적하고 있다. 〈표 4-1〉은 지금까지 언급된 Maslow, Herzberg, Alderfer의 이론을 비교한 것이다.

〈표 4-1〉 Maslow, Herzberg, Alderfer 이론의 관련성

욕구의 수준	Herzberg의 동기 · 위생 이론	Maslow의 욕구계층 이론	Alderfer의 ERG 이론	동기의 종류
상위 욕구	동기요인	자아실현의 욕구	G(성장의 욕구)	내적 동기
		존경의 욕구		
↕	위생요인	소속과 애정의 욕구	R(관계의 욕구)	↕
		안전의 욕구	E(생존의 욕구)	
하위 욕구		생리적 욕구		외적 동기

출처: Lunenburg, F. C., & Ornstein, A. C. (1991). *Educational administration: Concepts and practices*. Belmont, CA: Wadsworth, p. 100.

제3절 동기의 과정 이론

1. Vroom의 기대이론(Expectancy Theory)

Victor Vroom(1964)이 제시한 기대이론은 동기를 사람 안에 있는 힘 또는 충동으로 보았다. 이 힘은 두 가지 요인 즉, 기대와 수단성에 따라 변화한다고 보고, 그는 동기를 어떤 행동이 특정한 결과를 가져올 것이라는 기대와 그 결과가 가치 있는 다른 결과와 관련한 수단성(instrumentality)과의 결합으로 개념화하였다. 이 두 요소들 간의 관계는 [그림 4-7]로써 설명될 수 있다.

[그림 4-7] 기대이론에서 기대와 수단성 간의 관계

기대는 행위와 그 행위가 가져올 직접적인 결과들 간의 지각된 관계이며, 수단성은 행위가 가져올 직접적 결과와 간접적 결과 간의 지각된 관계이다. 기대와 수단성은 모두 결과에 대한 유인가에 의해 영향을 받는다.

Vroom이 제시한 기대이론의 주요 개념을 살펴보면 다음과 같다.

① 힘(force): 힘은 행위하게 하는 동기화와 같은 의미이다. 방향이 잡혀지고 초점이 맞추어진 내적 에너지가 여타의 행위와는 다른 특정 행위를 수행하는 힘이다. 힘의 방향과 강도는 행위가 가져올 직접적 결과에 대한 유인가와 그 행위가 특정의 직접적 결과를 가져올 것이라는 기대에 의해서 결정된다(예시: 어떤 대학생이 수강에 쏟는 열의와 에너지(힘)는 수강 결과 얻게 될 좋은 학점 취득의 가능성 정도에 의해 결정).

② 유인가(valence): 유인가는 어떤 대상에 대한 개인의 정의적 지향성, 감정 혹은 태도로서, 개인이 어떤 대상에 대해 지각하는 매력의 정도 혹은 배척의 정도를 의미한다. 즉 개인이 어떤 대상을 바라거나 거부하는 정도이다. 개인이 매력적으로 생각하거나 강하게 바라는 것은 그 개인에게 높은 '긍정적 유인가'를 갖게 한다. 반면에 개인이 거부감이나 불쾌감을 느끼는 것은 그 개인에게 높은 '부정적 유인가'를 갖게 한다. 어떤 대상에 대한 지향성은 개인에 따라 다르기 때문에 유인가는 주관적인 현상이다(예시: 어떤 대학생이 얻게 될 좋은 학점에 대하여 개인적으로 얼마나 중요하게 혹은 덜 중요하게 지각하는 정도).

③ 기대(expectancy): 기대는 어떤 행위가 어떤 결과를 초래할 것이라는 가능성에 대한 일시적인 믿음이다. 즉 기대는 개인이 지각하는 행위-결과 간의 관계이다. 어떤 행위가 어떤 결과를 가져올 것이라는 확실성에서부터 어떤 행위가 어떤 결과를 가져올 수 없을 것이라는 확실성에 이르기까지 그 강도가 다양할 수 있다. 기대는 주관적인 판단에 기초한다(예시: 어떤 대학생이 수강에 열의와 에너지를 쏟으면, 좋은 학점을 얻을 수 있을 것이라는 가능성에 대한 믿음의 정도).

④ 결과(outcome): 결과는 행위에 대한 지각된 성과 혹은 다른 성과에 대한 지각된 성과이다. 결과는 사람들이 자신들의 행위를 향하게 하거나 혹은 멀어지려는 대상이다. 결과는 직접적 결과와 간접적 결과로 구분할 수 있다. 직접적 결과(제1수준의 결과)는 어떤 행위가 가져오는 보다 즉각적인 결과, 즉 행위 그 자체가 성취하려고 의도했던 결과이다. 간접적 결과(제2수준의 결과)는 어떤 행위가 가져오는 더 멀리있는 결과, 즉 직접적 결과가 가져오는 지각된 결과이다. 직접적 결과는 바랐던 간접적 결과에 도달하거나 혹은 불쾌한 간접적 결과를 회피하는 수단으로 지각될 때 유인가를 갖게 된다(예시: 어떤 대학생이 수강에 열의와 에너지를 쏟아 좋은 학점을 얻게 되면(직접적 결과), 장학금을 받는 데(간접적 결과) 유리하게 될 것임).

⑤ 수단성(instrumentality): 수단성은 다른 결과의 달성이나 회피에 직접적 결과가 가지는 기대된 효용성 혹은 유용성이다. 즉 수단성은 직접적 결과와 간접적 결과 간의 관계에 대한 인식이다. 직접적 결과는 특정 행위의 결과이지만 또한 다른 결과에 도달하는 수단이 될 수 있다. 어떤 결과가 그 자체로서 최종 결과인지 혹은 다른 결과를 향한 수단인지는 주관적인 판단의 문제이다(예시: 어떤 대학생이 좋은 학점을 얻는 것이 장학금을 받는 데 중요한 수단이 된다는 인식이 높으면, 그만큼 더 수강에 열의와 에너지를 쏟을 것임).

⑥ 행위(action): 행위는 무엇인가를 하는 나타난 행동이다. 행위는 인지적 내용과 정서적 내용은 물론 육체적 운동을 수반한다(예시: 수강을 위해서 출석, 수업 참여, 과제 활동 및 과제 제출, 시험 준비 및 수험 등에 노력할 것임).

일반적으로 어떠한 방식으로 행동하려는 동기는 개인이 다음과 같은 사실을 믿을 때 가장 크다.

① 나는 바라는 수준까지 수행할 능력을 가지고 있다-높은 기대
② 내가 하는 행동은 예상한 결과와 보상을 가져올 것이다-높은 수단성
③ 이러한 결과들은 나에게 긍정적인 가치를 가지고 있다-높은 유인가

이러한 믿음에 기초하여 개인은 어떤 행동을 하기 전에, 다음 세 가지 질문을 생각하게 된다.

① 기대 질문: 내가 열심히 하면 이 과업을 수행할 수 있을까?
② 수단성 질문: 내가 바라는 수준까지 수행한다면, 어떤 결과가 있을 것인가?
③ 유인가 질문: 나는 이 결과를 얼마나 좋아하는가?

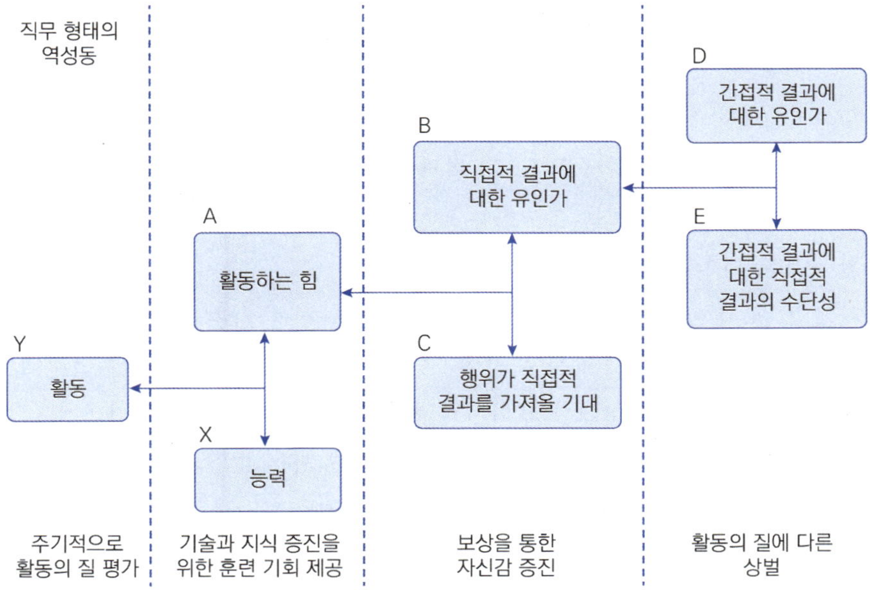

출처: Silver, P.(1983). *Educational administration: Theoretical perspectives on practice and research*. New York: Harper & Row, p. 331.

[그림 4-8] 기대이론의 주요 구성 개념 간의 관계

기대이론의 주요 구성개념 간의 관계는 [그림 4-8]에 잘 나타나 있다. 개인이 어떤 행위를 수행하는 힘(A)의 강도와 방향은 두 가지 요소들의 영향을 받는데, 그것은 첫째, 행위의 직접적 결과에 대한 유인가(B)이고, 둘째, 행위가 직접적 결과를 가져올 기대(C)이다.

다음으로 직접적 결과에 대한 유인가는 다시 두 가지 요소들의 결합으로 이루어진다. 그것은 간접적 결과에 대한 유인가(D)와 간접적 결과에 대한 직접적 결과의 수단성(E)이다. 이 두 가지 요소들이 결합됨으로써, 지각된 간접적 결과에 대한 유인가는 직접적 결과와 그것이 가져올 간접적 결과 사이의 관계 지각에 의해서 증가된다.

이러한 구성 개념 간의 관계는 어떠한 행위를 하고자 하는 힘을 측정하는 데 두 단계 과정이 있음을 보이고 있다. 첫째는 직접적 결과의 유인가에 대한 평가이고, 둘째는 행위-결과 간의 관계에 대한 평가이다. 예를 들어서 설명해 보자.

- 사례 1: 교사 A와 교사 B는 자신들의 수업준비활동에 대해 좋은 수업이라는 비슷한 결과를 예측하겠으나, 그 결과에 대하여 서로 상이한 가치를 부여할 수 있다. 더 높은 가치를 부여하는 교사가 더 많은 시간과 에너지를 수업준비활동에 투자할 것이다.
- 사례 2: 교사 A와 교사 B가 모두 좋은 수업 자체를 가치롭게 생각하며, 또한 좋은 수업이 가져올 결과를 똑같이 가치롭게 생각한다고 해서, 수업준비활동에 똑같은 시간과 에너지를 투자하는 것은 아니다. 추가적인 시간과 에너지를 투입할수록 더 좋은 수업이 가능하다고 믿는 교사는 그렇게 믿지 않는 교사보다 더 많은 시간과 에너지를 수업준비활동에 투입할 것이다. 즉 더 많은 동기부여가 이루어질 것이다.

교사들이 좋은 수업에 대하여 동일하게 가치롭게 생각한다고 하여서, 좋은 수업이 가져올 간접적인 결과에 대하여 동일하게 가치롭게 생각하는 것은 아니다. 간접적인 결과는 예를 들어서, '개인적인 만족감', '학생들로부터 인정', '교사 자기발전', '학생 성장', '학생들의 교사에 대한 높은 기대[1]', '교장 · 교감으로부터 좋은

1) '학생들의 교사에 대한 높은 기대'는 교사에 따라서 '부적(−) 유인가'가 될 수도 있다. 즉 학생들의 교사에 대한 기대가 높아지면, 그것이 교사에게는 부담감으로 작용할 수도 있다.

평가' 등 여러 가지가 있을 수 있다.

Vroom은 사람들이 행위를 하게 될 때, 의식적으로나 무의식적으로 때로는 매우 신속하게 정신적 계산을 한다고 주장한다. 간단히 말해서 사람들은 행위를 하게 될 때, 최대의 이익과 최소의 손실을 가져올 일을 하길 바란다는 것이다.

Vroom에 따르면 동기화는 좋은 업무 수행에 필요하지만 충분조건은 아니다. 실질적인 업무수행은 동기화는 물론 근로자들의 능력과 직무환경에 달려있다. $P = f(F \times A)$라는 공식에서 나타난 것처럼 업무수행 활동은 수행하는 힘에 능력을 곱한 것의 함수라고 하겠다(P=Performance, F=Force, A=Ability).

Vroom의 기대이론에 대해서는 다음과 같은 문제점이 제기되고 있다. 첫째, 개인의 주관적 인지과정을 지나치게 강조하고 있다. 둘째, 유인가, 기대, 수단성 세 요소로 개인의 행위를 너무 단순화하여 설명하고 있다. 셋째, 인간의 인지적 능력의 한계를 명확히 규정하지 못하며 과대평가하고 있다는 등의 비판점이 제시되고 있다.

2. Locke의 목표설정 이론(Goal Setting Theory)

목표설정 이론은 교육현장에서 목표관리기법(MBO: management by objectives)과 수업에서 행동적 목표설정 등과 관련이 있다. 목표설정의 동기적 특성을 이해하는 것은 교육자들에게는 중요한 일이다. 목표는 개인이 달성하고자 추구하는 미래의 상태를 의미한다.

목표설정 이론은 목표를 달성하려는 강한 의욕이 작업행위에 일반적으로 동기를 유발하는 힘이라는 것이다(Locke, 1968; Locke & Latham, 1984). 대부분의 인간 행위는 유목적적이고, 행동은 목표와 의도에 의해서 규제되고 유지된다고 한다. 목표는 개인이 의도적으로 달성하려는 것이다. 목표는 내용(goal content)과 강도(goal intensity)라는 두 가지 특성을 가지고 있다. 목표의 내용은 달성하려는 대상이나 결과이며, 구체적인 것에서부터 추상적인 것에 이르기까지 다양하다. 목표의 강도는 목표를 달성하기 위하여 요구되는 노력, 개인이 목표에 부과한 중요성, 애착, 목표에 대한 헌신을 의미한다.

목표를 성취하려는 의도가 행동을 유발하는 동기적 힘의 바탕이라는 것이 이 이론의 기본 가정이다. 목표는 개인의 정신적 육체적 행동을 지시한다. 성공적인 목표는 다음 네 가지 조건을 충족한다(Locke & Latham, 1990).

① 목표는 구체적이어야 한다.
② 목표는 도전적인 것이어야 한다.
③ 목표는 달성가능한 것이어야 한다.
④ 목표는 개인들에게 수용적이어야 한다.

즉 구체적인 목표는 일반적인 목표보다 우세하고, 어려운 목표가 수용되었을 때는 쉬운 목표보다 더 많은 노력을 하게끔 한다는 것이다. 그리고 목표설정 과정에 개인들의 참여는 목표달성 행동에 대한 개인들의 헌신을 증대시킬 수 있다는 것이다. 목표가 행동을 유발하는 메커니즘은 다음과 같은 4가지가 있다.

① 목표는 개인들의 과제에 대한 주의력을 집중시킨다.
② 목표는 개인들의 활동에 대한 노력을 증가시킨다.
③ 목표는 개인들의 활동에 있어서 지속성을 증가시킨다.
④ 목표는 구체적인 과업 수행 전략을 개발하는 데 도움을 준다.

목표설정 이론으로부터 세 가지 일반화가 도출되고 있다. 첫째, 어려운 목표라 할지라도 그것이 수용되기만 하면, 쉬운 목표보다 더 높은 수준의 과업수행을 가져온다. 둘째, 구체적인 목표는 "최선을 다하라"와 같은 막연한 목표나 혹은 목표가 없는 것보다 더 높은 수준의 과업수행을 가져온다. 셋째, 목표는 세 가지 방식으로 설정될 수 있다. 즉 ① 개인이 자신의 목표를 스스로 설정하는 경우, ② 공동으로 목표를 설정하는 경우, ③ 다른 사람이 목표를 설정하여 주는 경우 등 세 가지 방식이다. 효과적인 동기부여에 있어서 중요한 것은 목표의 설정 방식이 어떠한가에 상관없이, 그 목표가 개인에 의하여 수용되는가 아닌가 여부이다. 사람들은 일반적으로 목표들이 현실적이고, 적당히 어려우며, 의미가 있을 때 보다 잘 수용한다.

Steers는 과업 목표의 속성을 여섯 가지로 제시하였다.

① 목표의 구체성: 막연한 목표보다는 구체적인 목표가 성과를 높일 수 있는 행동을 불러일으킨다. 구체적인 목표는 목표의 모호성을 감소시켜 주고, 행동방향을 명확하게 제시해 준다.

② 목표의 곤란성: 쉬운 목표보다는 다소 어려운 목표가 동기를 유발시킨다. 도전감이 문제해결에 많은 노력을 집중하도록 자극하기 때문이다.

③ 목표설정에의 참여: 구성원들이 목표설정 과정에 참여함으로써 성과가 향상될 수 있다.

④ 노력에 대한 피드백: 노력에 대하여 피드백이 주어질 때 성과가 올라간다.

⑤ 목표달성에 대한 동료들 간의 경쟁: 동료들 간의 경쟁이 성과를 촉진시킨다. 그러나 지나친 경쟁은 오히려 해가 될 수도 있다.

⑥ 목표의 수용성: 상부에서 일방적으로 강요하는 목표보다 구성원이 자발적으로 수용한 목표가 더 큰 동기를 유발시킬 수 있다.

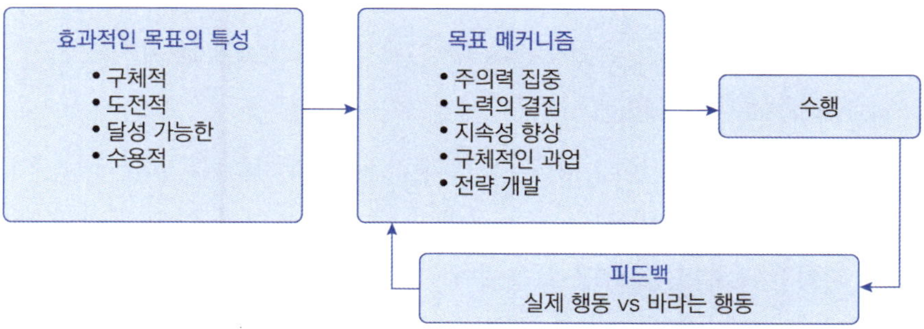

출처: Hoy, W. K. & Miskel, C. G.(2003). *Educational administration: Theory, research, and practice*(6th ed.). New York: McGraw-Hill, p. 139.

[그림 4-9] 목표설정 이론의 모델

목표설정 이론에 따르면, [그림 4-9]에 나타나 있는 바와 같이, 구체적이고 도전적이며 달성가능한 목표가 구체적인 과업수행전략의 개발뿐 아니라 집중력, 노력 및 지속성을 증가시키기 때문에 개인들에게 동기를 부여한다는 것이다.

개인은 설정된 목표를 추구하면서 행동하게 된다. 행동의 결과에 따른 피드백은 중요하다. 결과에 대하여 안다는 것은 개인으로 하여금 후에 새로이 목표를 세우는 데 도움이 된다.

목표설정 이론은 목표가 실제 행위 또는 성과를 결정하는 주요 요인임을 강조하고는 있으나, 나름의 단점도 있다. 첫째, 그 목표가 어떠한 속성을 가져야 하는가에 대해서는 체계적인 해답을 주고 있지 못하다. 둘째, 이 이론은 어떠한 요인이 개인으로 하여금 목표를 수용하고 헌신하게 하는가를 구체적으로 제시하지 못하고 있다.

3. Adams의 공정성 이론(Equity Theory)

Adams(1963)가 발전시킨 공정성 이론의 요지는, 동기가 개인이 자기의 작업 상황에서 지각한 공정성의 정도에 의해서 영향을 받는다는 것이다. 즉 자신이 타인에 비하여 상대적으로 얼마나 공정한 대우를 받고 있는가 하는 점이 중요한 동기 요인이 된다는 것이다. 공정성 이론은 사회적 비교이론 가운데 하나이다. 사회적 비교이론은 어떤 개인이 다른 사람들에 비해서 얼마나 공정하게 대우를 받고 있다고 느끼는가에 관심을 가진다.

공정성의 정도는 자신이 어떤 일을 수행하는 데 투자한 투입(input)과 이로부터 얻은 성과(output)의 비율을 다른 사람이 투자한 투입과 얻은 성과의 비율을 비교하여 파악한다. 투입은 어떤 일을 수행하기 위하여 개인이 기여하는 모든 것으로서, 성, 나이, 교육 정도, 사회적 지위, 조직의 지위, 자격, 과업을 위해 노력하는 정도 등이 포함된다. 성과는 일을 수행한 결과로 개인이 받게 되는 보수, 승진, 직업 안정성, 지위, 또는 직무에서의 내적 흥미 등을 들 수 있다. 성과에는 빈약한 작업 조건, 단조로움, 직무의 불안정성 등 부정적인 것도 있다.

개인은 항상 자신의 성과·투입의 비율을 계산하고, 타인의 성과·투입의 비율도 아울러 참작함으로써 자신의 조직에 대한 행동 실행의 여부를 결정한다.

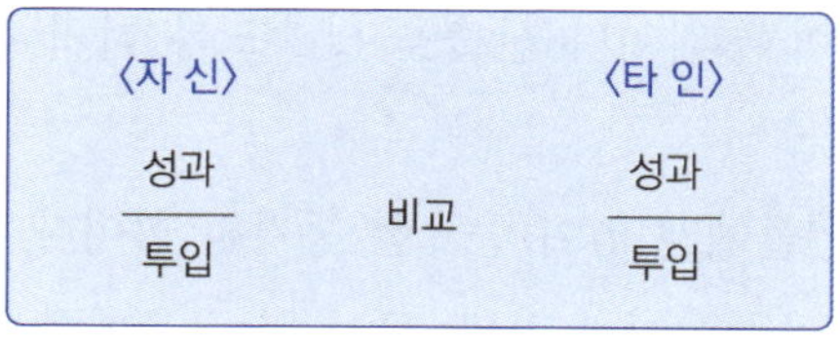

[그림 4-10] 공정성 이론의 모델

개인이 지각하는 자신의 성과/투입 비율과 자기와 동등한 수준에 있는 비교대상의 성과/투입 비율이 동일하다면, 공정하다고 느낄 것이며, 자신이 속해 있는 조직과도 공정한 교환관계가 이루어졌다고 생각한다. 그러나 불공정하다고 느낄 경우에는 불안과 긴장이 초래된다. 불공정성은 개인을 분노하게 만들고, 개인의 동기를 감소시킨다. 개인들은 이를 해소하기 위하여 여러 가지 노력을 하게 된다. 공정한 균형상태를 이루기 위하여 다음과 같은 행동을 하게 된다.

① 투입의 조정: 비교대상과 비교하여 투입을 증가시키거나 감소시키거나 해서 균형을 이루려고 한다.
② 성과의 조정: 비교대상과 비교하여 성과를 증가시키거나 감소시키거나 해서 균형을 이루려고 한다.
③ 투입이나 성과의 인지적 왜곡: 투입과 성과를 실질적으로 변경시키지 않고 단지 이들을 인지적으로 왜곡시켜 지각한다. 예컨대 비교대상의 경력이나 지식 등이 자신보다 높다고 상대의 투입 요소에 가치를 더 부여함으로써 투입을 조정한다. 이러한 왜곡은 자신의 투입이나 성과에 대해서도 적용될 수 있다.
④ 비교대상의 변경: 비교대상을 다른 대상으로 변경함으로써 불공정성을 줄

이려고 한다.

⑤ 현장이탈: 직장을 그만두거나 다른 부서로 전근을 가려고 하거나 또는 결근하는 등의 행동을 한다.

⑥ 비교대상의 투입과 성과에 대한 영향력 행사: 비교대상이 되는 타인에게 영향력을 행사하여 투입이나 산출을 낮추도록 하거나 혹은 높이도록 한다.

공정성은 많은 개인들에게 있어 중요한 동기적 힘이다. 공정성은 중요한 조직 운영의 준거가 된다. 교육현장에서 학생, 교사 및 교육행정가들은 자신들이 불공평하게 대우를 받는다고 생각할 때, 그들의 성취동기는 급격하게 감소한다.

2005년에 한국교원단체총연합회에서, 교육자의 품성과 언행이 학생의 인격형성을 좌우할 뿐만 아니라 사회전반의 윤리적 지표가 된다는 사실을 깊이 인식하고, 윤리성과 전문성을 높이기 위해 노력한다는 의미로 교직윤리헌장을 제정발표하였다. 이 헌장에 교육자가 학생을 학업성적・성별・가정환경의 차이에 따라 차별하지 않으며, 부적응아와 약자를 세심하게 배려한다는 다짐이 포함되어 있다. 이러한 다짐은 학생들을 편애하지 않고 공정하게 지도하겠다는 의미를 내포하고 있다.

교사평가를 실시함에 있어서(제9장 제5절 교사평가 참조), 타당한 요소의 기준에 의하여 평정할 것, 평정자의 주관을 배제하고 객관적 근거에 의하여 평정할 것, 신뢰성과 타당성을 보장하도록 할 것, 근무성적을 종합적으로 분석・평가할 것 등의 기준이 존중되어야 하는데 이는 모두 교사평가에서 공정성 유지와 관련이 있다 하겠다.

공정성 이론에 관해서는 몇 가지 문제점이 지적되고 있다. 첫째, 공정성에 대한 개인의 판단은 주관적이라는 점이다. 공정한가 하지 않은가 하는 것은 보는 사람이 어떠한 각도에서 누구와 비교하며 보느냐에 따라 다른 것이다. 둘째, 개인들은 자신들의 가치에 비해 다른 사람들과 비교하여 더 많이 받는 것보다는 더 적게 받는 것에 훨씬 민감하다는 점이다. 개인은 자신이 받을 가치가 있는 정도에 비해 덜 받는 것보다는 더 받는 것을 쉽게 합리화한다.

질문 / 토의거리

1. Maslow의 욕구계층이론과 Herzberg의 2요인설을 비교하고, 이 이론들이 학교 조직에 어떠한 시사점을 주는지 논의해 보자.
2. Vroom의 기대 이론의 핵심을 설명하고, 이 이론이 학교조직에 어떻게 적용될 수 있을지 논의해 보자,
3. Adams가 발전시킨 공정성 이론의 주요 내용을 소개하고, 이 이론이 학교 조직에 주는 시사점에 대하여 논의해 보자.
4. 학교행정가가 동기이론에 대하여 공부해야 하는 이유에 대하여 논의해 보자.

참고문헌

한국교육심리학회(2000). 교육심리학용어사전. 서울: 학지사.

Adams, J. S. (1963). Toward an understanding of inequity. *Journal of Abnormal and Social Psychology*. 67, 422-436.

Alderfer, C. p. (1972). *Existence, relatedness and growth: Human needs in organizational settings.* N.Y.: Free Press.

Hersey, p. , & Blanchard, K. H. (1977). *Management of organizational behavior: Utilizing human resources*. Englewood Cliffs, N. J.: Prentice-Hall.

Herzberg, F. (1966). *Work and the nature of man*. Clevland, OH: World.

Herzberg, F., et al. (1959). *The motivation to work*. New York: John Wiley & Sons.

Hoy, W. K., & Miskel, C. G. (2003). *Educational administration: Theory, research, and practice*(6th ed.). New York: McGraw-Hill.

Locke, E. A. (1968). Toward a theory of task motivation and incentives. *Organizational Behavior and Human Performance,* 3, 157-189.

Locke, E. A., & Latham, G. p. (1984). *Goal-setting: A motivational technique that works,* Englewood Cliffs, N. J.: Prentice-Hall.

Locke, E. A., & Latham, G. p. (1990). *A theory of goal setting and task performance*. Englewood Cliffs, N. J.: Prentice-Hall.

Lunenburg, F. C., & Ornstein, A. C. (1991). *Educational administration: Concepts and practices*. Belmont, CA: Woodworth.

Maslow, A. H. (1970). *Motivation and personality*(2nd ed). New York: Harper & Row.

Vroom, V. H. (1964). *Work and motivation*. New York: Wiley.

Silver, P. (1983). *Educational administration: Theoretical perspectives on practice and research*. New York: Harpercollins College.

제5장 지도성 이론

지도성은 조직의 목표 달성을 위해 지도자가 구성원과의 상호관계에 영향을 미치는 과정이다. 교육 분야에서의 지도성은 주로 학교의 책임을 맡고 있는 교장이 학교 구성원들을 어떻게 다룸으로써 학교의 목표를 효과적으로 달성할 수 있느냐와 관련이 있다. 먼저, 지도성의 개념과 의미를 살펴보고, 이어서 지도성에 관한 연구와 이론의 발전 추세를 다룬다. 지도성에 관한 연구와 이론은 시대적 변천에 따라서 '특성적 접근', '행동적 접근', '상황적 접근' 등으로 발전되어 왔는데, 이의 구체적인 내용을 살펴보고, 1990년대 초부터 지도성 분야에서 대두되기 시작한 새로운 지도성으로 카리스마적 지도성, 변혁적 지도성, 분산적 지도성, 섬김의 지도성 이론을 살펴본다.

제1절 지도성의 개념과 의의

1. 지도성의 개념

지도성(leadership)은 주어진 상황에서 설정된 목표를 효과적으로 달성하도록 조직 구성원들이 그들의 노력과 에너지를 목표달성 과정에 투입하도록 유도하고, 설득하며, 영향을 주는 일련의 과정을 의미한다. 그러나 자세히 살펴보면, 지도성은 사용하는 사람에 따라 각기 다른 의미를 내포하고 있다. 지도성의 정의는 그만큼 다양하고 많다. 한마디로 지도성은 다의적인 개념이라고 할 수 있다.

Stogdill(1974)은 여러 학자들의 지도성 정의를 정리하여 다음과 같이 제시하고 있다.

① 지도성은 집단과정의 핵심이다. 이는 가장 최초의 정의로서 리더를 집단의 변화, 집단활동, 집단과정의 핵심적인 사람으로 보는 입장이다.
② 지도성은 인성과 그 영향이다. 리더가 다른 사람들보다 바람직한 인성 특성과 성품을 많이 가지고 있다는 입장이다.
③ 지도성은 복종을 유도하기 위한 기술이다. 불화를 줄이고 협동을 극대화하면서 목표를 최대로 성취하기 위해서 구성원을 다룰 수 있는 능력으로 지도성을 보는 입장이다.
④ 지도성은 영향력의 행사이다. 구성원들의 행위를 변화시키고, 조직 목표를 달성하기 위해 협동하도록 영향을 주는 활동으로 지도성을 보는 입장이다.
⑤ 지도성은 행동이다. 구성원들의 활동을 방향지우고 또 조정하는 데 개입되는 특정한 행동으로 지도성을 보는 입장이다.
⑥ 지도성은 설득의 한 형태이다. 직접적 강압이나 위협보다 어떠한 행위를 하도록 설득하고 모범을 보임으로써 구성원들에게 영향을 미치는 기술로 지도성을 보는 관점이다.
⑦ 지도성은 권력관계이다. 구성원들 간의 차등적 권력 관계, 영향력 관계의 한 형태로 지도성을 보는 입장이다.
⑧ 지도성은 목적 달성의 수단이다. 조직 목적을 달성하기 위해서 구성원들을 자극하고 동기화시키며, 조정하는 역동적 힘으로 지도성을 보는 입장이다.
⑨ 지도성은 상호작용의 결과이다. 지도성을 통제로서가 아니라 집단행동의 결과로서 파악하는 입장이다.
⑩ 지도성은 분열된 역할이다. 지도성을 조직 내에서의 역할 분담의 측면에서 파악하는 입장이다.
⑪ 지도성은 구조의 창출이다. 이는 적극적으로 역할을 창출·유지하고 집단행동을 구조화하는 과정으로 지도성을 보는 입장이다.

이와 같이 지도성이란 용어가 다양하게 개념화되는 것은 집단의 종류가 다양하고 그 집단을 이끌어 가는 지도자의 개성이나 집단 구성원의 성격에 따라 지도성도 다양한 형태로 나타나기 때문이다. 또 이를 정의하려는 목적이나 내용 그리고 전문적인 견해에 따라 다르기 때문이다. 즉 '누가 지도자인가(지도자의 특성이나 자질), 누구에게 지도하는가(지도를 받는 추종자의 범위와 속성), 무엇을 지도하는가(지도성 행위의 구체적 내용), 왜 지도하는가(지도성 행위의 궁극적, 실제적 목적)' 라는 네 가지에 대한 학자들의 설명이 다르게 나타난다(정영수 · 이윤식 외, 2005).

현대적 의미의 지도성은 주어진 상황에서 지도자와 구성원 간의 상호작용에 의한 영향력 관계로 보는 것이 일반적이다. 즉 지도성은 조직의 목표 달성을 위해 지도자가 구성원과의 상호관계에 영향을 미치는 과정이라고 볼 수 있다. 이러한 지도성 과정은 $L=f(l \times f \times s)$ 형식으로 표시할 수 있다. L은 Leadership(지도성), l은 leader(지도자), f는 follower(구성원), s는 situation(상황)을 의미한다. 지도성은 지도자, 구성원, 상황 세 가지 요인들 간의 함수관계로 설명할 수 있다는 것이다.

2. 지도성의 의의

좋은 지도자 밑에 있는 조직 구성원들은 사기와 만족도가 높아지고, 구성원 상호 간 협력적 행동을 하는 경향이 높아진다. 그렇지 못한 지도자 밑에 있는 조직 구성원들은 사기와 만족도가 낮아지고, 구성원 상호 간 대립적 행동을 하는 경향이 높아진다. 지도자의 조직 구성원 관리방식이 구성원들을 성숙하게 하는 방향으로 이끌어 가기도 하고, 반대로 미성숙하게 하는 방향으로 이끌어 가기도 한다. 즉 지도자의 조직 관리 방식이 구성원들의 성숙에 지대한 영향을 미치는 것이다.

Maslow, Herzberg, Alderfer 등 여러 학자들이 제시한 '동기이론'에 비추어 보면, 좋은 지도자들은 조직 구성원들로 하여금 그들의 상위 수준의 욕구와 내적인 동기를 충족시키는 방향으로 지도성을 발휘한다. 결과적으로 구성원들로 하여금 보다 성숙하고 발전된 구성원들이 되도록 이끌어 간다.

교육현장에서 보면, 교장 · 교감 등의 교육지도자들이 좋은 지도성을 발휘할 때, 교사들이 보다 능력있고 성숙한 방향으로 변화 · 발달, 즉 긍정적인 방향으로의 교사발달을 이루어 나가는 것을 볼 수 있다(이윤식, 2022). 교육지도자들은 정치지도자나 경제지도자와 달리 교사들의 변화 · 발달 과정에 있어서 모델링 대상이 되도록 요구된다. 지도자가 구성원들의 잠재적 가능성을 발휘하도록 하는 지도성 즉 '변혁적 리더십(transformational leadership)'이 특히 교육지도자들에게 더 많이 요구되는 것도 그런 이유에서이다.

제2절 지도성에 대한 접근 방법

지도성은 지도자, 구성원, 그리고 상황의 함수 관계로 이해할 수 있다. 현재까지 변화 · 발전되어 온 지도성에 대한 연구 또는 이론은 크게 ① 특성적 접근, ② 행동적 접근, ③ 상황적 접근 등 세 가지로 구분된다. 뒤의 접근은 앞의 접근의 한계와 문제를 극복하려는 노력의 결과 나타났으나, 앞의 접근이 완전히 무효화된 것은 아니다.

1. 특성적 접근

특성적 접근 또는 특성적 이론(traits theory)은 지도성에 대한 심리학적 접근 방법이다. 이는 1940~50년대 지도성 연구 초기부터 주로 다루어진 접근 방법이다. 지도성을 어떤 훌륭한 사람이 가지고 있는 심리적 · 신체적 · 정신적 특성으로 보고, 그러한 특성을 분류학적으로 정리 · 종합하려는 접근 방법이다. 즉, 지도자는 일반적으로 다른 평범한 사람들과 구별되는 좋은 특성을 가지고 있다는 가정 아래 지도자가 어떠한 특성을 가지고 있는가에 관심을 두고 지도성에 대한 연구를 수행하는 입장이다.

지도자가 가지고 있는 좋은 특성에는 ① 책임감, ② 정서적 안정 및 감정통제, ③ 도덕적 행위, 인격적 통합성, ④ 의사소통 및 언어구사력, ⑤ 지배성 및 우월성, ⑥ 좋은 성품, ⑦ 스태미나, ⑧ 경험과 활동, ⑨ 성숙 및 교양, ⑩ 용기, ⑪ 원리원칙, ⑫ 창의성 및 독립성, ⑬ 확신감 등이 있다. 이러한 지도자의 인성적 특성들이 독립변인이 되어, 지도자가 속한 상황을 매개변인으로 하여, 집단이 달성하는 성과(집단효과, 목표달성)가 나타난다는 관점이 특성적 접근의 요체이다.

1940~50년대 특성적 접근의 초기에는 지도자의 특성만이 오로지 리더십 역량을 결정한다고 보는 관점이 지배적이었다. Stogdill(1948)은 지도성과 연관된 개인적 요소들을 다음과 같이 다섯 가지의 일반적 범주로 분류하였다.

① 능력: 지능, 민첩성, 언어유창성, 독창성, 판단력
② 성취: 학식, 지식, 운동력
③ 책임: 신뢰성, 주도성, 지구력, 진취성, 자신감, 수월성 추구
④ 참여: 활동성, 사회성, 협동성, 적응성, 유머
⑤ 지위: 사회경제적 위치, 인기

초기에 수행된 특성적 접근 연구들은 주로 지도자와 비지도자를 비교하고 구별하려는 방향에 초점을 두었다. 그러나 요즈음 연구들은 주로 행정가와 관리자를 대상으로 지도자의 특성과 지도성의 효과 간의 관계를 밝히려는 방향에 초점을 두고 있다. "누가 지도자가 될 것인가?"와 "누가 더 효과적일 것인가?" 사이에 큰 차이가 있다. 근래의 특성적 접근 연구들은 〈표 5-1〉과 같은 연구결과를 제시하고 있다. 지도자가 갖추어야 할 세 가지 특성, 즉 인성적 특성, 동기적 특성, 그리고 기술적 특성의 요소들은 다음과 같다.

〈표 5-1〉 효과적 지도성과 관련된 특성

인성적 특성	동기적 특성	기술적 특성
자신감	과업과 대인관계 욕구	업무적 기술
스트레스에 대한 인내	성취지향성	대인관계 기술
정서적 성숙	권력 욕구	개념적 기술
성실	기대	행정적 기술

출처: Hoy, Wayne K., & Miskel, Cecil G.(2001). *Educational administration: Theory, research, and practice*(6th Ed.). Boston: McGraw-Hill, p. 397.

가. 인성적 특성

인성적 특성은 특별한 방식으로 행동하는 비교적 안정된 성향이다. 그 가운데 특히 중요한 인성적 요소들은 다음과 같다.

① 자신감 있는 지도자는 자신과 조직원들에게 높은 목표를 제시하고, 어려운 과업을 시도하며, 문제들과 실패에 직면해서 인내를 보인다.
② 스트레스를 견뎌내는 지도자는 좋은 결정을 내리고, 침착하며, 또 어려운 상황에 있는 조직원들에게 확고한 방향을 제시해 준다.
③ 정서적으로 성숙한 지도자는 자신의 장점과 약점을 정확히 인식하고, 자기 개발을 추구하는 경향이 있다.
④ 성실한 지도자는 언행이 일치하고, 정직하며, 윤리적이고, 책임감이 있다.

나. 동기적 특성

동기는 업무 추진 행동을 일으키고, 그 형태, 방향, 강도, 지속성을 결정하는 개인 내부 또는 개인 외부에서 형성되는 일단의 활력적인 힘을 의미한다. 다음과 같은 네 가지 특성이 지도자들에게 중요하다.

① 지도자는 과업추진 욕구와 대인관계 욕구로 인하여 동기화된다.

② 지도자는 권위있는 지위를 추구하고 다른 사람들에게 영향력을 행사하려는 욕구 즉 권력 욕구를 가지고 있다.
③ 지도자는 성취하려는 욕구, 수월성 추구, 성공을 향한 추진력, 책임지려는 태도, 과업목표에 대한 관심 등 성취지향성을 보인다.
④ 지도자는 자신이 직무를 수행할 수 있고, 자신이 쏟은 노력에 대하여 가치있는 결과를 얻을 수 있을 것이라는 믿음 즉 성과에 대한 기대가 높다.

다. 기술적 특성

인성적 특성이나 동기적 특성에 못지않게, 기술과 경험도 지도성에서 중요한 특성 요소이다. 다음과 같은 네 가지 유형의 기술이 중요하다.

① 업무적 기술은 전문화된 지식, 절차, 과업을 성취하는 능력을 의미한다.
② 대인관계 기술은 다른 사람의 기분과 태도를 이해하고, 협조적인 작업 관계를 설정하는 능력을 의미한다.
③ 개념적 기술은 계획하고, 조직하고, 복잡한 문제를 해결하는 데 필요한 아이디어와 개념을 개발하고 활용하는 능력을 의미한다.
④ 행정적 기술은 계획하기, 지도하기, 위임하기, 감독하기, 협의하기 등과 같은 구체적인 관리적 활동들에 관한 지식을 포함한다.

지도성에 관한 특성적 접근의 연구들은 대체로 다음과 같은 한계를 가지고 있는 것으로 보고되고 있다.

① 특성을 기초로 하여 지도자를 구별하려고 했던 시도는 별로 성공적이지 못했다.
② 몇 가지의 공통적 특성이 아니라, 여러 가지의 다양한 특성들이 지도자와 추종자를 구분지었다.
③ 지도자에게 요구되는 특성은 상황에 따라 달랐다.

④ 지도성에 관한 특성적 연구는 지도자와 구성원 간의 상호작용을 소홀히 하였다.

지도성에 관한 특성적 접근에 있어서, 지도자를 구별하는 특성들이 너무나 다양할 뿐만 아니라, 모든 상황에 공통적으로 적용될 수 있는 특성을 발견하기가 어렵다는 문제가 노출되었다.

2. 행동적 접근

1950~60년대 활발히 전개된 행동적 접근 또는 행동적 이론(behavioral theory)은 지도자가 어떠한 특성을 가지고 있는가보다는 지도자가 어떠한 행동을 하는가에 관심을 두고 지도성에 대한 연구를 수행하는 입장이다. 이러한 지도자의 행동은 관찰될 수 있고, 측정될 수 있다고 본다.

지도성에 대한 행동적 접근의 최초 연구는 Lippitt와 White(1958)가 아동들을 대상으로 추진한 지도성과 집단생활의 관계에 대한 실험적 연구이다. 민주적 지도자, 전제적 지도자, 자유방임적 지도자 등 세 가지 행동 유형의 지도자에 대한 아동들의 반응을 분석한 연구이다. 연구결과, 아동들의 만족도는 민주적 지도자에 대해 가장 높고, 다음으로 전제적 지도자이며, 자유방임적 지도자에 대하여 불만이 가장 많았다. 세 가지 행동 유형의 지도자 중에서 민주적 지도자에 의한 지도 방법이 아동들의 만족감, 활동성, 생산성 등에 효과적인 것으로 발견되었다.

가. 오하이오 주립대학의 지도성 연구

오하이오 주립대학의 지도성 연구는 행동적 접근에 의한 지도성 연구가 본격적으로 등장하는 계기가 되었다. 행동적 접근의 등장은 당시 행정학 분야에서 이론적 흐름의 주류였던 '과학적 관리론'과 '인간관계론'을 종합한 접근이라고 하겠다. Taylor를 중심으로 한 과학적 관리론은 조직의 목표달성이라는 조직적 측면을 강조하였고, Mayo를 중심으로 한 인간관계론은 조직 구성원의 사기라는 심리적 측면을 강조하였다. 행동적 접근은 양 차원을 종합하려는 입장이다.

오하이오 주립대학 연구팀은 '지도자 행동기술 질문지(LBDQ: Leader Behavior Description Questionnaire)'를 개발하여 지도자의 행동을 측정하고자 하였다. Halpin은 LBDQ를 활용하여, 지도자 행위를 '구조중심(initiating structure)' 행동과 '배려중심(consideration)' 행동으로 구분하였다(Halpin, 1966). 구조중심 행동은 '과업중심' 행동이라고도 할 수 있는데, 지도자가 조직 구성원들에게 과업을 부여하고 지켜야 할 절차를 지시하고, 구성원들에게 자신의 기대를 분명히 밝히며, 수행해야 할 과업의 일정을 정하여 주고, 보고체계와 의사소통 통로를 명확하게 수립하는 지도자의 행동이다. 배려중심 행동은 '인화중심' 행동이라고도 할 수 있는데, 지도자와 구성원들 간에 상호 신뢰·존경·온정과 편안한 분위기를 조성하는 행동으로서, 구성원들의 욕구에 깊은 관심을 보이고, 의사결정에 참여케 하며, 하의상달을 고무시키는 행위이다.

LBDQ는 구조중심 지도자 행동과 배려중심 지도자 행동에 관한 각각 15개의 문항으로 구성되어 있다. 그리고 각 행동을 하는 빈도를 5단계 척도 즉 '항상 그렇다'는 5점, '자주 그렇다'는 4점, '가끔 그렇다'는 3점, '거의 그렇지 않다'는 2점, '결코 그렇지 않다'는 1점으로 하여 점수를 계산하도록 하였다. LBDQ를 구성하고 있는 30개의 문항은 다음과 같다.

구조중심 지도자 행동

① 그는 조직원에게 자기의 태도를 분명히 한다.
② 그는 조직원과 함께 새로운 아이디어를 짜낸다.
③ 그는 조직원을 엄격히 다스린다.
④ 그는 일을 잘못하면 비판한다.
⑤ 그는 질문의 여지가 없이 말한다.
⑥ 그는 조직원에게 특정한 일을 맡긴다.

⑦ 그는 계획없이 일한다.*[1)]
⑧ 그는 일을 수행하는 데 일정한 수준을 유지한다.
⑨ 그는 기한을 엄수하도록 강조한다.
⑩ 그는 정해진 절차대로 일을 하도록 한다.
⑪ 그는 조직에서의 그의 역할을 모든 성원이 분명히 이해토록 한다.
⑫ 그는 조직원들이 규칙과 규정을 준수하라고 요구한다.
⑬ 그는 조직원들이 자기들에게 기대되는 것이 무엇인가를 주지시킨다.
⑭ 그는 조직원들이 어떻게 해서든 능력껏 일하도록 주선한다.
⑮ 그는 어떻게 해서든 조직원들의 일을 조정한다.

배려중심 지도자 행동

① 그는 조직원들에게 인간적 호의를 베푼다.
② 그는 조직원들을 즐겁게 하는 일이면 작은 일이라도 한다.
③ 그는 이해를 잘 한다.
④ 그는 조직원들의 이야기를 들을 시간을 찾는다.
⑤ 그는 남과 별로 인간관계를 맺으려 하지 않는다.*
⑥ 그는 조직원의 개인적 복지를 돌본다.
⑦ 그는 자기의 행동에 대해 설명하기를 싫어한다.*
⑧ 그는 조직원들과 상의하지 않고 행동한다.*
⑨ 그는 새로운 아이디어를 받아들이기를 주저한다.*
⑩ 그는 모든 조직원들을 자기와 동등한 사람으로 대우한다.
⑪ 그는 기꺼이 변화를 충족시킨다.
⑫ 그는 다정하며 접근하기 쉽다.
⑬ 그는 조직원들과 이야기할 때 그들을 편하게 한다.
⑭ 그는 조직원들이 제의한 것을 실제에 반영한다.
⑮ 그는 주요한 문제를 추진하기에 앞서 조직원들의 인정을 구한다.

1) *가 표시된 문항에 대한 응답은 역으로 배점함.

LBDQ의 2가지 차원의 조합에 의하여 [그림 5-1]과 같은 4가지 지도성 유형이 도출된다. 오하이오 주립대학의 지도성 연구는 다음과 같은 점을 밝혔다.

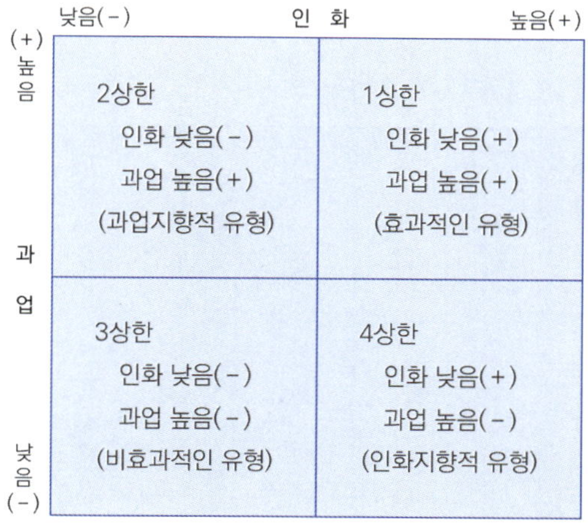

[그림 5-1] 오하이오 주립대학이 제시한 지도성 유형

① 과업지향성과 인화지향성은 지도자 행동의 기초를 이루는 두 차원이다.

② 효과적인 지도성 행동은 과업지향성과 인화지향성의 양 차원을 모두 강조하는 경우와 관련이 있다.

③ 지도자와 조직원은 지도성 효과를 지도성 행동과 관련시켜 지각하는 데 있어서 서로 다른 입장을 나타내고 있다. 지도자는 과업지향성을 강조하는 반면, 조직원들은 인화지향성에 더 많은 관심을 갖는다.

④ 과업지향성과 인화지향성이 다 같이 높은 1상한의 지도성 유형은 화합, 친밀, 절차상의 명확성과 같은 집단 특성과 관련이 있으며, 또 집단 태도의 호의적인 변화에도 관련이 있다.

나. Blake와 Mouton의 관리격자 이론(managerial grid)

Blake와 Mouton(1964)은 오하이오 주립대학이 제시한 연구 결과를 기초로 하여, '생산에 대한 관심'과 '인간에 대한 관심' 두 가지 차원의 결합 관계를 중심으로 관리격자(managerial grid)를 개발하였다. [그림 5-2]에서 보는 바와 같이, '생산에 대한 관심'과 '인간에 대한 관심'의 결합을 통하여, '권위형', '사교형', '방임형', '팀형', '중도형' 등 다섯 가지 대표적인 지도성 유형을 제시하였다.

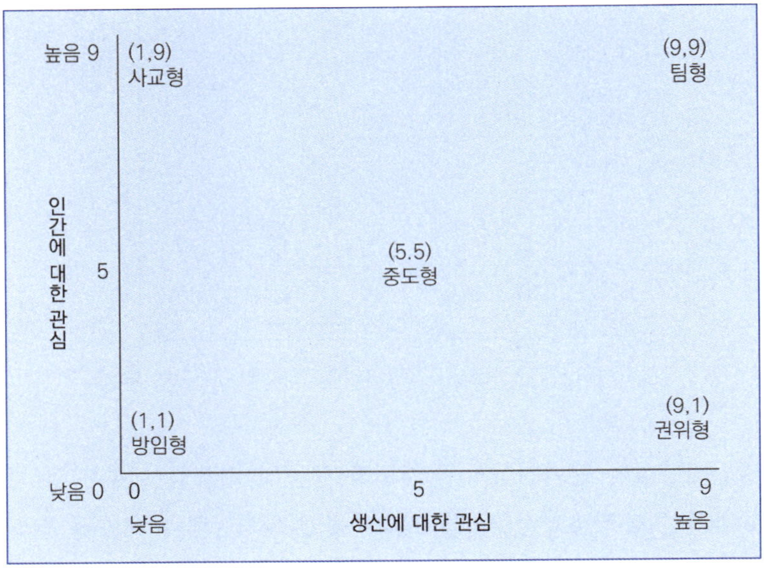

[그림 5-2] Blake와 Mounton의 관리격자

- **권위형(9,1형)**: 과업성취에 대해서는 높은 관심을 기울이는 반면에 인간관계에 대해서는 조금밖에 관심을 기울이지 않는다. 과업지향적인 지도성 유형이다. 과업성취를 강조하면서 철저한 감독과 엄격한 통제를 행사한다.
- **사교형(1,9형)**: 인간관계에 대해서는 높은 관심을 기울이지만, 과업성취에 대해서는 조금밖에 관심을 기울이지 않는다. 인화지향적인 지도성 유형이다. 비공식적인 의사소통을 많이 하며, 과업과 관련된 주제보다는 개인적이며 사교적인 주제가 다루어진다. 긴밀한 인간관계를 중시한다.
- **방임형(1,1형)**: 과업성취와 인간관계 모두에 대해 낮은 관심을 둔다. 사실상

지도성의 결여 또는 부재의 상태라고 할 수 있다. 상부로부터 전달되는 지시 사항을 부하들에게 전달하는 것으로 지도자의 역할을 국한시킨다. 무기력한 지도자 유형이라고 볼 수 있다.

- 팀형(9,9형): 과업성취와 인간관계 모두에 대하여 높은 관심을 나타낸다. 조직의 요구와 구성원의 요구가 조화를 이루는 통합형적 지도성 유형이다. 개방적인 의사소통을 한다. 팀웍, 참여, 공동 의사결정 등을 중요시한다. 이상적인 유형이라고 볼 수 있다.
- 중도형(5,5형): 인간관계와 과업성취에 대한 관심이 모두 적당히 유지되는 균형적 지도성 유형이다. 조직의 요구와 구성원의 요구 간에 갈등이 있을 때, 갈등을 해소하기 위해 균형적인 타협을 취한다. 과업을 수행하기에는 충분하지만 혁신과 변화를 촉진하기에는 불충분한 지도자 유형이다.

Yukl(2010)은 행동적 접근 연구들의 결과를 효과적인 지도자 행동에 대한 보편적 이론으로 해석하지 않도록 경고한다. 동일한 지도자 행동 유형이 어느 조직 상황에서나 최선이라고 결론내릴 수는 없다는 것이다. Blake와 Mouton의 관리격자 이론은 널리 알려져 있는 이론으로서 가장 효과적인 지도자는 생산과 사람 양자에 다 같이 관심이 높다는 기본 가설에서 출발하고 있다. 그러나 Blake와 Mouton이 제시한 효과적인 지도자 행동도 어떠한 상황에서나 항상 그런 것은 아니다. 지도자가 사람과 과업의 양 차원에 높은 관심을 보일 때라도, 상황적 요인이 지도자 행동의 효과에 영향을 준다. 즉 효과적인 지도성 발휘는 조직 상황에 따라 각기 다른 스타일의 행동을 적절히 조화시켜 적용하는 것과 깊은 관련이 있다.

3. 상황(적응)적 접근

위에서 살펴본 행동적 접근은 지도자의 행동을 유형화하는 데는 크게 기여하였다. 그러나 지도자의 행동 유형을 조직성과나 조직 구성원의 만족도와 같은 효과

(effectiveness) 차원과는 연결시키지 못하였다. 이러한 제한점에 대한 대안으로 1970년대 이후 나타난 것이 상황(적응)적 접근 또는 상황(적응)적 이론(contingency theory)이다.

상황적 접근은 지도성에 대한 사회적 접근 방법으로 지도성이 발휘되는 사회적 상황을 중요시한다. 지도자의 행동은 사회적 상황에 따라 유동적이고 지도성의 효과도 다르다는 것이다. 즉 어느 상황에나 공통적으로 적용될 수 있는 최상의 지도성 유형은 존재하지 않는다. 지도자 개인적 요인이 지도성이 발휘되는 상황적 요인과 어떻게 적절하게 결합되느냐에 따라 지도성의 효과가 결정된다는 입장을 취하고 있다. Fiedler, Reddin, Hersey와 Blanchard 등의 이론이 대표적 이론들이다. 상황적 접근 이론은 현재 지도성 이론의 주류를 이루고 있는 이론이다.

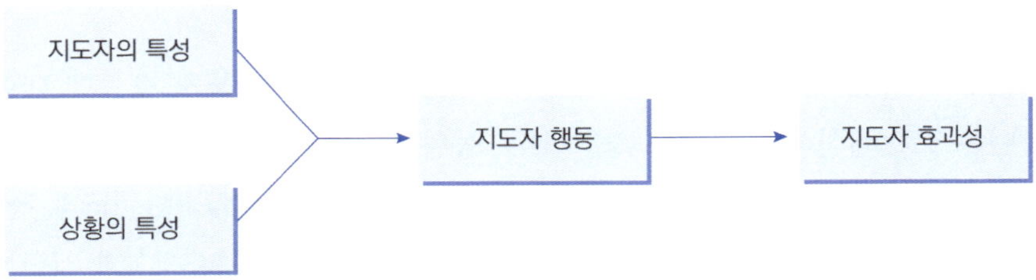

출처: Hoy, Wayne K., & Miskel, Cecil G.(2001). *Educational administration: Theory, research, and practice*(6th ed.). Boston: McGraw-Hill, p. 404.

[그림 5-3] 상황적 지도성 이론의 기본 틀

[그림 5-3]은 지도성의 상황적 이론의 구성 요소들과 상호 간 관계를 잘 보여준다. [그림 5-3]에는 다음과 같은 두 가지 기본적 관계가 내포되어 있다. 첫째, 지도자의 특성과 상황의 특징이 결합하여 지도자 행동과 지도자 효과성을 산출한다. 둘째, 상황적 요소가 지도자 효과성에 직접적 영향을 미친다는 것이다. 상황적 이론은 어떠한 상황적 조건 아래서 어떠한 지도성 유형이 더 효과적인가를 예측해 줄 수 있다.

가. Fiedler의 상황적 지도성 모형

지도성에 관한 상황적 모형을 처음으로 제시한 Fiedler(1967)에 의하면, 지도성 유형은 지도자의 동기체제에 의해서 결정되며, 조직의 효과는 지도자와 그가 지도성을 발휘하게 되는 상황의 호의성 여부가 어떻게 결합되느냐에 따라 좌우된다. Fiedler는 과업의 성공적인 성취를 중시하는 '과업지향적 지도성' 유형과 좋은 인간관계를 중시하는 '관계지향적 지도성' 유형 두 가지를 제시하였다.

〈표 5-2〉 '함께 일하기 가장 싫은 동료에 대한 질문지'(예시)

지시: 당신이 현재 혹은 과거에 함께 일했던 동료 중, 가장 함께 일하기 싫은 혹은 싫었던 동료 한 사람을 생각하면서, 그 사람에 대한 당신의 느낌을 아래 난에 V표 하십시오.

상쾌하다	8	7	6	5	4	3	2	1	불쾌하다
거부적이다	1	2	3	4	5	6	7	8	수용적이다
협력적이다	8	7	6	5	4	3	2	1	비협력적이다
말썽을 피운다	1	2	3	4	5	6	7	8	조화를 이룬다
도움이 된다	8	7	6	5	4	3	2	1	거추장스럽다
멀다	1	2	3	4	5	6	7	8	가깝다
효과적이다	8	7	6	5	4	3	2	1	비효과적이다
음침하다	1	2	3	4	5	6	7	8	명랑하다

출처: Hoy, Wayne K., & Miskel, Cecil G.(1987). *Educational administration: Theory, research, and practice*(3rd Ed.). New York: Random House, p. 286.

지도성 유형을 분류하기 위해 〈표 5-2〉에서 보는 바와 같이, Fiedler는 '함께 일하기 가장 싫은 동료에 대한 질문지(LPC: least preferred co-worker)'라고 하는 16개로 구성된 의미변별척도 질문지를 개발하였다. 이 질문지에 과거나 현재에 함께 일하기 가장 싫은 동료에 대한 자신의 느낌을 표시하도록 하였다. 지도자가 함께 일하기 싫은 사람에 대한 정서적인 반응에서 얻은 점수를 토대로, LPC 점수가 높으면 관계지향적 지도자, LPC 점수가 낮으면 과업지향적 지도자로 분류하였다. 일반적으로 LPC 점수가 높은 지도자는 온화하고 사려심이 깊으며, LPC 점수가 낮은 지도자는 지시적이고 통제적이었다.

두 가지 지도성 유형 중 어느 것이 효과적인가 하는 것은 지도자가 지도성을 발휘하게 되는 상황에 달려 있다. 지도성을 발휘하는 상황이 지도자가 지도성을 발휘하기에 유리한가 혹은 불리한가를 의미하는 '상황의 호의성(situation favorableness)' 정도가 중요하다. 상황의 호의성은 기본적으로 지도자가 조직 구성원들을 통제하고 영향력을 발휘할 수 있는 정도를 나타낸다.

상황의 호의성은 지도자와 구성원의 관계, 과업의 구조화 정도, 지도자의 직위 권력 등 세 가지 요인에 의해 영향을 받는다. 이 세 가지 요인들이 어떻게 결합되느냐에 따라서 지도성을 발휘하는 상황은 지도자에게 호의적일 수도 있고, 반대로 비호의적일 수도 있다.

첫째, 지도자와 구성원의 관계는 지도자의 영향력을 결정하는 세 가지 요인들 가운데서 가장 중요한 것으로서 구성원들이 지도자를 얼마나 신뢰하고 좋아하며, 그를 얼마나 잘 따르느냐의 정도를 의미한다. 지도자와 구성원들 간의 관계가 좋으면 영향력과 권위를 행사하기가 용이하다.

둘째, 과업의 구조화 정도는 구성원들이 수행해야 할 과업이 얼마나 구체적으로 세분화되어 있고, 어떠한 표준적인 운영 지침에 따라 수행되느냐 하는 정도를 의미한다. 과업이 구조화되어 있는 경우는 구성원들이 비교적 쉽게 해야 할 과업을 이해하고 수행할 수 있다. 그만큼 지도자에게 유리하다.

셋째, 지도자의 직위 권력은 조직 내에서 지도자에게 공식적으로 주어진 권력을 의미한다. 지도자의 직위에는 구성원에 대한 해고, 고용, 승진, 좌천, 재배치, 근무평정 등의 인사 조치를 행할 수 있는 합법적인 권한이 주어진다. 직위 권력의 고하 자체가 구성원들의 높은 과업 성취를 보장할 수는 없지만, 지도자의 지도성 발휘를 유리하게 하는 것은 사실이다.

상황의 호의성에 영향을 주는 세 가지 요인은 [그림 5-4]에서 보는 바와 같이, 각각 '좋음'과 '나쁨', '구조적'과 '비구조적', '강함'과 '약함' 등의 조합을 통해 8가지의 상황으로 구분된다. 종합적으로 '상황의 호의성' 정도는 하나의 연속선상에서 '호의적', '약간 호의적', '비호의적' 등 세 가지로 구분된다.

지도성 유형과 상황의 호의성 간의 관계는 [그림 5-4]에서 볼 수 있는 바와 같이, LPC 점수가 낮은 과업지향적 지도자는 호의적인 상황과 비호의적 상황에서 보다 효과적인 데 비해서, LPC 점수가 높은 관계지향적 지도자는 중간 수준의 약간 호의적인 상황에서 더 효과적이다. 여기서 지도성의 효과라는 개념은 집단 성과, 집단 사기, 구성원 만족도 등을 종합적으로 지칭하는 개념이 아니라, 집단에 부여된 과업을 잘 성취하는 정도를 의미한다.

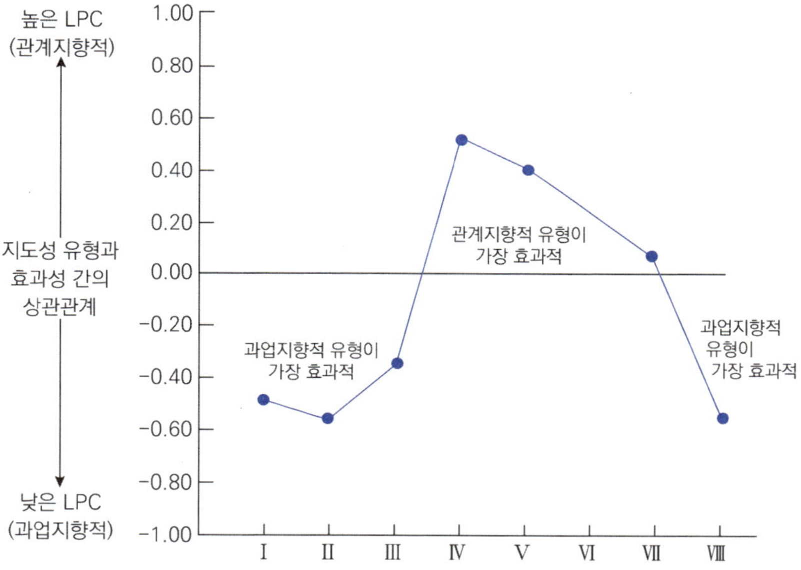

상황의 호의성 정도	호의적			약간 호의적				비호의적
지도자와 구성원 간의 관계	좋음				나쁨			
과업의 구조화 정도	구조적		비구조적		구조적		비구조적	
지도자의 직위 권력	강함	약함	강함	약함	강함	약함	강함	약함

출처: Hoy, Wayne K., & Miskel, Cecil G.(1987). *Educational administration: Theory, research, and practice*(3rd Ed.). New York: Random House, p. 289.
Silver, Paula F.(1983). *Educational administration: Theoretical perspectives on practice and research*. New York: Harper & Row, p. 157.

[그림 5-4] Fiedler의 상황에 따른 효과적 지도성 유형

Fiedler는 다음과 같은 세 가지 상황적 지도성 이론의 명제를 제시하였다. ① 호의적 상황에서는 과업지향적 지도자가 관계지향적 지도자보다 더 효과적이다. ② 중간 수준의 약간 호의적인 상황에서는 관계지향적 지도자가 과업지향적 지도자보다 더 효과적이다. ③ 비호의적 상황에서는 과업지향적 지도자가 관계지향적 지도자보다 더 효과적이다.

Fiedler의 연구는 LPC 점수의 의미에 대한 논란, 지도성의 효과에 대한 제한적 시각, 지도성이 발휘되는 역동적인 개방체제 고려 미흡 등의 취약한 부분이 있기는 하였다. 그러나 지도성에 대한 상황적 접근을 시도함으로써 지도성 연구에 새로운 계기를 마련해 준 지대한 공헌을 하였다. Fiedler, Chemers, Mahar(1976)는 교장과 같은 학교행정가는 자신이 지도성을 발휘하는 학교 상황에서 지도자와 구성원 간의 관계, 과업의 구조화 정도, 지도자의 직위 권력 등 세 가지 요인들을 조정 관리할 수 있도록 교육과 연수를 받아야 한다고 제안하였다.

나. Reddin의 3차원 지도성 효과 모형

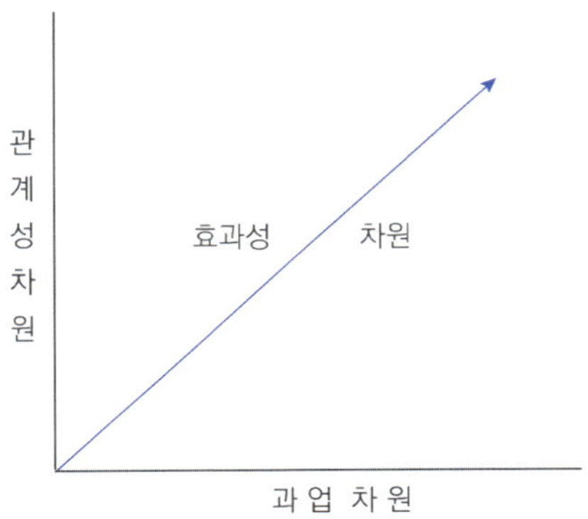

[그림 5-5] Reddin의 지도성 3차원

William J. Reddin(1971)은 3차원 지도성 효과 이론(3-D Theory of Leadership Effectiveness) 또는 3차원 경영 형태 이론(3-D Management Style Theory)이라 불리는 지도성 모형을 개발하였다. [그림 5-5]에서 보는 바와 같이, 지도자의 행동 유형인 '관계성 차원'과 '과업 차원' 두 가지 차원에 '효과성 차원'을 추가하여 모두 세 가지 차원을 설정하였다(Hersey & Blanchard. 1977: 103-107에서 재인용).

[그림 5-6]과 같이, Reddin은 지도성의 기본 유형을 ① 낮은 과업(−)과 낮은 관계성(−), ② 낮은 과업(−)과 높은 관계성(+), ③ 높은 과업(+)과 낮은 관계성(−), ④ 높은 과업(+)과 높은 관계성(+) 등 네 가지로 구분하여, 각각을 분리형, 인화형, 집중형, 통합형 유형으로 명명하였다.

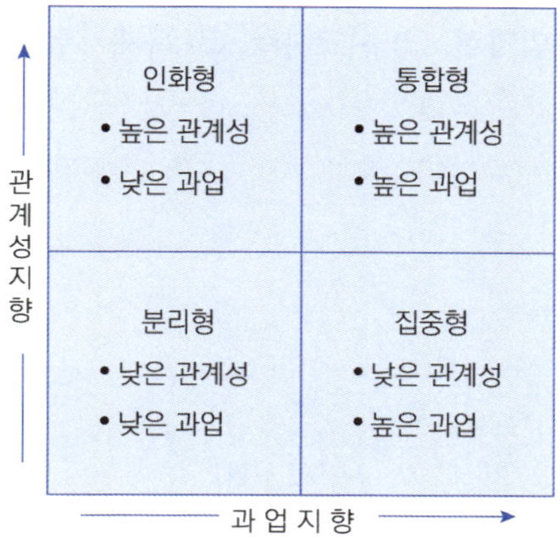

[그림 5-6] Reddin의 지도성 기본 유형

네 가지 유형의 지도성의 효과는 그것이 어떤 상황에서 행사되었느냐에 따라 효과적이기도 하고 비효과적이기도 하다는 것이다. 즉, 지도성의 두 차원은 그 자체로서는 가치가 없고, 상황의 적절성과 관련을 맺을 때 그 가치가 발휘된다. 즉, 동일한 지도성 유형이 주어진 상황에 적절할 때는 효과적인 지도성, 그렇지 못할 때는 비효과적인 지도성으로 변한다는 것이다.

Reddin은 지도성의 효과 여부를 결정하는 상황의 기본 요소로서 ① 기술, ② 조직 철학, ③ 상급자, ④ 동료, ⑤ 하급자 등 다섯 가지를 제시하였다. 기술은 조직의 과업이 수행되는 방법과 관련되며, 조직 철학은 조직 내에서 이루어지는 제반 행동에 영향을 미치는 조직 풍토와 같은 개념이다. 상급자, 동료, 하급자의 행동과 기대는 상황에 영향을 주는 중요한 조건이 된다. 이와 같은 기술적, 조직적, 인적 조건들을 포함하는 제반 상황적 조건에 의해서 지도성 유형의 효과성이 결정된다.

이러한 상황 요소와 관련되는 지도성 유형은 단순하게 '효과적이다' 또는 '비효과적이다'로 양분되는 것이 아니라, 효과성 차원의 연속선상에 놓이게 된다. 연속선상의 한쪽 끝에는 네 개의 효과적인 지도성 유형이 위치하고, 다른 끝에는 4개의 비효과적인 지도성 유형이 위치한다. [그림 5-7]에서 보는 바와 같이, 효과적인 지도성 유형은 ① 관료형, ② 교육자형, ③ 선한 군주형, ④ 지휘관형으로, 비효과적인 지도성 유형은 ① 방임자형, ② 선교사형, ③ 독재자형, ④ 타협가형으로 분류하였다.

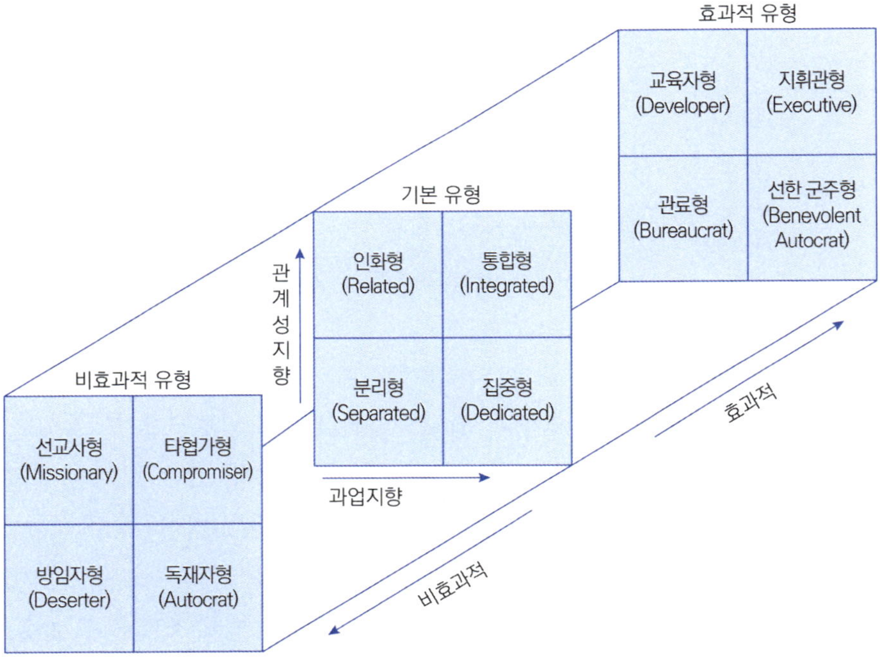

출처: Lunenburg, Fred C., & Ornstein, Allan C.(1991). *Educational administration: Concepts and practices.* Belmont CA: Wadsworth Publishing, p. 152.

[그림 5-7] Reddin의 3차원 지도성 모형

효과적인 네 가지 유형의 지도성과 비효과적인 네 가지 유형의 지도성을 비교하면 다음과 같다.

- **(1-1) 지휘관형**: 높은 과업지향성과 높은 관계지향성을 수용하는 상황에서 지도성을 발휘하는 효과적인 유형으로, 높은 과업 수준을 설정하고 조직 구성원의 개인차를 인정하면서 동기유발을 시도하는 지도자.
- **(1-2) 타협가형**: 높은 과업지향성과 높은 관계지향성을 보이나 상황적 요구에 적절하지 못한 비효과적인 유형으로, 장기적인 관점에서 생산의 극대화를 기하지 못하고 외부의 압력에 의해 쉽게 흔들리는 줏대없는 의사결정을 하는 지도자.
- **(2-1) 선한 군주형**: 상황적 요구에 적절하게 높은 과업지향성과 낮은 관계지향성을 지향하는 효과적인 유형으로, 조직 구성원들의 원망을 사지 않으면서도 수행해야 할 과업의 내용이나 방법을 아는 지도자.
- **(2-2) 독재자형**: 상황적 요구에 적절하지 못하게 높은 과업지향성과 낮은 관계지향성을 지향하는 비효과적인 유형으로, 조직 구성원들로부터 신뢰를 받지 못하고 즐거운 작업 분위기를 조성하지도 못하며, 오직 당면한 과업에만 관심을 보이는 지도자.
- **(3-1) 교육자형**: 상황적 요구에 적절하게 높은 관계지향성과 낮은 과업지향성을 발휘하는 효과적인 유형으로, 조직 구성원들에 대한 신뢰를 바탕으로 개개인의 발전에 관심을 기울이는 지도자.
- **(3-2) 선교사형**: 상황적 요구에 부적절하게 높은 관계지향성과 낮은 과업지향성을 구사하는 비효과적인 유형으로, 오직 조직 구성원들과의 좋은 관계에만 관심을 기울이는 지도자.
- **(4-1) 관료형**: 낮은 관계지향성과 낮은 과업지향성을 행사하나 이러한 것이 상황의 요구에 적절하게 수용되는 효과적인 유형으로, 규칙·규정·절차에 관심이 많고, 이러한 장치를 통해 조직 유지 및 환경 통제를 해나가는 지도자.
- **(4-2) 방임자형**: 상황적 요구에 어울리지 않게 낮은 관계지향성과 낮은 과업지향성을 보이는 비효과적인 유형으로, 조직에 헌신·집중하지 않고 책임회피적이며 피동적·소극적인 지도자.

Reddin의 모형은 효과적인 지도자는 상황에 맞추어 자신의 지도성 유형을 바꿀 수 있거나 혹은 자신의 지도성 유형에 맞추어 상황을 변화시키는 것이 필요하다는 점을 시사한다. 그러나 Reddin의 모형은 조직 구성원들의 교육배경, 경력, 가치, 기대 등과 같은 개인차를 고려하고 있지 않으며, 서술적인 모형으로 실천적으로 검증하기 어려우며, 어떠한 상황이 어떠한 지도성 유형과 적합한가를 판단하는 기준이 분명하지 않다는 등의 한계를 가지고 있다.

다. Hersey와 Blanchard의 상황적 지도성 모형

Hersey와 Blanchard(1977)는 Reddin의 3차원 지도성 효과 이론을 확장하여 새로운 상황적 지도성 이론(situational leadership theory)을 개발하였다. 이 이론에서는 조직 구성원의 성숙 수준을 고려하여 효과적인 지도성 유형을 제시하였다.

상황적 지도성 이론은 지도자의 과업행동(task behavior), 지도자의 관계행동(relationship behavior), 조직 구성원들의 성숙수준 등 세 요소 간의 상호작용으로 효과적인 지도성 유형을 설명한다. 지도자의 과업행동은 구성원들에게 무슨 과업을 언제, 어떻게 수행해야 할 것인가를 지시하는 일방적 의사소통을 중심으로 이루어진다. 지도자의 관계행동은 구성원들에게 사회정서적인 지원을 제공하고 동기를 부여하는 쌍방적 의사소통을 중심으로 이루어진다.

조직 구성원들의 성숙은 과업과 관련한 성숙을 의미하는데, '직무 성숙(job maturity)'과 '심리적 성숙(psychological maturity)'의 두 차원을 포함한다. 직무 성숙이란 직무를 행할 수 있는 능력으로서 과업을 수행하기 위한 지식과 기능을 의미한다. 직무 성숙 수준이 높은 사람은 남의 지시를 받지 않고서도 과업을 수행할 수 있는 지식, 능력, 경험을 가지고 있다. 심리적 성숙은 어떠한 일을 행하고자 하는 동기나 의욕과 관련되며, 일에 대한 애착과 헌신을 의미한다. 심리적 성숙 수준이 높은 사람은 책임감을 중요하게 생각하며, 특정한 과업에 대하여 스스로 자신감과 긍정적 자세를 갖는다.

[그림 5-8]에서 보는 바와 같이, Hersey와 Blanchard(1988)는 조직 구성원의

성숙 수준이 높아감에 따라, 그에 상응하여 효과적인 지도성 유형도 ① 지시형(telling: 높은 과업행동과 낮은 관계행동) → ② 설득형(selling: 높은 과업행동과 높은 관계행동) → ③ 참여형(participating: 낮은 과업행동과 높은 관계행동) → ④ 위임형(delegating: 낮은 과업행동과 낮은 관계행동) 순으로 달라져야 함을 보여주고 있다. 즉, 조직 구성원들의 성숙 수준이 미성숙 수준으로부터 성숙 수준으로 변화됨에 따라, 지도성 유형도 그에 맞추어 가운데 종모양의 곡선을 따라 변화해 나가야 한다는 것이다.

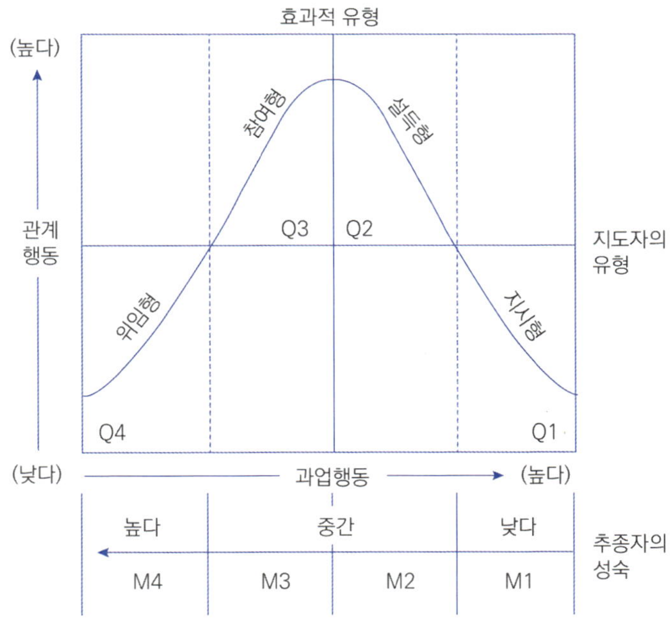

출처: Hersey, Paul., & Blanchard, Kenneth H.(1988). *Management of organizational behavior: Utilizing human resources(5th Ed.).* Englewood Cliffs, N. J.: Prentice-Hall.

[그림 5-8] Hersey와 Blanchard의 조직 구성원 성숙수준에 따른 효과적인 지도성 유형

조직 구성원의 성숙 수준은 경력을 쌓아 가면서 점차 높아진다. M1의 성숙 수준은 조직 구성원이 어떤 과업에 대해 책임을 맡을 능력도 없고, 또 맡으려 하지도 않는 경우이다. 조직 구성원의 성숙 수준이 낮을 때에는 지도자의 직접적이고

지시적인(telling) 행동이 요구된다. M2의 성숙 수준은 조직 구성원들이 과업에 대해 책임을 맡고 싶은 생각이 약간 들기는 하나 아직 실천적 능력이 없는 경우이다(의욕은 약간 있지만 다소 능력이 부족한 경우). 이들에게는 과업 수행 방법에 대한 비교적 친절한 지도(selling)가 요구된다. M3의 성숙 수준은 조직 구성원들이 과업을 수행할 능력과 의욕은 있으나, 아직 충분하지 않은 경우이다. 동기나 사기를 높이기 위해 협력적으로 필요한 의사소통을 하는 참여적(participating) 지도성 유형이 효과적일 것이다. M4의 성숙 수준은 조직 구성원들이 과업에 대한 책임을 맡을 능력과 의지도 있는 수준이다. 이때는 위임적(delegating) 지도성 유형이 효과적일 것이다.

Hersey와 Blanchard의 이론은 지도자가 구성원들의 성숙 수준에 따라 점차적으로 지도성 유형을 변화시켜 나감으로써 효과를 극대화시킬 수 있다는 점을 설득력 있게 제시하고 있다.

제3절 새로운 지도성 이론

지도성에 관한 연구는 시대적 변천에 따라서 지도성의 특성, 행동, 상황적응의 순서로 발달되어 왔다. 1990년대 초부터 지도성 분야에서 활동하는 학자들과 실무자들 사이에서는 새로운 지도성에 대한 시각으로 카리스마 지도성(charismatic leadership), 변혁적 지도성(transformational leadership) 이론에 대한 관심이 높게 나타나기 시작하였다. 이러한 새로운 지도성에 대한 접근은 다음과 같은 세 가지 점에서 전통적인 접근과 구별되었다(Hoy & Miskel, 2001). 첫째, 지도자는 영감적이고, 상징적이며, 덜 합리적인 성격의 행동을 보여주는 의미 관리자(manager of meanings)이다. 둘째, 지도자는 영감을 주는 지도자의 비전에 대하여 조직 구성원들이 보여주는 정서적 반응을 중요하게 본다. 셋째, 카리스마 지도성 이론들과 변혁적 지도성 이론들은 조직 구성원들과 접촉하는 하위급 수준의 지도자에 초점을 두기보다는 상위급 수준의 지도자들에 초점을 두는 경향이 있다. 카리스마 지도성, 변혁적 지도성 이론의 부각되어 오는 가운데, 근래에는 분산적 지도성(distributed leadership), 섬김의 지도성(servant leadership), 팀 지도성(team leadership) 이론도 그 중요성이 널리 인정되고 있다.

1. 카리스마 지도성

카리스마에 대한 연구는 최초 Max Weber(1947)로부터 시작되었다. Weber는 카리스마를 지도자가 발휘하는 비범한 특징에 대하여 추종자가 인식하는 지도자의 영향력 형태로 보았다. 카리스마는 선한 지도성과 악한 지도성, 도덕적 지도성과 비도덕적 지도성을 구별하지 않는 용어이다.

House와 Howell(1992)은 Weber의 아이디어를 조직 상황에 적용하여 지도성을 설명하였다. 그들은 카리스마를 다른 사람들의 신념, 가치, 행동, 성취에 대하여 강하고 확산적인 영향력을 행사할 수 있는 지도자의 능력으로 보고 있다.

카리스마 지도자의 인성적 특성으로는 다음과 같은 것들이 있다. 즉 ① 성취지향성, ② 창의적이고 혁신적이며, 영감적이 되려는 강한 경향성, ③ 높은 수준의 에너지와 참여, ④ 자신감, ⑤ 권력을 도덕적이고 합당하게 사용하는 데 대한 관심과 결부된 사회적 영향력에 대한 강한 욕구, ⑥ 높은 수준의 업무 참여와 모험성향, ⑦ 하급자들에 대해 지원적이고, 사회적으로 민감하며, 배려하려는 경향성 등이다.

카리스마 지도자의 행동적 특성은 다음과 같은 것들이 있다. 즉 ① 미래 비전 제시, ② 인상 관리(managing impressions), ③ 자기희생, ④ 개인적 모험 감수, ⑤ 하급자들이 모방할 행동 모형의 제시, ⑥ 인습에 사로잡히지 않는 행동, ⑦ 권력의 분담 등이다. 이러한 특성들은 조직원들의 개인적 차원의 욕구, 가치, 선호, 포부를 집단 차원의 관심으로 전환시키기도 한다.

모호하고 혼란스러우며 변화가 필요한 상황과 자신들의 행동을 이끌어 줄 인물 출현에 대한 기대가 높은 상황에서는 카리스마 지도자가 출현하고 영향력을 발휘할 수 있는 가능성이 크다. 그러나 안정적이고 구조화된 상황에서는 카리스마 지도자의 출현 가능성이 낮다. 초기의 상황 적응적 이론들과 마찬가지로, 카리스마 지도성의 출현과 효과는 상황적 맥락에 따라 촉진되고 또 억제되기도 한다.

Yukl(2010)에 따르면, 카리스마 지도성 이론은 매우 새로운 이론이고, 한정된 일부 연구에서만 이 이론이 지지되고 있다. 그럼에도 불구하고 이 이론은 일부 지도자들이 추종자들에게 미치는 특별한 영향력을 종래의 특성 이론들이나 행동 이론들보다 더 잘 설명해 주고 있다.

2. 변혁적 지도성

Bernard M. Bass(1985)는 거래적 지도성(transactional leadership)과 변혁적 지도성을 구분하여 제시하였다. 거래적 지도성은 지도자가 원하는 것을 추종자들이 수행할 때, 그에 대한 교환으로 추종자들이 원하는 보상을 준다는 상호교환적인

〈표 5-3〉 거래적 지도성과 변혁적 지도성의 비교

관점	거래적 지도성	변혁적 지도성
시간 지향성	단기적, 현실 중시	장기적, 미래 지향적
협조의 기제	규정, 규칙	목적과 가치의 일치
의사소통	수직적, 하향적	다방향적
초점	재정적 목적	내·외의 고객
보상체제	외적, 조직적	내적, 개인적
권력의 원천	지위로부터 얻음	구성원들이 부여함
의사결정	집단적, 하향적	분산적, 상향적
수용의 기제	지시적	합리적 설명
변혁에 대한 태도	회피적, 저항적	적극적 대응, 상향적
행동화의 기제	이윤	비전과 가치관
통제	불굴의 의지	자주적 관리
관점	내적	외적

출처: 신중식 외(2003). 교육지도성 및 인간관계론. 한국교육행정학회. 도서출판 하우. p. 111(Trace, J. B., & Hinkin, T. R.(1994). Transformational leadership in hospitality industry. *The Cornell H.R.A Quarterly에서 재인용*).

관계에서 성립된다. 대조적으로 변혁적 지도성은 지도자가 원하는 것에 대한 댓가로 추종자들에게 인센티브를 제공한다는 단순한 상호교환적인 차원을 뛰어 넘어선다. 거래적 지도성과 변혁적 지도성의 차이는 〈표 5-3〉에서 보는 바와 같다.

변혁적 지도자는 조직이 성취해 나가야 할 사명이나 비전을 정확히 인식하고, 조직 구성원들의 능력과 잠재력을 높은 수준으로 계발하고, 개인적 이익을 초월하여 공동이익을 지향하도록 동기화하는 지도자를 의미한다. 일반적으로 변혁적 지도자들은 다음과 같은 역할을 수행한다.

① 구성원들에게 변화의 필요를 명백히 한다.
② 새로운 비전을 창출하고 구성원들이 이러한 비전에 헌신토록 한다.
③ 장기적 목적에 전력을 기울인다.
④ 구성원들이 개인적 이익을 초월하여 보다 상위 수준의 목적을 추구하도록 격려한다.
⑤ 현재 상태에서 일하기보다는 비전을 수용하도록 조직을 변화시킨다.
⑥ 구성원들이 자신과 타인의 발전에 책임감을 느끼고, 지도자로 성장하도록 하고, 그들이 궁극적으로 조직 전체를 변화시키도록 한다.

간단히 말해서, 변혁적 지도성이란 구성원의 성장욕구를 자극하여 동기화시킴으로써 구성원의 태도와 신념을 변화시켜 자신감을 갖게 하며, 더 많은 노력과 헌신을 이끌어내며 기대 이상의 성과를 달성하게 하는 지도성을 의미한다. 변혁적 지도성이 행사되는 과정은 지도자와 구성원 양자 모두의 동기유발과 도덕 수준을 높여가는 과정이다.

Bass(1985)는 변혁적 지도성의 네 가지 핵심적 요소를 다음과 같이 제시하였다. 이를 보면 변혁적 지도자는 인간 개발자(developer of people) 또는 팀 구성자(builder of team)라고 볼 수 있다.

① 이상화된 영향력(idealized influence): 구성원들로부터의 신뢰와 존경을 받고 동일시와 모방의 대상이 되어 이상적인 영향력을 행사한다.
② 영감적 동기화(inspirational motivation): 구성원들로 하여금 조직의 과업이 달성되고 발전할 수 있다는 기대와 도전감을 갖도록 하며, 비전을 공유하도록 구성원들을 동기화한다.
③ 지적 자극(intellectual stimulation): 기존 상황에 대해 새롭고 개방적인 방식으로 접근함으로써 구성원들이 혁신적이 되고 창의적이 되도록 자극한다.
④ 개별화된 배려(individualized consideration): 구성원들의 개인적 성장 욕구에 관심을 보이며, 지원적 분위기에서 학습기회를 제공하여 그들의 잠재력을 발전시키고자 한다.

Yukl(2010)은 변혁적 지도성을 행사하는 데 다음과 같은 지침을 제시하였다.

① 뚜렷하고 호소력 있는 비전을 분명히 설명한다.
② 비전을 어떤 방법으로 달성할 수 있는지를 설명한다.
③ 자신감을 갖고 낙천적으로 행동한다.
④ 추종자들에 대한 신뢰감을 보인다.
⑤ 중요한 가치를 강조하기 위해서는 극적이고 상징적인 행동을 한다.
⑥ 실례를 들어서 지도한다.
⑦ 구성원들이 비전을 달성하도록 권한을 부여한다.

이와 같은 변혁적 지도성은 종래의 거래적 지도성보다 학교를 재구조화하고 변화시키는 데 긍정적 효과가 큰 것으로 보인다. 학교 상황에서 발휘되는 지도성은 기술적 측면과 상징적 측면의 균형을 필요로 하는 복잡한 과정을 내포한다. 도구와 행동으로서의 지도성과 상징과 문화로서의 지도성 사이에 적절한 조화와 균형이 요구된다. 따라서 다양한 지도성 모형이 혼합적으로 융통성 있게 응용되어야 한다.

3. 분산적 지도성

리더십을 조직의 질이라고 보는 또 하나의 상황적응적 모델인 분산적 지도성은 팀과 집단의 측면에서 리더십을 받아들인다. 분산적 지도성은 한 사람이 조직 변화에 책임을 지는 기존 입장에 대해 반대하면서 여러 사람과 집단이 한 개인에게 부여해 왔던 리더십 책임을 대체하거나 공유한다. 리더십은 필요에 따라 조직 전체에 분산되어 있다고 보는 입장이다.

분산적 리더십은 조직의 규모와 복잡성, 범위 면에서 다양한 여러 과제를 해결하기 위해 조직 내 다양한 자원을 적극 활용하는 것을 강조한다. 분산적 리더십을 주장하는 학자들은 학교 조직이 너무 복잡하고 과제도 광범위하기 때문에 학교행정가 개인이 이와 같은 모든 문제를 처리하기에는 역부족이어서 분산적 리더십이 필요하다고 주장한다. 결과적으로 이런 과제 완수와 관련된 지도자의 책임도 교육청 소속 교육행정가나 교장, 교감, 교사, 기타 교직원, 외부 전문가, 학부모, 학생과 같이 여러 사람들에게 분산된다(Gronn과 Hamilton, 2004).

학교와 다른 조직들은 항상 리더십 책임과 관련하여 분업의 원리를 적용해 왔지만, 개인적이고 영웅적인 리더십의 개념이 일반적으로 인식되어 왔다. 그러나 점차로 리더십에 대한 관심은 개인적 수준의 리더십과 함께 조직적 수준의 리더십에까지 확장되어 왔다.

Ogawa와 Bossert(1995)는 리더십을 조직 관련 속성으로 인식하였다. 그들은 조직의 모든 구성원들이 조직을 이끌 수 있다고 믿었으며, 분산적 리더십은 조직 내 구성원들에게 리더십을 분산하는 방향을 취한다고 하였다. 여러 집단이 학교 리더십에 기여하며, 학교 리더십의 총량은 학교의 업무수행과 정적 관계가 있다는 것이다. 구성원들이 의사결정을 공유하려는 노력을 기울이고, 분산적 리더십과 유사한 리더십을 발휘한다면 학교 효과성을 증진시킬 잠재력을 갖게 될 것으로 예측하였다.

March(2005)는 개인적, 영웅적 리더십 모델들은 조직이 근본적인 변화 또는 중요한 혁신을 실행할 때 지도자가 행사하는 통제력을 과장하고 있다고 보았다.

그는 네 가지 핵심적인 리더십 요인이 학교의 조직 효율성을 향상시킨다고 제시하였다.

① 능력(competence): 교사들은 자신들이 무엇을 하는지 알고 그 일의 전문가여야 한다.
② 주도력(initiative): 문제 가까이에 있는 개인(예를 들어, 교사, 상담가, 행정가) 또는 교사 집단은 이 문제를 해결하기 위해 가까이에서, 신속하게, 자발적이고 자율적으로 행동한다.
③ 동일시(identification): 교사들은 자신들의 업무와 학교에 자긍심을 가지고 신뢰의 문화와 집단적 정체감을 공유한다.
④ 지나치게 야단스럽지 않은 조정(unobtrusive coordination): 개인의 행동은 표준화된 틀과 개방적 의사소통 체제를 통해 효과적으로, 신속하게, 많은 비용을 들이지 않고 조정이 이루어진다.

학교장과 교육감 혼자서는 학교경영과 교육경영에 성공할 수 없다. 다양한 공식적 및 비공식적 지도자와 이들의 추종자들이 학교와 교육에 있어 주요한 변화를 만들어내는 데 필요한 과업을 함께 이끌어 나가고 수행하기 위해 참여해야 한다. 리더십 활동은 상호작용하는 지도자, 추종자와 상황의 관계망 내에 분산되어 있는 것이다(Spillane, Sherer, & Coldren, 2005).

4. 섬김의 지도성

섬김의 지도성은 기독교적인 컬러를 갖고 탄생한 개념이다. 섬김의 지도성 개념을 최초로 제시한 Greenleaf(1977)는 "너희 중에 누구든지 크고자 하는 자는 너희를 섬기는 자가 되고, 너희 중에 누구든지 으뜸이 되고자 하는 자는 모든 사람의 종이 되어야 하리라"(마가복음 10:43-44)는 성경구절과 맥락을 같이 하면서 지도자는 "먼저 섬기는 사람이다"라고 정의하였다.

경청, 공감, 청지기 의식과 윤리적으로 생각하는 추종자들을 만드는 것에 관심을 갖고 동료들 간의 건전한 대인관계를 촉진하는 행동인 섬김의 지도성은 변혁적 리더십과 유사한 면이 있다. 섬김의 지도자는 개인의 성장, 조직 목표의 실현, 공동체에 대한 윤리적 및 도덕적 영향에 주의를 기울인다(Sendjaya, Saros, & Santora, 2008).

전통적인 조직관은 상층부의 지도자와 하층부의 추종자들의 상대적 위치를 보여주기 위해 피라미드를 사용하였지만, 섬김의 지도성에서는 피라미드를 뒤집어서 지도자가 조직을 지원하고, 행동에 대한 책임감이 조직 전체에 흩어져 있다. Greenleaf의 저술에서 밝히고 있는 섬김의 지도성 10가지 특성들은 다음과 같이 정리된다(Northouse, 2013).

① 경청(listening): 리더와 조직 구성원들의 의사소통 형식은 일반적으로 리더는 먼저 메시지를 전달하고 구성원은 그 전달 내용을 경청하는 것이 일반적이다. 그러나 섬김의 리더는 먼저 경청함으로써 의사소통을 시작한다.

② 공감(empathy): 공감은 상대방의 입장에 서서 그 사람의 관점과 생각을 이해하려고 노력하는 것이다. 섬김의 리더는 구성원들이 무엇을 생각하고 무엇을 느끼고 있는가를 잘 이해하려고 노력한다.

③ 치유(healing): 치유한다는 것은 필요한 자질을 다 갖춘 건전한 인격체를 만든다는 뜻이다. 섬김의 리더는 구성원들의 개인적 복지에 관심을 갖고 그들을 지원하여 자신들의 개인적인 문제들을 스스로 극복해 가도록 도와준다. 치유의 과정은 쌍방통로이다. 구성원들의 치유를 도와주는 과정에서 리더 자신도 치유를 받게 된다.

④ 자각(awareness): 자각은 섬김의 리더 내면에 있는 자질로서 자신들의 물리적, 사회적, 정치적 환경에 민감하게 적응하고 수용하게 한다. 자각은 자신을 잘 이해하는 능력이며, 자신이 다른 사람에게 미치고 있는 영향이 무엇인가도 잘 이해하는 능력이다.

⑤ 설득(persuasion): 설득은 다른 사람으로 하여금 깨닫게 하고 변화하게 하

는 분명하고 끈기있는 의사소통이다. 지위 권한을 이용하여 복종을 강요하는 강제적 권력의 반대 개념으로서 설득은 부드럽고 무비판적인 대화와 논의를 통해서 변화를 유도한다.

⑥ 개념화(conceptualization): 개념화는 조직의 미래 비전을 확립하고 조직의 방향과 목표에 대한 분명한 지각 및 이해 능력이다. 일상적이고 업무적인 시각에서 벗어나 보다 큰 그림에 초점을 맞추는 것이다. 개념화는 섬김의 리더에게 복잡한 조직의 문제들에 대해 창의적인 방식으로 반응케 하고, 조직의 문제들을 장기적인 목표와 연결지어 다룰 수 있게 한다.

⑦ 선견지명(foresight): 선견지명은 리더가 미래를 내다보는 능력이다. 과거에 일어난 일들과 현재 일어나고 있는 일들을 바탕으로 미래에 어떤 일이 일어날 것인가를 예측하는 능력이다. 선견지명의 특성은 윤리적 차원을 포함하고 있다. 미래에 일어날 일을 잘못 예측하면 그에 따른 책임을 져야 하기 때문이다.

⑧ 청지기 정신(stewardship): 청지기 정신은 자신이 맡은 일에 대한 책무의식이다. 리더에게 맡겨진 역할에 대해 책임을 지는 정신이다. 섬김의 리더는 자신이 지도해야 할 사람들이나 조직을 주의 깊게 관리하고 보호해야 할 책임을 통감한다. 더 나아가 지역사회나 사회 전체의 유익을 위해 자신이 맡고 있는 조직을 보호하고 관리한다.

⑨ 인력성장에 헌신(commitment to the growth of people): 섬김의 리더는 구성원을 조직에 공헌하는 요원으로 보는 것을 넘어서 내면적인 잠재적 가치를 가지고 있는 한 인격체로 보려고 노력한다. 섬김의 리더는 조직 내의 각 사람이 한 개인으로, 한 전문 직업인으로 성장하도록 도움을 주는 일에 헌신적이다. 구성원들에게 경력 개발의 기회를 제공하거나, 새로운 작업기술을 연마할 수 있도록 도와준다거나, 창의적인 아이디어에 대해 관심과 후원을 보여준다거나, 그들을 의사결정과정에 참여시키려 노력한다.

⑩ 공동체 및 지역사회의 구축(building community): 섬김의 리더는 공동체를 구축하고 지역사회의 발전을 촉진한다. 구성원들이 관심을 공유하고, 수행

하고 있는 일의 목표를 공유하며, 일체감과 동류의식을 공유하도록 노력한다. 섬김의 리더는 공동체를 구축하여 사람들이 안정을 느끼고, 다른 사람들과 연대감을 느끼게 하는 공간을 제공한다.

섬김의 지도성은 많은 조직에서 지도 원리로 채택되고 있다. 학교는 조직 외부에 영향을 미치는 봉사조직이기 때문에 변혁적 지도성과 함께, 섬김의 지도성은 유용한 지도자 행동의 측면을 제공해 준다.

5. 신뢰받는 지도자

일반적으로 조직을 이끄는 지도자에 대한 구성원들의 신뢰는 그 조직의 효과성을 결정하는 중요한 조건이다. 좋은 지도자가 되기 위해서는 구성원들로부터 신뢰를 받아야 한다. 신뢰받는 지도자는 개인적으로뿐 아니라 조직적으로 구성원들의 업무 추진 열의와 역량을 키워주고, 업무 성과를 높이게 된다.

구성원들의 지도자에 대한 신뢰가 어느 정도인가 하는 것이 지도자가 리더십을 발휘하는 데 매우 중요하다. Galford와 Drapeau(2007)는 지도자에 대한 구성원들의 신뢰도 수준을 가늠해 볼 수 있는 공식을 제시하였다. 지도자에 대한 신뢰도는 구성원들이 인식하고 있는 지도자에 대한 ① 신용(credibility), ② 믿음직함(reliability), ③ 친근함(intimacy) 등 세 가지 조건에 비례하고, ④ 이기심(self-orientation) 조건에 반비례한다.

$$\text{신뢰도} = \frac{\text{신용} + \text{믿음직함} + \text{친근함}}{\text{이기심}}$$

출처: Galford, R. M., & Drapeau, A. S.(2007). 신뢰받는 리더 [*The trusted leader*]. (김언조 역). 안양: 물푸레. (원전은 2006에 출판). p. 52.

[그림 5-9] 지도자에 대한 신뢰도 공식

① 신용(credibility)은 지도자의 전문성에 대한 구성원들의 인식을 의미한다. 지도자의 전문성은 지도자의 실력이라고 볼 수 있다. 지도자는 구성원들에 비해 양적으로나 질적으로 더 많고 더 좋은 지식, 정보, 기술, 경험, 능력, 지혜 등을 포함하는 실력이 있어야 한다.
필요한 지식이나 정보를 지도자가 직접 가지고 있지 않더라도, 어디서 찾을 수 있는지를 알고 있어 구성원들에게 안내해 주는 것도 지도자의 전문성과 관련이 되어 신용을 높이게 된다. 지도자는 자신의 전문성이나 과거 경력이나 업적을 구성원들에게 적절히 알려서 구성원들로 하여금 지도자의 전문성에 대하여 긍정적 인식을 갖도록 하는 것이 필요하다.

② 믿음직함(reliability)은 지도자의 언행이 일관성이 있고 믿을 수 있는 정도에 대한 구성원들의 인식을 의미한다. 지도자의 언행이 상황에 따라서 변덕스럽지 않고 비교적 예측 가능하며, 구성원들이 믿을 수 있게 공정하게 행동하게 되면 신뢰도가 높아진다. 일관성이 있다는 것이 어떤 상황에서도 천편일률적인 언행이나 조치를 취해야 한다는 것은 아니다. 상황에 따라서 융통성이 있어야 하겠지만, 그런 경우에도 비교적 안정적이고 일관성이 있는 원칙을 유지하는 것이 필요하다. 지도자의 믿음직함은 평상시보다는 조직이 어려운 상황에 처하게 되는 경우 구성원들을 안정시키고 격려하는 힘을 발휘하게 된다.

③ 친근감(intimacy)은 지도자가 구성원들의 업무나 문제와 관련하여 구성원들의 개인적인 동기나 상황에 대하여 인간적으로 이해하고 도와주려는 언행과 자세를 보여주는 것을 의미한다. 구성원들이 긴장감을 풀고 편안히 일할 수 있도록 구성원들을 대할 때, 부드럽고 따스한 반응을 보이며 심리적으로 지원하고 격려하는 지도자는 높은 신뢰를 얻을 수 있다.
친근감은 인간관계와 관련된다. 어느 조직에서든지 조직 목표를 잘 달성하기 위하여 구성원들의 협동이 요구된다. 이러한 협동은 구성원들 간의 인간관계가 어떠한가에 의해 좌우된다. 지도자가 구성원들에게 보여주는 말과 행동과 표정이 구성원들에게 따스하게 느껴지도록 노력하는 것이 필요

하다.

④ 이기심(self-orientation)은 자기 자신의 이익을 꾀하는 마음을 의미한다. 반대로 이타심은 자기의 이익보다는 다른 사람의 이익을 더 꾀하는 마음을 의미한다. 지도자는 조직 목표 달성을 위하여 구성원들과 함께 협력하여 노력하는 것이 필요하다. 그러나 어떤 지도자는 자신의 이익을 꾀하려는 의도로 조직을 이끌어가거나 구성원들을 이용하는 경우도 있다.

이기심은 동기와 깊은 관계가 있다. 자신이 수행하는 업무의 의미와 가치를 중요하게 느끼지 못하고, 의무감이나 현상유지 혹은 보상·승진을 위해 필요한 일이라고 생각하는 경우, 구성원들과의 상호작용에서 이기심이 드러날 가능성이 크다. 구성원들이 함께 이룬 좋은 성과에 따른 보상은 자신이 차지하려 하고, 좋지 않은 성과나 문제에 대한 책임은 구성원들에게 돌리는 지도자들이 없지 않다. 이기심이 적을수록 즉 이타심이 많을수록 지도자에 대한 신뢰도 수준은 높아진다.

지도자는 보다 좋은 리더십을 발휘하기 위하여, ① 신용, ② 믿음직함, ③ 친근함 세 가지 조건을 확대 발전시키려 노력하는 반면에, ④ 이기심을 축소 억제하려고 노력하여야 한다. 요컨대, 지도자는 배려와 정직으로 구성원들을 대하여야 할 것이다.

질문 / 토의거리

1. 지도성의 개념을 설명해 보자.
2. 지도성에 대한 상황적 접근 가운데 Hersey와 Blanchard의 상황적 지도성 접근의 주요 내용을 소개하고, 이 접근이 학교 행정가에게 주는 시사점에 대하여 논의해 보자.
3. 변혁적 지도성의 특징을 살펴보고, 이러한 지도성이 우리나라의 학교경영에 주는 시사점에 대하여 논의해 보자.
4. 분산적 지도성의 특징을 살펴보고, 이러한 지도성이 우리나라의 학교경영에 주는 시사점에 대하여 논의해 보자.
5. 섬김의 지도성의 특징을 살펴보고, 이러한 지도성이 우리나라의 학교경영에 주는 시사점에 대하여 논의해 보자.

참고문헌

노종희(1992). 교육행정학: 이론과 연구. 서울: 문음사.

신중식 외(2003). 교육지도성 및 인간관계론. 한국교육행정학회. 도서출판 하우.

유현숙·김동석·고전(2000). 학교 경영환경 변화와 학교장의 리더쉽 연구. 한국교육개발원.

이윤식(2022). 유치원·초등·중등 교원능력개발을 위한 자율장학론. 서울: 학지사.

정영수·이윤식 외(2005). 미래사회와 교육지도성 개발 연구. 충청북도교육청. 연구보고서.

Bass, B. M. (1985). *Leadership and performance beyond expectation*. New York: Free Press.

Blake, R. R., & Mouton, J. S. (1964). *The management grid*. Houston, TA: Gulf Publishing.

Fiedler, F. E. (1967). *A theory of leadership effectiveness*. New York: McGraw-Hill.

Fiedler, F. E., Chemers, M. M., & Mahar, L. (1976). *Improving leadership effectiveness: The leader match concept*. New York: Wiley.

Galford, R. M., & Drapeau, A. S.(2007). 신뢰받는 리더[*The trusted leader*]. (김언조 역). 안양: 물푸레.(원전은 2006에 출판).

Greenleaf, R. K. (1977). *Servant leadership: A journey into the nature of legitimate power and greatness.* New York: Paulist Press.

Gronn, P. C. & Hamilton, A. (2004). A bit more life in the leadership: Co-principalship as distributed leadership practice. *Leadership and Policy in Schools*, 3(1), 3-35.

Halpin, A. W. (1966). *Theory and research.* New York: Macmillan.

Hemphill, J. K., & Coons, A. E. (1957). Development of the leader behavior description questionnaire, In R. M. Stogdill, & A. E. Coons (Eds.), *Leader behavior: Its description and measurement.* Columbus, OH: Ohio State University Press.

Hersey, P. , & Blanchard, K. H.(1977). *Management of organizational behavior: Utilizing human resources*(5rd. ed). Englewood Cliffs, N. J.: Prentice-Hall.

Hersey, P. , & Blanchard, K. H.(1988). *Management of organizational behavior: Utilizing human resources*(5th. ed). Englewood Cliffs, N. J.: Prentice-Hall.

House, R. J., & Howell, J. M. (1992). Personality and charismatic leadership. *Leadership Quality*, 3(2), 81-108.

Hoy, Wayne K., & Miskel, Cecil G.(1987). *Educational administration: Theory, research, and practice*(3rd Ed.). New York: Random House.

Hoy, W. K. & Miskel, C. G. (2013). 교육행정: 이론, 연구, 실제 [*Educational administration: Theory, research, and practice* (9th Ed.)]. (오영재・신현석・양성관・박종필・가신현 역). 경기 파주: 아카데미프레스.

Lippitt, R. & White, R. K. (1958). An experimental study of leadership and group life. In E. Maccoby et al. (Eds). *Readings in social psychology*(pp. 496-511). New York: Holt, Rinehart & Winston.

Lunenburg, F. C., & Ornstein, A. C. (1991). *Educational administration: Concepts and practices.* Belmont, CA: Wadsworth.

March, J. G. (2005). Appendix 2: Mundane, organizations, and heroic leaders. In J. G. March, & T. Weil, *On leadership*(113-121). Malden, MA: Blackwell.

Northouse, P. G. (2013). 리더십: 이론과 실제 [*Leadership: Theory and practice* (6th Ed.)].(김남현 역). 서울: 경문사.

Ogawa, R. T. & Bossert, S. T. (1995). Leadership as an organizational property. *Educational Administration Quarterly*, 31, 224-243.

Reddin, W. J. (1971). *Effective management by objectives: The 3-D method of MBO.* New York: McGraw-Hill.

Sendjaya, S., Saros, J. C. & Santora, J. C. (2008). Defining and measuring servant leadership behavior in organizations. *Journal of Management Studies,* 45, 402-424.

Silver, P. F. (1983). *Educational administration: Theoretical perspectives on practice and research.* New York: Harper & Row.

Spillane, J. P., Sherer, J. Z. & Coldren, A. F. (2005). Distributed leadership practice and the situation. In W. K. Hoy & C. G. Miskel (Eds.), *Educational leadership and reform*(pp. 149-167). Greenwich, CT: Information Age.

Stogdill, R. M. (1948). Personal factors associated with leadership: A survey of the literature. *Journal of Psychology,* 25), 35-71.

Stogdill, R. M. (1974). *Handbook of leadership: A survey of theory and research.* New York: The Free Press.

Yukl, G. A. (2010). *Leadership in organizations*(7th ed.). Upper Saddle River, N. J.: Prentice Hall.

Weber, M. (1947). *The theory of social and economic organizations.* In T. Parsons (Ed.), A.M. Henderson and T. Parsons(Trans.) New York: Free Press.

제 2 부

교육행정의 과정별 이론과 실제

제6장 교육기획론

기획은 지금보다 나은 미래의 삶을 실현하고자 하는 인간 욕구의 표현이다. 교육기획도 미래에 지금보다 나은 교육을 실현하고자 하는 정부, 교육청, 학교의 노력으로서 교육행정 과정의 첫 단계에서 행해진다. 여기에서는 공산 사회주의에서 시작한 기획이 자유 자본주의에 도입된 역사를 통하여 기획과 자유의 관계에 대하여 살펴본다. 그리고 기획의 유형과 아울러 교육기획이 취하고 있는 주요 접근에 관하여 소개한다.

제1절 교육기획의 기초

기획과 계획을 같이 사용하는 경향이 있으나, 엄밀히 말하면 기획은 인간의 계속적인 지적 과정을 가리키고 계획은 그 지적 과정의 산물이다. 교육기획은 보다 나은 미래의 교육활동을 위한 지적 준비과정을 가리킨다. 교육기획은 여러 면에서 효용성이 있는 것이 사실이나, 한계와 문제 또한 지니고 있으므로 이에 대하여 종합적으로 이해할 필요가 있다.

1. 기획과 교육기획의 개념

기획(planning)을 계획(plan)과 구분하지 않고 사용하는 경향이 있으나, 기획이 어떤 목적을 달성하기 위한 지속적인 과정이라면 계획은 이러한 지적(知的) 과정의 산물이라고 할 수 있다. 여기에서는 기획을 계획보다 큰 개념으로 보고 사용한다.

인간의 대부분 활동은 미래와 관련되어 있다. 인간은 동물과는 달리 주어진 환경에 만족하고 그것에 안주하기보다는 어떻게 하면 지금보다 더 나은 미래를 만들 수 있을지 늘 고민하고 그러한 미래를 현실화하기 위하여 노력하며 살아왔다. 지금 인류가 누리고 있는 기술문명의 혜택은 이러한 인간 노력의 결과라고 할 수 있다. 기획에 대하여 학자들은 다소 서로 다른 정의를 내렸다. 그러나 그 핵심적 본질에 있어서는 대동소이한 것을 알 수 있다. 대표적 학자들의 기획 개념을 소개하면 다음과 같다.

Fayol(1949)은 기획이란 미래를 예측하고 그것에 대비하는 활동이라고 정의하고, 기획이 중요한 이유는 기대하는 조직의 성패를 좌우하는 요소인 목표 수준, 준수해야 할 과정, 그 과정상의 여러 단계, 그리고 활용해야 할 수단 등에 관한 핵심 정보를 포함하고 있기 때문이라고 하였다.

Gulick(1937)은 기획이란 설정된 목표를 달성하기 위하여 수행되어야 할 일과 그 일을 수행하는 방법을 개괄적으로 짜내는 것이라고 하였다.

Simon 등(1950)은 기획이란 장래를 위한 제안, 제안된 대안의 평가, 이러한 제안을 달성하기 위한 모든 방법과 관련된 행동이라고 정의하였다.

Drucker(1959)는 기획이란 현재의 당면한 기업가적 결정을 체계적으로, 그리고 장래성에 대한 가능한 한 최선의 지식을 가지고 내리는 동시에 이 결정을 수행하는 데 필요한 모든 노력을 체계적으로 조직하고, 이러한 결정의 결과가 기대한 대로 나타나는가를 조직적이고 체계적인 피드백을 통해서 확인하는 과정이라고 하였다.

Dror(1963)는 기획이란 최적의 수단으로 목표를 성취하도록 하는 미래 행동에 대한 일련의 결정을 준비하는 과정이라고 하였다. Dror의 정의에 의하면 기획은 미래지향적이고, 행동지향적이며, 어떤 일을 설계하는 신중한 노력이다.

Waterstone(1965)은 여러 사람의 정의를 종합하여 기획이란 "일정한 목표를 달성하기 위하여 이용 가능한 최선의 방도를 선정하는 조직적인 지적(知的) 시도"라고 하였다.

이상에서 기획에 대한 여러 학자의 정의를 살펴보았다. 여기에서는 이러한 다양한 관점을 종합하여 기획을 다음과 같이 정의하고자 한다. 기획은 "인간 삶의 한 영역에 대하여 보다 나은 미래의 상태로 만들기 위한 목적을 설정하고, 그 목적을 효율적으로 달성하기 위하여 적절한 방법 및 행동의 절차를 합리적으로 설계하는 지적 준비과정"이다. 이러한 정의를 보다 구체적으로 살펴보면 다음과 같다.

가. 기획은 인간 삶의 한 영역을 대상으로 하여 행동하는 것이다.

인간의 삶은 매우 다면적이고 복합적이다. 개인적인 삶을 살펴보아도 그리 단순하지 않음을 알 수 있다. 거창하게 삶의 최종 목표를 설정하고 그것을 달성하기 위한 설계를 할 수도 있지만, 작게는 특정 대학을 목표로 하고 그 대학에 입학하기 위한 계획을 수립할 수도 있고, 특정 연인과의 결혼을 성공시키기 위한 전략을 구상할 수도 있다.

현대의 모든 조직은 나름대로 목표를 세우고 그것의 달성을 위한 계획을 치밀하게 수립하고 있다. 조직에 따라 방송 프로그램, 공간과 건축, 작품 전시, 문화 컨텐츠 등 다양한 대상에 대하여 미래를 설계한다. 국가의 경우 교육, 경제, 외교, 노동, 토지, 여성, 환경 등의 영역에 대하여 각각 현재 상태보다 나은 미래를 계획할 수 있다. 이렇듯 어떤 종류의 기획이든 하나의 인간 삶의 영역을 대상으로 하는 것이다. 기획의 대상은 이 세계를 형성하고 있는 요소만큼이나 많다고 해도 과언이 아니다. 한마디로 기획은 진공 상태에서 이루어지는 것이 아니다.

나. 기획은 미래에 관한 것이다.

기획은 현재 상황에 만족하는 상태에서는 발생하지 않는다. 위에서 언급한 인간 삶의 한 영역에서 무언가 부족함을 느끼거나 더 나은 미래에 대한 소망이 있을 때 기획은 작동하는 것이다. 하루가 시작되는 이른 아침에 하루를 설계하고, 1년의 계획을 정초에 수립하는 것처럼 누구나 미래에 어떤 일을 해야 할 것인지에 대해 미리 생각하려고 한다. 물론 미래를 설계한다고 해서 그것대로 이루어지지는 않는다. 이것은 미래 예측에 관한 인간 지성과 합리성의 한계에 기인한다. 그렇지만 미래에 발생할 수 있는 일에 대하여 미리 전망하고 설계하는 일은 인간으로서의 귀중한 특권이라고 할 수 있다. 요컨대, 기획은 미래를 예상하고 그러한 미래에 대하여 대비하거나 이를 현실화하고자 하는 데에서 나온 인간 활동이다.

다. 기획은 어떤 대상에 변화를 발생시키기 위해 특정 대상에 관하여 합리적인 절차와 방법을 설계하는 과정이다.

기획은 변화를 위해 닥치는 대로 아무렇게나 행동하거나 주먹구구식으로 행동하는 것과는 다르다. 기획은 어떤 대상에 변화를 일으키는 데에 필요한 것이 무엇인지에 대하여 반성적 사고와 과학적 문제해결 방법을 도입한다. 기획은 문제해결을 위한 보다 합리적이고 효율적인 수단을 찾는 지적 과정이다.

기획은 대상 세계에 관한 지식과 이론을 토대로 이루어지는 지적 과정을 도입함에 따라 그 합리성이 보장된다. 대상 세계에 따라서는 변화의 목표와 그것을 달성하기 위한 수단과 방법 사이의 연결이 그렇게 깔끔하지 않을 수가 있다. 그러하긴 하지만, 기획은 대상 세계에 관한 정확한 정보와 지식을 바탕으로 반성적 사고에 입각한 지적 분석과정을 중시한다.

위의 내용을 종합해 볼 때, 교육기획은 “미래의 교육활동에 관하여 교육목표의 달성을 위한 효율적 수단과 방법을 제시함으로써 교육정책 결정의 효율성과 안정성을 보장해 주는 지적 준비과정”이라고 할 수 있다(김종철, 1982: 21).

2. 기획의 효용성

이러한 기획은 지금 국가 수준에서든 지방자치단체 수준에서든 없어서는 안 되는 중요한 기능으로 자리 잡고 있다. 기획은 크고 작은 모든 공공기관은 물론이고 사기업체에서도 행정과 경영을 효과적으로 수행하기 위해 필수적인 요소로 인정되고 있다. 공공기관과 사기업체에서 기획실 또는 기획처에 그 조직의 브레인을 투입하여 조직을 운영하는 것을 보면, 기획이 얼마나 중요한 역할을 담당하고 있는지 잘 알 수 있다. 보다 구체적으로 기획의 효용성에 대하여 살펴보면 다음과 같다(권영성, 이성복, 1999: 46-49; Kitchell, 1962; Koontz & O'Donnell, 1959).

가. 지휘 및 통제의 수단

기획은 행정이나 경영의 과정 가운데 제일 처음 행해지는 활동이다. 기획은 불확실성을 지닌 환경에 대처하고 주어진 목표를 달성하는 데 필수적으로 요구되는 조직 내 주의집중을 가능케 한다. 조직의 지도자는 조직의 목표 달성에 가장 큰 관심을 가질 수밖에 없는데, 기획은 바로 이러한 목표에 대해 주의집중을 통해 조직을 전반적으로 지휘할 수 있게 된다. 조직의 업무가 복잡하고 통합적 의사결정을 할 필요가 있는 대규모 조직일수록 기획은 그 조직이 목적의식을 뚜렷이 가지고 체계적인 활동을 전개하는 데 도움을 준다. 효과적인 기획을 통하여 조직의 지도자는 조직 내의 복합적 요소와 힘이 조직의 목표를 향해 조화롭게 움직여 가도록 하는 지휘권을 발휘할 수 있다.

조직의 목표를 결정하고 목표 달성을 위한 행동 노선을 수립하는 것은 조직과 개인의 실적을 측정하고 평가하는 데 필수적으로 요구된다. 특별히 명시적으로 진술된 조직 목표는 조직 평가의 가장 객관적인 기준이 된다. 기획은 바로 이러한 과정을 전반적으로 다룬다는 점에서 조직을 효과적으로 통제하는 수단을 제공한다. 행정과 경영에 있어서 기획과 통제는 본질적 기능에 속하는 동시에 양자 간에 밀접한 관계가 있다. 통제란 조직의 여러 활동이 미리 만들어진 계획과 일치하는지 확인하는 기능이기 때문에 계획이 존재하지 않는다면 효과적인 통제는 불가능하다고 할 수 있다.

나. 미래에의 대비

미래는 변화, 혁신, 기타 예측할 수 없는 것으로 가득 차 있는 미지의 세계이다. 기획가는 미래에 대한 전망이 있어야 전략적 변화를 요구하는 사태가 발생하고 있음을 신속하게 알아차릴 수가 있는 것이다. 기획은 필요한 경우 적합한 시기가 올 때까지 의사결정을 유보하게 함으로써 모험을 최대한 회피하게 해 주기도 한다. 물론 기획은 고도의 확실성이 예측되는 미래 상황에 대해서도 목표 달성을 위한 여러 가지 대안을 탐색하고, 그 가운데 최선의 것을 선택하도록 하는 데 도움을 준다. 기획의 유용성 가운데 하나는 바로 미래에 발생할 가능성이 높은 사태를 전망하고 이에 대처하는 전략을 준비한다는 데 있다. 요컨대 여러 가지 미래 시나리오를 토대로 대체가 가능한 복수의 계획과 전략을 수립해서 예측하지 못한 사태가 발생하더라도 기습당할 가능성을 감소시켜 준다.

다. 합리성 제고

기획은 여러 가지 대안 가운데 가장 합리적인 대안을 선택함으로써 경비를 절약하고 비생산적인 업무 활동을 억제하는 효과가 있다. 기획은 일반적으로 단편적 활동보다는 종합적 활동을 대상으로 한다는 점으로 인하여 업무의 흐름을 보다 균형 있게 만들고 잘못된 길로 갈 가능성을 감소시켜 준다. 효과적인 기획은 즉흥적 판단에 의한 위험성을 배제하고 예측가능한 행동의 지속성을 확보한다.

기획은 초기의 계획 수립을 위한 경비뿐 아니라 의도하는 활동 전반에 소요되는 경비를 종합적으로 고려한다. 또한 기획은 조직의 목표 달성을 위해 꼭 필요한 업무만 수행하도록 함으로써 계획된 활동을 종료하는 데 소요되는 전체 시간을 단축하고, 업무 요소별로 착수 시기와 완료 시기를 사전에 인지할 수 있게 한다.

미래에 대한 불확실성으로 인하여 기획이 실패하더라도 기획이 없는 것보다는 기획이 있을 때, 노력과 비용을 절감할 수 있게 된다. 최근 들어 관리과학의 발전에 힘입어 기획에 있어서 합리성을 제고시키기 위한 각종 첨단 기법이 활용되고 있다.

따라서 기획은 일정 기간 조직 내 가용자원을 가장 효율적으로 사용하도록 하는 데 도움을 준다. 기획을 통하여 조직 내 단합된 분위기를 만들고 의사소통을 원활하게 함으로써 업무 내용과 흐름을 잘 알지 못하고 일하는 경우와는 달리 조직 내 가용자원이 효율적으로 활용되고 소요경비가 절약되는 결과를 가져온다.

라. 효과적 성과 측정 및 전체 상황 파악

기획은 일정 공간과 시간 내에 수행되어야 할 업무를 뚜렷하게 해 준다. 기획은 업무 단위나 개인별로 업무 성과를 정확하게 측정하는 데 도움을 준다. 이러한 성과 측정의 기준으로서 기획은 구성원의 의욕을 북돋아 주고 의사소통을 촉진하기 때문에, 결과적으로 효과적인 업무 수행의 역량을 증가시키는 데에도 도움을 준다.

이울러 조직의 책임자는 기획을 통해서 조직 내의 전반적인 업무의 내용과 흐름을 일목요연하게 파악할 수 있다. 기획은 조직 업무 간 중요한 관계를 알고, 분야별 업무 활동을 이해하고 행정 활동을 뒷받침하고 있는 토대를 평가하는 데 도움을 준다.

3. 기획의 한계

그러나 기획은 완전한 것이 아니다. 대체로 다음과 같은 한계 속에서 기획이 이루어진다(권영성, 이성복, 1999: 206-219; 김종철, 1982: 96-100). 이러한 기획의 한계를 충분히 인식하고 기획에 임해야 할 것이다.

가. 미래 예측의 어려움

기획은 미래에 관한 활동이다. 정부나 사기업을 막론하고 기획의 유용성은 미래를 얼마나 정확하게 예측하느냐에 달려있다고 해도 과언이 아니다. 예컨대 정부의 경제사회개발계획이나 매년 기본 운영계획을 수립할 때는 계획기간에 있어서 정치, 경제, 사회, 외교 등 각 분야에 걸친 미래 전망과 가정에 기초하고 있다. 문제는 미래 상황을 정확하게 예측하는 것이 매우 어렵다는 데에 있다. 계획을 집행해 나가는 과정에서 처음 가정한 상황과 현저하게 다른 상황이 전개된다면 그만큼 계획의 가치는 감소되는 것이다. 어쩌면 미래에 대하여 정확하게 예측하지 못하는 것은 인간 지혜의 한계에 기인하는지도 모른다. 그렇지만 기획가는 가능한 한 자료의 수집과 통계 처리에 정확성을 기하여 신뢰성 있는 미래를 예측하도록 노력해야 한다.

나. 기획에 대한 인식 부족

기획에 대한 조직 구성원의 이해가 부족하거나 기획에 대한 인식이 조직 구성원 간에 현저하게 다를 때 계획의 집행 과정에서 이에 대한 반발이 나타날 가능성이 있다. 통상 조직의 상위계층으로 올라갈수록 기획을 조직 발전을 위한 전략이나 의사결정 수단으로 인식하고 있는 반면에, 하위계층에 속하는 사람일수록 기획이란 상관들이 통제 목적을 위해 미래의 사업계획을 설계하는 효용성이 없는 것으로 보고 있다. 후자의 경우 특히 기획 과정에서 구성원의 참여가 부족할 때 발생한다. 기획이란 단순히 중앙의 지시와 통제 수단이 아니며, 하나하나의 계획을 그저 합쳐 놓은 것 이상의 것임을 조직 구성원들에게 주지시킬 필요가 있다.

다. 지식과 기술의 부족

기획의 문제 가운데 하나는 목표를 실현하는 수단을 발견하기가 그리 쉽지 않다는 데에 있다. 일반적으로 최적의 대안을 선택하기 위해 다양한 가능성을 탐색하고 각각의 장단점을 비교하기는 하지만 선택된 최종의 대안이 최선임을 보장하기가 쉽지 않다는 것이다. 이것은 기획과 기획의 대상이 되는 영역에 대한 전문적인 지식과 기술이 아직 부족하기 때문이기도 하고, 근본적으로는 인간 지성에 한계가 있기 때문이기도 하다. 이것은 특히 계량화가 곤란한 교육 영역의 기획에서 더욱 두드러지게 나타난다. 따라서 때로는 최종 대안의 선택에 있어서 과학적인 합리성보다는 민주적 토론과 타협이 더 중요한 것으로 인식되기도 한다.

라. 계획의 수립 및 실천을 위한 비용의 문제

기획은 시간을 필요로 할 뿐만 아니라 인력 및 적절한 설비 등 물적 자원을 필요로 한다. 흔히 기획으로 얻는 이득보다 요구되는 비용이 더 많다는 불평이 나오는 것은 이 때문이다. 경제발전계획을 집행하는 데에도 막대한 예산이 소요된다. 후진국의 경우에는 아무리 좋은 계획을 수립해 놓았다 하더라도 재정적인 뒷받침이 없어 계획이 문서로만 남아있는 경우도 허다하다. 이 경우 국제기구에 원조를 요청하거나 차관을 들여와 문제를 해결하기도 한다. 계획을 준비하고 시행하는 데 소요되는 비용과 계획을 시행한 결과 얻을 수 있는 이익은 대단히 현실적이면서도 둘 다 측정이 그리 쉽지 않다. 그러나 계획의 수립과 집행에 들인 비용보다는 그 결과 얻는 이득이 클 것이라는 전제가 충족되어야만 기획의 효용성과 존재이유가 보장된다고 할 수 있다.

마. 비융통성

기획은 행정과 경영의 융통성을 저해하는 경향이 있다. 계획이 상세하고 광범위할수록 조직 운영은 더욱 경직성을 띠게 되어 있다. 조직의 최고 책임자는 일단 세부적인 계획을 작성해 놓으면 안도감과 타성에 빠져 상황의 변화에 대하여 무감각해지기 쉽고, 계획의 수정에 대해 의욕이 감소하는 경향이 있다. 이러한 기획의 비탄력성은 한번 이루어진 결정을 변경하기 싫어하는 심리적 저항에도 기인한다. 즉 기획은 힘든 업무이고, 똑같은 일을 반복한다는 것은 흥미 없는 일이며, 일단 결정이 된 후에 새로운 견해를 지니는 것이 어렵다고 느끼는 것이다. 일부 권위적인 기획가와 행정가의 경우에는 처음 생각했던 것을 수정하는 것이 체면을 손상하는 일이라고 생각하기도 한다. 계획이란 변화하기 위해 존재하는 것이란 생각을 가질 필요가 있다.

바. 개인적 창의성의 위축

기획이 세부적 활동까지 규제하게 되면 일선 업무 담당자들의 개인적 창의성을 위축시키게 된다. 이러한 현상은 특히 많은 표준적 방법 및 절차가 중앙집권적으로 결정되는 대규모 조직에서 두드러지게 나타난다. 이렇게 되면 조직 구성원들은 자동 기계로 전락하여 모든 업무수행에 타율적으로 대처하고 무사안일해질 가능성이 있다. 따라서 일선 실무자들이 자기 업무와 관련된 결정에 대해 의견을 제시할 기회를 열어놓는 것이 중요하다. 기획 과정에 개인적 창의성을 투입하기 위해서는 참여기획(participatory planning)의 아이디어를 활용할 필요가 있다. 그리고 가능한 한 계획을 엄격한 규칙이나 규정으로 만드는 것이 아니라, 권고적 성격의 안내 지침으로 두는 게 좋다.

제2절 기획의 유형

기획은 준거에 따라 다양하게 유형화할 수 있다. 계획 기간을 기준으로 단기, 중기, 장기 기획으로 구분할 수도 있고, 반복성 여하에 따라 상용기획과 단용기획으로 구분할 수도 있으며, 대상 영역에 따라 경제기획, 사회기획, 교육기획 등으로 구분할 수도 있다. 지역적 수준과 종합성의 정도에 따라 유형을 구분할 수도 있다.

1. 대상 기간에 따른 분류

가. 단기 기획

1년 이하의 계획 수립을 의미한다. 일반적으로 연간 계획, 주요 업무계획 등이 여기에 해당한다. 단기 기획은 구체적인 행정 또는 경영 운영을 다루며, 신축성이 떨어진다. 대체로 전년도의 계획을 참고하여 수립하게 된다. 교육부, 교육청, 개별 학교를 포함하여 모든 조직은 단기 계획으로서 연간 계획을 수립하고 있다.

나. 중기 기획

3~7년을 대상으로 하는 기획을 가리키며, 개발도상국의 경제개발계획수립이 여기에 해당한다. 중기 기획은 계획 기간 내에 막연히 장기적 전망을 제시하지 않고 너무 단기적인 문제해결을 위한 것도 아니기 때문에 널리 사용되고 있다. 최근 들어 교육감 선거와 맞물려서 교육청 수준에서 중기 발전계획을 수립하여 지역의 교육 발전을 위한 청사진을 제시하는 경향이 늘고 있다.

다. 장기 기획

10년 이상의 기간을 대상으로 하며 기획이라기보다는 전망의 성격이 강하다. 소련의 20년대 경제 계획 및 국가의 국민소득을 증가시키기 위한 계획, 장기종합교육계획심의회(1970)가 15년간의 미래에 대하여 작성한 "장기종합교육계획(1972-1986)", 한국교육개발원(1978)이 교육부의 위촉을 받아 작성한 "교육발전의 전망과 과제(1978-1991)", 1980년대 초 한국교육개발원(1984)이 국가 전체의 장기구상 작업의 하나로 만든 "2000년을 향한 국가발전장기구상" 등이 여기에 해당한다. 최근에는 장기 교육기획의 사례를 찾아보기가 힘들다.

2. 반복성 여하에 따른 분류

가. 상용기획

상용기획이란 한번 수립된 계획이 반복적으로 이용되는 것으로 조직 운영을 위한 기본 지침 역할을 한다. 이것은 조직 운영의 표준을 제시하여 획일성이 나타나기는 하지만, 반복하여 사용함으로써 계획 수립 시에 드는 비용과 시간 등을 절약할 수 있다. 그러나 상황이 변화하는 경우 신속하게 적응하지 못하며 특정한 상용계획에서는 새롭고 동태적인 행정이나 경영을 강요하기가 어렵다. 교육부, 교육청, 개별 학교에서 매년 세우는 교육계획은 여기에 속한다. Newman(1963)은 상용계획의 내용으로 방침, 표준절차, 표준방법 등을 지적하고 있다.

나. 단용기획

단용기획이란 비교적 단기간에 이루어져야 하는 구체적인 사업을 위해 한번 수립하고 그것을 반복 사용하지 않는 것을 가리킨다. Newman(1963: 30-36)은 단용계획을 주요 사업계획, 프로젝트, 특수 사업계획, 세부 사업계획 등으로 구분하였다.

단용기획의 장점은 변화하는 상황에 신속하게 적응할 수 있고, 특정 상황에서 요구되는 사업을 효율적으로 처리할 수 있다는 데 있다. 그러나 계획을 준비하는 과정에서 많은 시간과 비용이 드는 단점이 있다.

3. 대상에 따른 분류

가. 경제기획

행정부에 의하여 주도되는 경제발전, 경제안정, 재정투융자계획 등이 여기에 해당한다. 경제기획의 목표는 경제 성장, 국민소득의 증가, 실업의 해소, 물가안정, 국제수지의 불균형 해소 등이다. 경제기획은 원래 사회주의 체제에서 시작되었으나, 1930년대 경제공황 이후, 특히 1945년 세계 2차 대전 이후에는 자본주의 체제에서도 국가 형성과 발전을 위해 필요한 것으로 인정되고 있다.

나. 사회기획

사회기획은 경제기획에 따른 부의 형평적인 배분 및 계층과 지역 간의 소득 불균형을 해소하기 위해 사용하는 기획이다. 사회기획의 대상은 노동, 주택, 교통, 보건, 위생, 공해, 범죄, 노인복지 등 다양하다. 성과의 측정이 쉽지 않다는 난점이 있다. 따라서 국제비교를 위한 사회지표(social indicators)를 개발하여 활용하고 있다.

다. 행정기획

행정기획은 행정의 과정(POSDCoRB)의 입장에서 조직의 효율적인 관리 및 목표에 대한 효과적인 달성을 위해 시도하는 기획이다. 행정기획은 사기업조직의 과학적 관리 입장에서 출발하였으나, 최근에는 공공조직에서도 조직의 효율성과 효과성을 증진하기 위해 활용하고 있다. 행정기획은 조직발전(Organizational Development, OD)의 한 전략으로서 이를 위해 체제분석 및 관리과학의 기법이 활용되고 있다.

라. 방위기획

이것은 전시기획으로서 군사 작전과 민간 부문의 조직적인 동원에 관심이 집중되는 기획이다. 우리나라를 포함하여 많은 나라들이 유사시를 대비하여 방위계획을 수립하고 있다. 효율적인 전쟁의 지원을 위해 수립되는 방위계획은 인적 · 물적 자원의 공급, 행정 관리 및 심리 전술 등을 포함한다. 평화 시 방위기획은 국가 안보를 위한 군사 훈련, 무기 생산, 전력의 개발 등이 주 내용이 된다.

마. 교육기획

교육기획은 넓은 의미의 사회기획의 한 분야라고 할 수도 있으나 교육의 특수성과 중요성을 고려하여 여기에서는 별도의 유형으로 구분하였다. 교육기획은 교육기회, 교육내용, 교사, 교육여건, 교육재정 등에 관한 종합적인 계획을 포함한다. 중앙 수준에서 교육부가, 지방 수준에서는 시·도교육청이 담당한다. 개별 학교 수준에서도 매년 교육계획을 수립하고 있다. 평생교육의 중요성이 점점 커지면서 교육계획은 학교뿐만 아니라 각종 평생교육기관까지 대상 영역을 확장하고 있으며, 기획의 주체로서 지방자치단체가 중요하게 떠오르고 있다.

4. 지역적 수준에 따른 분류

기획이 대상으로 하는 지역의 수준에 따라 국제기획, 국가기획, 지역기획, 도시기획, 농촌기획 등으로 구분할 수 있다. 현실적으로 유네스코(UNESCO), 경제협력개발기구(OECD), 세계은행(World Bank) 등의 국제기구가 국제 수준의 기획을 수립하기도 하나, 그 사례가 그렇게 많지 않을 뿐만 아니라 그러한 계획의 집행에서 강제성을 담보하기가 어렵다. 최근 들어 지방화의 흐름에 따라 지방자치단체가 중심이 되어 수립하는 지역기획이 활기를 띠고 있다.

5. 종합성의 정도에 따른 분류

기획의 종합성 정도에 따라 종합계획과 사업별(또는 부문별) 계획으로 구분할 수 있다. 종합계획은 부문별 또는 부처별 사업을 조정하여 중복 시행으로 인한 낭비를 줄일 수 있고, 대상 영역의 전체적인 모습을 일목요연하게 파악할 수 있다는 장점이 있다. 사업별 계획은 종합계획과의 관련 속에서 수립되는 것이 원칙이나 그렇지 않고 국가 또는 지방자치단체의 필요 따라 그때그때 수립되기도 한다. 전체적인 사업과 조율되지 않은 채 한 분야의 사업계획이 수립되는 경우, 다른 부문과의 갈등이 야기될 가능성이 있다.

제3절 기획에 대한 논쟁

'보이지 않는 손'을 믿고 있던 자유주의 체제에서는 기획에 대한 필요를 느끼지 않았다. 기획이 먼저 발달한 곳은 인간의 이성과 과학에 의존하여 실질적인 사회적 평등을 이룩할 수 있을 것으로 믿고 있던 공산 사회주의 체제였다. 기획과 자유의 갈등은 1930년대 미국의 경제 대공황 이후 '자유를 위한 기획'으로 결론을 맺게 된다. 지금은 세계 어느 곳에서나 국가 수준의 기획이 매우 자연스럽게 이루어지고 있다.

1. 기획과 자유에 대한 상반된 입장

기획은 공산 사회주의 체제에서 먼저 발달하였다. 이데올로기적으로 대립하였던 당시 상황에서 사회주의 사상의 고조된 분위기는 기존의 자유방임주의적 가치관에 위협이 되었고, 기획은 자유를 제한하는 수단으로 이해되었다. 제2차 세계대전까지만 하더라도 기획제도는 전체주의 사회의 대표적 상징으로까지 인식되었다. 기획은 어떤 대상을 현재의 상태보다 더 바람직한 상태로 변화시킬 목적으로 그 대상에 대하여 행동하는 것이다. 이러한 기획의 개념을 살펴볼 때 이는 불가피하게 자율성에 여러 가지 제한들과 압력을 가할 수도 있다. 그렇다면 기획과 자유는 양립할 수 있는 것일까? 제2차 세계대전 이전 기획에 대한 두 가지 상반된 입장을 살펴본다.

가. 자유방임주의

Adam Smith(1976)는 모든 사람이 자기 자신의 이익을 추구하기만 하면 '보이지 않는 손(invisible hand)'에 의하여 사회 전체가 합리적인 방향으로 움직일 것이라고 믿었다. 그에 의하면 모든 개인이 자기의 이익을 추구하면 개인 자신의 이득은 물론이고 사회구성원 전체에게 긍정적인 결과를 가져오게 된다는 것이다. 인간의 경제행위에 대한 Adam Smith의 자유방임주의는 그 이후 자유주의 국가의 기본이념으로 자리 잡게 된다.

그는 재화와 용역에 대한 판매자와 구매자 사이의 자발적인 경제행위는 거래의 양 당사자에게 이익을 줄 것이라고 주장했다. 양 당사자가 이익을 얻지 못한다면 자발적 교환 자체가 발생하지 않을 것이기 때문이라는 것이다. 따라서 당사자에게 이익을 주고 다른 사람에게 아무런 해를 끼치지 않는 자유 거래는 사회 전체적으로도 이익이 된다. 그는 이러한 상황에서 정부의 간섭이나 지시는 필요하지 않다고 보았다.

Smith는 완전 자유경쟁시장하에서 몇 가지 전제 조건만 충족되면 자유시장은 최적의 효율적인 자원배분이 가능할 것으로 믿었다. 그는 정부의 시장에 대한 개입은 최소한에 그치는 것이 좋다고 주장하였다. 시장 기능에 맡겨놓았을 때 자기 이익을 위한 행위에 따라 공급되지 않는 사업에 대해서만 정부가 관심을 가져야 한다는 것이다.

이러한 자유방임 사상에 의하면 개인의 자유에 최상의 가치가 부여된다. 미래는 열려 있으며, 어떻게 흘러갈지 아무도 모른다. 따라서 미래를 기획한다는 것은 어리석은 일일 뿐만 아니라 아무도 전체 사회를 기획해서는 안 된다고 본다. 사회의 모든 제도는 독립적인 개인들의 자유로운 행위의 의도되지 않은 결과라고 본다.

나. 막스레닌주의

자유방임주의와는 달리 막스레닌주의는 잘 통제된 계획사회가 가능할 뿐만 아니라 그것을 통해서 평등하고 정의로운 사회를 구현할 수 있다고 믿는다. 이러한 사상의 틀 속에는 '보이지 않는 손'이라든가 절대 자유를 지닌 개인은 들어갈 자리가 없다. 이들은 과학적이고 합리적인 사고와 행위를 통해 합리적 사회를 계획, 창조할 수 있다고 보고 현실 사회에 적용하려 했다.

Marx는 생산력, 생산관계, 그리고 생산양식에 따라 인간의 사회구조와 사회생활이 형성된다고 보았다(Orum, 1983). Marx에 의하면 산업혁명 이전에는 농노와 수공업자들이 생산에 주로 참여했고, 이 시기는 토지를 중심으로 경제관계가 형성되었다. 기계에 의한 공장제 생산이 시작된 산업혁명 변혁기에 들어서면 생산관계의 중심이 토지에서 산업자본으로 전환된다. 이에 따라 사회는 산업자본과 기술을 소유한 자본가 계급과 노동을 제공하는 노동자 계급으로 구분된다.

Marx의 경제이론에 의하면, 자본주의는 자본의 연속적 축적으로 노동에 대한 자본의 비율을 고도화시키게 된다. 자본의 유기적 구성은 자본의 효율성을 낮추게 됨으로써 이윤이 감소하므로 자본가들의 노동자들에 대한 착취가 가속화되고 노동력의 수요도 감소하게 된다. 이에 따라 실업자가 증가하게 되며 실업자의 증가에 따라 사회적 소비를 감소시킨다. 이러한 가운데 기업가는 생산기구의 고도화 및 전문화를 통하여 대량생산을 추구하여 과잉생산으로, 경제는 공황으로 빠지게 된다. 결과적으로 자본가 계급과 노동자 계급 사이의 소득격차는 크게 벌어지고 사회적 갈등은 점점 커진다.

Marx는 사회적 갈등의 심화에 따라 노동자, 농민, 소상인, 수공업자 및 경쟁에서 패배한 몰락한 자본가들이 합세하여 새로운 프롤레타리아 계급을 구성할 것이라고 보았다. 이 계급이 하나의 혁명 세력을 이루어 자본주의 체제를 붕괴시키고 실질적으로 평등한 사회인 사회주의 체제를 형성할 것으로 믿은 것이다.

러시아 혁명은 이러한 사상을 받아들여 일어났다. 러시아 혁명 후 러시아는 재화에 대한 생산체제, 재화의 판매가격과 판매체계, 노동자들의 작업장소 등에 대하여 국가적으로 결정할 필요가 있었다. 따라서 중앙정부에 의한 통제와 계획이 요청되었다고 할 수 있다. 그들이 주장했던 실질적인 평등사회를 이룩하기 위해서도 국가기획은 당연히 도입되어야 했다.

그러나 흥미롭게도, Marx가 사회주의의 전 단계라고 믿어왔던 자본주의는 멸망하지 않고 새로운 형태로 발전하게 된다. 이는 1930년대 경제 대공황 이후 정부가 적극적으로 개입하는 수정자본주의와 사회복지제도가 도입된 것과 관련이 있다.

현대사회에서 기획은 이미 사회의 유지만을 위해서라도 필수적인 것이 되어 버렸다. 기술과 과학의 발전은 사회 변화의 속도를 점점 가속화하고 있으며 우리가 직면한 현실은 점점 더 불확실한 미래에 의해 위협을 받고 있다. 이러한 상황에서 자유를 위한 기획은 불가피한 것으로 여겨진다. 그렇지만 이데올로기적으로 냉전 상태에 있던 상황에서 서구 자유주의 국가들이 국가기획을 받아들이는 것에 대해 반대한 사람들도 있었다. 이와 관련하여 기획과 자유에 대한 Hayek-Finer 논쟁은 매우 유명하다. 과연 기획과 자유는 양립할 수 없는 것인지, 아니면 인간과 사회에게 좀 더 유용한 결과와 행복을 가져다주기 위해 이 둘이 공존할 수 있는 것인지, 기획에 대한 반대론과 찬성론을 각각 검토하면서 논의한다.

2. 기획 반대론

기획에 대하여 반대이론을 주장한 학자들은 Lipmann, Hayek, Mises 등이 있다. Lipmann은 기획과 민주주의는 서로 양립할 수 없는 상극적인 상태에 있으므로 민주주의 국가에서는 기획을 받아들여서는 안 된다고 주장하였다. 특히 오스트리아 출생의 학자인 Hayek는 기획에 대한 가장 신랄한 비판자로 유명한데, 그는 이미 1930년대부터 경제공황의 원인과 치유 방법에 대하여 Keynes와 논쟁하였으며, 사회주의 경제에서 효율적인 자원 배분의 가능성에 대한 사회주의자들과의 논쟁에서도 앞장을 섰다.

Hayek는 우선 기본적으로 인간의 인식이 불완전하다고 전제한다. 그리고 이 인식의 불완전성을 두 가지로 구분하였는데 하나는 인간의 사고능력의 불완전성이고, 다른 하나는 필요한 정보(사실) 입수의 불완전함이다. 이러한 전제에서 Hayek는 국가의 역할이 증대하고 국가가 특정한 목표를 위해 새로운 제도들이 만들어지고 있는 상황을 '설계주의적 합리주의(constructivist rationalism)'라 부르며 신랄하게 비판하였다.

인간이 사회를 설계에 따라 얼마든지 바꿀 수 있다고 생각하는 설계주의적 합리주의는 인간이 가진 인식의 불완전성을 주장하는 Hayek에게는 말도 안 되는 것이었다. 이러한 입장에서 Hayek(1944)는 "예속에의 길(*The Road to Serfdom*)"이라는 저서에서 기획이라는 것은 가능하지도 바람직하지도 않은 것이라고 비판한다. 그의 주장은 다음과 같이 요약된다.

> 첫째, 공개적 상품시장, 자유기업, 자유경쟁만이 유일한 자유의 근원이며, 경쟁이 있어야 외부의 간섭 없이 개인의 생활을 계획하는 자유가 보장된다.
>
> 둘째, 정부 권력(정치적 권력)은 민주 정부에서도 부패하기 쉬운 데 반하여 개인의 수중에 있는 경제적 권력은 부패하지 않는다.
>
> 셋째, 나치 독일, 파시스트 이탈리아, 소비에트 러시아에서와 같이 모든 생산수단이 하나의 수중에(그것이 사회이건 독재자이건) 집중적으로 장악된다면 이것은 전체권력의 행사인 동시에 민주적 자유 자체의 상실을 의미한다.
>
> 넷째, 사회의 여러 자원에 대한 어떠한 종류의 의식적 통제나 지도도 옳지 않다. 사회보장에 대한 기획도 최소한으로 그치는 것이 좋다. 기획은 곧 사회주의이며, 이것은 나치즘, 파시즘, 공산주의로 대표된다. 기획은 독재체제를 초래한다. 왜냐하면 독재는 이상(理想)을 강제로 실천하는 가장 효과적인 수단이기 때문이다. 따라서 대규모의 중앙 기획을 위해서 독재는 필수적으로 요청된다. 민주주의가 경제활동의 자유를 추구한다는 점을 고려할 때, 기획과 민주주의의 충돌은 불가피하게 발생한다.
>
> 다섯째, 국가는 경쟁을 촉구해야 하고 이것을 보장하기 위하여 헌법에 권리장전(a bill of rights)을 설정하고 이 부분을 개정할 수 없도록 해야 한다.

그렇다면 정보가 불완전한 세계에서 사람들의 행동을 올바로 인도하는 것은 무엇일까? Hayek에 의하면 그것은 준칙(rules)이다. 준칙이란 일정한 상황 변화가 발생하였을 때 그에 반응하도록 하는 일정한 행동양식(a pattern of action)이며, 이는 문화를 통하여 세대 간에 이전된다고 Hayek는 설명한다. 인간은 미래를 지배할 수 없고 단지 당면한 상황에 이미 획득된 준칙에 따라 대처하며, 사후에 성공적으로 입증된 것은 다시 문화를 통해서 조금씩 수정되면서 다음 세대로 이어진다고 생각하였다. 그러므로 사회의 진보는 상황 속에 직면한 인간의 자율적 이성의 역동성을 통하여 이룩된다는 것이다. 이러한 질서를 Hayek는 자생적 질서(spontaneous order)라고 주장한다.

그러나 Hayek는 사회주의에 대한 공포에 사로잡힌 나머지 자유의 보존과 아울러 사회적 정의와 복지를 실현해야 하는 현대국가의 본질을 이해하지 못한 것으로 보인다. 20세기 이후에 소위 '보이지 않는 손(the invisible hand)'이 현대사회의 경제적 문제를 해결하는 데 실패하고 있음이 드러나고, 국가 주도의 기획으로 무계획적인 자유기업 제도의 병폐를 시정하는 데 어느 정도 성공하고 있다는 사실은 Hayek의 관점이 너무 극단적이었음을 보여준다.

3. 기획 찬성론

기획에 관하여 찬성론을 주장한 학자로서는 Zink, Finer, Fromm, Terry, Galloway, Millett, Lange 등 많은 사람이 있다. Zink는 "기획은 20세기적 민주주의 정치체제하에서 행정 기능의 일부로 당연히 존재하여야 할 것으로 인식되었을 뿐만 아니라 이미 인정되고 있다."라고 하면서 기획의 정당성은 이미 확인된 것이라고 못 박았다.

Fromm과 Terry는 "불합리하고 무질서한 상태에 있는 현대사회는 계획화된 사회로 전환되어야 하며, 무질서한 사회는 진실로 요구되는 인간의 자유를 좀먹어 나갈 것이다"라고 하였으며, Galloway와 Millett은 "기획이란 민주국가의 정부에 있어서 상궤화(常軌化)되어야 하며, 이러한 기획제도는 세계적으로 보편화되는 현상을 보여야 한다."라고 하였다. Lange는 "설사 사회주의 체제에서 교환 비율로서 시장가격은 없지만, 선택 기준으로서 회계 가격은 있을 수 있으며, 이처럼 가격이 존재하는 한 기획은 시행착오가 있더라도 얼마든지 그 운용이 가능하다."라고 주장하였다.

Finer(1945)는 Hayek의 기획반대론에 대하여 "반동에의 길(*The Road to Reaction*)"을 발표하고, Hayek의 모순점을 다음과 같이 지적하면서 비판하였다.

> 기획이 개인의 자유를 침해한다고 하는 Hayek의 주장은 자유의 개념을 곡해한 데서 나온 것이다. Hayek는 가치관 및 생활양식의 다양성이 보장된 사회에서 생활이 민주적 시민의 생활이요, 획일성과 간섭이 배제된 상태가 자유로운 생활이라고 하였다. 그러나 설사 그의 말대로 자유의 개념을 개인이 자기 뜻대로 생활을 영위할 수 있는 상태라 규정하더라도, 기획으로 인하여 개인적 자유가 침해되는 것은 아니며, 오히려 기획은 그러한 개인적 자유를 더 많이 확보할 수 있도록 도와주는 기능을 수행한다.

Finer는 Hayek의 "노예의 길"이 민주주의 국가에서 수십 년간 발전시켜 온 민주정치에 대한 정당하지 못한 공격으로 일관되어 있다고 단정하고 있다. 요컨대 Finer는 자유와 기획은 얼마든지 양립될 수 있다고 주장한다.

4. 제3의 대안: 기획과 자유의 공존

지금까지 기획에 대한 반대론자들과 찬성론자들의 견해를 살펴보았다. 기획이냐 자유냐의 논쟁은 양자의 공존으로 결론이 났다고 해도 과언이 아니다. 이는 앞에서도 언급했듯이 1930년대 대공황을 계기로 국가의 경제 개입을 정당화하는 Keynes 등의 수정자본주의의 영향이라고 할 수 있다. 수정자본주의는 전통적인 자본주의의 나쁜 점을 버리고 사회주의의 좋은 점을 취하려 하였다. 예컨대 실업

문제, 분배의 공정성 문제 등을 해결하기 위해서는 정부가 적극적으로 개입하는 것이 옳다는 것이다.

한편 Mannheim은 '자유를 위한 계획(planning for freedom)'이라는 말로 기획을 정당화하였다. Popper는 기획이 고전적 합리주의의 연장선에 있다고 하면서 사회적 수준의 기획을 옹호하였다. 이러한 새로운 사상은 과학기술에 대한 믿음과 아울러 사회적 합의에 대한 믿음에 기초하고 있는 것으로서, 사회를 합리적으로 경영할 수 있다고 믿는 사회공학(social engineering)과도 맞물려 있다.

Roosevelt 대통령의 뉴딜(New Deal) 정책은 미국에서 국가기획에 대한 관점을 바꿔 놓았다. Roosevelt 대통령은 실용적인 접근방법을 통하여 실업과 불경기에 대처하고 사회복지를 구현하기 위한 장기 국가기획을 추진하였다. 뉴딜 정책이 자본주의 체제인 미국을 사회주의 체제로 전복시킬 위험성이 있다는 비판이 없었던 것은 아니나, 뉴딜 정책의 전개는 공공 행정에서 효율적인 관리, 설득력 있는 정부 조직 개편, 전문화된 훈련, 인력 및 예산체제 등을 강조함으로써 국가 수준의 기획에 대한 시각을 바꾸어 놓았다.

제2차 세계대전이 끝나고 많은 신생국이 독립하게 되면서 이들 국가는 경제 재건을 위한 국가기획을 적극적으로 하였다. 우리나라도 여기에서 예외가 아니다. 이미 기획이냐 반기획이냐의 문제는 이데올로기와 상관없이 '자유를 위한 기획'으로 결론이 났다. 이제 문제가 된 것은 기획의 정도와 기획의 구체적인 원리와 기법들이었다. Bell(1967)은 "이데올로기의 종언(*The End of Ideology*)"에서 "과학기술이 이데올로기의 상속자가 되었다. 이제 과학적 기법을 적용하는 기획은 어디에서나 볼 수 있다. 어느 나라든 경제 성장이 기획의 최고 목표가 되었다."라고 말하였다. 공산 사회주의 국가에서 시작된 기획은 이제 이데올로기와 상관없이 자유 자본주의 국가에서도 자연스럽게 받아들여지게 된 것이다.

제4절 교육기획의 접근

위에서 우리는 기획을 "인간 삶의 한 영역에 대하여 보다 나은 미래의 상태로 만들기 위한 지적 준비 과정"으로 보았다. 여기에서는 학교급별 교육기회라는 구체적인 기획의 대상에 대하여 어떠한 방법을 통하여 조정할 것인지와 관련된 접근방법을 살펴본다. 미래의 학교급별 교육기회를 전망하는 일은 교육기획에 있어서 매우 중요한 작업이다. 이것을 토대로 학교와 교원에 대한 수급 조정도 하고 각종 교육여건 개선을 위한 전략을 수립하기 때문이다. 국가 수준의 학교급별 교육기회 공급과 관련된 교육계획을 구체적으로 수립할 때 많이 사용하는 접근방법에는 사회적 요구에 의한 접근, 인력수요에 의한 접근방법, 수익률에 의한 접근방법, 그리고 국제적 비교에 의한 접근방법 등이 있다. 각 접근방법은 장·단점이 있으므로, 각 국가가 처한 상황을 충분히 고려하고 적용해야 할 것이다.

1. 사회적 요구에 의한 접근

가. 사회적 요구에 의한 접근의 특징

교육기획에 있어서 사회적 요구에 의한 접근(the social demand for education approach)은 교육수요접근이라고 하기도 하는데, 가장 광범위하게 사용되고 있는 접근이다. 이 접근은 선진국이나 후진국을 막론하고 모든 나라에서 교육기획의 일차적 접근방법으로 쓰이고 있다. 이 접근은 인구의 자연 증감 추세와 교육에 대한 사회적 요구의 증감 추세에 따라서 교육의 양을 증대하거나 감소시켜 나가려는 방법이다. 사회적 요구 접근을 활용하는 대표적인 예는 의무교육에 관한 계획을 수립하는 경우이다. 우리나라의 경우 1954년도에 "의무교육완성 6개년 계획"을 수립하였을 때, 이 접근방법을 활용하였다. 이는 인구가 증가 또는 감소하는 것만큼 교육기회를 확대 또는 축소해 나가면 된다는 아이디어를 반영한 것이기 때문에,

미래의 취학 적령 인구만 추정할 수 있으면 된다. 그러나 미래 인구수를 추정하는 일이 그리 쉬운 일은 아니다. 예컨대 최근 저출산 추세를 예측하지 못한 상태에서 이 방법을 적용하였다면, 미래 학생수는 과다 추정할 수밖에 없었을 것이다.

사회적 요구를 반영하는 또 하나의 사례는 국민이 상급학교 진학을 얼마나 원하는가를 고려하여 교육기회를 결정하는 것이다. 이 접근방법은 자유롭고 허용적인 사회분위기에 적합하며, 사회적 여론이 교육의 정책을 결정하는 데 결정적인 역할을 하게 된다. 국민의 교육에 대한 요구를 고려하는 이 접근은 특히 고등학교와 대학 교육기회의 확대에 영향을 준다. 예컨대, 국민이 고등학교나 대학 진학을 원하는 만큼 교육기회를 주는 것이다. 극단적으로 사회적 요구를 전부 반영하는 경우, 대학 진학을 원하는 모든 학생을 입학시켜야 한다. 우리나라의 경우, 고등학교가 보편화되는 과정에서 직업교육 위주의 전문계 고교보다는 대학 진학을 목표로 하는 일반계 고교의 비율을 늘리는 방식으로 고등학교 교육기회를 조정해 온 것은 다분히 사회적 요구에 의한 방법을 따른 것이라고 할 수 있다. 대학입학정원을 지속적으로 늘려온 것도 국민의 요구를 적극적으로 반영한 결과라고 할 수 있다. 정책결정권자의 편에서 국민의 교육에 대한 요구를 고려하여 교육기회를 배분하는 것은 정치적으로 지지를 얻을 수 있는 방법 가운데 하나이기 때문에, 이 방법을 채택할 가능성이 높다. 그러나 이 접근방법은 오늘날 학력 인플레이션과 대졸자 미취업 문제에서 알 수 있듯이, 항상 성공하는 것은 아니다.

나. 사회적 요구에 의한 접근방법의 약점

사회적 요구에 의한 접근은 다음과 같은 약점을 지니고 있다. 첫째, 사회적 요구가 사회적 필요와 반드시 일치되지 않을 수 있다는 점이다. 국민이 대학 진학을 원하는 만큼 대학의 문을 열어 주었으나, 직업 세계에서는 대졸자를 그만큼 필요로 하지 않을 수 있다는 말이다. 이 경우 대졸자가 남아돌아 미취업자가 늘어나고 하향 취업으로 가는 현상이 발생한다. 또한 개인의 욕구 및 경제적 수요 공급의 원칙에 의해서 민감하게 움직이는 변덕 많은 시장의 추세가 교육수요를 결정하게 됨으로써, 사회적으로 필요치 않은 부문에 수요가 과하거나 사회적으로 필요한 부문에 수요가 미달하는 경우가 생길 가능성이 있다.

둘째, 오늘날 전 세계적으로 교육에 대한 사회적 요구는 급격히 증대되고 있으나, 많은 나라들은 재정 제약으로 사회적 요구를 충족시키기 어려운 것이 사실이다. 국가가 재정을 부담하지 않으면서 사회적 요구를 충족시키고자 하는 경우, 특별히 고등교육의 단계에서는 재정 부담 능력이 교육의 기회를 좌우하게 될 가능성이 크다. 이렇게 됨으로써 교육이 사회적 불평등을 재생산하는 데 도움을 줄 수 있다. 따라서 교육의 기회균등을 보장하기 위하여 납입금의 감면, 장학제도 등 특별한 정책적 배려가 있어야 할 것이다.

셋째, 사회적 요구에 의한 접근은 우선순위를 결정하는 데 도움을 주지 않는다. 다시 말하면 이 접근은 모든 교육 요구를 충족시킬 만큼 자원의 여유가 없을 때, 어느 분야에 집중적으로 자원을 투입해야 하는지에 대해 알려주는 바가 없다.

이러한 약점이 있음에도 불구하고 사회적 요구에 의한 교육기획은 많은 나라에서 널리 활용되고 있다. 그 이유는 첫째, 사회적 압력, 특히 정치적 압력에 대하여 효과적으로 대응할 수 있고, 둘째, 교육 수급의 자연적 조절에 따라 사회적 필요를 어느 정도 충족시킬 수 있으며, 끝으로 인구의 자연 증가와 진학률 및 재정 제약 등 몇 가지 요인을 고려하면 교육계획의 수립이 비교적 쉽다는 점 때문이다.

2. 인력수요에 의한 접근방법

가. 인력수요에 의한 접근방법의 특징

인력수요에 의한 교육기획 접근방법(the manpower requirements approach)은 사회가 필요로 하는 인력수요를 고려하여 교육기회를 통제해 나가는 방법으로서, 교육과 경제를 밀접하게 연결하는 접근이다. 이 접근은 가능한 한 교육체제를 통한 인력의 양성 또는 공급을 경제체제에서의 인력의 활용 또는 취업과 직결시키고자 한다. 이에 따라 경제발전과 국민 총생산의 증강을 위해서 개개의 욕구의 총화인 사회적 수요를 부분적으로 희생시키는 한이 있더라도 인력수요에 따라 학교급별 교육의 양을 결정한다.

이 접근은 계획기간 중에 예측되는 산업부문별. 직업별 인력의 소요와 직무수행상 요구되는 자격에 따라서 교육의 양과 질을 계획한다. 다시 말하면, 계획기간 중에 연도별로 직업 세계에서 필요로 하는 각종 인력을 한 치의 오차도 없이 공급하려면 연도별로 학교급별로 전공별로 몇 명을 양성해야 하는지 그 양을 조절한다는 것이다. 고등학교든 대학이든 국민이 원하는 만큼 교육기회를 부여하는 것이 아니라, 직업 세계가 요구하는 만큼 교육기회를 제공해야 한다고 본다. 이 접근은 1960년대 초 후진국에서 경제개발과 직결된 교육계획을 추진한 유네스코(UNESCO)와, 유럽에서 경제계획과 교육계획을 직결시켜 온 경제협력개발기구(OECD)의 노력으로 크게 발전하였다. 인력수요에 의한 기획의 구체적인 절차는 다음과 같다.

① 기초년도의 인력 현황 조사: 교육정도별로 산업별, 직업별 및 연령별 인력 현황을 파악함.
② 추정연도의 총 노동력 추정: 인력 공급의 상한선을 제시함.
③ 추정연도의 산업부문별 총 고용자수 추정: 목표연도의 생산 수준, 생산성 증가율을 고려하여 총고용자수를 산업부문별, 직종별로 배정하여 그 총계가 인력의 총수요를 결정함.
④ 직종별 인력수요 자료의 교육자격별 인력수요 자료로의 전환: 교육의 정도와 과정의 구분에 따라서 교육자격별 인력수요를 밝히는 것은 직종과 그것에 대비하는 교육자격이 반드시 일치하지 않기 때문임.
⑤ 추정된 노동력의 교육자격별 구조와 현재노동력의 교육자격별 구조의 비교: 교육자격별로 노동력의 순증분을 계산할 수 있음.
⑥ 교육자격별로 노동력의 보충분 계산: 사망, 은퇴, 이민 기타에 의한 퇴직률을 계산함.
⑦ 감모율을 고려하여 수준별, 부문별 소요 졸업생수를 배출하기 위한 학교급

별 재적자수를 계산함.

⑧ 학교급별 소요 재적자 수를 고려하여 교원, 시설, 재정 등의 증가 소요를 산출함.

나. 인력수요에 의한 접근방법의 약점

사회적 요구에 의한 접근방법과는 달리 인력수요에 의한 접근방법의 경우 미취업을 걱정할 필요가 없다. 이론상, 직업 세계가 필요로 하는 인력만큼만 교육분야에서 제공하기 때문에 완전 취업을 가정한다. 그러나 이 접근방법도 완벽하지 않으며, 다음과 같은 문제가 지적되고 있다.

첫째, 교육의 목적이 경제개발에 국한되지 않고, 개인의 자기 실현이나 문화의 발전을 위한 목적도 있음을 과소평가해서는 안 된다. 인력수요접근을 너무 엄밀히 적용하면 교육의 경제 외적 기능을 소홀히 하고 경제적 효율성 지상주의에 빠질 우려가 있다. 이 접근에 의하면, 경제발전과 취업에 도움이 되지 않는 교육은 쓸모없는 낭비라고 여겨질 가능성이 있다. 그러나 교육은 그 자체가 좋아서 참여하는 소비의 성격도 있음을 부인할 수 없다.

둘째, 직업과 직업에 대비하는 교육을 직종별로 1대1의 대응을 전제로 학교급별 전공별 교육체제를 기획하고 있으나 이는 불가능할 뿐만 아니라 해서도 안 된다. 왜냐하면 자유주의 국가에서 이것을 너무 엄격히 적용하면, 오히려 인력수요를 효과적으로 충족시키지 못하는 결과를 가져오기 때문이다. 이 접근은 교육받은 인력이 창의력을 발휘하여 새로운 직업과 직종을 창조할 수 있다는 사실을 간과하고 있다.

셋째, 산업의 발전이 급격하고 새로운 직업이 계속 생겨나고 있으며, 직업에 대한 교육 자격, 교육의 정도, 과정의 종류도 급격한 변천을 겪고 있으므로, 인력수요에 의한 교육수요의 추정이 기술적으로 매우 곤란하다. 계획기간이 길면 길수록, 그리고 직업의 종류를 분화하면 할수록 미래 인력수요 추계에 있어서 오차의 범위는 더 커진다. 일부 전문가들은 이 접근방법을 일종의 “숫자놀이(number game)”

에 불과하다고 비판하기도 한다.

넷째, 이 접근은 미래 예측에 기초하고 있는데, 미래 예측을 함에 있어 오류 가능성이 있다. 이러한 오류 가능성은 통계 자료의 빈곤 내지는 부재에 기인하기도 하고 예측하지 못했던 정치·경제·사회의 급격한 변화 때문일 수도 있다. 설사 미래에 급격한 변화가 없는 경우라 할지라도 과거의 변화 추세가 미래에 그대로 나타날 것이라는 가정은 미래에 대한 정확한 예측이 되지 못할 수가 있다. 미래는 늘 우리가 예측한 것과 다른 모습으로 나타날 가능성이 크다.

이러한 문제에도 불구하고 인력수요에 의한 접근은 개략적인 미래 직업세계의 추이를 보여줌으로써 학생과 학부모에게 미래를 준비하는 데 유용한 정보를 제공해 준다. 그리고 과학자, 기술자와 같은 고급 전문 인력의 양성이나 교사, 의사, 법률가 등 특정 분야의 인력양성 계획과 관련해서는 매우 유용하게 활용될 수 있다.

3. 수익률에 의한 접근방법

가. 수익률에 의한 접근방법의 특징

수익률에 의한 접근은 교육에 투입된 경비와 산출된 효과를 금액으로 계산하고, 이를 기준으로 교육투자의 중점과 우선순위를 결정하려는 접근방법이다. 교육활동의 경제적 효과를 숫자로 나타내는 수익률(rates of return)에 따라 여러 가지 교육 프로그램 가운데 최고의 수익을 주는 프로그램을 우선해서 투자할 수 있을 것이다. 그리고 이 접근에 따르면 수익이 상대적으로 큰 프로그램은 다른 프로그램보다 증가하는 게 맞다. 비용-효과(cost-benefit)의 원칙은 합리적인 생각을 지닌 사람이라면 누구나 적용하고자 하는 원칙이라고 할 수 있다. 이자율이 높은 금융기관에 돈을 맡기려 하는 것과 같은 이치이다. 특별히 한정된 자원을 어떻게 배분해야 할 것인지와 관련하여 이 원칙은 유용하다. 비용과 수익을 수치화해야 한다는 난점이 있기는 하지만 연구자들은 교육단계별 수익률을 개인적 수익률과 사회적 수익률로 나누어 산출해 오고 있다. 사회적 수익률은 비용 계산에서 고등교육을 위해 공적으로 투입된 재정을 포함한다.

대학교육 수익률을 산출할 때 수익은 대학졸업자의 평생소득에서 고등학교 졸업자의 평생소득을 공제한 차액, 즉 대학에 진학함으로써 추가로 벌 수 있는 금액을 말한다. 수익률 계산에서 비용은 대학교육에 소요되는 직접비용(등록금, 교재비, 교통비 등)과 대학에 다니는 동안 취업하지 못해 손실을 보게 된 비용, 즉 기회비용(opportunity cost) 또는 간접경비를 합산한 것으로 본다. 기회비용은 대학에 다님으로써 포기해야 하는 수익으로 유실소득(foregone earnings)이라고도 한다. 이렇게 산출된 두 가지 비용을 원금으로 하여 복리로 이자가 붙는다는 것을 가정할 때 산출된 수익이 달성될 것인지를 계산한다. 이때 산출된 이자율이 곧 대학교육의 수익률이 되는 것이다.

예컨대, Hansen(1963)은 1950년 자료를 이용하여 1949년 각급학교 교육의 수익률을 추정하였다.[2] 그 결과 초등교육은 15.0%, 중등교육은 11.4%, 고등교육은 10.2%의 수익률이 있다고 추정하였다. 이것은 초등교육과 중등교육을 고등교육에 비해 증가시켜야 함을 보여주는 것이다. 그 이후에도 여러 차례에 걸쳐 수익률을 계산한 바 있는데, 우리나라에서는 1960년대에는 중학교 투자수익률이, 1970년대는 고등학교 투자수익률이, 1970년대 후반부터는 대학투자 수익률이 상대적으로 높아지는 추세에 있었다. 박소영(2015)은 1980년부터 2012년까지 학교급별 교육투자 수익률의 추이를 분석하였다. 초급대졸자의 경우 1993년까지 수익률이 감소하다가 (8%대에서 2%대로) 2002년 이후 증가하기 시작하여 7%의 수익률을 보였다. 고졸자의 경우 1980년대 초반 6%의 수익률을 기록한 후 큰 변화 없이 5%대의 수익률을 유지하다 2006년 이후 점차 감소하여 4%대의 수익률을 보였다. 대졸자 이상의 경우 1980년 12.1%의 수익률을 보였으나 1994년 7.0%로 감소하다가 그 이후 점진적으로 증가하여 2012년 9.4%의 수익률을 나타냈다.

2) Hansen이 추정한 교육투자 수익률은 사회적, 내적 수익률(social internal rate of return)임.

나. 수익률에 의한 접근방법의 문제점

첫째, 교육 프로그램의 여러 대안에 관하여 경비와 효과를 계산하는 데 여러 가지 기술적 난점이 있고 근본적으로 교육의 비경제적인 효과를 고려하지 않은 점과 경제적 효과 중에서도 극히 한정된 지표만을 측정할 수 있다는 제한점이 있다.

둘째, 인력수요에 의한 접근방법의 결정적인 난점이 교육과 직업의 불일치성에 있는 것과 마찬가지로, 수익률에 의한 접근방법의 결정적인 난점은 교육투자와 투자 효과로서 수입 사이에서 인과관계를 상상해서 정하는 것이 과연 타당하냐에 있다.

셋째, 수익률 접근방법은 평균치를 다루는 개념에 근거를 두고 있으나, 정말 필요한 것은 한계(marginals)를 다루는 개념이다. 수익률은 일정한 양의 교육을 받은 모든 사람의 평균 수입을 활용하여 산출하고 있으나, 문제가 되는 것은 평균인이 아니라 추가적인, 즉 한계적인 사람의 소득(marginal earnings)이다. 만일 평균수입이 한계 수입과 다르다면 평균에 기초를 둔 결정은 부정확하다는 말이 된다. 사실 한계인이 누군지 알 수 없으므로 한계수익률은 현재 산출할 수가 없다.

넷째, 좀 더 타당한 기획을 위해서는 과거 수익률보다 장래 수익률이 필요하나 수익률 추정은 과거의 소득 자료를 가지고 추정하기 때문에 문제가 있다.

끝으로, 교육기획을 위한 구체적 계량적 지침을 제공하는 데 미흡하다. 학교급별 수익률 차이가 수익률이 높은 분야에 대해 얼마나 확대하라는 것인지 알려주지 않는다. 수익률 자료는 다만 방향만 제시할 뿐이다.

4. 국제적 비교에 의한 접근방법

가. 국제적 비교에 의한 접근방법의 특징

이 접근(the international comparison approach)은 국가의 발전 단계를 국제적으로 비교함으로써 보다 발전된 나라의 발전 모형을 참고하여 교육기획을 하는 방법으로서 주로 개발도상국가에서 적용하고 있다. 국제적 비교에 의한 접근방법은 후진국이 선진국의 경험에서 이득을 얻고자 하는 방법이다.

우리나라의 경우 교육기획에서 미국, 영국, 일본 등 선진국의 사례를 참고해오고 있다. 특히 우리나라가 OECD에 가입하고 난 이후에는 OECD 국가들의 교육발전 수준이 교육기획의 목표가 되는 경우가 많다.

대표적 사례는 Harbison & Myers(1965)의 연구이다. 이들은 세계 75개국의 교육발전을 이른바 인력자원 개발단계의 종합지수에 의하여 저개발국가(17개국), 부분 개발국가(21개국), 중진국가(21개국), 선진국가(16개국)의 네 단계로 분류하고, 각 개발단계에서의 인력개발의 전략을 논의하였다. 이 연구는 교육계획을 수립할 때 국제적 비교를 토대로 하여 인력자원개발에 관한 목표설정(target-setting)이 가능하고 바람직하다는 것을 보여준다.

나. 국제적 비교 접근방법의 난점

첫째, 각국의 교육제도와 운영의 독자성과 전통성 때문에 한 나라의 효과적 방법이 다른 나라에서도 효과적이라고는 단정하기 어려운 점이 있다.

둘째, 통계의 표준화가 미비하고 공통의 척도가 마련되어 있지 않기에 정확한 비교가 어렵다는 문제가 있다.

셋째, 선진국이 과거에 걸어온 발전의 경험을 후진국이 미래의 발전을 위한 모형으로 적용하는 데는 선진국의 모형이 타당하더라도 시차에 의한 변화의 조건의 차이를 무시할 수 없다.

5. 종합 논의

위에서 소개한 네 가지 접근방법은 나름대로 교육기획에 도움을 주고 있으나 공통적으로 다음의 문제를 지니고 있다. 첫째, 이 접근들은 모두 교육의 양을 다루고 있지 교육의 질은 다루고 있지 않다. 둘째, 비제도적 교육(non-system education)을 고려하지 않는 경우가 대부분이다. 비제도적 교육으로는 각종 원격 교육과정, 기업의 현장훈련, 독서, 도제훈련, 각종 단기 강좌, 지방자치단체의 평생 교육원 프로그램 등을 들 수 있다. 이러한 교육은 기존 교육기획의 접근 중 어느 것에도 포함되지 않고 있다. 참고로 미국은 직업 훈련에 대한 수익률 분석을 통해 비제도 교육도 교육기획에 포함하고 있다. 셋째, 교육을 경제발전의 수단으로 협소하게 정의하고 있다. 이에 따라 경제계획에 종속되는 교육계획이 될 가능성이 있다. 교육이 경제에 종속변수이기도 하지만 경제에 대한 독립변수가 될 수도 있다는 점이 간과되고 있다.

여러 가지의 접근방법은 교육계획의 성격에 따라서 적절히 선택할 수 있으며, 필요한 경우 절충식으로 통합하여 적용할 수도 있을 것이다. 어떠한 접근방법을 위주로 할 것이냐는 정책적 결정에 관한 문제이다. 교육기획의 주체는 각 접근의 제한점을 인식하고 신축성 있는 계획을 세워야 할 것이다. 그리고 교육기획에 있어서 교육적 가치의 실현을 중심으로 하는 '교육적 접근'을 구상할 필요가 있다.

끝으로, 성공적인 교육기획이 되기 위해서는 다음 사항을 충분히 고려할 필요가 있다. 첫째, 장기적 관점의 교육기획이 필요하다. 정권이 바뀔 때마다 인기를 얻기 위한 교육기획이나 현실의 다급한 문제를 해결하기 위한 교육기획은 미래의 합리적 설계라는 기획의 원리에 어긋난다.

둘째, 종합적 관점에서 교육기획을 할 필요가 있다. 분야별 교육기획만 신경을 쓰게 되면 전체적인 방향감과 균형을 상실할 우려가 있다. 또한 국가수준의 교육기획, 지방 교육청 수준의 교육기획, 그리고 학교 수준의 교육기획이 밀접한 연관 속에서 이루어지도록 노력을 기울일 필요가 있다.

셋째, 교육 분야의 환경이 되는 정치, 경제, 사회 분야의 발전 계획과 동조할 필요가 있다. 교육도 국가 사회의 한 부분이기 때문에 다른 분야와의 유기적 관계 속에서 발전계획을 수립하는 것이 마땅하다. 그렇지 않으면 교육계획이 아무리 멋진 미래의 청사진을 담고 있다 하더라도 그 실현가능성을 담보할 수가 없다.

넷째, 교육기획은 교육행정 과정의 일부로서 통합될 필요가 있다. 교육기획이 그 이후의 단계와 연결되지 않으면 '기획을 위한 기획'에 그칠 우려가 있으며, 특히 각 계획안은 예산 기능과 연계되지 않으면 실현가능성을 담보할 수가 없다.

다섯째, 너무 양적인 지표에만 집착하기보다는 질적 발전을 함께 도모하는 교육기획을 추진할 필요가 있다. 교육이라는 인간의 활동은 수치로 표현되지 않는 부분이 많고 그 효과가 장기적으로 나타나기 때문에 그 특성을 고려하여 양적 · 질적 기획을 동시에 추구하는 것이 좋다.

여섯째, 교육기획을 담당하는 인력을 전문화할 필요가 있다. 앞으로 더욱 활성화될 것으로 전망되는 지방교육자치제와 관련하여 특히 지방교육청 수준에서 기획 전문가를 양성할 필요가 있다(김재웅, 2021).

끝으로, 교육기획과 관련된 개인이나 집단이 기획 과정에 참여할 수 있는 기회를 충분히 보장할 필요가 있다. 소위 '참여적 기획'을 도입할 필요가 있다. 특히 지방 정부 수준과 학교 수준에서는 교원집단과 학부모 집단과의 정례적인 만남을 통해 의견을 수렴하여 교육계획의 내용에 반영하는 것이 좋을 것이다. 이러한 참여적 기획은 교육행정의 민주화에 공헌할 수 있을 뿐만 아니라 계획 내용의 실현가능성을 높일 수 있다는 점에서도 의의가 있다.

질문 / 토의거리

1. 교육기획의 개념을 기획의 의미를 토대로 설명해 보자.
2. 기획의 유형을 대상 기간, 대상 영역, 지역적 수준, 종합성의 정도를 기준으로 비교 · 정리해 보자.
3. 대표적인 교육기획 접근방법들의 특징을 비교하여 설명해 보자.
4. 한국 내에서 실시되고 있는 대표적인 정책을 한 가지 선택하여, 기획의 효용성 및 한계 측면을 토대로 해당 교육정책을 비평해 보자.

참고문헌

권영성, 이성복(1999). 기획론(전정증보판). 서울: 법문사.

김재웅(2021). 교육정치학 탐구. 경기, 파주: 교육과학사.

김종철(1982). 교육계획론. 서울: 교육출판사.

박소영(2015). 학력의 교육투자 수익률과 학력내 불평등의 추이 분석. 교육재정경제연구, 24(1), 167-192.

장기종합교육계획심의회(1970). 장기종합교육계획(1972-1986).

한국교육개발원(1978). 교육발전의 전망과 과제(1978-1991).

한국교육개발원(1984). 2000년을 향한 국가발전장기구상: 교육부문계획.

Bell, D. (1967). *The end of ideology: On the exhaustion of political ideas in the fifties*. N.Y.: Free Press.

Dror, Y. (1963). The planning process. *International Review of Administrative Science*, 29(1), 44-68.

Drucker, P. F. (1959). Long-range planning: Challenge to management science. *Management Science*, 5.

Fayol, H. (1949). *General and industrial management*. (Constance Stories, Trans.). London: Sir Issac Pitnam & Sons.

Finer, H. (1945). *The road to reaction*. Boston: Little Brown & Co.

Gulick, L. (1937). Note on the theory of organization. In L. Gulick, & L. Urwick (Eds.), *Papers on the science of administration*. New York: Institute of Public Adminstration.

Hansen, W. L. (1963). Total and private rates of return to investment in schooling, *Journal of Political Economy*, 71, 128-140.

Harbison, F., & Meyers, C. A. (1965). *Manpower and education: Country cases studies in economic development*. New York: McGraw-Hill.

Hayek, F. A. (1944). *The road to serfdom*. Chicago: University of Chicago Press.

Kitchell, R. E. (1962). *A summary of current concepts(mimeo)*. Washington, DC: The US Bureau of the Budget.

Koontz, H., & O'Donnell, C. (1959). *Principles of management: An analysis of management functions*(2nd Ed.). New York: McGraw-Hill.

Newman, W. H. (1963). *Administrative action*. Englewood Cliffs, N. J.: Prentice-Hall.

Orum, A. M. (1983). *Introduction to political economy*. Englewood Cliffs, N. J.: Prenctice-Hall.

Simon, H. A., Smithburg, D. W., & Thompson, V. A. (1950). *Public administration*. New York: Knopf.

Smith, A. (1976). *An inquiry into the nature and causes of the wealth of nations* (reprinted). Oxford: Clarendon Press.

Waterston, A. (1965). *Development planning: Lessons of experience*. Baltimore: Johns Hopkins.

제7장 교육정책론

교육정책과 상관없이 살아가는 사람은 하나도 없다고 해도 과언이 아니다. 우리는 매일매일의 삶 속에서 모종의 교육정책을 만나고 있다. 여기에서는 교육정책이란 무엇인가라는 주제로부터 구체적으로 교육정책이 어떻게 만들어지고 집행되고 평가되고 있는지 이론적인 틀을 통해 살펴보게 될 것이다. 그리고 이러한 교육정책의 과정에서 누가 핵심적인 역할을 수행하고 있는지에 대해서도 살펴볼 것이다.

제1절 교육정책의 기초

1. 정책과 교육정책의 개념

사람들은 일상생활 속에서 정책을 만나면서 나름대로 정책에 대한 모종의 생각을 지니고 있다. 여기에서는 일반인들이 상식적인 수준에서 가지고 있는 정책에 관한 생각을 먼저 살펴보고 학자들이 일정한 관점에 따라 정리한 정책의 개념을 각각 살펴보고자 한다.

일반인들은 대체로 정책에 대하여 막연히 '중요한 결정'이라고 생각하거나 정치하는 사람들이 내린 정치적 결정 정도로 생각하고 있다. 이러한 의미의 정책은 나와는 상관이 없고, '저 높은 곳에 계신 분들'이나 신경을 쓰는 중대사로 여겨진다. 정책에 대한 이러한 개념들도 나름대로 정책을 이해하는 데 도움을 주는 것이 사실이지만, 학문의 대상으로서 정책을 논의하는 시각에서 보면, 정책의 한 측면만을 부각하고 있다는 점에서 다소 부족한 감이 있다.

정책을 전문으로 연구하는 학자들은 상식적인 관점과는 달리 더 세련된 언어로 일정한 관점을 갖고 정책에 대한 정의를 내리고 있다. 정책학의 창시자로 알려지는 Lasswell(1971)은 정책을 "문제 해결 및 변화 유도를 위한 활동"으로 정의하고 있다. Easton(1953)은 정책을 "전체 사회를 위한 제 가치의 권위적 배분"으로 보고 정책학을 발전시켜 나갔다. Eyestone(1971)은 정책을 "정부기관과 환경과의 관련성"이라고 정의하고, Friedrich(1963)는 정책을 "주어진 환경 속에서 개인, 단체 또는 정부가 취하는 일종의 행동 대안"으로 보고 있다. Dye(1981)는 정책을 "정부가 할 일과 하지 않을 일을 구분하여 선택하는 것"으로 정의한다. 안해균(1984: 75-79)은 정책의 개념에 대한 여러 학자의 견해를 종합하여, 정책의 개념은 다음과 같은 특성이 있다고 정리하였다.

① 정책은 주로 정부 활동이다.
② 정책에는 실현하고자 하는 목표가 들어 있다.
③ 정책은 이러한 목표를 달성하기 위한 행동 경로를 지시한다. 정책은 목표, 계획, 법규, 세부 결정 등에 비하여 거시적이고 전반적인 성격을 지니고 있으며, 이것들에 대한 지침의 성격을 띠고 있다.
④ 정책에는 특정 가치가 함축되어 있다. 이 가치는 대부분의 경우 사적 이익을 대변하기보다는 공적 이익을 대변한다.
⑤ 정책의 주체는 개인, 집단, 정부 등 다양하다.
⑥ 정책은 장기간 지속적으로 반복됨으로써 일관성 있는 특징을 지니게 되고, 이러한 특징들이 모여서 정책의 유형을 형성하게 된다.

이와 같은 정책의 개념을 교육이라는 정책의 대상에 적용한 것이 바로 교육정책이다. 따라서 교육정책은 교육 문제의 특수성으로 인하여 다른 공공정책, 즉 경제정책, 금융정책, 환경정책, 토지정책 등과 구분되며, 공공정책의 한 부분이라는 점에서는 공공정책의 일반적인 특성을 공유하고 있다. 이러한 점에 유의하면서 정일환, 주철안, 김재웅(2021: 13)은 교육정책을 "공공정책(public policy)으로서 교육활동을 위해 국가나 지방자치단체가 국민 또는 교육관련 집단 및 수혜 집단을 대상으로 전개하는 교육의 지침"이라고 하였다.

이러한 의미의 교육정책은 교육행정을 어떻게 보느냐에 따라 교육행정과의 관계가 달리 이해된다. 교육행정을 넓게 해석하는 관점에서 보면, 교육정책은 교육행정 과정의 핵심 요소가 된다. 즉 교육행정이 교육정책보다 상위의 개념이 된다. 반면에 교육행정을 좁게 해석하여 주어진 정책을 집행하는 것으로만 보면, 정책이 교육행정의 기본 방침 또는 지침이 되어 교육정책이 교육행정의 상위 개념이 된다. 따라서 교육행정과 교육정책의 관계는 그 용어가 사용되는 상황에 따라 달리 규정되어야 할 것이다.

끝으로, 우리나라의 경우 오랫동안 중앙집권적인 행정체제를 유지해 왔기 때문에 교육정책을 논할 때 주로 중앙 정부 수준의 교육정책만을 다루어 왔음을 지적하고자 한다. (이 교재에서도 중앙 정부 수준의 교육정책을 염두에 주고 논의를 전개해 나갈 것이다.) 최근 자리를 잡아가고 있는 지방교육자치제가 활성화되면 지방 정부 수준에서의 교육정책도 중요하게 다루어질 것으로 생각된다. 그러나 아직은 여러 가지 제약 조건으로 인하여 지방 정부 수준에서 자율적으로 교육정책을 적극적으로 펴나가지 못하고 있다. 그리고 아무리 지방교육자치제가 활성화된다고 하여도 학교 수준에서 스스로 학교교육 문제를 해결하기 위한 각종 결정과정을 교육정책으로 부르지는 않는다는 것을 덧붙이고자 한다. 정책은 모종의 가치를 실현하기 위한 정부 활동으로서 학교는 정부의 범위에 들지 않기 때문이다.

2. 교육정책 연구의 두 흐름

정책에 관하여 연구하는 것은 정책의 과정에 대하여 정치학적으로 탐구하는 일과 정책의 내용에 대하여 철학적으로, 과학적으로 분석하는 일로 구분된다.

정책학의 창시자라고 알려진 Lasswell(1951)은 정책학이 다루는 지식을 "정책과정에 관한 지식(knowledge of policy process)"과 "정책과정에서 필요한 지식(knowledge in policy process)"으로 구분하여 설명하였다. 그는 전자는 주로 기술적·실증적 접근방법을 통하여, 그리고 후자는 주로 규범적·처방적 접근방법을 통하여 연구할 수 있다고 말하였다.

교육정책에 관한 연구는 위의 구분을 교육에 적용한 것이라고 할 수 있다. 다시 말하면, 교육정책 연구는 교육정책의 과정에 관한 연구와 교육정책의 내용에 관한 연구로 구분된다. 교육정책의 과정에 관한 연구는 교육정책의 일생 또는 교육정책의 일생 가운데 한 부분에 초점을 두어 분석하게 된다. 사람의 일생을 구분하는 방식이 사람마다 조금씩 다른 것처럼 교육정책의 일생을 구분하는 방식도 학자마다 조금씩 다르다. 여기에서는 여러 학자의 견해를 종합하여 교육정책의 과정을 ① 교육문제의 사회적 이슈화, ② 교육정책 의제 설정(agenda setting), ③ 교육정책의 목표 설정과 정책결정, ④ 교육정책의 집행, ⑤ 교육정책의 평가, 그리고 ⑥ 교육정책의 종료(termination)와 연속(succession)으로 나누어 설명하고자 한다.

교육정책의 과정에 관한 객관적인 연구는 교육정책의 과정에 대한 지적 호기심을 만족시켜 주는 데 기여도 하지만, 그 연구결과는 정책 과정을 개선하는 데 도움을 줄 수도 있다. 문제는 교육정책의 과정에 관한 연구가 쉽지 않다는 것이다. 연구에 필요한 자료가 교육정책의 결정과 집행에 직접 참여하지 않는 연구자에게 공개되지 않는 경우가 많기 때문이기도 하고, 이러한 유형의 정책연구를 위한 정부나 기업의 연구비가 많지 않기 때문이기도 하다. 이런 이유로 교육정책에 관한 연구는 뒤에 설명할 교육정책의 내용에 관한 것이 대부분이다.

교육정책의 내용에 관한 연구는 위의 정책 과정 가운데 교육정책의 목표를 설정하고 대안을 탐색하며 최적안을 탐색, 제시하고자 하는 단계에서 주로 수행되는 연구로서 구체적인 교육정책과 관련된 교육학적 이론과 지식이 동원된다. 어느 교육정책이 더 바람직한 정책이냐에 관한 연구이기 때문에 대부분 갈등하는 가치들 가운데 하나를 선택하는 일과 관련된다고 할 수 있으며, 이러한 점에서 철학적인 또는 규범적인 접근이 요구된다. 그러나 교육정책의 내용에 관한 연구는 어떤 정책이 어떤 효과를 가져오는지에 관한 연구도 병행하게 되는데 이 경우에는 과학적인 데이터에 의한 실증주의적 접근도 활용된다고 할 수 있다.

제2절 교육정책의 과정

교육정책은 어느 날 갑자기 하늘에서 뚝 떨어지는 것이 아니다. 교육정책이 만들어지기까지 엄청나게 많은 변인이 작용한다. 교육정책이 만들어졌다고 해서 모두 성공적으로 집행되는 것도 아니다. 교육정책의 과정은 마치 사람이 태어나서 자라고 죽어가는 과정과 흡사하다. 여기에서는 교육정책의 탄생과 성장, 그리고 죽음에 이르는 일련의 과정을 일정한 틀에 따라 살펴보게 된다.

1. 교육정책의 과정 모형

교육정책은 그 탄생에서 집행, 평가, 소멸에 이르기까지 일련의 과정을 거치면서 발전하게 된다. 여기에서는 교육정책의 과정을 보다 세분화하여 ① 교육문제의 사회적 이슈화, ② 교육정책 의제 설정, ③ 교육정책 결정, ④ 교육정책 집행, ⑤ 교육정책 평가, 그리고 ⑥ 교육정책의 종료 또는 연속으로 나누어 설명하고자 한다. [그림 7-1]은 이러한 정책의 단계를 그림으로 나타낸 것이다.

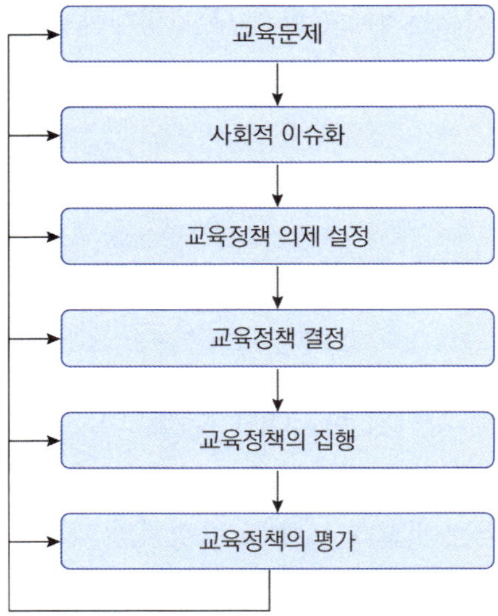

[그림 7-1] 교육정책 과정 모형

이 그림에 의하면 교육정책의 첫 단계는 교육문제가 사회적 이슈로 제기되는 단계이다. 물론 교육문제가 사회적 이슈가 되기 위해서는 먼저 교육과 관련된 어떤 사항을 개인이나 집단이 해결되어야 할 '문제'로 강하게 인식해야 할 것이다. 그러나 이렇게 제기된 사회적 이슈가 곧 정책으로 연결되지는 않는다. 이 문제를 정책 당국이 중요하게 받아들여 공식적인 정책결정 과정에서 다루어야 할 '의제'로 채택해야 하는 것이다. 이것이 바로 정책의제 설정(agenda setting)이다. 정책의제로 채택된 것이 모두 정책으로 연결되는 것은 아니다. 정책결정 단계에서 살아남아야만 당당히 하나의 교육정책으로서 공포되는 것이다. 그렇다고 이 정책이 아무 문제 없이 성공적으로 집행되는 것은 아니다. 정책의 집행 단계를 무사히 지나가야만 정책이 애초에 가지고 있던 목표를 달성하게 되는 것이다. 정책결정 과정에서 반대했던 이해 집단은 집행과정에서 방해를 놓기가 일쑤이다.

일정 기간 정책이 집행되고 난 후에는 정책을 평가하는 단계를 밟게 된다. 최근에는 정책의 평가는 정책 집행 후뿐만 아니라 정책이 형성되는 과정이나 집행되는 과정에서도 이루어져야 한다는 주장이 강하게 제기되고 있다. 어쨌든 정책의 평가 결과에 따라 한 정책은 종료되기도 하고, 일부 수정을 거쳐 다음 정책으로 연결되기도 하는 것이다. 이것은 정책의 과정에서 나타나는 일종의 환류작용(feedback)이라고 할 수 있다.

이렇듯 정책의 일생이 평탄하지 않다는 점을 고려해 볼 때, 어떤 교육 문제를 정책을 통하여 해결하고자 하는 개인이나 집단은 문제의 제기 단계부터 정책의 종료 단계까지 계속해서 관심을 기울이지 않으면 안 된다는 것을 알 수 있다.

2. 교육문제의 사회적 이슈화

일반적으로 문제란 각 개인이 불편하거나 불만족하게 느껴서 시정되거나 해결되기를 바라는 상황을 가리킨다. 교육문제란 교육과 관련하여 개인이 그렇게 느끼는 상황을 가리킨다고 할 수 있다. 교육문제가 사회적 이슈가 된다는 뜻은 그러한 문제가 한두 개인만 느끼는 것이 아니라 사회의 많은 사람이 함께 느끼게 된다는 것을 말한다. 문제해결을 요구하는 사람이 많을수록 그러한 문제는 정책의제로 채택될 가능성이 크다고 할 수 있다.

대한민국에 살면서 우리나라 교육에 문제가 없다고 느끼는 사람은 한 사람도 없을 것이다. 얼마 전 한 학교 담임교사가 학생들을 심하게 체벌했을 때, 학생들과 학부모가 담임을 바꿔 달라는 요구를 강하게 제기한 사건이 발생한 적이 있다. 이 사건에서 알 수 있듯이, 학교에서 체벌은 학생과 학부모가 문제로 느끼고 있는 것 중 하나이다. 학교 주변의 비교육적 환경도 문제이다. 어쩌면 가장 많은 학부모가 교육의 문제로 꼽고 있는 것은 사교육비, 특히 과외비가 많이 들어간다는 것일 것이다. 대학수학능력시험이 어려워서 문제라고 하는 사람들이 있는가 하면, 쉬워서 문제라고 하는 사람들도 있다. 학교에서 보충 수업을 하지 않았으면 좋겠다는 학부모가 있는가 하면 학교에서 가능한 한 오랫동안 붙잡아 두기를 원하는 학부모도 있다. 집에서 학교까지 거리가 너무 멀어 다니기 불편함을 호소하는 학생과 학부모도 있을 수 있다. 요즈음은 학교폭력과 왕따 문제가 학부모와 언론의 관심을 많이 받고 있다. 학교가 학생들에게 예의범절을 제대로 가르쳐 주지 않는 것이 가장 큰 교육의 문제라고 지적하는 어른들도 많다.

이렇듯, 우리나라의 교육문제를 나열하다 보면 이 책 한 권 분량도 모자랄 것이다. 여기에서는 단지 이러한 교육문제들이 개인이나 작은 집단의 차원에서만 제기되는 경우 그 문제가 그 개인에게 아무리 심각한 것일지라도 교육정책으로 연결될 가능성은 거의 없다는 점을 지적하고자 한다. 따라서 어떤 교육문제가 꼭 해결되기를 바라는 개인이나 집단은 그 문제의 심각성과 중요성을 좀 더 많은 사람이 공감할 수 있도록 확장할 필요가 있다. 즉, 사회적으로 이슈화할 필요가 있다. 이 과정에서 권위 있는 전문가가 동참한다든지 언론기관이 관심을 표명한다면, 사회적 이슈화는 비교적 쉽게 달성될 수 있을 것이다. 한편, 어떤 교육문제의 경우에는 그 심각성을 정부가 먼저 알아차리고 사회적 이슈가 되도록 공론화하는 경우도 있다. 그러나 사회적 이슈로 떠오른 교육문제들이 모두 정책의제로 채택되는 것은 아니다.

3. 교육정책 의제 설정

정책의제란 사회적 이슈가 된 것들 가운데 정부가 공식적 의사결정 구조 안에서 검토하겠다고 결정한 사항을 말한다. 어떤 점에서 보면 정부가 해결해 주기를 기대하는 문제들은 정책의제로 채택된 것들보다 훨씬 많다고 해야 옳다. 정부가 다룰 수 있는 문제는 시간과 자원 등 여러 요인의 제약 때문에 어떤 이유로든 엄선될 수밖에 없는 것이다. 엄청난 문제 다발 가운데에서 정부가 공식적으로 검토하겠다고 나섰다는 사실 자체도 매우 중요한 의미를 지닌다. 이로써 그 문제는 해결로 들어서는 첫 단계에 들어섰다고 할 수 있다. 일반적으로 정책의제로 채택되면, 그 문제에 관심을 가졌던 개인 또는 집단은 그것이 정식 정책으로 결정될 수 있도록 모든 노력을 기울이게 된다. 한편, 그 문제가 해결됨으로써 손해를 볼 것으로 생각하는 집단은 나름대로 그것이 정책이라는 결실에 이르지 못하도록 집단적인 노력을 기울일 것이다.

사회문제가 정부의제로 채택되는 과정의 특징에 따라 외부주도형, 동원형, 그리고 내부접근형으로 구분할 수 있다. 예컨대, 사교육비, 특히 과외비 문제를 정부가 정책의제로 채택했다면, 그 문제의 심각함을 호소하는 많은 사람이 그 문제를 사회적 이슈화하는 데 성공했다고 볼 수 있다. 이러한 과정에서 이 문제에 대해 언론이 관심을 가지고 공중의제화 할 수도 있을 것이다. 이러한 문제는 정부의 외부에서, 특히 비정부기구(NGO)와 같은 민간 집단이 사회문제에 대해 이슈를 제기하고 정부가 그것을 정책의제로 채택하는 경우이다. 이러한 정책의제 설정 모형을 외부주도형이라고 한다. 이러한 외부주도형 의제설정 모형은 대부분의 선진 민주사회에서 볼 수 있는 모형이다.

한편, 어떤 정책의제는 정부가 스스로 문제를 공론화하여 설정되기도 한다. 이것은 동원형(mobilization model)으로서, 정부가 이미 방향을 설정해 놓은 정책을 성공적으로 집행하기 위하여 정책의제로 채택하는 것을 가리킨다. 이 모형이 내부접근형과 다른 점은 성공적인 집행을 위해 이미 만들어진 정부의제를 언론을 동원하여 공중의제화 하는 단계를 거친다는 것이다. 이렇게 하는 이유는 정책의 성격상 효과적인 정책집행을 위해 국민의 지지와 협력이 필요하기 때문이다(정일환, 주철안, 김재웅, 2021). 정부의제화 단계는 대체로 비밀스럽게 이루어지는 경향이 있다. 따라서 공식적인 정부 발표 이전에는 국민은 해당 정책에 대한 관심이나 관련 지식이 없다.

동원형 정책의제설정 모형은 정치지도자와 교육관련 집단 사이의 거리가 먼 경우에 주로 활용되는 것으로 후진 사회에서 주로 발견되는 모형이라고 할 수 있다. 이 모형은 대체로 강력한 정치지도자에 의해 채택되는 경우가 많다. 특히 정권의 지지 기반이 약한 경우에는 정부 주도의 이러한 정책의제가 일반대중의 공감대를 얻지 못하기 때문에, 정부의제를 이미 설정해 놓은 상태에서 어용학자들을 통한 공청회 같은 것을 통하여 홍보활동을 강화하게 된다. 우리나라의 경우 1980년 7월 30일 공포된 7.30 교육개혁 조치 같은 것이 대표적인 동원형의 예라고 할 수 있다.

끝으로 내부접근형은 정책결정체제 내부에서 제기된 문제가 곧 정부의 공식의제로 진입하는 특성을 보인다. 이 모형은 사회문제가 사회적 이슈화와 공중의제화 단계를 생략한 채 곧바로 정부의제로 채택되는 과정을 따른다. 이 경우 사회문제에 대해 정책결정체제 내부가 먼저 스스로 문제를 제기하는 점에서도 다른 유형과 차이를 보인다.

정책결정자가 정책의제 설정 단계에서 내부접근형을 취하는 이유는 그 정책이 공식적으로 결정되기 전까지 정책체제 밖으로의 확산을 원치 않기 때문이다. 동원형에서는 정부의제가 설정된 이후에 역으로 공중의제화 과정을 거치는 반면에 내부접근형에서는 이것조차 하지 않는다는 점에서 동원형과 근본적으로 차이를 보인다. 대체로 정책이 결정되기 전에 정보가 새 나가면 정책이 실패하게 되는 경우 내부접근형을 취한다. 예컨대 금융실명제 같은 정책이 여기에 속한다. 그리고 화폐개혁이나 신도시 건설 계획 같은 정책도 내부접근형으로 해야 성공가능성이 높은 정책 가운데 하나일 것이다. 이 내부접근형은 정책의 공개성과 참여도가 가장 낮은 의제설정 모형으로서 음모형이라고 불리기도 한다.

어떤 사회문제나 교육문제가 어떤 조건을 충족시킬 때 정책의제로 설정될 가능성이 클까? 이에 대한 정답은 사실 없다고 해야 할 것이다. 그러나 대체로 다음의 조건을 충족시키는 경우 특정 사회문제 또는 교육문제는 정부의 공식적인 정책의제로 진입하여 해결될 가능성이 커진다고 할 수 있다.

① 사회문제(교육문제)의 중요도/파급효과
② 사회문제(교육문제)의 내용상 중요도
③ 문제해결 위한 소요 재원 규모
④ 그 문제를 해결하지 않으면 안게 될 정치적 부담
⑤ 극적 사건(triggering device)으로 인한 정책의제화

4. 교육정책 결정

일단 정책 목표가 설정되고 나면, 여러 가지 대안을 탐색, 비교하여 최적의 대안을 선택하는 정책결정 단계로 들어가게 된다. 정책의 전 과정 가운데 중요하지

않은 단계가 하나도 없다고 할 수 있지만, 이 단계야말로 정책의 전 과정 중 핵심 중의 핵심이라고 할 수 있다. 사람의 일생에 비유하자면, 이 단계는 아기가 "응아" 하고 태어나는 단계이다. 문제를 해결할 수 있는 최적의 대안을 얼마나 합리적으로 선택할 수 있느냐에 대한 입장에 따라 정책결정에 대한 이론적 모형을 몇 가지로 구분해 볼 수 있다.

가. 합리성 모형(rational model)

합리성 모형은 인간의 과학적 지식과 이성에 대한 기본적인 믿음에 바탕을 두고 정책과 관련하여 합리적으로 결정할 수 있다고 본다. 이 합리성 모형은 Simon이 말하는 "합리적 선택의 고전적 이론"과 깊은 관련이 있다. 이 모형은 정책결정자의 주관적 합리성에 근거한 경제인(homo economicus)과 같은 합리적 인간을 전제로 한 이론 모형이라고 할 수 있다. 합리적인 결정을 내리기 위해서 정책결정자는 "문제확인 → 목표설정 → 대안탐색 → 결과예측 → 비교평가 → 대안선택" 등 일련의 문제해결 과정을 밟을 것이 권장되고 있다. 이러한 점에서 합리성 모형은 규범적 모형이라 불리기도 한다.

그러나 이러한 합리성 모형은 다음 몇 가지 점에서 비판받고 있다. ① 이 모형은 인간을 너무 합리적인 동물로만 파악한 나머지 감정을 가진 심리적 사회적 동물이라는 점을 간과하고 있다. ② 인간은 전지전능하지 못하며, 문제 분석 능력에 한계를 가질 수밖에 없다. ③ 대안의 과학적인 비교평가를 위해 필요한 정보를 충분히 구하지 못하는 경우가 많다. ④ 합리성 모형에 따라 정책 결정을 하는 데 꼭 필요한 인적·물적 자원을 조달하지 못하는 경우가 많다. ⑤ 합리성 모형은 가치와 사실을 구분할 것을 요구하고 있지만, 실제 정책 상황에서는 이 양자가 불가분의 관계에 있다. 정책결정에 대한 합리성 모형의 이러한 문제점을 극복하고자 제시된 모형으로서 만족화 모형(satisficing model), 점증주의 모형(incrementalism model), 혼합모형(mixed-scanning model), 쓰레기통 모형(garbage can model) 등이 있다.

나. 만족화 모형(satisficing model)

만족화 모형은 March와 Simon(1958)에 의해 주창된 모형으로서, 인간의 '제한된 합리성(bounded rationality)'에 기초하여 정책을 결정한다는 것을 골자로 한다. 만족화 모형은 합리성 모형과는 달리 인간이 지닌 문제해결 능력이 제한되어 있고, 시간, 자원, 비용 등도 제한되어 있다고 본다. 따라서 문제해결을 위한 최선의 선택은 이론적으로만 가능할 뿐이며 제한된 범위 내에서의 합리성만을 추구할 수밖에 없다고 본다. 즉, 정책결정은 이만하면 '만족한다(satisfy)' 또는 '충분하다(suffice)'는 수준에서 이루어진다는 것이다.

이 만족화 모형은 실제로 정책 결정이 이루어지고 있는 과정을 이해하는 데 도움을 주는 기술적(記述的)·실증적 모형으로서 가치를 지닌다. 그 대신에 실제로 정책결정을 해 나가야 하는 공무원들에게는 크게 도움이 되는 처방적인 역할을 해 주지 못한다는 단점을 지니고 있다. 그리고 만족할 만한 수준이라는 것이 정책결정자마다 다를 수 있고 유동적이라는 점도 만족화 모형의 문제점으로 지적되고 있다.

다. 점증주의 모형(incrementalism model)

점증주의 모형은 합리성 모형의 비현실성을 비판하고, 실제 정책결정 과정에서 일어나고 있는 현상을 설명하고자 하는 노력의 산출물로서 Lindblom(1959), Wildavsky(1966) 등에 의해 주창된 이론 모형이다. 나아가 점증주의 모형은 정책이 실제 상황에서 점증적으로 결정되고 있을 뿐 아니라, 그렇게 하는 것이 오히려 안전하고 바람직하다고 본다는 점에서 기술적(記述的)인 모형이면서 동시에 규범적·처방적 모형의 성격도 가지고 있다.

점증모형은 합리성 모형이 가정하고 있는 것처럼 과학적인 방법을 사용하여 최선의 정책대안을 합리적인 기준에 따라 선택할 수 있다는 것을 받아들이지 않는다는 점에서 만족화 모형과 같은 노선을 취하고 있다. 점증주의 모형의 특이한 사항은 기존 정책이 관련 정치 집단 간의 정치적 균형 속에서 이루어진 만큼, 이것에 대한 근본적인 문제점이 발견되지 않는 한 부분적인 수정·보완을 통해 정책을 개선해 나가는 것이 바람직하다고 본다는 점이다. 따라서 합리성 모형에서처럼 광범위한 대안을 놓고 비교, 평가하기보다는 몇 가지 대안을 놓고 제한적인 수준에서 결과 예측을 통해 정책을 선택하게 된다.

이 점증주의 모형은 돌발적 변화의 가능성을 최소화하고, 정책의 급변에 따르는 비용을 최소화할 수 있으며, 점진적인 개선을 도모할 수 있다는 장점이 있다. 그러나 이 모형은 보수주의에 빠지기 쉬우며, 미국과 같이 안정되고 상대적으로 균형이 유지되고 있는 사회에는 적합하나, 근본적인 혁신이 필요한 사회에는 적합하지 않다는 비판을 받고 있다. 그리고 이 모형은 정부 관료들이 정책결정을 안이하게 생각하여 무사안일과 타성에 빠지도록 할 우려가 있다는 점과 기존 정책이 기득권층의 권익을 옹호하고 있는 경우 빈익빈 부익부의 사회 불평등 구조를 재생산하는 데 기여할 수 있다는 약점을 지니고 있다.

라. 혼합모형(mixed-scanning model)

혼합모형은 합리성 모형의 현실 감각 부족과 점증주의 모형의 보수주의 지향이라는 약점을 보완하면서 이 둘을 혼합한 것으로서 Etzioni(1967)에 의해 제시된 모형이다. 이 모형은 합리성 모형을 정(正, thesis), 점증주의 모형을 반(反, antithesis)으로 하여 이 양자가 변증법적으로 연합된 합(合, synthesis)으로서의 제3의 모형이라고 할 수 있다.

이 혼합모형은 정책 결정을 기본적 결정과 세부 결정으로 나누고, 전자는 합리성 모형을 후자는 점증주의 모형을 주로 활용할 것을 권장한다. 혼합모형에서는 기본적 결정과 세부 결정 사이의 지속적인 상호작용을 통하여 최종적인 결정이 도출된다. 이것을 카메라의 렌즈에 비유한다면, 기본적 결정은 망원 렌즈로 광범위한 지역을 탐사한 후에 목표로 하는 지점을 찾아내는 과정이고, 세부 결정은 탐사 지역이 결정된 후에 확대 렌즈를 활용하여 그 지역을 자세하게 탐사하는 과정이라고 할 수 있다. 자세하게 탐사한 결과 애초에 생각하던 것이 아닌 경우 다시 망원 렌즈를 활용하여 넓은 지역을 두루 살펴보면서 새로운 탐사 지역을 선정하게 되는 것이다.

혼합모형은 모든 정책 결정을 동일한 수준으로 보지 않고 크게 두 수준으로 나누고 각각에 맞는 정책결정 모형을 제시하는 처방적 또는 규범적 모형으로서 역할을 하고 있다는 긍정적인 평가를 받고 있으나, 새로울 것이 전혀 없는 모형, 특히 합리성 모형의 변형에 불과하다는 비판을 받고 있다. 그리고 기본적 결정과 세부 결정 사이의 기준도 애매모호하다는 비판도 받고 있다. 즉, 어디까지를 망원 렌즈로 보아야 할 것인지에 대한 객관적 기준을 마련하기가 쉽지 않다는 것이다.

마. 쓰레기통 모형(garbage can model)

쓰레기통 모형은 조직화된 무질서 상태(organized anarchies)를 전제로 하는 모형으로서 Cohen, March와 Olsen(1972)에 의해 제시된 것이다. 이들은 조직화된 무질서 상태의 전형적인 예를 교육 조직에서 찾고 있다. 그들은 그 이유로서 ① 조직 목적의 불명확성, ② 조직 기술의 불명료성, 그리고 ③ 조직에의 유동적인 참가 등을 들고 있다. 이 모형에 의하면, 조직에서의 정책결정은 합리성에 기반을 두고 있는 것이 아니라, 다분히 우발성에 기초하고 있다. 쓰레기통 모형에 의하면, 교육 조직처럼 조직화된 무질서 상태에서의 정책결정은 문제, 해결책, 선택 기회, 그리고 참여자 등 네 요소의 흐름이 서로 다른 시간에 쓰레기통 안에 들어와서 우연히 동시에 모여지게 될 때 이루어지는 것이다. 이 모형에 따르면, 정책의 문제 제기가 반드시 해결책보다 먼저 이루어질 필요가 없다. 해결책이 될 만한 것이 따로 있었고, 이것이 우연히 어떤 참여자에 의해 선택되어 어떤 문제의 해결과 연결이 된다고 보는 것이다.

이 모형은 일부 교육 조직, 공공 조직, 불법 조직 등에서 부분적으로 일시적으로 적용될 수는 있으나 모든 조직에 적용될 수 있는 처방적 모형은 될 수 없다는 단점을 지니고 있다.

5. 교육정책의 집행

가. 정책집행 연구의 의의

어떤 과정을 거치든지 일단 정책으로 결정되어 입법화가 되면, 그 정책은 집행이 될 준비가 일단 끝났다고 할 수 있다. 정책의 집행 단계에서 이루어지는 일은 정책의 목표를 성공적으로 달성할 수 있도록 이에 필요한 제반 인적, 물적 자원을 적시에 구비하고, 정책을 시간의 축 안에서 구체적인 사업계획으로 전환하는 일이다. 사람의 일생에 비유하자면, 정책집행 단계는 태어난 아기가 자라는 과정이다. 이러한 정책집행 과정은 역으로 정책결정에 영향을 주기도 하여 정책결정과 정책집행은 일방적인 관계에 있다기보다는 쌍방적인 관계에 있다.

그러나 전통적인 행정학에서는 정책집행에 대하여 큰 관심을 기울이지 않았다. 왜냐하면, 한번 정해 놓은 정책은 이변이 없는 한 그대로 집행될 것으로 믿었기 때문이다. 사회 문제를 해결하기 위한 입법 절차만 마치면 모든 문제가 다 해결될 것으로 믿는, 이른바 '정책 만능주의'가 지배했다고 할 수 있다. 그러나 실제로 정책이 원래의 의도대로 한 치의 오차도 없이 집행되는 경우는 거의 없다고 해도 과언이 아니다. 이렇듯 정책집행 과정에서 예기치 않은 문제에 부딪혀 정책의 목표를 달성하지 못하거나 정책을 수정하지 않으면 안 되는 상황이 발생하고 있는 것에 주목하면서 정책의 집행에 관한 연구가 본격적으로 이루어지게 되었다고 볼 수 있다.

정책집행에 관한 연구는 크게 두 가지 종류로 구분된다. 하나는 정책집행이 어떻게 이루어지고 있는가에 관심을 가지는 기술적(記述的) 연구이고, 다른 하나는 전자의 연구 결과가 일부 적용되기는 하지만 주 관심이 어떻게 하면 정책집행을 성공적으로 할 수 있을까에 관심을 가지는 규범적 또는 처방적 연구이다. 그러나 실제로는 기술적 연구와 규범적 연구의 구분이 모호하여 양자의 성격을 모두 지닌 것도 많이 있다.

나. Ripley와 Franklin의 정책집행 과정 단계

Ripley와 Franklin(1986)은 정책집행 과정을 자세히 관찰한 결과, 정책집행은 ① 자원 확보, ② 해석 및 기획, ③ 조직, 그리고 ④ 혜택・제한의 전달 등 4단계로 구분될 수 있다고 주장하였다.

첫째, 자원 확보 단계에서 집행을 담당하는 기관은 충분한 시간적 여유를 가지고 집행에 필요한 예산, 인력, 장비 등 필요한 자원을 확보한다. 둘째, 해석 및 기획 단계에서 집행하고자 하는 정책과 관련된 법률의 내용을 자세하게 해석하여 집행에 필요한 구체적인 지침, 규칙 등을 제정하는 등 실행계획을 세운다. 셋째 단계는 정책집행을 위한 실무 부서를 설치하거나 지정 또는 정비하고 업무 처리를 위한 각종 절차를 확립하는 조직화 단계이다. 끝으로, 혜택・제한의 전달 단계에서는, 정책의 집행 담당 기관이 수혜 집단에게는 혜택을 제공하고 규제 대상 집단에게는 통제를 가하게 되는 행정 행위를 하게 된다.

6. 교육정책의 평가

교육정책을 평가하는 데 가장 중요한 것은 어떤 기준에 따라 평가하느냐 하는 것이다. 똑같은 정책 결과를 놓고 기준에 따라 정책의 성패에 대한 해석이 달라질 수 있기 때문이다. 따라서 정책 평가의 기준을 마련하는 일은 가치 판단의 기준을 마련하는 일과 다르지 않으며, 이것은 곧 정책 평가가 정치적 성격을 띨 수밖에 없음을 말해 주는 것이기도 하다. 왜냐하면 가치 기준이란 사람마다 다르고, 가능한 한 자기에게 유리한 쪽으로 정책 결과에 대한 판단 기준을 적용하려 하기 때문이다. 이러한 점에서 보면 객관적인 정책 평가란 불가능한 것처럼 보인다. 그러나 정책학자들은 가능한 한 객관적인 평가 기준을 제시하려고 노력해 왔다.

여기에서는 가장 널리 활용되고 있는 정책평가 기준 가운데 하나로서 Dunn(1994)이 제시하고 있는 것을 소개하고자 한다. Dunn은 정책 평가의 기준으로서 ① 효과성, ② 능률성, ③ 충족성, ④ 형평성, ⑤ 대응성, 그리고 ⑥ 적합성을 들고 있다. 이러한 준거들은 교육정책의 평가에 그대로 적용해도 무리가 없을 것이다.

① 효과성(effectiveness): 이것은 정책 평가의 기본이 되는 기준으로서 정책의 목표를 얼마나 달성했느냐를 문제삼는 것이다. 이 기준은 정책집행의 과정은 문제 삼지 않으며, 단지 그 결과가 원래 정책이 목표로 삼은 것인가 또는 목표에 대하여 얼마만큼 도달했는가 하는 것에 관심이 있다.

② 능률성(efficiency): 이것은 가치 있는 성과, 즉 정책 목표를 달성하기 위해 투입한 노력의 정도를 문제 삼는 것이다. 예컨대, 똑같은 정책 목표를 달성하는 데 많은 비용보다는 적은 비용으로 달성하는 것이 능률성이 높은 것이다. 능률성의 측정 지표로 많이 사용되는 것이 단위 비용(unit cost), 비용-편익(cost-benefit), 순 편익(net benefits) 등이다. 교육정책의 경우 양화할 수 없는 경우가 많아 능률성 기준을 엄격하게 적용할 수 없는 경우가 많다.

③ 충족성(adequacy): 이것은 가치 있는 성과, 즉 정책 목표의 달성이 문제해결에 어느 정도 공헌하고 있는가에 대한 것이다. 정책 목표를 달성한 결과 정책 대상 집단이 문제 삼던 상황이 사라지면서 그들의 욕구가 충족되었다면 그 정책의 충족성은 매우 높은 것이 된다. 예컨대, 중학교 무시험제라는 정책의 시행 결과 사회 문제화되었던 초등학교에서의 과외가 사라졌다면, 이 정책의 평가에 있어서 적어도 충족성은 매우 높은 것으로 평가할 수 있을 것이다.

④ 형평성(equity): 이것은 한 정책의 집행에 따르는 비용과 혜택이 여러 집단에 평등하게 배분되고 있는가에 관심을 가진다. 교육정책의 경우 교육정책의 집행 과정과 그 결과에 있어서 지역간, 남녀간, 계층간 형평성을 문제삼을 수 있을 것이다. 이러한 형평성을 측정하기 위한 지표에는 파레토(Pareto) 기준, 롤스(Rawls) 기준, 지니(Gini) 계수 등이 있다.

⑤ 대응성(responsiveness): 이것은 정책의 결과가 특정 집단의 요구, 선호, 가치 등에 어느 정도 부합하느냐에 대한 것이다. 예컨대, 공식적인 정책

목표가 달성된 경우, 즉 정책의 효과성에서는 높은 평가를 받은 경우일지라도 정책의 수혜 집단이 그 결과에 대하여 만족하지 못하고 있다면 정책의 대응성은 낮은 것으로 볼 수 있다. 이것은 비유컨대 여행의 목표를 부산으로 정해서 부산까지 잘 오기는 하였으나, 사람들이 진짜 원한 것은 제주도인 경우라고 할 수 있다.

⑥ 적합성(appropriateness): 이 기준은 해당 정책이 그 시기에 꼭 필요한 것이었는지, 과연 정책 목표는 바람직한 것이었는지 비판적으로 살펴보는 것이다. 이는 정책평가자가 정책의 결과에 대하여 가치중립적으로 객관적인 정보와 자료만 가지고 평가할 수 있을 것이라는 실증적인 관점에서는 찾아볼 수 없는 것이다. 이 기준은 때때로 정책평가자가 정책결정자 또는 집행자와 갈등 관계에 놓여 있을 수 있음을 시사하는 것이다. 특히 정책평가자가 지닌 신념과 가치 체계에 비추어 정책의 목표가 바람직하지 않게 설정된 것이라는 평가 결과를 내리게 되는 경우, 정책평가자는 싫든 좋든 정책의 과정에 개입하게 되는 것이라고 할 수 있다. 이와 관련하여 정부는 정부의 교육정책을 지지하는 학자, 소위 어용학자에게 정책의 평가를 위촉하여 정부 정책의 합법성과 타당성을 검증받으려 하는 경향이 있다.

위에서 설명한 여섯 가지 정책 평가 기준을 동시에 만족시키는 정책은 아마 거의 없을 것이다. 대체로 어떤 기준에 비추어 볼 때는 성공적이지만, 다른 기준에 비추어 볼 때는 그다지 성공한 정책이 아닐 수가 있는 것이다. 따라서 정책의 기준 가운데 어떤 기준을 더 중요하게 여기느냐에 따라 정책의 성패를 논의하는 것이 합리적인 태도라고 생각된다. 그러나 이 정책 평가 기준의 우선순위 자체도 해당 정책 관련 집단 가운데 가장 힘 있는 자에 의해 결정될 가능성이 크다는 점에서 정책 평가가 정치적인 성격을 띨 수밖에 없음을 이해하는 것은 매우 중요하다.

7. 교육정책의 종료(termination) 또는 연속(succession)

교육정책은 한번 결정되어 집행되면 이변이 없는 한 지속된다고 할 수 있다. 이렇게 한 정책이 같은 목표 아래 기본적인 노선의 변경 없이 지속되는 것을 정책의 연속이라고 한다. 물론 한 정책을 계속 유지할 것인지 결정하기 위하여 정책평가의 결과에 의존하기도 한다.

정책의 종결은 한 정책이 소기의 목적을 달성하여 더 이상 존속시킬 필요가 없거나 그 정책을 지속시키는 경우 사회적인 혼란과 비용 증가가 예상되는 경우 정책을 중지시키는 것이다. 정책 종결을 일종의 정치적 과정으로 보고 있는 Bardach(1977)은 정책 종결의 유형을 ① 폭발형, ② 점감형, 그리고 ③ 혼합형으로 구분하여 설명하고 있다.

폭발형은 정책으로 인한 부작용이 엄청나 파급 효과가 심대한 경우 발생한다. 변화가 크지 않은 교육 분야의 경우 폭발형 정책 종결은 자주 발생하는 것은 아니나, 1969년도에 중학교 입학시험제도를 전격적으로 폐지하고 무시험제도로 바꾼 것을 예로 들 수 있다.

점감형은 한 정책이 타 정책과 중복된다든지 그 효과가 미미하여 지속할 필요가 없는 경우 인력과 예산을 감축함으로써 자연적으로 소멸되도록 하는 경우 발생한다. 예컨대, 독학학위제도에 대한 사회적 수요가 급감하고 있어, 정부가 이에 대한 인력과 예산을 감축시켜서 그 정책을 서서히 종료할 것을 간접적으로 표명하고 있는 것이 이에 해당한다.

혼합형은 폭발형과 점감형이 혼합된 형태이다. 폭발형을 취하는 경우 사회적 충격이 너무 크고, 점감형을 취하는 경우 그 정책을 유지하는 것이 유리하다고 생각되는 사람들로부터 정책 종결에 대한 저항이 예상되기 때문에, 사회적 충격이 최소라고 생각되는 시점에 가서 단번에 정책 종결을 선언하는 것이다.

제3절 교육정책의 과정과 참여자

지금까지 설명한 교육정책 과정에 누가 어떤 방식으로 참여하고 있는지는 교육정책의 탐구에서 중요한 주제이다. 일반적으로 교육정책 과정은 국가의 정치・경제・문화・사회체제에 따라 다르다. 또 교육정책 사안별로도 관련 집단의 수나 이 집단들이 참여하는 방식이 다를 수 있다. 여기에서는 일반적인 교육정책 참여과정 모형을 제시하고, 각 참여자를 공식적 참여자와 비공식적 참여자로 구분하여 살펴보고자 한다.

1. 교육정책 참여과정 모형

국민이 느끼고 있는 여러 가지 교육 문제가 사회적 이슈로 변하는 과정에서는 비공식적 참여자들인 일반 국민(여론), 신문・잡지・TV・라디오 등 언론매체, 학부모 단체・교직단체 등 교육관련 이익집단, 연구소와 학자 집단 등이 주로 참여한다. 이들은 사회적으로 이슈화된 교육 문제가 교육정책 의제로 채택되는 과정에서도 자기들의 이해관계에 따라 계속 영향을 미친다. 정책의제를 채택하는 주체는 정부이기 때문에, 이 단계에서 교육부의 역할은 매우 중요하다고 할 수 있으며, 대통령이 참여하기도 한다.

교육정책의제가 교육정책으로 결정되는 과정에서는 교육부, 국무회의, 국회, 대통령 등 공식적 참여자가 주로 참여한다. 새로운 교육정책을 집행하는 데 필요한 법령의 수준에 따라 주도적으로 참여하는 정부의 주체가 달라진다. 초・중등교육법, 고등교육법, 평생교육법 등 교육관련 법은 '법률 xx호'로 공포되며, 반드시 국회의 의결을 통해 제정 또는 수정되어야 한다. 대통령령으로 되어 있는 '00법 시행령'과 '00에 관한 규정'은 대통령을 의장으로 하는 국무회의의 의결을 거쳐 제정 또는 수정된다. 그러나 교육부령으로 되어 있는 '00에 관한 규정', '00 처리 규칙', '00 규칙'

등은 교육부 장관의 결재를 통해 제정 또는 수정된다. 끝으로, 지방자치단체의 자치 법규에는 조례, 규칙, 교육규칙 등이 있다. 조례는 지방자치단체가 지방의회의 의결을 거쳐 제정한 법규이고, 규칙은 지방차지단체의 장이 법령이나 조례가 위임한 범위 안에서 자기의 권한 내에서 규정한 법규를 말한다. 교육규칙은 교육위원회나 교육감이 법령이나 조례가 허락하는 범위 안에서 제정하는 각종 규칙을 가리킨다.

결정된 교육정책을 집행하는 것은 교육부, 교육청 등 공식적 참여자의 몫이다. 그러나 사안에 따라 이익집단의 참여가 필수적으로 요청될 수도 있다. 집행된 교육정책을 평가할 책임은 일차적으로 교육부, 교육청 등 교육정책 시행자에게 있다. 그리고 사법부도 교육정책 집행과정에서 문제가 발생했을 때 해당 정책의 법률 또는 헌법 위반 여부에 대하여 최종적으로 결론을 내린다는 점에서 교육정책의 집행과 평가 단계에 참여하고 있다. 이 단계에서 전문성을 가진 연구소와 학자들의 역할은 때때로 매우 중요하며, 정책 사안에 따라 정책 대상 집단들이 평가에 직접 참여하기도 한다. 언론기관도 고유의 사회 고발과 비판 기능으로써 교육정책 평가에 참여하고 있다. 아래의 [그림 7-2]는 이러한 교육정책 참여과정을 그림으로 나타낸 것이다.

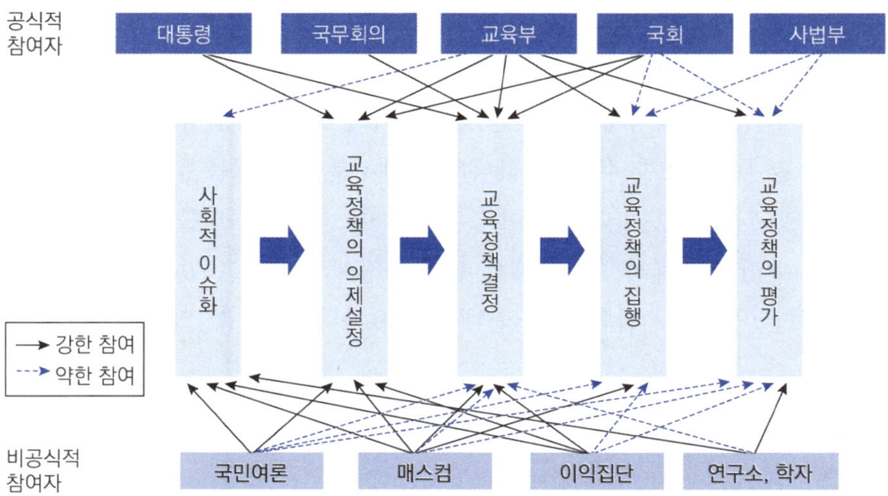

[그림 7-2] 우리나라 교육정책 참여과정 모형

2. 공식적 참여자

가. 대통령

일반적으로 국가의 권력이 입법, 사법, 행정의 3권으로 분리되어 있다고는 하나 현대는 행정 우위의 시대이다. 특히 대통령 중심제를 택하고 있는 우리나라의 경우 대통령이 정책 과정에서 차지하고 있는 역할은 매우 중요하다고 할 수 있다. 이는 교육 분야에서도 예외는 아니다. 교육정책의 파급효과가 큰 것일수록 대통령의 결심을 받아 정책을 결정, 집행하고 있다고 할 수 있다. 대통령실 교육담당 비서관실은 대통령과 교육부 사이에서 주요 교육정책을 조율하는 역할을 담당하고 있다.

나. 교육부

교육정책의 결정 및 집행 주체로서 교육부의 역할을 부인할 사람은 아무도 없을 것이다. 그리고 교육부는 사회적으로 이슈로 떠오른 교육 문제 가운데 어느 것을 정책의제로 채택하고 어느 것을 버릴 것인지에 관한 판단을 하기도 하고, 집행되고 있는 또는 집행이 어느 정도 완료된 교육정책에 대한 평가를 시행하기도 한다. 교육부가 정책과정에서 이러한 역할을 수행할 때 가장 중요한 것은 교육에 관한 가치 판단이라고 할 수 있다. 왜냐하면, 대부분 경우 교육 문제 상황은 가치가 개입되어 있고 이해집단마다 찬반이 뚜렷하여 이 가운데 하나를 선택하는 일이기 때문이다. 이러한 점에서 교육부에서 정책 과정에 참여하고 있는 고급 관료들의 교육에 대한 이해와 체험의 수준이 매우 중요하다고 할 수 있다.

다. 국무회의

국무회의는 대통령을 의장으로 하면서 행정부처의 장관들로 구성된 위원회로서 정부의 각종 법령, 주로 대통령령을 심의, 의결하는 기능을 한다. 대체로 각 부처에서 올라온 안건이 특별한 하자가 없는 한 원안대로 통과된다고 할 수 있다. (대체로 차관회의 또는 관련 부처 실·국장회의를 통하여 부처 간 의견을 조정한 후에 국무회의에 안건으로 상정한다.) 어떤 점에서 보면, 여러 부처의 장관들이 전문성도 없는 타 분야의 법령을 심도있게 심의한다는 것 자체가 불가능한 일이라고 할 수 있다. 따라서 국무회의는 교육정책의 과정에서 대통령령 수준의 정책을 최종적으로 결정하는 단계, 즉 입법화 과정에서 결정적인 역할을 담당하고 있으나, 대체로 형식적인 절차를 밟는 데 의의가 있다고 하겠다.

라. 국회

국회는 주요 정책이 집행될 수 있도록 법을 제정하는 역할을 담당하고 있다. 국회의원들 스스로 의원입법의 형태로 교육정책을 이끌어 가기도 하고 교육부의 입법 요청을 통하여 국회가 의결하는 형식을 거쳐 입법화되기도 한다. 과거에는 후자가 주종을 이루었으나 최근에는 전자가 오히려 우위를 보인다. 과거에는 교육에 관한 한 국회의 전문성이 교육부보다 떨어졌기 때문이라고 할 수 있으나, 최근에는 의원들 스스로 전문성을 높이려 애쓰는 한편 직접 의원입법을 통하여 교육정책에 참여하는 경향을 보인다. 그리고 국회는 국정감사, 청문회 등의 기능을 통하여 교육정책의 집행에 대한 평가 기능도 하고 있다.

마. 사법부

사법부도 교육정책 과정에 사법부의 고유한 기능을 가지고 참여한다. 첫째, 법령 심사 기능을 통한 참여이다. 사법부는 교육관련 법률, 명령, 규칙 등이 교육정책 집행과정에서 헌법이나 상위 법령에 위반되지 않는지 가림으로써 교육정책이 합법적으로 집행되도록 유도하는 기능을 수행한다. 최근 헌법재판소의 과외교습 금지에 관한 위헌 판결, 교원임용시험에서 사범대학 출신에 대한 지역 가산점에 대한 위헌 판결 등을 사례로 들 수 있다. 둘째, 사법 구제 기능을 통한 참여이다.

이것은 행정 또는 정책 행위가 국민의 자유와 권리 또는 재산에 침해를 가져오는 경우 해당 국민은 행정 쟁송 또는 청원을 통해 구제받을 수 있다. 끝으로, 헌법과 법률에 위배된 정책행위를 한 공무원에 대한 형사 처벌 기능을 통한 참여이다. 이 방법은 정책을 정책결정자나 집행자의 사사로운 이익을 도모하기 위한 수단으로 삼는 것을 막기 위해 활용된다.

3. 비공식적 참여자

가. 이익집단(interest group)

이익집단은 공동의 이익이나 이념을 위하여 공동으로 대처하는 개인들의 자발적인 모임이다. 교육 분야의 경우, 교육 문제는 매우 복잡하고 다양하며, 그만큼 교육정책의 대상이 되는 집단도 다양하다. 교육정책의 대상이 되는 다양한 집단들이 대부분 경우 이익집단을 형성하여 자기들의 이익을 대변하기 위하여 교육정책의 전 과정에 걸쳐 영향력을 행사한다. 때때로 여러 이익집단이 자기의 이해관계를 넓히기 위해 영향력을 행사하는 과정에서 이해관계가 상충하기도 하며, 이러한 이해관계의 대립은 교육문제의 해결을 더욱 어렵게 만든다고 할 수 있다.

교육 분야의 이익집단에는 참교육을 위한 전국 학부모회, 인간교육실현 학부모연대, 학교를 사랑하는 학부모 모임(학사모), 사교육걱정없는세상, 한국교원단체총연합회(교총), 전국교직원연합(전교조), 사학재단연합회, 사립학교교장연합회, 공립학교교장연합회, 대학교육협의회, 한국학원총연합회 등이 있다. 이 외에도 YMCA, YWCA, 흥사단, 대화문화아카데미 등 사회단체들도 사안에 따라 교육 분야의 정책 형성에 관심을 가지고 영향력을 행사하기도 한다.

최근 들어 교육개혁의 기본 방향이 '교육 공급자 위주의 교육에서 교육 수요자 중심으로' 교육체제를 변화시키겠다는 쪽으로 설정됨에 따라 학부모 집단의 교육정책에의 참여가 많이 증가하였다. 특히 학교운영위원회를 중심으로 학교 수준의 교육 문제에 대한 참여가 활발하다.

교육 분야의 이익집단들은 교육정책이 결정되는 단계에서 자기들의 이해관계가 반영될 수 있도록 정책결정 부서에 대하여 집중적인 로비를 펼친다. 때에 따라서는 그 집단의 이름으로 진정서나 건의서를 해당 부서에 제출하기도 하고 언론기관에 자기들의 입장을 공개적으로 표명하기도 한다. 이익집단이 정책의 과정에 참여하는 것은 정책결정 단계뿐만 아니라, 교육 문제의 사회적 이슈화 단계, 정책의제 설정 단계, 교육정책의 집행 단계, 정책 평가 단계 등에서도 자기들의 이익을 극대화하기 위해 영향력을 행사한다.

나. 언론매체

언론기관은 기본적으로 교육 문제에 관한 현황과 문제, 교육정책의 전개 과정 등을 정확하게 보도함으로써 국민에게 정책의 과정에 반응할 수 있도록 유도함으로써 교육정책 과정에 간접적으로 참여한다. 그리고 교육정책의 대상 집단이 넓고 예민한 사안의 경우 언론매체는 홍보를 통하여 정책 집행과정에서 중요한 기능을 담당하기도 한다. 예컨대, 과외 정책에서 불법과외에 관한 기준이 바뀌는 경우, 이 사항은 전 국민의 관심사이기 때문에 언론이 신속하고 정확하게 알려 줌으로써 새로운 정책이 뿌리를 내리는 데 도움을 줄 수 있는 것이다. 더 나아가, 이익집단의 의사를 관련 행정부서에 전달함으로써 영향을 행사하기도 한다.

그러나 최근 들어 언론매체의 기능은 단순한 정보의 정확한 전달 기능을 넘어서 교육문제에 대한 비판 기능을 수행하기도 한다. 정부가 추진하고 있는 교육정책에 대하여 문제점을 지적함으로써 방향을 바꾸도록 유도하기도 하고, 중요한 교육문제를 고발함으로써 정책 당국이 관심을 새롭게 갖도록 자극하기도 하는 것이다.

다. 교육관련 연구소와 학자

교육관련 연구소와 학자들은 교육정책을 수립하거나 평가할 때 전문적인 연구를 통하여 도움을 준다. 교육정책을 결정하는 사람들의 전문성이 부족하거나 시간이 부족하여 교육 전문 연구소나 관련 학자들이 필요한 정보와 지식을 제공함으로써 정책 과정에 참여하게 된다고 할 수 있다. 이러한 교육 전문가들은 때때로 교육 문제의 사회적 이슈화 과정에도 일반 시민들이 지니지 못한 전문성을 가지고 참여하기도 한다. 그러나 정부가 이미 정책대안을 가지고 있음에도 불구하고 그 정책에 대한 정당성과 합리성을 확보하기 위하여 외부 전문가의 연구와 자문을 의뢰하는 경우가 많다. 흔히 이러한 연구에 참여하는 학자들은 어용학자로 불린다. 교육연구 분야에 종사하고 있는 학자들이 교육정책의 과정에 생산적으로 참여하기 위해서는 교육정책 결정 및 집행자와 '창조적 긴장 관계'를 유지하는 것이 바람직하다고 할 수 있다.

질문 / 토의거리

1. 교육정책의 개념을 설명해 보자.
2. 교육정책의 과정 모형을 설명하고, 정책의 과정에서 의제 설정과정이 지니고 있는 의미에 대해 논의해 보자.
3. 합리성 모형의 특징을 설명하고, 이것의 한계와 문제점에 대하여 논의해 보자.
4. 교육정책 집행 과정을 정책 결정과 별도로 연구해야 할 필요성에 대하여 논의하고, 성공적인 교육정책 집행을 위해 갖추어야 할 조건에 대해 논의해 보자.
5. 교육정책의 평가 기준을 몇 가지 열거하고, 그것이 갖는 의미를 설명해 보자.

참고문헌

김재웅(2021). 교육정치학 탐구. 경기, 파주: 교육과학사.

안해균(1984). 정책학 원론. 서울: 다산출판사.

Bardach, E. (1977). *Implementation game: What happens after a bill becomes a law*. Cambridge, MA: MIT Press.

Cohen, M., March, J., & Olsen, J. (1972). A garbage can model of organizational choice. *Administrative Science Quarterly,* 17(1), 1-15.

Dunn, W. N. (1994). *Public policy analysis: An introduction*(2nd ed.). Englewood Cliffs, N. J.: Prentice-Hall.

Dye, T. R. (1981). *Understanding public policy*(4th ed.). Englewood Cliffs, N. J.: Prentice-Hall.

Easton, D. (1953). *The political systems*. New York: Alfred A. Knof.

Etzioni, A. (1967). Mixed scanning: A third approach to decision-making. *Public Administration Review,* 27, 385-392.

Eyestone, R. (1971). *The threads of public policy*. Indianapolis: Bobbs-Merill.

Friedrich, C. J. (1963). *Man and his government*. New York: McGraw-Hill.

Lasswell, H. D. (1951). The policy orientation. In D. Lerner, & H. D. Lasswell (Eds.), *The policy sciences*. Stanford, CA: Stanford University Press.

Lasswell, H. D. (1971). *A pre-view of policy sciences*. New York: Elsevier.

Lindblom, C. E. (1959). The science of muddling through. *Public Administration Review,* 19(1), 79-88.

March, J. G., & Simon, H. A. (1958). *Organizations*. New York: John Wiley & Sons.

Ripley, R. B., & Franklin, G. A. (1986). *Policy implementation and bureaucracy*(2nd ed.). Chicago, IL: Dorsey.

Wildavsky, A. (1966). The political economy of efficiency: Cost-benefit analysis, systems analysis and program budgeting. *Public Administration Review, 26*(4), 293-310.

제8장 교육조직론

"인간은 사회적 동물이다"라는 오랜 명제를 거론하지 않더라도, 인간의 삶과 역사가 공동생활 속에서 이루어져 왔음은 자명한 사실이다. 그러나 공동생활이 이루어지는 조직과 그 구성원 간의 관계는 단순하지 않다. 교육 행정의 역할을 어떻게 규정하든지, 교육 행정에 대한 이해는 그것이 이루어지는 조직에 대한 이해와 밀접하게 관련되어 있다. 이 장에서는 교육 조직에 대한 이해의 기초를 마련하기 위하여, 우선 조직에 관한 일반적인 내용을 정리한다. 그리고 교육 행정 조직의 실제를 중앙 교육 행정 조직과 지방 교육 행정 조직을 중심으로 살펴본다.

제1절 조직 이해의 기초

1. 조직의 개념

인간은 평생을 조직 속에서 사는 존재라고 할 만큼 조직과 밀접한 관계를 맺고 있다. 교육행정과 학교경영은 교육행정기관과 학교에서 이루어지는 일이다. 따라서 교육행정과 학교경영을 이해하기 위해서는 이것이 이루어지는 교육행정기관과 학교의 조직적 특성을 이해해야 한다. 이 절에서는 우선 일반적인 조직의 특성을 이해하기 위해서 조직의 개념, 구성 요소, 조직을 보는 관점에 대해서 정리한다.

현대 사회에서 조직의 종류와 기능은 물론 규모 역시 아주 다양하다. 이러한 조직이 무엇인지에 대한 개념을 간단하게 정의하는 것은 가능하지 않다. 조직에 관한 개념이 학자마다 그리고 보는 사람의 관점에 따라 다른 것은 자연스러운 현상이다. 조직에 관한 본격적인 연구는 1930-40년대부터 시작했다. Weber의 관료제(bureaucracy) 이론이 영향을 준 것으로 본다(Scott & Davis, 2016: 9). 1900년대 중반에 나온 다음과 같은 개념 정의는 당시의 조직의 특성을 규정한다.

- Gaus 등(1936)은 조직을 기능과 책임의 분담을 통해 합의된 목적을 효율적으로 달성하기 위한 인적 배치라고 보았다.
- Barnard(1938)는 조직이란 두 사람 이상이 의도적으로 만든 활동 혹은 힘의 체제라고 규정하였다.
- Etzioni(1961)는 특정한 목적을 성취하기 위하여 의식적으로 구성되고, 재구성되는 사회적 단위를 조직으로 보았다.
- Katz와 Khan(1978)은 조직을 사회적 조직(social organization)이라 지칭하면서, 생산 구조, 생산 지원 및 유지 구조, 공식적 역할 구조, 권한 구조, 그리고 관리 구조를 가진 사회적 체제의 일종으로 규정하였다.

Gaus 등과 Barnard는 조직을 인간들의 의도적인 모임과 배치에 관한 것으로 보고, Etzioni, Katz와 Khan은 인간들의 사회적 체제임을 강조한다. 이것은 시기에 따라 조직의 특성이 다르고 학자들의 관점이 다르다는 것을 시사한다. 그러나 조직에 대한 다음과 같은 정의는 인간들의 다른 집합체와 구별할 수 있는, 조직의 기본적인 특성을 규정하는 것으로 볼 수 있다.

오석홍(2003: 76)은 조직에 관한 다양한 정의를 기초로 하여, 조직을 "인간의 집합체로서 특정한 목표 추구를 위하여 의식적으로 구성한 사회적 단위"라고 규정한다. Scott와 Davis(2016: 11)는 조직에 대한 연구자들의 개념 정의를 "특정 목표들에 대한 공동의 추구를 지원하기 위해서 인간들이 창조한 사회적 구조"라고 요약한다. 이러한 조직의 특성을 좀 더 구체적으로 살펴보면 다음과 같다.

① 구성원이 있고, 이들은 규정된 절차에 의해서 충원된다.

② 구성원들은 추구하는 공식적 혹은 비공식적 목표를 가지고 있다.
③ 목표를 달성하기 위한 도구, 수단, 절차, 방식을 가지고 있다.
④ 구성원들의 활동과 역할은 비교적 안정적이고 일정한 패턴을 가지고 있다.
⑤ 인적, 물적 의존 관계가 있는 환경과 구별하는 경계(boundary)가 있다.

모든 조직들은 이상과 같은 특성을 기본적으로 가지고 있지만, 그것의 구체적인 내용이나 정도 그리고 각 특성들의 우선순위는 조직마다 다르다. 조직의 유형에 따라 수행하는 기능이 다르기 때문이다. 또한 사람마다 조직을 보는 관점이 다르기 때문이기도 하다. 조직의 유형과 조직관에 대해서는 다음에 다룰 것이다. 어떻든 조직의 유형과 특성이 다양함에도 불구하고 조직이 인간들의 다른 집합체와 다른 것은 다음과 같은 요인들로 구성되기 때문이다.

2. 조직의 구성 요소

특정 목표의 달성을 위해 두 사람 이상 모인 사회적 체제인 조직은 형태와 기능이 다양하다. 이런 조직을 이해하기 위해서는 그것의 기본적인 요소들에 대한 이해가 필요하다. Scott(2003: 18-24)은 [그림 8-1]과 같은, 조직의 구성 요소들로 구성된 간결하면서도 유용한 틀을 제시했다. 그것은 조직의 구성원, 목표, 테크놀로지, 사회적 구조, 그리고 환경 등으로 구성된다. 이 틀은 Leavitt(1965)이 제시한 다이아몬드(Diamond) 모델에 환경을 추가하여 수정한 것이다(Scott, 2003: 18).[1)]

1) 2007년 Scott은 미시간 대학의 Davis 교수와 함께 새로 조직론 교과서를 내면서 Nadler와 Tushman(1977)의 모델을 수정한 모델을 제시했다(2016: 19-25). 이것은 환경, 전략과 목표, 구성원, 공식적 조직, 비공식적 조직 등 5개 요인들로 구성되었다. 이 모델은 조직 자체(organization) 보다는 조직화 과정(organizing)에 초점을 둔 것이다. 새로운 모델이기는 하지만, 조직의 구조적 특성을 간단하게 보여주는 것으로는 적절하지 않다. 따라서 저자는 구 모델에 기반을 두어 조직의 구성 요인들을 설명하려고 한다.

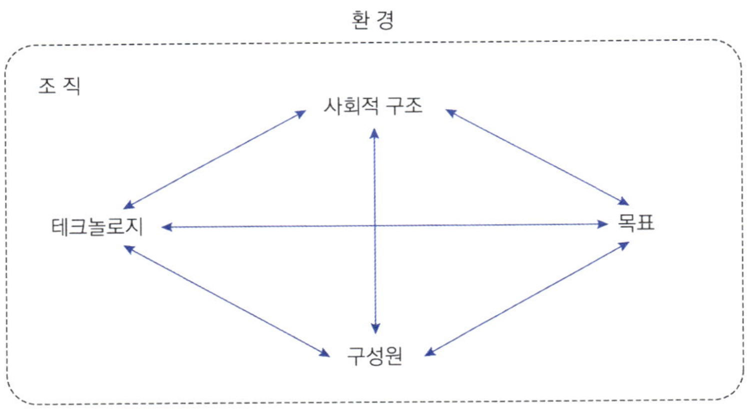

[그림 8-1] 조직의 구성 요소

가. 구성원

구성원은 조직에 참여하는 사람들을 뜻한다. 인간은 한 가지 이상의 조직에 참여하며, 각자가 참여하는 범위와 정도는 다르다. 각 구성원은 조직인으로서 조직에 적응하고, 동시에 서로 다른 기술과 전문성을 가진 구성원이 참여함으로써 조직을 변화시킨다. 즉, 조직과 구성원은 관계의 상대성을 유지하며 서로에게 영향력을 행사한다.

나. 목표

목표는 바람직한 결과, 즉 구성원들이 과업 수행을 통해 달성하고자 하는 상태이다. 조직 목표는 조직을 구성하고 있는 개인의 목표와는 다를 수 있다. 조직의 목표에 따라 질서가 유지되고, 조직 구성원들의 행동이 규제된다. 조직의 목표에는 정해진 절차를 거쳐 설정되고 문서화된 공식적 목표와 구성원들 사이에서 자연스럽게 형성된 비공식적 목표가 있다.

다. 사회적 구조

조직 구성원들이 오랜 기간 상호작용을 하다보면 이들 사이에 안정적이고 일상적인 관계가 생기게 된다. 이것은 시간이 지나거나 일부의 구성원이 바뀌어도 쉽게 바뀌지 않는다. 사회적 구조는 구성원들 사이에 존재하는 이렇게 정형화된 관계를 말한다. 사회적 구조는 규범적 구조와 행동 구조로 구분할 수 있다.

1) 규범적 구조

이것은 구성원들에게 기대되거나 요구되는 가치, 규범, 역할을 말한다. 조직문화, 조직 풍토, 혹은 구성원에 대한 역할 기대는 규범적 구조의 예가 될 수 있다. 집단 내에 형성된 가치, 규범, 역할 기대 등은 구성원들의 실제 행동에 영향을 준다. 즉, 구성원의 행동을 통제하는 일관된 신념과 처방으로 자리 잡고 있다.

2) 행동 구조

규범적 구조가 '당위'에 관한 것이라면, 행동 구조는 '실제'에 관한 것이다. 즉, 행동 구조는 구성원들 사이에 실제로 존재하는 것이다. 행동 구조는 활동과 상호작용으로 구성된다. 구성원의 모든 활동과 상호작용을 행동 구조라 말하지는 않는다. 그것이 일정한 패턴이나 공통적인 특성을 가지고 있을 때 '구조'라고 말한다. 행동 구조의 예로는 구성원들 사이에 실제로 존재하는 권력 관계, 친구 관계망과 같은 인간관계 등을 들 수 있다.

3) 규범적 구조와 행동 구조 사이의 관계

규범적 구조와 행동 구조는 따로따로 존재하는 것이 아니라 서로 연결되어 있다. 규범적 구조는 행동 구조에 영향을 주고, 행동 구조 역시 규범적 구조에 영향을 준다. 규범이 행동을 만드는 것과 마찬가지로 행동도 규범을 만든다.

4) 테크놀로지

테크놀로지는 투입을 산출로 변화시키는 메커니즘이다. 조직은 특정 작업이 이루어지는 공간, 즉 원료의 변환을 통해 에너지가 사용되는 공간으로 볼 수 있는데, 이 과정에서 테크놀로지가 이용된다. 조직 구성원은 조직 목표를 달성하기 위해서 맨 손으로 작업을 하지 않는다. 일정한 장소에서 다양한 설비와 도구를 활용하고 적절한 과정과 절차를 거치고 여러 가지 방법을 활용하면서 협력한다.

테크놀로지는 하드웨어(hardware)와 소프트웨어(software)로 구분할 수 있다. 구성원이 사용하는 건물, 시설, 설비, 도구와 같이 형체가 있어서 볼 수 있거나 만질 수 있는 특성이 있는 테크놀로지는 하드웨어다. 구성원이 활용하는 지식, 기술, 방법, 절차와 같이 형체를 파악하기 어려운, 그래서 불가촉적인 테크놀로지는 소프트웨어이다.

테크놀로지의 하드웨어와 소프트웨어는 산업과 사회의 패러다임이 바뀜에 따라 각각의 중요도와 상호관계는 변화를 겪는다. 농경 사회, 산업 사회, 지식 정보화 사회를 거쳐 제4차산업혁명이 진행되는 과정에서 하드웨어적인 테크놀로지가 엄청나게 발달해 왔다. 그런데 소프트웨어의 발전은 가히 상상을 초월하는 수준이다. 이러한 변화는 조직의 경영에서 그대로 반영되어 왔다. 생산 조직, 경영 조직, 혹은 서비스 조직 등에서 핵심이 되는 지식, 기술, 정보의 변화는 괄목할 만한 수준이다. 이러한 소프트웨어의 변화는 조직구성원의 특성, 목표, 사회적 구조는 물론이고 환경과의 관계에 커다란 영향을 준다.

5) 환경

일반적으로, 환경은 조직의 경계 밖에 있는 모든 것을 지칭한다. 조직과 환경은 상호 작용을 하고, 서로 구분하는 경계가 있다. 즉, 조직은 그것의 경계를 가지고 있으며, 물리적 · 기술적 · 문화적 · 사회적 환경 속에 존재한다. 초기 조직 이론가들은 조직과 환경 간 관계의 중요성을 간과하고 과소평가 하는 경향이 있었으나 요즈음은 다르다. 조직과 환경 사이의 경계는 존재하나 이는 완전히 분리된 것이 아니라 유동적이다.

이상에서 살펴본 조직의 구성 요인은 어느 조직이든 공통적으로 적용된다. 여기에서는 이들을 구분하여 논의했지만, 실제로는 별개로 존재하는 것이 아니며, 그것이 가능하지도 않다. 이들은 서로 영향을 주고받는다. 예를 들면, 구성원이 바뀌면 조직의 목표가 바뀔 수 있고, 조직의 목표가 변하면, 그것에 필요한 역량을 가진 구성원을 충원하거나 기존의 구성원들의 교육을 통해서 그러한 역량을 키우게 된다. 조직은 이러한 구성 요인들 그리고 이들 사이에 이루어지는 상호작용들이 모인 체제이다.

3. 조직관[2)]

사람들은 동일한 현상에 대해서도 서로 다르게 이해하고, 똑같은 문제에 대해서도 서로 다른 방법으로 해결한다. 이는 개개인마다 현상과 문제를 바라보는 관점이 다르기 때문에 나타나는 현상이다. 조직도 마찬가지이다. 조직 구성원들이 조직을 어떤 관점으로 보느냐에 따라 조직에서 일어나는 일에 대한 이해와 문제 해결 방법이 달라진다. 조직을 보는 관점에는 합리적 체제로서의 조직, 자연적 체제로서의 조직, 그리고 개방적 체제로서의 조직이 있다(Scott, 2003: 31-101; Scott & Davis, 2016).

가. 합리적 체제로서의 조직 – 구조중심 접근

조직을 합리적 체제로 보는 관점은 과학적 관리론에 뿌리를 두고 있다. 이는 앞서 제2장에서 다룬 교육행정 이론의 발달 과정 중 구조중심 접근과 그 맥락이 같다. 여기에서는 조직을 조직 목표 달성을 위한 수단으로 보고, 목표 달성을 위한

2) 여기서의 조직관은 제2장 교육행정학의 발달사에서 살펴본 내용과 밀접한 관련이 있다.

조직의 의도성이 강조된다. 그리고 조직 구성원들의 행동과 역할은 조직 목표를 중심으로 분명하게 규정되고 공식화되어 있으며, 구성원들 간의 관계도 비교적 형식화되어 있다. 이와 같은 공식화·형식화는 목표 달성의 합리성을 높이기 위한 것이다. 이러한 입장에 있는 대표적인 조직 이론으로는 관료제 이론과 전문적 관료제 이론을 들 수 있다.

1) 관료제

관료제는 특정 조직 형태의 병폐를 지적하기 위한 말로도 쓰이는데, Weber는 이러한 사회적 통념상의 관료제와는 다른, 순수한 이상형으로서의 조직 구조를 관료제로 개념화하였다. Weber(1946, 1947)는 권위가 정당화되는 방법에 따라 권위의 유형을 전통적 권위, 카리스마적 권위, 합법적 권위로 나누고 그에 따른 지배 유형과 조직 형태를 구분하였다.

Weber의 관료제 모형에서 중심이 되는 기본적인 가치 기준은 능률이며, 능률의 중심이 되는 것이 조직 속의 합리적인 이념이라고 보았다. 따라서 비합리적·감성적 요소를 최소화하고 정확성, 신속성, 통일성, 마찰의 감소 등을 최대화할 수 있는 합법적 권위가 관료제적 지배의 이상적인 형태라고 보았다.

2) 전문적 관료제

학교는 계층 및 규칙·절차가 강조되는 관료적 특성과 고도의 기술이 요구되고 적용되는 전문적 특성이 공존하는 조직이다. 학교 조직의 외적 모습은 관료제의 성격을 지니지만, 내적 구조와 운영 원리는 전문적 조직의 성격을 지니고 있다(강경석 외, 1998: 128; 진동섭, 1999). 대부분의 현대 행정조직은 관료제적 특성을 가지고 있는데, 학교 조직은 관료제만으로는 설명이 불가능하다. 따라서 관료제와 전문직제의 혼합 조직 형태로 설명해야 하는데, 이것이 '전문적 관료제'이다.

학교 조직의 전문적 특성은 교사가 고도의 교육을 받은 전문가라는 점에서 기인한다. 전문직의 특성에서 알 수 있듯이, 교사는 교수-학습에 있어서 상당한 재량권을 가진다. 따라서 다른 관료제 조직과는 달리 엄격한 감독을 받지 않기 때문에, 교사 자격증, 표준화된 교육과정과 교과서, 정해진 코스에 따른 학교 학습 평가 등을 통해 통제하게 된다.

나. 자연적 체제로서의 조직 – 인간중심 접근

자연적 체제로 보는 관점은 조직을 목표 달성을 위한 수단으로 보지 않고, 조직의 존재 그 자체를 목적으로 본다. 즉, 조직은 그 자체의 생존과 존속을 위한 강한 동기를 가지고 있는 사회적 체제이다. 조직 구성원들의 행동은 공식적 목표 달성을 위한 합리적 측면 이외에 비합리적인 측면이 있다. 구성원들은 비공식적으로 형성된 집단적 행동에 참여한다. 조직에 대한 이와 같은 관점은 앞서 살펴본 인간중심 접근과 상통한다. 인간중심 접근에서는 조직 속에서 살아 있는 '인간'을 발견하고, 조직 구성원에 대한 사회심리적 보상을 인정한다.

대표적인 이론으로는 인간관계론을 들 수 있다. 일반적으로 인간관계론의 발달은 미국 시카고에 위치한 서부전기회사의 호손 공장에서 Mayo(1933)와 그 동료들이 실시한 실험 연구에 기원을 두고 있다.[3] 인간관계론은 조직의 생산 실적에 초점이 맞추어져 있다는 점에서 합리적 체제로서의 조직관과 같은 맥락에 있다. 그러나 비공식적 조직, 비경제적 보상, 소집단 규범, 집단 압력, 그리고 심리적·사회적 조건의 존재를 강조한다는 점에서 차이가 있다. 요컨대, 자연적 체제로서의 조직관에서는 조직 구성원을 조직의 부속품이 아닌, 인간 그 자체로서 가치를 가지고 있다는 점을 규명하였다는 점에서 합리적 체제로서의 관점과 큰 차이가 있다. 그러나 합리적 체제로서의 조직관과 자연적 체제로서의 조직관은 모두, 이어서 다룰 개방적 체제로서의 조직관과 비교할 때, 조직을 환경과의 관계에서 폐쇄적 체제로 보았다는 한계가 있다.

3) 호손 실험에 관한 자세한 논의는 제2장 교육행정 이론의 발달 중 제2절 인간 중심 접근 참조.

다. 개방적 체제로서의 조직 – 조직과 환경의 상호작용 중심 접근

개방적 체제로서의 조직관이 전술한 두 개의 조직관과 다른 점은 조직과 환경 사이의 상호 의존성을 강조한다는 것이다. 조직에 대한 전통적인 두 가지 접근 즉, 합리적 체제로서의 조직관과 자연적 체제로서의 조직관은 교육 조직을 둘러싸고 있는 다양한 정치적 · 경제적 · 사회적 환경을 간과했다는 한계가 있다. 실제로 조직이 목표를 설정하고 그것을 달성하기 위해 노력하는 과정은 단순하지 않으며, 조직을 둘러싼 다양한 맥락과 영향을 주고받는다. 개방적 체제로서의 조직관에서는 조직이 환경과 인적 자원, 물적 자원, 그리고 정보와 문화에 있어서 서로 의존하고 영향을 주고받는다고 본다. 그리고 이 관점에서는 조직 구성원들의 복잡성, 변화 가능성, 그리고 이들 간 관계의 느슨함에 주목한다.

개방적 체제의 관점은 학교 조직이 환경과는 긴밀하게 영향을 주고받으면서, 조직의 내적인 구성 요인들 간에는 느슨하게 결합되어 있는 체제로 이해한다. 개방적 체제의 대표적인 이론으로는 상황 이론(contingency theory)이 있다. 이것은 환경의 요구에 잘 맞는 특성을 가진 조직이 가장 적응을 잘하는 조직이라고 본다. 대표적인 학자는 Lowrence와 Lorsch이다(Scott, 2003: 89). 학교 조직과 관련된 대표적인 이론으로는 Getzels와 Guba(1957)의 "사회 과정 모형", Weick(1976)의 "느슨하게 결합된 체제(loosely coupled systems)", Cohen, March와 Olsen(1972)의 "조직화된 무정부(organized anarchy)", 그리고 March와 Olsen(1976)의 "쓰레기통 모형(garbage can model)"을 들 수 있다(진동섭, 1999: 2745-2746).

1) Getzels와 Guba의 사회 과정 모형

Getzels와 Guba(1957)는 행정을 사회 과정으로 보고, 사회 체제 내 조직 구성원의 행동을 $B=f(R \times P)$로 개념화하였다. 여기에서 B는 조직 구성원의 관찰된 행동(Behavior), R은 제도 내에서 주어진 역할(Role), 그리고 P는 개인의 인성(Personality)을 말한다. 이 모형에 의하면 사회 체제 안에는 제도와 개인이 있으며,

제도에서 요구하는 역할과 구성원 개개인의 인성이 조화를 이루기도 하고 갈등하기도 하면서 조직 구성원의 행동이 만들어진다.

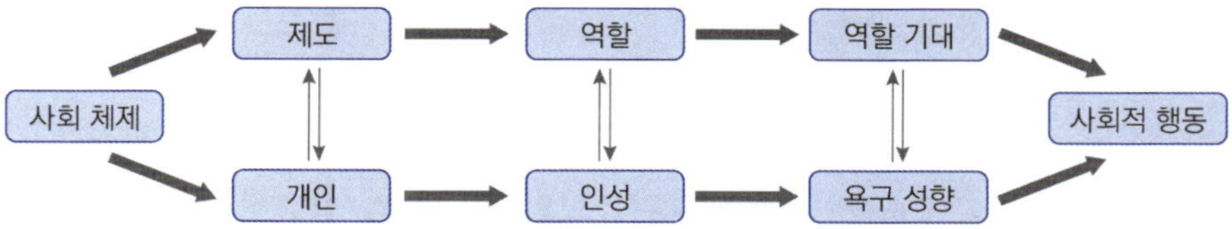

[그림 8-2] Getzels와 Guba(1957)의 사회 과정 모형

역할과 인성의 상호 작용은 [그림 8-3]과 같이 나타낼 수 있다.

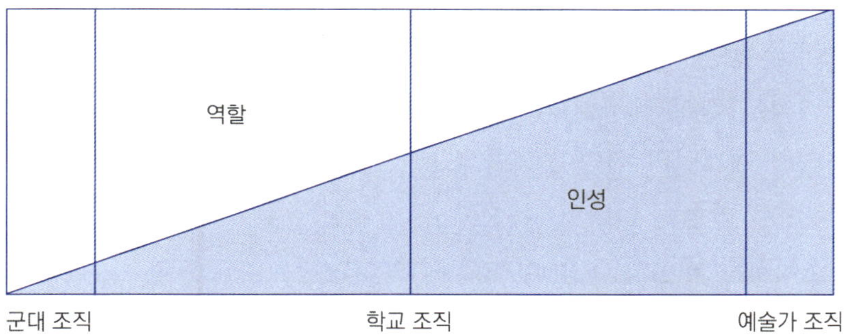

[그림 8-3] 역할과 인성의 상호 작용

개인의 인성보다 조직의 역할이 더 많이 강조되는 조직으로는 군대를 생각할 수 있으며, 조직에서 요구하는 역할보다 개인의 인성이 더 많이 강조되는 조직의 예로는 예술가 조직을 들 수 있다. 학교 조직은 양 극단의 중간 정도에 위치한다. 이 모형이 시사하는 중요한 것은 개인의 인성이나 조직의 역할 중 어느 한 가지만 강조하는 조직은 없다는 것이다.

2) 느슨하게 결합된 체제(loosely coupled systems)

느슨하게 결합된 체제(loosely coupled system)는 서로 분리·독립되어 있는 안정된 하부 단위들의 연결체를 뜻한다(Weick, 1976). 느슨함, 즉 이완의 사전상 정의는 '흐트러져 느슨해지다'인데, 조직에서의 느슨한 결합이란, 서로 연결되어 있는 각각의 사건들이 자신의 정체성을 보존하면서 물리적·논리적 독립성을 가지는 경우를 뜻한다. 대표적인 예로 단위학교의 상담실과 학교장의 관계를 들 수 있다. 이 둘 사이의 결합 관계는 서로 연결되어 있지만 상호 간의 영향력이 제한적이다. Weick이 제안한 느슨한 결합체제 관점을 학자들이 발전시켜 나갔다. March와 Olsen(1976)은 느슨한 결합이 존재하는 상황을 다음과 같이 제시하였다.

- 조직원 개개인의 행동이 조직 전체의 행동에 대해 미치는 영향이 미미할 때
- 조직의 행동이 조직 환경에 미치는 영향이 미미할 때
- 조직의 환경이 조직원 개개인의 신념에 의미 있는 영향을 줄 수 없거나, 조직원 개개인의 신념이 그들의 행동을 예측하는 데 도움을 주지 못할 때

3) 조직화된 무정부(organized anarchy)

조직화된 무정부 관점 역시 학교 조직을 느슨한 결합으로 보는 관점의 한 예이다. Cohen, March와 Olsen(1972)은 학교 조직을 조직화된 무정부라고 보았다. 조직화된 무정부 상태라고 본 이유는 다음과 같다.

- 학교 조직의 목적은 구체적이지 못하며, 분명하지 않다. 학교 조직의 목적은 서로 갈등을 일으키는 경우가 많으며, 자주 바뀌기도 한다.
- 교사, 행정가, 장학 요원들이 사용하는 기술이 명확하지 못하다.
- 참여자들의 학교 조직에의 참여가 유동적이며, 참여자들이 투입하는 시간과 노력의 양도 다양하다.

4) 쓰레기통 모형(garbage can model)

조직화된 무정부 상태에서는 의사 결정이 합리적으로 이루어지기 어렵기 때문에, 이를 설명하기 위하여 제시한 것이 쓰레기통 모형이다(March & Olsen, 1976). 이 모형에 따르면, 조직화된 무정부 상태의 의사 결정은 체제의 안팎에서 끊임없이 제기되는 문제들, 수많은 해결 방안들, 그리고 유동적이고 다양한 참여자들 사이의 혼란스러운 상호작용 속에서 이루어진다.

라. 조직 풍토와 문화 – 문화적 접근

조직에 대한 문화적 접근은 조직 구성원이 주관적으로 체험한 조직의 의미에 초점을 두는 관점이다. 이점에서 문화적 접근은 객관적 인식론에 기반하고 있는 앞의 세 가지 조직관과 차이가 있다. 문화적 접근에서는 학교 조직 구성원이 공유하는 가치와 의미를 중요하게 여긴다. 이 접근은 학교가 기능적으로 느슨하게 구조화되어 있는 것 같지만, 구성원들이 추구하고 있는 목적과 가치에 관한 한 단단하게 결합되어 있다는 점에 주목한다.

어떤 체제 속에 있든지 그 체제의 구성원들은 문화를 학습한다. 문화를 바라보는 대표적인 정의로는 '지식, 신앙, 예술, 도덕, 법률, 관습 그리고 사회의 성원으로서의 인간이 획득한 모든 능력과 습성을 포함하는 복합적 전체'(Tylor), '특정 사회의 성원들에 의해 공유되고 전승되는 지식, 태도 및 습관적 행동'(Linton), '역사적으로 창출된 모든 명시적 · 묵시적 · 합리적 · 비합리적 · 불합리적 생활 구도(designs for living)이며 주어진 모든 시점에서 인간 행위에 대한 잠재적 지침', '학습되고 전승되는 반작용, 습성, 기법, 관념, 가치의 총합, 그리고 그것들에 의해 유발되는 행위'(Kroeber) 등을 들 수 있다(Keesing, 1981: 89-102에서 재인용).

문화의 정의에 비춰 볼 때, 조직 문화(organizational culture)는 조직 구성원이 공유하는 생활 양식, 혹은 행동 양식의 총체라고 할 수 있다. 현상적으로 볼 때, 조직 문화는 조직 풍토와 일치하고(Miner, 1988), 풍토에 관한 정의와 문화에 관한 정의가 서로 중복되는 부분이 있어 혼란을 준다. 그러나 엄밀히 정의하면, 조직 풍토(organizational climate)는 조직 구성원들이 조직 업무와 환경에 관하여 공통적으로 가지고 있는 인식으로서(Hoy & Miskel, 2001), 조직 구성원이 조직 내에서 경험하는 총체적 조직 환경의 질을 의미한다(Tagiuri & Litwin, 1968: 26). 공유하고 있는 가정(문화)과 공유하고 있는 인식(풍토) 사이의 개념적 차이는 크지 않을 수 있으나, 의미 있는 차이가 분명히 있다(Hoy & Miskel, 2001: 190). 아래에서는 학교 조직의 풍토 및 문화와 관련된 대표적인 연구인 Halphin과 Croft의 연구, Miles의 연구, 그리고 Ouchi의 연구를 살펴보고자 한다.

1) Halpin과 Croft의 OCDQ(Organizational Climate Description Questionnaire)

Halpin과 Croft(1962)는 학교의 조직 풍토를 설명하고 기술하기 위해 조직 풍토 기술 척도를 개발하여 학교 풍토를 연구하였다. 이 연구에서는 교사 집단의 특징, 그리고 교장의 행동에 대한 교사의 지각을 조사하여 학교 풍토를 기술하려고 하였다. 교사 집단 특성과 관련된 변인은 장애, 친밀, 방임, 사기이며, 교장의 행동 특성과 관련된 변인은 성과 지향, 냉담, 인화, 추진이다. 이 8개 변인에 관한 하위 점수를 근거로 학교 풍토를 개방적 풍토, 자율적 풍토, 통제적 풍토, 친교적 풍토, 간섭적 풍토, 폐쇄적 풍토로 구분하였다.

2) Miles의 OHI(Organizational Health Inventory)

조직 건강은 인간 건강에 대응하는 조직의 건강을 뜻한다. 따라서 건강한 조직이란 "조직의 기능을 효과적으로 수행하면서, 그 기능을 잘 수행할 수 있는 체제로 발전과 성장을 지속하려고 노력하는 조직"을 뜻한다(Miles, 1965). Miles는 조직 건강의 개념을 최초로 학교 조직에 도입하면서, 학교 조직의 건강 측정 변인을 과업 달성 변인, 조직 유지 변인, 성장 발전 변인 세 가지로 구분하여 제시하였다.

과업 달성 변인에는 목표에 대한 관심, 의사소통의 적절성, 적절한 권력 배분이 해당되며, 조직 유지 변인에는 자원 활용, 응집력, 사기가 해당된다. 그리고 성장 발전 변인에는 혁신성, 자율성, 적응성, 적절한 문제 해결력이 해당된다.[4] 왕기항(1983)은 우리나라 학교 조직 건강을 측정하기 위한 도구를 개발하였다.

3) Ouchi의 Z이론

Ouchi(1981)는 일본의 고생산성 기업들이 가지고 있는 공통점을 발견하기 위한 목적으로, 미국과 일본의 기업을 비교연구 하였다. 성공적인 기업의 특징을 설명하는 과정에서 발전된 이론이 Z이론이다. Z이론에서는 전체 조직 문화에 관심을 두고, 성공적인 기업은 친밀성, 신뢰, 협동, 팀워크, 평등주의 등의 독특한 기업 문화를 가지고 있다고 본다. Z이론의 조직은 이러한 문화를 촉진시키기 위한 여러 가지 특징을 가지고 있는데, 조직적 특징과 핵심 가치를 간단히 정리하면 〈표 8-1〉과 같다.

〈표 8-1〉 Z이론 조직과 문화

조직적 특성		핵심 가치
장기 고용조직	⟶	헌신
느린 승진율	⟶	경력 지향성
참여적 의사 결정	⟶	협력과 팀워크
집단 의사 결정에 대한 개인의 책임	⟶	신뢰와 집단 충성
전체 지향성	⟶	평등주의

4) Miles의 '조직 건강'을 자연체제로서의 조직의 성격에 착안한 인간중심 접근의 하나로 볼 수 있다. 그런데 후자는 특정 목표 달성을 위한 수단으로서의 조직의 속성보다는 조직의 유지와 존속 자체를 강조한다. 조직 건강은 조직 유지는 물론 과업 달성과 성장 발전의 특성도 고려하는 것임을 고려한다는 점에서 인간중심 접근과 거리가 있을 수 있다.

제2절 조직의 형태와 유형

우리 주위에는 다양한 이름과 형태를 가진 조직들이 있다. 이들의 특성을 이해하는 데에는 특정 기준을 중심으로 유형화한 분류 체계가 도움을 준다. 조직은 두 가지 방식으로 유형화할 수 있다. 하나는 모든 조직의 공통적인 특징과 기본적인 형태에 초점을 두는 방식이며, 다른 하나는 조직들 간의 차이에 초점을 두어 분류하는 접근이다. 조직을 공식 조직과 비공식 조직, 계선 조직과 참모 조직으로 구분하는 것은 전자의 방식에 의한 것이고, 다양한 조직 유형론은 후자의 방식에 의한 것이다. 이들에 관해 자세히 살펴보면 다음과 같다.

1. 조직의 형태

가. 공식 조직과 비공식 조직

공식 조직이란 조직의 목적 달성을 위해 의도적으로 구성된 조직으로서, 주로 조직표나 기구표를 통해 살펴볼 수 있다. 비공식 조직은 공식 조직 내에서 자연발생적으로 형성된 조직으로서, 공식 조직에 의해 충족되지 못하는 심리적 기능을 수행한다. Mayo와 동료들이 수행한 호손 연구 등을 통해 비공식 조직의 중요성이 밝혀졌다. 비공식 조직은 조직의 기능에 직·간접적으로 영향을 미친다.

공식 조직과 비공식 조직은 조직의 두 가지 측면이라고 볼 수 있다. 이 둘 사이의 관계는 비공식 조직의 순기능과 역기능을 통해 살펴볼 수 있다. Barnard (1938)는 비공식 조직의 필요성과 기능을 다음과 같이 규정한다. ① 비공식 조직을 통해 태도·이해·관습·습관·제도가 형성된다. ② 공식 조직에서 필요로 하는 조건을 형성한다. ③ 공식 조직 내 의사소통을 용이하게 한다. ④ 집단의 응집성을 유지할 수 있도록 한다. ⑤ 인간적 성실성·자존심 및 독립적 선택감을 유지시켜준다.

반면, 비공식 조직은 파벌을 조성하여 공식 조직의 목표 달성을 저해할 수 있고, 의사소통을 왜곡시킬 수 있다는 역기능을 가지고 있다. 그러나 비공식 조직의 목표가 공식 조직의 목표와 조화를 이루게 된다면 Barnard(1938)가 언급한 바와 같이, 조직 내 의사소통을 용이하게 하고, 조직 내 결속력을 높여 조직 성과를 높일 수 있다. 공식 조직과 비공식 조직을 비교하면 〈표 8-2〉와 같다(남정걸, 2001: 54-55, 윤정일 외, 2006: 126-127).

〈표 8-2〉 공식 조직과 비공식 조직 비교

구 분	공식 조직	비공식 조직
생성 과정	조직 목표를 달성하기 위한 인위적인 조직	조직 구성원들 사이의 상호작용에 의한 자연발생적 조직
구성원	조직 전체 구성원	조직 구성원의 일부
조직 성립의 바탕	권한의 계층 명료한 책임 분담 표준화된 업무 수행 몰인정적인 인간관계	혈연 · 지연 · 학연 취미 종교 이해관계
조직의 수명	조직의 공식적 목표 달성, 설립 및 폐지 등에 따라 수명이 제한적임	공식 조직보다 선행하여 존재할 수 있고, 공식 조직을 떠나서 계속되기도 함
존재 형태	외면적이고 가시적	내면적이고 비가시적
과업 분담의 명확성	계층에 따른 분명한 과업 분담	계층이나 성원의 역할 분담이 불분명
운영 원리	합리성 또는 능률의 논리	비합리적인 감정의 논리

나. 계선 조직과 참모 조직

계선 조직(line organization)은 조직 내에서 명령이 전달되는 수직적 · 계층적 구조를 갖추고 업무를 직접 수행하는 제1차적인 조직이다. 조직 구성원은 명령 일원화의 원칙에 따라 직속 상사의 명령에 따라 행동하고, 이에 대한 책임을 진다. 계선 조직의 예로는 행정 관료 조직, 군대의 지휘명령 계통 등을 들 수 있으며,

학교 조직 내에서는 교무분장조직이 대표적인 계선 조직이라 할 수 있다.

참모 조직(staff organization)은 막료 조직이라고도 하는데, 계선 조직이 조직의 공식적 목적을 원활히 수행할 수 있도록 자문하고 조언하는 역할을 한다. 참모 조직에서 강조되는 행정 원리는 전문화의 원리이다. 참모 조직은 계선 조직이 그 기능을 원활히 추진하도록 연구·조사·계획 등의 기능을 수행한다. 학교 조직 내의 직원회, 기획위원회 등이 참모 조직이라 할 수 있다. 학교운영위원회는 자문 기구가 아니라 심의 의결 기구이다.

계선 조직과 참모 조직이 혼합된 계선참모조직(line and staff organization)은 모든 조직의 기본 형태라고 할 수 있는데, 여기에서는 계선 부문과 참모 부문이 가지고 있는 각각의 장단점으로 인해 갈등이 야기되기도 한다. 두 부문의 장단점을 간단히 정리하면 〈표 8-3〉과 같다(남정걸, 2001: 57-58; 윤정일 외, 2006: 127-128).

〈표 8-3〉 계선 조직과 참모 조직 비교

구분	계선 조직	참모 조직
장점	• 업무 수행의 효율성(명확한 권한과 책임의 한계) • 신속한 정책 결정 • 업무 처리가 간편하여 적게 드는 조직 운영비 • 강력한 통솔력	• 기관장의 통솔 범위 확대 • 전문적 지식과 경험을 활용한 합리적 결정 • 수평적 업무 조정 • 조직의 신축성 • 계선 조직장의 독단과 전횡 방지
단점	• 복잡하고 과다한 업무 처리 • 지도자의 주관적이고 독단적인 결정 가능성 • 전문가의 지식과 경험을 충분히 활용할 수 없을 가능성 • 조직의 경직성	• 조직의 복잡성으로 인한 구성원 간 갈등과 불화 가능성 • 조직 운영을 위한 과다한 경비 지출 • 계선과 참모 간의 책임 전가 가능성 • 의사 전달의 혼란 가능성

2. 조직의 유형

유사한 성격을 가진 조직들을 집단으로 묶어 보는 것은 조직에 관한 이해를 심화시킬 수 있는 방법의 하나이다. 유형화를 통해 여러 조직을 비교·분석할 수 있기 때문이다. 학습 조직과 같이 특정한 조직 유형 하나만을 제시하고 그것과 대조되는 다른 유형에 대해서는 구체적으로 언급하지 않는 형태의 유형론도 있다(오석홍, 2003: 84). 그러나 대개의 경우 단일 기준, 혹은 복수 기준을 근거로 하여 조직 유형을 분류한다. 아래에서는 Parsons, Etzioni, Blau와 Scott이 분류한 조직 유형을 살펴보고자 한다.

가. Parsons의 유형론

Parsons(1960)는 조직이 수행하는 사회적 기능을 기준으로 하여 조직 유형을 나누었다. 사회체제이론을 근간으로 하여, 조직의 사회적 기능을 적응(adaptation), 목표 성취(goal attainment), 통합(integration), 체제 유지(latency)로 분류했다. 적응은 자원 확보, 목표 성취는 목표의 설정과 집행, 통합은 체제 구성 부분들의 조정 및 결속, 그리고 체제 유지는 문화와 가치를 창출·보존·전승하는 것을 지칭한다.

Parsons는 사회체제가 유지되고, 발전하기 위하여 필요한 일반적인 기능에 기반을 두고, 조직을 생산 조직, 정치적 목표 지향 조직, 통합 조직, 그리고 유형 유지 조직으로 구분했다. 이들을 자세히 살펴보면 〈표 8-4〉와 같다.

조직의 사회적 기능을 중심으로 볼 때, 학교 조직은 교육을 통해 학교가 속해 있는 사회의 문화와 가치를 창출, 보존, 전승하는 역할을 한다. 따라서 학교는 사회의 지속성을 유지하는 대표적인 유형 유지 조직이라고 볼 수 있다.

〈표 8-4〉 Parsons의 조직 유형

조직 유형	사회적 기능	특 징	예
생산 조직 (production organization)	적응	사회가 소비하는 재화와 용역 생산	기업체
정치적 목표 지향 조직 (political goal oriented organization)	목표 성취	사회 내의 권력을 창출 · 분배하며 사회가 바람직한 목표를 달성할 수 있도록 보장	행정기관, 은행
통합 조직 (integrative organization)	통합	사회 내 갈등을 해결하고 사회의 구성 부분들 간 공존과 협동 조정	법원, 정당, 사회 통제 기관
유형 유지 조직 (pattern maintenance organization)	유형 유지	교육 · 문화 등을 통해 사회의 지속성 유지	교육 기관, 종교 단체

나. Etzioni의 유형론

Etzioni(1961)는 순응 구조(compliance structure)를 기준으로 하여 조직의 유형을 분류하였다. 순응은 구성원을 통제하기 위하여 행사하는 권력과 그에 대한 구성원의 태도 사이에서 형성되는 관계를 의미한다. Etzioni의 조직 유형 분류는 구조적이며 동시에 동기론적이라고 볼 수 있다(오석홍, 2003: 86). 구조적이라는 것은 조직 내의 권력 종류와 배분에 관련되기 때문이며, 동기론적이라는 것은 조직 참여자의 반응과 관련되기 때문이다.

Etzioni는 참여 수준을 세 가지로 제시하였다. 소외적 참여(alienative involvement)는 심리적으로는 소외되어 조직에서 이탈할 의사가 있지만, 조직에 남아 있는 형태이다. 타산적 참여(calculative involvement)는 경제적 보상이 적절하다고 생각하는 경우에만 해당 권력에 순응하는 형태이며, 도덕적 참여(moral involvement)는 조직의 임무와 나의 일이 가치 있는 것이라고 스스로 생각하는 참여를 말한다. 권력, 통제 수단, 그리고 참여 수준을 함께 제시하면 다음과 같다(Etzioni, 1961: 4-16).

〈표 8-5〉 Etzioni의 권력, 통제 수단 및 참여 수준

권한의 종류	통제 수단	참여 수준
강제적 권력 (coercive power)	물리적 제재와 위협	소외적 참여 (alienative involvement)
보상적 권력 (remunerative power)	돈이나 그 밖의 물질적 보상	타산적 참여 (calculative involvement)
규범적 권력 (normative power)	애정, 인격 존중, 신망, 사명 등 상징적 · 도덕적 가치	도덕적 참여 (moral involvement)

논리적으로는 세 가지 권력과 세 가지 참여 수준을 조합하면 9개의 조직 유형을 생각할 수 있다. 그러나 Etzioni는 9개의 가능한 조직 유형 중 권력의 성격과 복종의 성격이 부합되는 유형은 세 가지라고 주장한다. 대부분의 조직은 권력의 성격과 복종의 성격이 부합되는 상태로 존재하며, 부합되지 않는 조직은 비효과적인 유형이기 때문에 결국 부합되는 유형으로 변화해 간다고 본다. 구체적인 조직 유형 및 예는 [그림 8-4]와 같다.

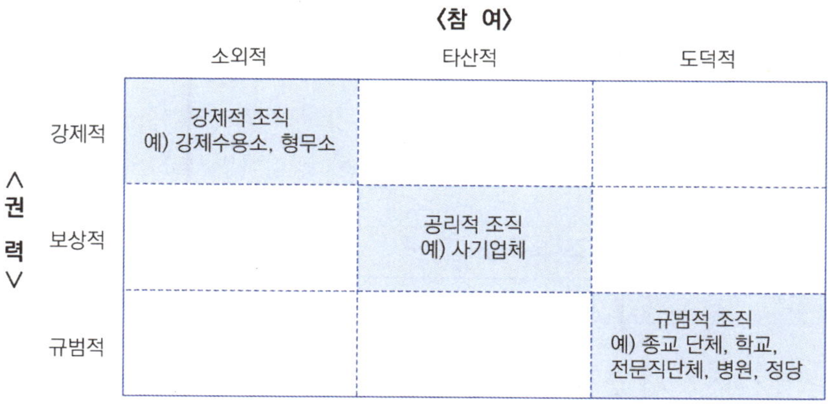

[그림 8-4] Etzioni의 조직 유형

구성원을 통제하기 위해 행사되는 권력과 그에 대한 구성원의 태도를 중심으로 볼 때, 학교 조직은 규범적 권력과 도덕적 참여가 조합된 규범적 조직이다. 즉, 학교 조직 내에서는 애정과 서로에 대한 인격 존중, 교육에 대한 사명감 등에

기반하여 권력이 행사된다. 그리고 이에 대하여 학교 구성원들은 학교 조직 내에서 이루어지는 교육 활동이 구성원 스스로에게 가치 있는 일이라 생각하며 참여한다.

다. Blau와 Scott의 유형론

Blau와 Scott(1962)은 조직 활동의 주된 수혜자가 누구인가를 기준으로 하여 조직 유형을 분류하였다. 이들은 우선 공식적 조직에 관련된 사람들을 네 범주로 분류하고 이들 중 주된 수혜자가 누구인가에 따라 조직의 유형을 나누었다.

네 범주의 사람들은 ① 조직의 구성원, ② 조직의 소유자, ③ 고객, ④ 일반 대중이다. 이들 가운데 어느 한 범주의 집단만이 조직의 혜택을 독점하는 경우는 찾기 어렵다. 따라서 조직 유형 분류의 기준이 되는 수혜자는 "주된" 수혜자(prime beneficiary)이다.

주된 수혜자를 기준으로 조직을 분류하면 ① 호혜 조직(mutual benefit associations), ② 사업 조직(business concerns), ③ 봉사 조직(service organizations), ④ 공익 조직(commonwealth organizations)으로 나뉜다. Blau와 Scott은 하나의 조직이 반드시 하나의 조직 유형에 소속되는 것은 아니며, 혼합형의 존재가 가능하다고 보았다. 이상의 내용을 기초로 하여 네 가지 조직 유형의 주된 수혜자, 각 조직에서 중요한 문제, 조직의 예 등을 간단히 정리하면 〈표 8-6〉과 같다.

〈표 8-6〉 Blau와 Scott의 조직 유형

조직 유형	주된 수혜자	조직의 주요 관심	예
호혜 조직	조직 구성원	• 구성원의 참여 • 구성원에 의한 통제를 보장하는 민주적 절차	정당, 노동조합, 전문직 단체, 종교 단체
사업 조직	조직 소유주	• 이윤 획득 • 경쟁적인 상황 속에서 능률의 극대화	제조 회사, 보험 회사, 은행
공공 조직	일반 대중	• 대중에 의한 외재적 통제가 가능한 민주적 장치	행정 기관, 군대, 경찰, 소방서
봉사 조직	고객	• 서비스 제공	학교, 병원, 사회사업기관

학교 조직 활동의 수혜자는 매우 다양할 수 있으나, 주된 수혜자는 교육 서비스를 제공받는 고객인 학생이다. 따라서 학교는 병원, 사회사업기관 등과 함께 봉사 조직으로 분류할 수 있다.

제3절 학교 조직의 특징

학교 조직의 성격과 본질을 올바르게 인식하여 우리나라 학교 조직의 특징을 살펴보는 것은 두 가지 의의가 있다. 이론적으로 볼 때, 우리나라에 적합한 개념과 이론을 만드는 것이며, 실제적으로 볼 때, 학교 운영과 행정 방향에 시사점을 제공한다. 따라서 학교 조직에 관한 기존 연구가 어떤 관점에서 이루어져 왔는가를 살펴보는 것은 학교 조직의 특징을 살펴보는 기초가 될 수 있다. 아래에서는 우리나라에서 이루어진 학교 조직에 관한 연구의 특징을 정리하고자 한다(진동섭 외, 2005: 43-63). 학교 조직 연구는 구조적 관점의 연구와 인간 자원 관점의 연구, 정치적 관점의 연구, 그리고 상징적·문화적 관점의 연구로 구분된다.

① 구조적 관점은 학교 조직의 구조에 초점을 둔 연구로서 학교 조직의 관료제적 특성을 밝히는 연구, 느슨하게 결합된 체제, 또는 사회 체제 관점에서 학교 조직의 특성을 분석한 연구 등이 모두 포함된다.

② 인간 자원 관점은 조직과 인간의 상호 관계를 강조하는 관점으로서, 학교 구성원의 동기나 태도, 학교장의 지도성, 학교 조직 내 비공식 집단, 그리고 학교 조직 내 의사소통에 관한 연구 등이 포함된다.

③ 정치적 관점은 권력, 갈등, 희소 자원의 배분 등을 조직의 중요한 주제로 보는 관점으로서 조직 내에서 일어나는 권력 배분 문제, 조직 갈등 현상, 의사 결정 과정 등을 주 연구 대상으로 한다.

④ 상징적·문화적 관점은 조직을 모호하고 불확실하며, 애매하게 움직이는

것으로 파악하는 관점이다. 이 관점에서는 학교 조직은 해결할 수 없는 문제와 이해할 수 없는 사건으로 가득 찬 혼돈 상태이며 이러한 학교 조직을 통합하는 것은 목표나 정책이 아닌, 공유된 가치와 문화라고 말한다.

이러한 학교 조직에 관한 연구의 관점을 기초로 하여, 학교 조직의 특징을 정리해 볼 수 있다. 매우 다양한 관점, 이론, 개념이 학교 조직 이해에 도움을 주는데, 이들은 서로 배타적인 것이 아니며, 학교 조직의 포괄적인 이해에 있어서 서로 상보적인 관계에 있다. 이를 염두에 두고, 주요 특징을 정리하면 다음과 같다(진동섭, 1999: 2747-2748; Firestone와 Herriott, 1981).

① 학교 조직은 '어느 정도는' 관료제적 특성을 지닌다. 학교 조직은 전문화의 요구와 함께 계층적 조직으로서의 성격을 가지고 있다. 초·중등학교의 분리, 교과의 구분, 교수와 행정의 분리가 전문화의 요구에 해당된다. 그리고 교육감, 교육장과 같은 학교 외부의 계층과 교장, 교감, 수석교사, 교사와 같은 학교 내 직위가 계층적 조직의 성격을 보여준다.

② 학교 조직은 사회적 체제로서의 특성을 가지고 있다. 학교 조직에서는 분명하게 정의된 구성원들이 상호의존성을 가지고, 환경과 역동적인 상호작용을 한다. 내적으로는 학생, 교사, 행정가, 기타 직원들이 일정한 지위를 가지고 정해진 규범과 역할 기대 속에서 상호작용하며, 외적으로는 학부모, 교육행정기관, 사회단체, 지방자치단체 등 외부 환경과 상호작용한다.

③ 학교 조직의 계층적 구조는 다른 조직에 비해서 구조적으로 느슨하다. 학교에는 교실이라는 독립적인 조직 단위가 있으며, 교실 내 교사는 자율성을 갖는다. 그리고 행정 영역에서는 행정가가 주도권을 가지지만 교수-학습 영역에서는 교사들의 자율성이 보장된다. 학교 조직의 모호한 목표와 불확실한 기술, 구성원들의 유동적 참여, 그리고 참여자들이 투입하는 시간과 노력의 다양성 등이 이러한 느슨함을 잘 대변한다.

④ 조직과 환경과의 상호의존성에 착안해서, 조직을 보는 관점이 폐쇄적 체제에서 개방적 체제로 변해왔다. 학교 조직에 대한 연구도 내적인 구조와

경영의 특성에 대한 관심에서 환경의 영향에 대한 관심으로 옮겨졌다. 학교 조직은 학교 밖의 기술적, 정치적, 사회적, 문화적 환경의 영향을 받는 개방적 체제의 특성을 점점 많이 띄고 있다.

제4절 한국의 교육행정 조직

국가 통치를 위해서 필요한 권력은 입법권, 행정권, 사법권으로 구성된다. 입법권은 국회, 행정권은 정부, 사법권은 법원이 가지고 있다. 이들은 서로 견제하고 균형을 이루면서 국가를 통치한다. 이것이 삼권분립의 원리다. 교육행정을 이해하기 위해서는 행정권을 가지고 있는 정부의 조직, 그 중에서도 특히 교육부의 조직을 알아야 한다. 그리고 지방의 교육 행정은 지방교육자치단체에 의해서 이루어진다. 우리나라에서는 지방교육자치제가 실시되고 있다. 따라서 지방교육자치단체와 그 운영의 기반인 지방교육자치제도에 대해서도 알아야 한다.

우리나라의 교육행정 조직은 크게 중앙 교육행정 조직, 지방 교육행정 조직과 함께 최일선에 있는 단위학교 교육행정 조직으로 구분할 수 있다. 이들은 중층구조(重層構造)를 이루면서 각자의 역할과 기능을 수행한다. 그리고 유기적으로 상호작용을 하면서 국가 전체의 교육행정을 형성한다. 이들에 대해서 살펴보려고 한다. 그런데 단위학교의 행정은 학교 경영이라는 이름으로 이루어진다. 단위학교 경영 조직에 대해서는 제13장 학교경영 및 학급경영에서 다룰 것이다.

1. 중앙 교육행정 조직

중앙 교육행정 조직은 주로 교육부를 의미한다. 그렇지만, 교육부는 헌법 및 정부조직법에서 규정한 국가 행정 조직 체제의 하위 체제이기 때문에 중앙 교육행정 조직은 "대통령 → 국무총리 → 국무회의 → 교육부"의 체계로 구성되는 것으로 보아야 한다.

가. 대통령

우리나라는 대통령 중심제도를 채택하고 있으며, 행정권은 대통령을 수반으로 하는 정부에 속한다(헌법 제66조 4항). 대통령은 정부의 수반으로서 교육부는 물론이고, 모든 중앙행정기관의 장을 지휘・감독한다(정부조직법 제11조). 교육행정과 관련하여 볼 때, 대통령은 초・중등교육법 시행령을 위시한 다양한 시행령을 대통령령으로 발표하고(헌법 제75조), 교육부장관을 위시해서 주요 교육공무원 임면권을 행사한다(헌법 제78조).

나. 국무총리와 국무회의

국무총리는 대통령을 보좌하며, 행정에 관하여 대통령의 명을 받아 각 중앙행정기관을 지휘・감독하는 행정감독권을 가지고 있다(정부조직법 제18조 제1항). 그리고 국무회의의 부의장으로서(헌법 제88조 제3항) 국무회의를 통해 교육부에 영향력을 행사할 수 있다.

국무회의는 대통령・국무총리와 15인 이상 30인 이하의 국무위원으로 구성된다(헌법 제88조 제2항). 의장은 대통령이며, 부의장은 국무총리이다. 국무회의는 정부의 권한에 속하는 중요한 정책을 심의한다(헌법 제89조). 국무총리가 특별히 위임하는 사무를 수행하기 위해서 2인의 부총리를 두는데, 교육부장관과 기획재정부장관은 부총리를 겸임한다(정부조직법 제19조).

다. 교육부와 소속 기관 및 단체

중앙교육행정 조직의 핵심은 교육부다. 교육부는 국가의 교육에 관한 정책을 입안하고 집행하는 최고 교육행정 기관이다. 교육부장관은 인적자원개발정책, 학교교육・평생교육, 학술에 관한 사무를 관장한다(정부조직법 제28조 제1항). 또한 부총리를 겸임하며 교육 사회 문화 분야 정책을 총괄 조정한다. 교육부의 2023년 1월 현재 조직도는 [그림 8-5]와 같다.

[그림 8-5]에서 보는 바와 같이, 교육부는 기획조정실, 인재정책실, 책임교육정책실, 대학규제혁신국, 교육자치협력안전국을 두고, 차관 1인과 차관보 1인이 직무를 수행한다. 이 외에도 교육부에는 교육부장관의 사무를 지원하기 위하여 국사편찬위원회·국립특수교육원 및 중앙교육연수원을 둔다(대통령령 제33161호-교육부와 그 소속기관 직제).

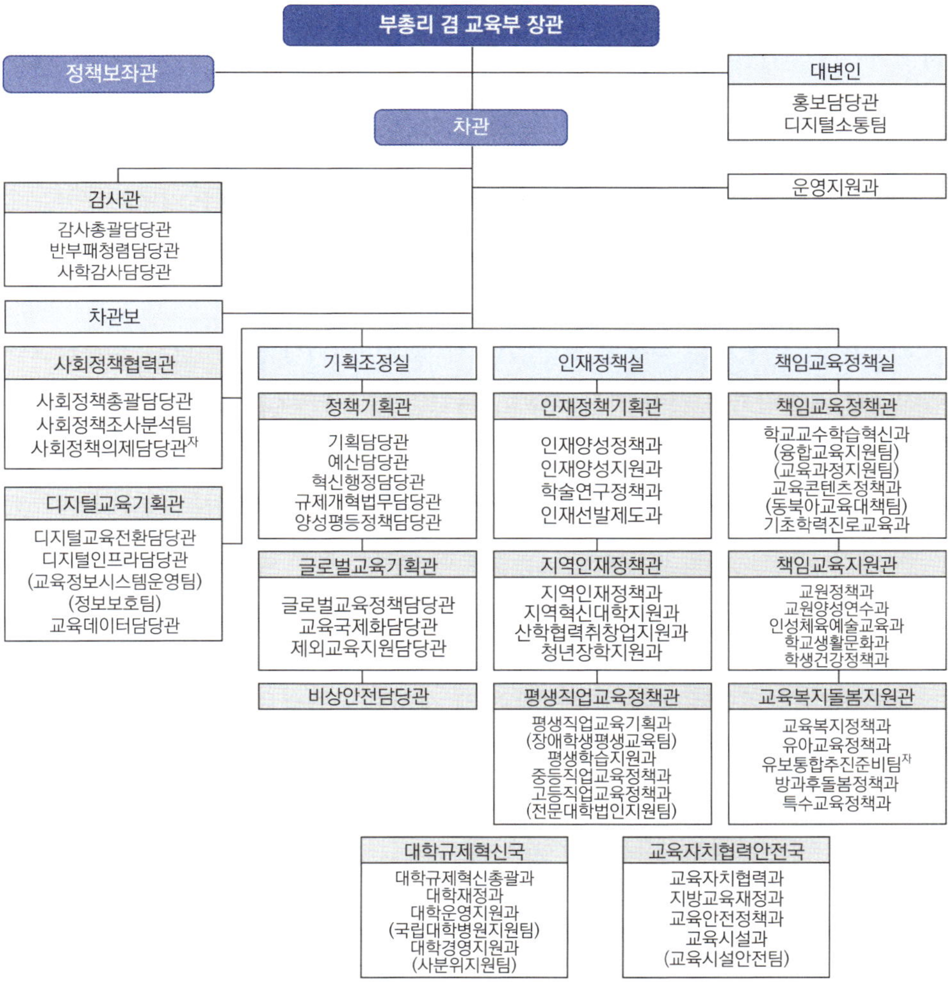

[그림 8-5] 교육부 조직도(2023. 1. 1.)

라. 국가교육위원회

국가교육위원회는 2022년 9월 27일 출범한 조직이다. 상임위원 3명을 포함해서 21명 위원으로 구성한다. 상임위원 중 1명은 위원장으로 장관급이다. 위원 중 5명은 대통령이 지명하고, 9명은 국회가 추천한다. 대학교육협의회가 1명을 추천하고, 전문대학교협의회가 1명을 추천한다. 교육관련단체가 2명을 추천하고, 광역지방자치단체협의회가 1명을 추천한다. 교육부 차관과 교육감협의회대표는 당연직 위원이다. 위원의 임기는 3년이고 한 차례 더 연임할 수 있다(국가교육위원회 설치 및 운영에 관한 법률).

국가교육위원회는 사회적 합의에 기반을 두고 중장기 교육발전계획을 수립하고 교육정책에 대한 국민의 의견을 수렴하고 조정하는 업무를 담당한다. 국가교육위원회는 교육 정책이 정권의 변화에 영향을 받지 않고 자주성, 중립성을 확보하면서 안정적으로 유지하도록 하기 위해서 만든 조직이다.

국가교육위원회는 대통령 소속 합의제 행정위원회다. 10년 단위로 국가교육발전계획을 수립하는 것이 가장 중요한 기능의 하나다. 국가교육위원회가 의결한 사항은 교육부장관을 위시한 유관 행정기관의 장과 지방자치단체의 장은 시행 계획과 결과를 보고해야 한다. 이런 점에서 볼 때, 국가교육위원회는 기존의 대통령 교육 자문 기구와는 성격이 다르다. 교육부는 국가의 교육행정 사무를 직접 관장하는 계선 조직이다. 지방(교육)자치단체는 지방의 여건과 주민의 요구를 반영해서 행정 사무를 시행하는 중간 계선 조직이다.

국가교육위원회는 설치의 취지에 맞게 정치적 중립성을 확보하면서 중장기적으로 교육 발전 계획을 수립해서 안정적으로 정책을 시행해야 한다. 이를 위해서 교육부와 지방교육자치단체와 건강하고 생산적인 협력 체제를 구축하는 것이 중요한 과제다.

2. 지방 교육행정 조직

지방 교육행정 조직을 이해하려면 그 운영의 기반이 되는 지방교육자치제에 관해서 알아야 한다. 따라서 우선 지방교육자치제에 관하여 살펴보고, 다음으로 지방 교육행정 조직에 관해서 살펴본다.

가. 지방교육자치제

1) 지방교육자치제의 이념과 원리

지방교육자치제는 '교육' 자치와 '지방' 자치의 의미를 모두 포함하는 제도다. '교육'자치제도는 일반 행정과 교육 행정과의 관계에 관한 것이다. 교육의 전문성과 정치적 중립성을 보장하고, 자율적인 교육 활동을 전개할 수 있도록 교육 행정을 일반 행정으로부터 분리·독립하여 자치적으로 실시하는 제도를 말한다(서울대학교 교육연구소 편, 1998: 90). '지방'자치제도는 중앙행정기관과 지방행정기관의 관계에 관한 것이다. 주민들이 참여하고 지역의 특수한 상황과 요구를 반영해서 행정을 하는 제도를 말한다. 이와 같이 지방교육자치제는 일반 행정과 교육 행정, 중앙 행정과 지방 행정의 관계에서 특수성과 전문성 문제, 양자의 권한 관계, 행정의 민주성과 주민의 참여성이 복합적으로 관계되는 제도다.

지방교육자치제를 실시하는 목표는 "지방교육자치에 관한 법률" 제1조에 잘 규정되어 있다. 즉 "교육의 자주성 및 전문성과 지방교육의 특수성을 살리기" 위한 것이고, 궁극적으로는 "지방교육의 발전"에 이바지하기 위한 것이다. 지방교육자치제는 지방 교육의 발전을 위해서 지방이 중심이 되어서 지역주민의 참여를 통해 수요와 요구를 반영하고 전문적으로 교육과 행정을 시행하는 제도이다. 이러한 지방교육자치제는 교육행정의 단순한 틀이나 장치라는 의미를 넘어서서, 국가의 교육과 교육 행정의 목표를 규정하고 시행 과정에서 구현해야 할 가치라는 의미도 있다.

지방교육자치가 어떤 가치들을 구현하기 위한 것인지는 그것의 원리로 제시된 것들에서 파악할 수 있다. 우리나라 교육행정학자 중에서 가장 먼저 교육자치제도의 기본 원리를 제시한 학자는 김종철이다(김종철, 1982: 174-176). 그는 지방분권의 원리, 민중 통제의 원리, 일반 행정으로부터의 분리독립 원리, 전문적 관리의 원리 등을 제시하면서 이들을 교육자치제도의 "4대 지주"라고 표현했다. 지방분권의 원리와 민중 통제의 원리는 "민주성의 원리"로 묶을 수 있고, 일반 행정으로부터의 분리독립 원리와 전문적 관리의 원리는 "전문성의 원리"로 묶을 수 있다.

이후 여러 학자들이 지방교육자치제의 원리를 제안했지만, 사용하는 용어만 다를 뿐, 김종철의 원리 구분 및 유형과 크게 다르지 않다. 즉, 지방교육자치제의 원리는 크게 '민주성'과 '전문성'이라는 구분 속에서, 민주성의 가치는 주민 자치의 원리와 지방 분권의 원리로 나뉘고, 전문성의 가치는 자주성의 원리와 전문적 관리의 원리로 나뉜다(남정걸, 2001: 98-100; 박수정, 2014: 49-51; 주삼환 외: 2014: 241-244).

① 주민 자치의 원리

주민 자치의 원리는 주민 통제의 원리라고도 하는데, 일정 지역의 교육 사업은 그 지역의 실정과 특수성을 가장 잘 아는 그 지역 주민들이 참여해서 결정하고 실시되어야 한다는 원리이다.

② 지방 분권의 원리

지방 분권의 원리는 지방 교육행정 기관이 중앙 정부로부터 권한을 위양 받아, 독자적・창의적・자율적으로 행사해야 한다는 원리이다.

③ 자주성의 원리

자주성의 원리는 교육행정이 일반행정으로부터 분리・독립해야 한다는 원리로서, 여기에는 정치적 중립성이 포함된다. 이는 지방행정에서뿐만 아니라, 중앙행정에서도 마찬가지로 지켜져야 하는 원리라고 볼 수 있다.

④ 전문적 관리의 원리

전문적 관리의 원리는 교육행정을 교육 및 교육행정에 관한 전문적 식견과 능력을 갖춘 사람이 맡아야 한다는 원리이다. 이는 교육행정에서는 법규의 해석과 적용 이외에도 교육의 본질에 관한 이해가 필요하다는 원리이다.

2) 지방교육 자치 조직

우리나라의 지방교육 자치 조직은 지방교육자치제라는 틀 속에서 구성·운영된다. 따라서 이것을 이해하기 위해서는 지방교육자치제도에 대해서 살펴볼 필요가 있다. 우리나라의 지방교육자치제도는 해방 이후 현재까지 대략 4단계의 변천과정을 거쳐 왔다(황준성, 임소현, 고전 등, 2014: 329-332).

제1단계는 1945년에서 1962년까지로 미군정시 교육자치가 도입된 이후 1961년 5·16군사정변으로 지방교육자치제가 중단되기 전까지를 말한다.

제2단계는 1963년부터 1990년까지를 말한다. 5·16군사정변으로 교육위원회와 교육감제가 폐지되었는데 따라서 이 기간은 교육자치제의 유보기 혹은 암흑기로 기술되기도 한다.

제3단계는 1991년 「지방교육자치에 관한 법률」이 제정됨으로써 지방교육자치제도가 본격적으로 실시된 이후 2006년까지이다. 「지방교육자치에 관한 법률」 시행으로 지방교육자치제의 양대 기본 조직인 교육위원회(심의·의결기관)가 구성되고 교육감(집행기관)이 선출되었다. 이후 교육위원과 교육감 자격 및 선출 방식은 법률 개정으로 몇 차례 부분적인 변화가 있었다.

제4단계는 2007년 이후 현재까지를 말한다. 2007년에 「지방교육자치에 관한 법률」이 대폭 개정되었는데, 주요 골자는 교육감을 주민 직선제로 선출하고 교육위원회를 시·도의회의 상임위원회로 개편하는 것이었다.

현행 우리나라의 지방교육 자치 조직은 의결기관과 집행기관이 따로 존재하는 기관 분립형이다. 과거에 교육감은 교육위원회에 소속되는 합의제 집행기관이

었었다. 현재 시・도의 교육・학예에 관한 사항의 의결기관은 시・도의회(상임위원회)이다. 교육감은 교육・학예 사무의 독임제 집행기관이다. 시・도의회와 교육감은 각각 의결기관과 집행기관으로 상호 견제와 균형의 관계에 있다고 볼 수 있다. 아래에서는 의결기관으로서의 시・도의회, 집행기관인 교육감 그리고 하급 교육행정기관인 시・군・구교육지원청에 관한 내용을 살펴보려고 한다.

① 시・도의회

우리나라의 지방자치단체는 특별시, 광역시, 도 그리고 기초자치단체인 시, 군, 구 등 두 가지가 있다. 이러한 지방자치단체에는 주민의 대의기관인 지방의회를 둔다. 지방의회에는 시・도의회와 시・군・구의회가 있다. 지방의회는 주민들이 직접선거로 선출하는 의원들로 구성하며, 임기는 4년이다(지방자치법).

시・도의회에는 상임위원회와 특별위원회를 두는데, 교육위원회는 상임위원회의 하나이다. 교육위원회는 지방의 유아원・유치원・초등학교・중학교・고등학교와 각종 학교의 설치・운영・지도에 관한 사항을 다룬다. 상임위원회의 종류와 수는 시・도마다 다르다.

1991년부터 본격적으로 실시한 지방교육자치제는 시・도의 광역단위로 이루어졌다. 시・도에는 시・도의회와는 별개의 조직으로 「교육위원회」라는 교육・학예에 관한 심의・의결기관을 두어 운영했다. 교육위원은 시・군・구의회가 추천한 사람들 중에서 시・도의회가 선출하도록 했다. 2007년에는 교육위원회를 시・도의회의 상임위원회로 개편하는 것으로 지방교육자치법을 대폭 개정했다. 그러다가 2010년에 있었던 지방선거에 한해서 시・도교육의원제도를 만들어서 교육(행정) 경력이 있는 교육의원을 따로 선출하도록 법을 개정해서 실시했다. 차후에는 교육의원을 폐지하는 소위 '일몰제'를 적용했기 때문에, 2014년과 2018년에 실시했던 지방선거에서는 교육의원을 뽑지 않았다. 시도의회의 상임위원회의 하나로서 교육위원회를 일반 시・도의회 의원으로 구성했다. 과거의 교육자치기관으로서의 교육위원회가 완전히 폐지된 것이다.

② 교육감

교육감은 시・도의 교육・학예에 관한 사무의 집행기관이다. 교육감의 선출, 자격 및 임용, 관장 사무는 아래와 같다.

- 교육감의 선출: 교육감은 주민의 보통・평등・직접・비밀선거에 따라 선출한다.
- 교육감의 자격 및 임용: 교육감의 임기는 4년으로 하며, 교육감의 계속 재임은 3기에 한한다. 교육감 후보자가 되려는 사람은 당해 시・도지사의 피선거권이 있는 사람으로서 후보자 등록 신청 개시일부터 과거 1년 동안 정당의 당원이 아닌 사람이어야 한다. 후보자 등록 신청 개시일을 기준으로 교육경력 또는 교육행정경력이 3년 이상 있거나 양 경력을 합한 경력이 3년 이상 있는 사람이어야 한다.
- 교육감의 관장 사무: 교육감은 사무집행권, 교육규칙제정권, 대표권, 지휘감독권, 재의요구권, 제소권, 선결처분권 등을 가진다. 교육감의 주요 사무는 다음과 같다.
  - 조례안의 작성 및 제출
  - 예산안의 편성 및 제출
  - 결산서의 작성 및 제출
  - 교육규칙의 제정
  - 학교, 그 밖의 교육기관의 설치・이전 및 폐지
  - 교육과정의 운영
  - 과학・기술교육, 평생교육 등의 진흥
  - 학교체육・보건 및 학교환경정화
  - 학생통학구역
  - 교육・학예의 시설・설비 및 교구(교구)
  - 재산의 취득・처분
  - 특별부과금・사용료・수수료・분담금 및 가입금
  - 기채・차입금 또는 예산 외의 의무 부담

- 기금의 설치·운용
- 소속 국가공무원 및 지방공무원의 인사관리

③ 교육감의 보조 기관 – 부교육감

교육감의 보조기관으로 교육감 산하에 국가공무원으로 보하는 부교육감 1인을 둔다(인구 800만명 이상이고 학생 150만명 이상인 시·도는 2인). 부교육감은 당해 시·도교육감이 추천한 자를 교육부장관의 제청으로 국무총리를 거쳐 대통령이 임명한다.

④ 하급 교육행정 기관 – 교육장

교육장은 시·도의 교육·학예에 관한 사무를 분장하기 위한 하급 교육행정 기관의 책임자이다. 교육장은 장학관으로 보한다. 각급 학교의 운영·관리에 관한 지도·감독을 주임무로 하며, 교육과정의 운영, 재산의 취득·처분, 학교 수업료 및 입학금, 예산안의 편성 및 집행, 소속 공무원의 인사 관계 등에 관한 사항을 관리한다.

3) 지방교육자치제의 쟁점과 과제

우리나라에서 지방교육자치제가 법적인 기반을 제대로 갖추고 시행된 시점을 「지방교육자치에 관한 법률」이 제정된 1991년으로 본다면 30여 년에 가까운 역사를 가지고 있다. 그동안 제도적으로 수차례 커다란 변화를 겪으면서 발전해 왔다. 그 과정에서 일관해서 논의의 중점이 되는 몇 가지 쟁점은 다음과 같다.

첫째는 일반 자치와 교육 자치의 관계다. 교육 행정의 전문성과 특수성을 강조해서 일반 행정으로부터 독립적으로 운영해야 한다는 주장과 행정의 종합성과 효율성을 위해서 교육 행정이 일반 행정으로 통합해야 한다는 주장이 대립하고 있다.

둘째는 교육 행정의 정치적 중립성 문제이다. 교육의 정치적 중립성은 교육기본법에 규정되어 있는 중요한 가치다. 이것을 지원하기 위한 교육 행정 역시 정치적 중립성이 보장되어야 한다. 그런데 지방교육자치제도의 내용 그리고 실제 실행

과정에서 정치적 중립성을 훼손할 수 있는 요소들이 적지 않다. 예를 들면, 거의 모두 당적을 가진 사람들로 구성된 시·도의회(교육위원회)가 교육에 관한 조례, 예·결산, 감사에 관한 권한을 행사하는 것을 들 수 있다. 정당의 당원이 아닌 교육감이 시·도의회와 원만한 지원 및 협조 관계를 유지하는 것은 현실적으로 어려움이 많다. 교육감 선출 방법과도 관련이 있는데, 시장, 도지사와 러닝메이트 선출 제도가 제안되는 것은 이런 문제와도 관련이 있다.

셋째는 지방 교육에서 교육의 전문성 존중의 문제이다. 교육감의 자격요건으로 교육 혹은 교육행정 경력 3년이 규정되어 있다. 시·도 교육행정의 지도자이자 최고 책임자인 교육감은 교육과 교육행정에 관한 고도의 전문성을 갖추어야 한다. 그러나 이러한 요건이 1991년 지방교육자치에 관한 법률에서는 20년 이상이었다가 2007년에는 5년 이상으로 개정되었고, 2014년에는 3년 이상으로 줄었다. 시·도교육의 의결기관인 시·도의회 교육위원회 의원에 대해서는 교육 관련 경력이 전혀 요구되지 않는다. 교육감과 시·도의원 모두 주민들이 직접 선출하기 때문에 교육에 관한 전문성에 관해서는 그들의 판단에 맡기면 된다는 생각이 작용한 것으로 보인다.

넷째는 교육감 선출 방법과 선거 비용의 문제다. 교육감 선거는 지방자치단체장과 지방의회 의원 선거와 함께 이루어진다. 주민이 직접 선출한다. 이런 선출 방법은 유권자들의 교육감 선거에 대한 무관심 그리고 선거 운동 비용의 막대함으로 인해서 교육감 적임자를 선출하는 데 적합하지 않다는 비판이 크다. 교육에 대해서는 관심과 관계가 없는 유권자들이 교육감 선거에 참여하기 때문이 소위 '깜깜이' 선거가 이루어진다. 시·도 단위로 이루어지는 교육감 선거 운동에 드는 공식적인 비용만 해도 수십억 원에 달한다. 교육감의 자질은 구비하고 있지만 이런 비용을 조달하고 관리하기 어려운 사람은 출마 자체가 어렵다.

다섯째는 교육감의 4년 임기내 업적 주의의 폐해 문제다. 교육감은 4년간 수행할 교육 공약을 발표하고 주민들의 선택을 받는다. 임기 중에는 공약을 실천하고 가시적인 성과를 보여주기 위해 온갖 노력을 기울인다. 주민들의 좋은 평가를 받아야 재선할 수 있기 때문이다. 교육감의 교육 행정은 4년 단기간에 주민들의 눈에 보이고 체감할 수 있는 성과와 결과를 산출하는 데 집중될 수밖에 없다. 장기간에 걸쳐 안정적으로 이루어져야 할 교육 정책과 제도가 교육감의 교체로 4년 단위로 변한다면, 그 폐해는 학생, 학부모 그리고 교원에게 돌아갈 수밖에 없다.

지방교육자치제는 지역 실정에 맞는 특색 있는 교육을 실시하기 위해 주민들의 참여 속에 정책과 제도를 구안하고 실천하는 것이다. 이러한 목적을 지금과 같은 교육 여건과 정책 환경 속에서 달성하기 위해서는 좀 더 긴 안목으로 교육공동체 구성원들이 지식과 지혜를 모아서 구체적인 제도와 장치를 만들어야 한다.

나. 지방 교육행정 조직

지방 교육행정 조직은 광역자치기관인 시・도교육청과 하급 지방 교육행정기관인 시・군・구 교육지원청으로 나뉜다. 시・도교육청의 기구 조직은 서울특별시와 광역시 및 도교육청의 조직이 조금 다르다. 서울특별시 교육청과 강원도 교육청의 조직을 그 예로 제시하면 [그림 8-6] 및 [그림 8-7]과 같다.

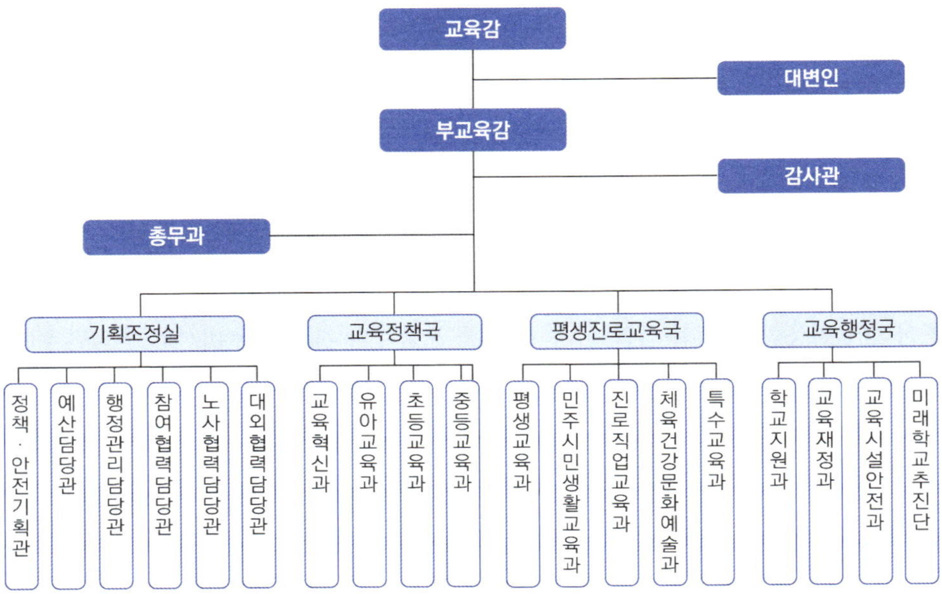

[그림 8-6] 서울특별시 교육청 조직도(2022년)

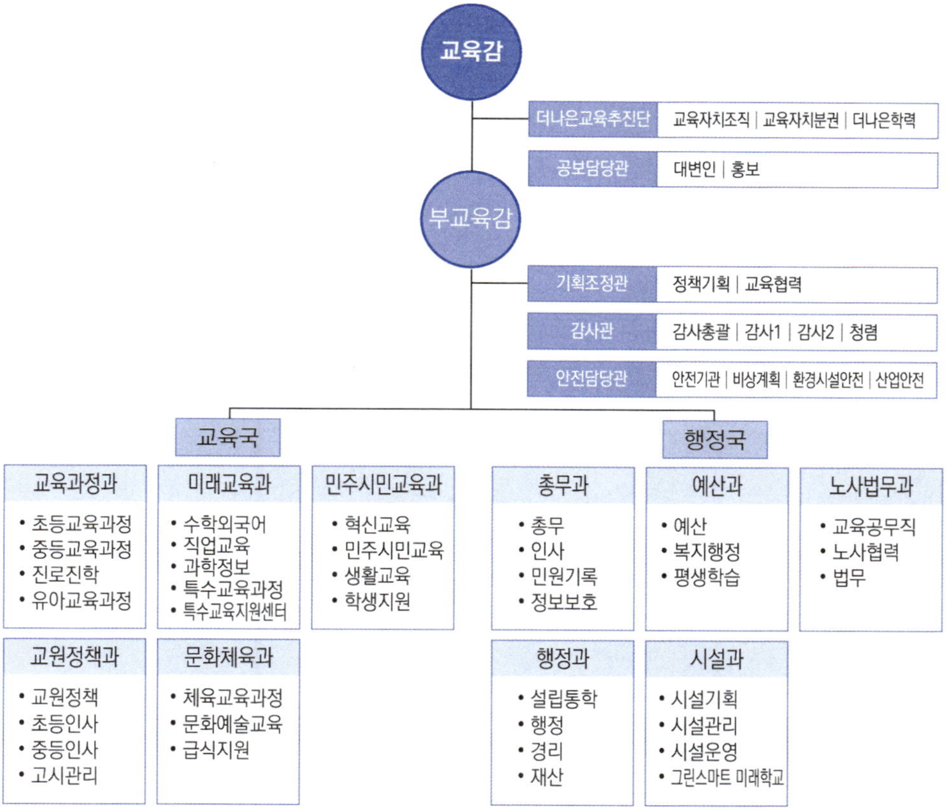

[그림 8-7] 강원도 교육청 조직도(2022년)

시・도의 교육・학예에 관한 사무를 분장하기 위하여 1개 또는 2개 이상의 시・군 및 자치구를 관할구역으로 하는 하급교육행정 기관이 설치되는데, 이것이 교육지원청이다.[5] 교육지원청의 국・과의 설치 및 사무 분장에 관한 사항은 당해 시・도의 교육규칙에 따라 정하도록 되어 있으며, 그 설치 기준은 인구수와 학생 수에 따라 다르다. 서울시 교육청 소속 교육지원청의 예를 살펴보면 [그림 8-8]과 같다.

5) 지역교육청은 2010년 9월 1일부터 그 명칭이 '교육청'에서 '교육지원청'으로 변경되었다. 이는 관리 중심의 지역교육청 기능을 학생・학부모・학교 현장 지원 위주로 새롭게 정립하여 "교육현장 공감형 기관"으로 선진화하기 위한 것이다.

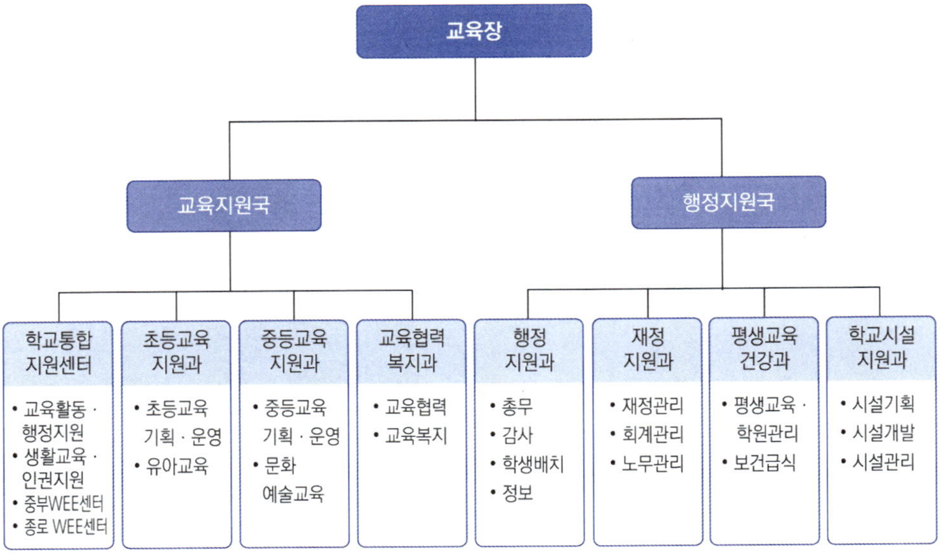

[그림 8-8] 서울특별시 중부교육지원청 조직도 (2022년)

질문 / 토의거리

1. 조직의 개념을 설명해 보자.
2. Weber의 관료제의 의미에 대하여 설명하고, 이것이 지니고 있는 강점과 문제점에 대하여 논의해 보자.
3. 계선조직과 참모조직을 비교하여 설명해 보자.
4. 우리나라 지방교육자치제도를 지방교육자치제의 원리를 기준으로 분석, 비판해 보자.

참고문헌

강경석 외(1998). 학교 조직의 전문화·조직 구조 특성·조직 효과성 간의 인과 관계. 교육행정학연구, 16(3), 127-148.

김종철(1982). 교육행정의 이론과 실제. 서울: 교육과학사.

남정걸(2001). 교육행정 및 교육 경영. 서울: 교육과학사.

박수정(2014). 한국 지방교육자치 연구: 동향과 전망. 서울: 학지사.

서울대학교교육연구소 편(1998). 교육학대백과사전. 춘천: 하우동설.

오석홍(2003). 조직이론. 서울: 박영사.

왕기항(1983). 학교 조직 건강 진단을 위한 연구. 박사학위논문. 중앙대학교.

윤정일 외(2006). 교육행정학원론. 서울: 학지사.

주삼환 외 공저(2014). 교육행정 및 교육경영(5판). 서울: 학지사.

진동섭(1999). 학교 조직론, 서울대학교 교육연구소(1999). 교육학대백과사전. 춘천: 하우동설. 2739-2748.

진동섭 외(2005). 한국 학교 조직 탐구. 서울: 학지사.

황준성, 임소현, 고전, 이덕난(2014). 지방교육자치법규 입법현황 및 개선방안 연구. 한국교육개발원 연구보고 RR2014-06.

Barnard, C. I. (1938). *The functions of the executive*. Cambridge, MA: Harvard University Press.

Blau, P. M., & Scott, W. R. (1962). *Formal organizations: A comparative approach.* San Francisco: Chandler.

Cohen, M. D., March, J. G., & Olsen, J. P. (1972). A garbage can model of organizational choice. *Administrative Science Quarterly*, 17, 1-25.

Etzioni, A. (1961). *A comparative analysis of complex organization*. New York: Free Press.

Firestone, W. A., & Herriott, R. E. (1981). Two images of organization and promotion of educational change. In Corwin, R. G. (Ed.), *Research in Sociology of Education and Socialization*, vol. 2 (pp. 221-261). Greenich, Connecticut: JAI Press.

Gaus, J. M., et al. (1936). *The frontier of public administration*. University of Chicago Press.

Getzels, J. W., & Guba, E. G. (1957). Social Behavior and the Administrative Process. *The School Review*, 65(4), 423-441.

Halphin A. W., & Croft, D. B. (1962). *The organizational climate of schools*. Washington,

DC: US Office of Education, Research Project.

Hoy, W. K., & Miskel, C. G. (2001). *Educational administration: Theory, research, and practice*(5th ed.). New York: McGraw-Hill.

Katz, D., & Kahn, R. L. (1978). *The social psychology of organizations*. New York: John Wiley and Sons.

Keesing, R. M. (1981). *Cultural anthropology: A contemporary perspective.* New York: Holt, Rinehart, and Winston. 전경수 역(2000). 현대문화인류학. 서울: 현음사.

Leavitt, H. J.(1965). Applied Organizational change in industry: Structural, technological and humanistic approach. In March, J. G. (Ed.). *Handbook of Organizations*, (pp. 1144-1170). Chicago: Rand MoNally.

March, J. G., & Olsen, J. P. (1976). *Ambiguity and choice in organization*. Bergen, Norway: Universitetsforlaget.

Mayo, Elton. (1933). *The human problem of an industrial civilization*. New York: McMillan.

Miles, M. (1965). Planned change and organizational health: Figure and ground. *Change processes in the public school*. Eugene, Oregon: The University of Oregon.

Miner, J. B. (1988). *Organizational behavior: Performance and productivity*. New York: Random House.

Nadler, D., & Tushman, M. (1977). A diagnostic model for organizational behavior. In Richard J. Hackman, E. E. Lawler, L. W. Porter, & P. S. Nave (Eds.). *Perspectives on Behavior in Organizations*. N. Y.: McGrow-Hill.

Ouchi, W. (1981). *Theory Z: How american business can meet the Japan challenge*. Massachusetts: Addison-Wesley.

Parsons, T. (1960). *Structure and process in modern society*. New York: Free Press.

Scott, W. R. (2003). *Organizations: Rational, natural and open system*. Englewood Cliffs, N. J.: Prentice-Hall.

Scott, W. R., & Davis, G. F. (2016). *Organizations and Organizing: Rational, Natural, and Open System Perspectives*. New York: Routledge.

Tagiuri, R., & Litwin, G. H. (Eds.). (1968). *Organizational climate*. Boston: Harvard Graduate School of Business Administration.

Weber, M. (1946). Bureaucracy. In M. Weber (Ed.), *Essay in sociology*. (H. H. Gerth, & C. W. Millsand Trans.). New York: Oxford University Press.

Weber, M. (1947). *The theory of social and economic organization*. (A. M. Henderson &, T. Parsons Eds. and Trans.). New York: Free Press.

Weick, K. E. (1976). Educational organizations as loosely coupled systems. *Administrative Science Quarterly*, 21, 1-19.

참고법령

교육기본법

국가교육위원회 설치 및 운영에 관한 법률

대통령령 제33161호

정부조직법

지방교육자치에 관한 법률

지방자치법

헌법

제9장 교원인사행정론

여기에서는 교육인사행정의 주요 영역들을 다룬다. 구체적으로 교육인사행정의 개념과 의미, 교원자격의 의의, 교원자격의 기준, 자격검정제도의 현황 및 발전 방향, 교사 신규채용의 의의, 신규채용제도의 현황, 신규채용제도의 발전 방향, 현직연수의 개념과 의의, 현직연수에 대한 시각, 현직연수의 기관 및 종류, 현직연수의 발전 방향을 알아본다. 더 나아가 교사평가의 개념 및 의의, 교사평가의 현황, 교사평가제도의 진단과 발전 방향, 승진의 개념과 의의, 승진의 기준, 승진제도의 문제와 발전 방향 등을 살펴본다.

제1절 교원인사행정의 기초

학교조직을 운영하는 데는 필수적으로 재정(money), 물자(material), 인력(man) 등 세 가지 요소가 갖추어져야 한다. 이를 3M이라고 하여 조직의 3대 관리요소라 부른다. 근래에는 여기에 경영(management)을 포함하여 4M이라고도 한다. 이 중에서 가장 중요한 요소는 인력이다. 조직을 운영하고 관리하는 활동은 사람들에 의하여 그 성패가 좌우되기 때문이다.

교육활동이 이루어지기 위하여 세 가지 요소가 있어야 한다. 가르치는 교원과 배우는 학생과 가르치고 배우는 교육내용이 상호작용을 이루면서 교육활동이 이루어지는 것이다. 조직이 운영되는 데 인력이 가장 중요한 것과 마찬가지로 교육활동이 이루어지는 데도 교원이 가장 중요하다.

교원인사행정은 교육활동에 종사하는 교원과 관련 직원들에 대한 인사사무를 의미한다. 자세하게 풀어보자면 학교교육을 담당할 인적 자원을 확보・교육・배치・관리하고 그들을 위한 근무조건을 확립하며 전문성 향상을 위한 일련의 행정 지원활동을 말한다.

교원과 관련 직원은 간단히 교육직원 또는 교직원이라고 부른다. 이들은 각급 학교 교육활동에 직접 종사하는 교원, 교육활동을 지원하는 학교직원, 교육행정기관 및 교육연구・연수기관에 근무하고 있는 사람들을 포함한다. 교육직원은 크게 국・공립계통 교육직원과 사립계통 교육직원으로 나눌 수 있다. 국・공립계통 교육직원은 국・공립학교, 교육행정기관(교육부와 시・도교육청・지역교육지원청), 교육연구・연수기관에서 교육・연구・연수활동 또는 교육행정활동에 종사하는 직원을 포함한다. 사립계통 교육직원은 사립교육기관에 근무하는 직원을 포함한다. 일반적으로 사립계통 교육직원에 대한 규정은 국・공립계통 교육직원에 대한 규정에 준한다.

교육직원의 범위는 매우 넓고 다양하다([그림 9-1] 참조). 교육직원 중에서 가장 중요한 것은 교육공무원이며, 그 중에서도 특히 교원이다. 이 장에서는 주로 교원을 중심으로 하여 교원인사행정을 살펴본다.

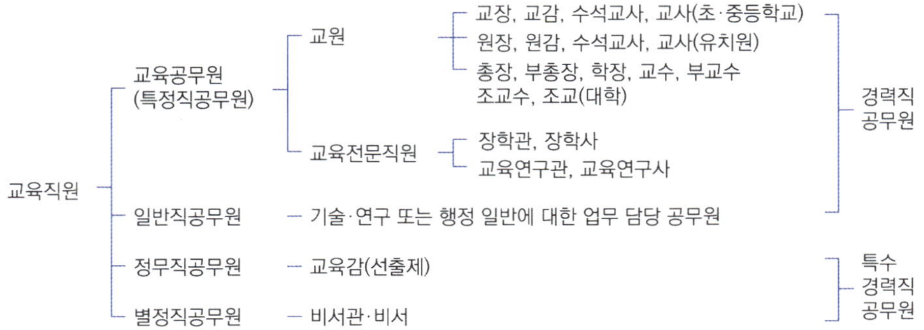

관계 법령: 국가공무원법 제2조, 교육공무원법 제2조, 초·중등교육법 제19조, 유아교육법 제20조, 고등교육법 제14조

[그림 9-1] 교육직원 분류

교원인사행정은 법령에 기초하여 이루어진다. 교원인사행정과 관련되는 법령은 다양하지만, 가장 기본이 되는 법령은 교육공무원법이다. 교육공무원법은 교육공무원의 직무와 책임의 특수성에 비추어 국가공무원의 규정과 별도로 교육공무원의 자격·임용·보수·연수 및 신분보장 등에 관하여 적용할 기준을 규정하고 있다. 교육공무원이라 함은 교육기관에 근무하는 교원 및 조교, 교육행정기관에 근무하는 장학관·장학사, 교육기관·교육행정기관 또는 교육연구기관에 근무하는 교육연구관·교육연구사에 해당하는 사람들을 의미한다. 이 법령 외에도 현행 교육기본법 제14조(교원)[1]와 초·중등교육법 제3장 2절(교직원) 및 고등교육법 제2장 2절(교직원)에 교원에 관한 규정이 있다. 사립학교법 제4장(사립학교 교원)에 사립학교 교원에 관한 규정, 그리고 '교원지위 향상을 위한 특별법'은 교원인사행정의 기초가 되는 법령이다.

제2절 교원자격 및 자격검정제도

1. 교원자격의 의의

자격은 어떤 직무를 수행하는 데 필요한 특정한 능력 및 자질을 행정·제도적으로 규정한 것이다. 특정의 직무를 수행하는 데 필요한 인성적 특성 혹은 교육과

1) 제14조(교원) ① 학교교육에서 교원의 전문성은 존중되며, 교원의 경제적·사회적 지위는 우대되고 그 신분은 보장된다. ② 교원은 교육자로서 갖추어야 할 품성과 자질을 향상시키기 위하여 노력하여야 한다. ③ 교원은 교육자로서의 윤리의식을 확립하고, 이를 바탕으로 학생에게 학습윤리를 지도하고 지식을 습득하게 하며, 학생 개개인의 적성을 계발할 수 있도록 노력하여야 한다. ④ 교원은 특정 정당 또는 정파를 지지하거나 반대하기 위하여 학생을 지도하거나 선동하여서는 아니된다. ⑤ 교원은 법률이 정하는 바에 의하여 다른 공직에 취임할 수 있다. ⑥ 교원의 임용·복무·보수 및 연금 등에 관하여 필요한 사항은 따로 법률로 정한다.

훈련을 통해 습득되는 일반적 특질을 자질이라 한다면, 자격은 이런 자질 중에서 행정적으로 인정된 특성을 말한다. 자질은 개인의 가치관, 신념, 태도, 적성 등 인성적 자질과 실제 직무수행 능력과 소양에 관련된 전문적 자질을 포함한 포괄적인 개념이지만, 자격은 후자인 전문적 자질에 가깝다. 그리고 자격검정은 어떤 개인이 법적으로 정해진 자격기준을 가지고 있는지의 여부를 확인하는 행위를 의미한다.

일반적으로 전문직 종사자가 되기 위해서는 소정의 자격을 취득해야 한다. 전문직 종사자인 교사의 경우에도 교단에 서기 위해서는 법적으로 규정된 교사자격을 먼저 취득해야 한다. 이는 무엇보다도 교사의 교육행위의 대상이 되는 학생들이 일정 수준 이상의 능력과 자질을 갖춘 교사들로부터 교육을 받을 수 있도록 학생들을 보호하며, 전문직 종사자로서 교사들의 신분과 사회적 지위를 보호하기 위한 것이다. 뿐만 아니라 국가·사회 전체적으로 교육사업의 사회성·공공성·안전성을 보호하기 위한 제도적 장치가 되기도 한다.

2. 교원자격의 기준

교원자격의 기준은 초·중등교육법 제21조에 상세히 규정되어 있다. 중등 교장의 자격기준은 크게 중등학교의 교감자격증을 가지고 3년 이상의 교육경력과 소정의 재교육을 받은 자, 학식·덕망이 높은 자로서 대통령령이 정하는 기준에 해당한다고 교육부장관의 인정을 받은 자로 되어 있다. 중등 교감의 자격기준은 대체로 중등학교 정교사(1급)자격증을 가지고 3년 이상의 교육경력과 소정의 재교육을 받은 자로 규정되어 있다. 그러나 실제로는 교육공무원승진규정에 정해진 바에 따라, 공립학교 교감 자격의 경우 20년 이상의 교육경력이 있어야 자격을 취득할 수 있다.

교장과 교감의 자격 기준 중에 제시되어 있는 '학식과 덕망이 높은 자로서 대통령령이 정하는 기준에 해당한다고 교육부장관의 인정을 받은 자'에 관한 사항은 교원자격검정령에 「교장(원장)자격 인정기준」으로 제시되어 있다. 이 자격 인정기준은 주로 교육행정 경력 또는 교육전문직 경력을 가진 사람을 대상으로 한다.

수석교사는 교사 자격증을 소지한 사람으로서 15년 이상의 교육경력을 가지고 교수・연구에 우수한 자질과 능력을 가진 사람 중에서 대통령령으로 정하는 바에 따라 교육부장관이 정하는 연수 이수 결과를 바탕으로 검정・수여하는 자격증을 받은 자이어야 한다.

교사는 정교사(1급・2급), 준교사, 전문상담교사(1급・2급), 사서교사(1급・2급), 실기교사, 보건교사(1급・2급) 및 영양교사(1급・2급)로 구분되며, 교육부장관이 검정・수여하는 자격증을 받은 자이어야 한다. 중등 정교사(1급)의 자격기준은 대체로 중등학교 정교사(2급) 자격증을 가진 자로서 3년 이상의 교육경력을 가지고 소정의 재교육을 받은 자를 원칙으로 하고 있다. 중등 정교사(2급)의 자격은 다양한 유형의 교사양성기관을 졸업한 자에게 주어지고 있다.

3. 자격검정제도

우리나라에 있어서 교사자격은 그 효력이 종신토록 계속된다. 따라서 교원양성기관 졸업자에게 최초로 교사자격을 부여하기 위한 신규 교사자격 검정제도는 교사자격을 종신토록 규정하는 행정적 행위라는 점에서 대단히 중요한 의미를 지닌다.

교사자격검정의 종별, 자격증 표시과목 등에 관한 사항은 교원자격검정령과 교원자격검정령시행규칙에 규정되어 있다. 교원자격검정령 제2조에 의하면, 교원자격검정의 종별은 무시험검정과 시험검정으로 구분되어 있다. 무시험검정은 시험을 치루지 아니하고 법이 정한 자격기준의 요건에 합당하면 서류심사에 의하여 교사자격증을 수여하는 방법이다. 현재 교사자격 취득자의 대부분이 무시험검정을 통하여 자격증을 수여받고 있다. 교사자격검정은 원칙적으로 교육부 장관의 권한 사항이나 '행정권한의 위임 및 위탁에 관한 규정'에 의거, 국・사립학교의 장과 교육감에게 위임·위탁되어 있다. 무시험검정의 대상은 초·중등교육법 [별표 1]에 의한 교장·교감·원장 및 원감의 자격검정과 [별표 2]에 의한 교사의 자격검정 중 제24조(교원자격검정령)의 규정에 의한 시험검정의 대상이 아닌 자의 자격검정을 포함한다. 교직과정을 이수한 자에 대한 합격기준은 자격검정에 있어서는 교직과정의 과목과 전공과목의 평균 성적을 각각 80점 이상으로 규정하고 있다.

시험검정은 교원수급 계획상 필요에 의하여 실시하는 것으로, 합격자에게 교사자격증을 수여하는 방법이다. 따라서 시험검정은 매년 시행되는 것이 아니라 교사자격의 종별에 따라 필요에 의해 실시된다. 시험검정의 대상은 초·중등 교육법 [별표 2]의 중등학교 준교사자격기준 제2호와 초등학교·유치원·특수학교 준교사자격기준 제1호에 의한 자격검정 및 실기교사 자격기준 중 제3호와 4호에 의한 자격검정을 포함한다. 시험검정은 학력고사와 실기고사 및 구술고사로 구분하여 실기하되, 학력고사에 합격한 자에 한하여 실기고사 및 구술고사를 부과할 수 있다. 학력고사와 실기고사는 지원자가 취득하고자 하는 교사자격에 상응한 과목에 관한 학력과 실기능력을 평가하며, 구술고사는 교사로서의 인성·적성 및 자질에 대하여 평가한다.

4. 교원자격 및 자격검정제도의 발전 방향

교원자격 및 자격검정제도의 발전을 위하여 고려되어야 할 주요 방향은 다음과 같다. 첫째, 교직 전문성의 향상에 기여할 수 있는 교사자격 검정제도가 마련되어야 한다. 교사양성기관의 졸업생 중에서 교사로서의 기본적인 능력과 자질을 갖추었다고 판단되는 학생에게만 교사자격을 부여해야 한다. 교사로서의 기본적인 능력과 자질을 갖추지 못한 것으로 판단되는 학생에게는 대학졸업장은 수여하되 교사자격증은 수여하지 않는다. 이는 원칙적으로 교사양성기관에서의 졸업인정과 교사 자격부여를 분리하는 것을 의미한다. 그리고 대학 차원에서 충실하고 엄격한 교사자격검정위원회의 설치·운영이 요구된다.

둘째, 종합적인 평가에 기초한 교사자격 검정제도가 마련되어야 한다. 교사로서 요구되는 기본적인 능력과 자질은 대체적으로 교직에 대한 태도 및 가치관, 교직에 대한 지식 및 이해, 교직에 대한 기술 및 실기 능력, 인성 및 인품, 정신적 및 신체적 건강 등에 있어서 바람직하고 충실한 것을 의미한다. 이러한 요소에 대한 평가는 종합적이고 계속적으로 이루어져야 한다. 따라서 졸업 단계에 있어서 단편적이고 일회적인 평가를 지양하고, 교사양성과정의 전체 단계에 걸친 계속적인 평가 그리고 다양한 준거 자료에 기초한 평가를 통해 교사자격을 부여하도록 한다.

셋째, 교육현장의 요구를 반영할 수 있는 교사자격 검정제도가 마련되어야 한다. 교사양성기관에서의 교육과정 편성과 운영은 졸업생이 장차 교직활동에 종사하게 될 초·중등 학교현장의 필요와 요구를 반영하여야 한다. 따라서 교사양성기관의 자율성 존중을 원칙으로 하되, 가능한 범위 내에서 졸업생에 대한 교사자격의 판단 및 자격의 부여에 있어 학교현장과 교육행정기관 등의 의견을 반영하도록 한다.

제3절 교사 신규채용

1. 교사 신규채용의 의의

흔히 신규채용이라는 용어와 신규임용이라는 용어가 혼용되고 있다. 교육공무원법 제2조 5항에 규정된 '임용'의 정의에 따르면 교원의 임용은 신규채용·승진·승급·전직·전보·겸임·파견·강임·휴직·직위해제·정직·복직·해임 및 파면을 포함하는 교원인사행정에서 매우 중요한 개념이다. 그러나 일반적으로 '임용'은 좁은 의미로 조직의 결원을 보충하는 활동이라고 할 수 있다. 즉, 교육조직에서 필요한 교사를 교육조직 외부로부터 일정한 절차를 거쳐서 보충하는 활동이라고 할 수 있는 '외부로부터의 임용(신규채용)'과 '내부로부터의 임용'의 두 가지로 구분할 수 있다(오석홍, 2000: 126).

신규채용은 공개경쟁채용과 특별채용의 방법으로 이루어진다. 교사를 포함한 공무원의 신규채용은 대체로 공개경쟁채용 방법을 쓰고 있다. 공개경쟁채용은 자격이 있는 모든 사람에게 시험에 응시할 기회를 주고 공개적인 경쟁을 통하여 채용후보자를 결정하는 방법이다. 그리고 특별채용은 공개경쟁제도를 보완하고 임용구조에 융통성을 부여하려는 제도이다. 교육공무원의 임용에 공개경쟁채용 방법을 사용함에 있어서는 교원으로서의 자격을 갖추고 임용을 원하는 모든 자에 대하여 능력에 따라 균등한 임용의 기회가 보장되어야 함을 원칙으로 하고 있다. 특별채용은 경쟁시험에 의한 결원 보충이 곤란한 도서·벽지 등 특수한 지역에 근무할 자와 특수한 교과목을 담당할 자를 임용하는 경우, 그리고 사립학교에 근무하는 교원을 교육공무원으로 임용하는 경우를 비롯하여, 특별한 경우에 실시된다.

1990년도까지는 우리나라에서 공립 초·중등학교 교사를 신규로 채용하는데 국립 교대와 사대의 졸업생들을 우선적으로 채용하였다. 국립 교대와 사대의 졸업생으로 충당이 안되는 인원은 사립 사대 또는 교직과정 이수자를 대상으로 한 순위고사를 통해 충당하여 왔다. 그러나 1990년 10월 8일에 국립 교사양성기관 졸업생의 국·공립 초·중등학교에 대한 우선 채용을 규정한 종전의 교육공무원법 제11조 1항이 평등권과 직업선택권을 보장하는 헌법에 위배된다는 헌법재판소의 판결이 나왔다. 이후 공개경쟁채용 방법이 활용되고 있다.

2. 교사 신규채용제도의 현황

교사 신규채용에 관한 사항은 교육공무원법(제11조)과 교육공무원임용령(제9~12조)에 규정되어 있고, 교사 신규채용을 위한 공개전형에 관한 사항은 '교육공무원 임용후보자선정 경쟁시험 시행규칙'에 규정되어 있다. 교육공무원 임용후보자선정 경쟁시험 시행규칙의 중요한 내용은 다음과 같다.

교육임용후보자 선정을 위한 경쟁시험은 채용 예정직의 해당과목 교원자격증을 취득한 자(졸업예정자 포함)를 대상으로 하여, 당해 교육공무원의 임용권자가 실시한다. 공개전형은 필기시험, 실기시험 및 면접시험 등의 방법에 의하며, 필기시험 성적에는 우수한 교사임용후보자의 선정을 위하여 재학기간 중의 성적 등 필요하다고 인정하는 평가요소를 점수로 환산하여 가산할 수 있다.

시험의 단계는 1차시험 및 2차시험으로 구분하여 실시하되, 1차시험에 합격하지 아니하면 2차시험에 응시할 수 없다. 시험실시기관은 시험 일정 등을 고려하여 필요하다고 인정할 때에는 1차시험 및 2차시험을 통합하여 실시할 수 있다.

1차시험은 기입형・서술형 및 논술형 필기시험으로, 2차시험은 교직적성 심층면접과 수업 능력(실기・실험을 포함) 평가로 한다. 다만, 응시자가 선발예정인원에 미달되거나 시험실시기관이 필요하다고 인정할 때에는 시험의 일부를 면제할 수 있다.

필기시험은 교육학과 전공(교과내용학과 교과교육학)에 대한 종합적 이해와 교직수행 능력을 평가하되, 각각 채용예정직에 상응하는 학력과 능력을 평가한다. 실기・실험시험은 예・체능과목, 과학교과 등 실기・실험시험이 필요한 경우에 실시하며, 채용예정직에 상응하는 실기・실험 능력을 평가한다. 교직적성 심층면접 시험은 교사로서의 적성, 교직관, 인격 및 소양을 평가한다. 이 경우 시험실시기관은 교직 부적격자를 확인할 수 있는 평가지표를 개발하여 활용한다. 수업능력평가는 수업의 실연 등을 통하여 교사로서 갖추어야 하는 의사소통 능력과 학습지도 능력을 중점적으로 평가한다.

중등 외국어과목 응시자에 대해서는, 필기시험을 실시할 경우 1차시험 중 전공에 대한 평가를 해당 외국어로 실시한다. 교직적성 심층면접을 할 경우 면접의 일정 부분을 해당 외국어로 실시하고, 초등교원 임용시험 응시자에 대하여는 면접의 일정 부분을 영어로 실시한다. 수업능력 평가를 실시할 경우 해당 외국어로 진행하는 수업능력을 평가하고, 초등교원 임용시험 응시자에 대하여는 영어로 진행하는 수업능력을 포함하여 평가한다.

시험과목과 배점비율은 시험실시 기관이 정한다. 다만, 1차시험에는 한국사

과목을 포함하되, 한국사 과목의 시험은 국사편찬위원회에서 주관하여 시행하는 한국사 능력의 검정으로 대체한다. 이 경우 검정은 1차시험 예정일부터 역산하여 5년이 되는 해의 1월 1일 이후에 실시된 검정으로 한정한다.

시험실시 기관은 교육대학, 사범대학(대학의 교육과 포함) 및 교원양성대학의 졸업자(졸업예정자 포함)에 대해서는 재학기간 중의 성적(교육대학 등 외의 학교 졸업자에 대해서는 1차시험 성적)에 대하여 일정 비율로 환산한 점수를 1차시험 성적에 가산할 수 있다. 또한 시험실시 기관은 교육대학 등의 졸업자(교원경력자 제외)로서 교육감이 정하는 지역에서 응시하는 사람, 교육감이 정하는 도서·벽지에서 근무할 것을 조건으로 응시하는 사람, 그 밖에 시험실시 기관이 인정하는 기준에 해당하는 사람에 대해 1차시험 성적 만점의 10퍼센트의 범위에서 가산점을 줄 수 있다.

1차시험의 합격자는 한국사 능력의 검정 결과가 3급 이상이며, 한국사 과목을 제외한 나머지 과목에서 각 과목 만점의 40퍼센트 이상을 득점한 사람 중에서, 시험성적(가산점수 포함)이 높은 사람부터 차례로 결정하되, 선발예정인원의 1.5배수 이상으로 한다. 최종 합격자는 1차시험(가산점수 제외) 및 2차시험의 성적을 각각 100점 만점으로 환산하여 합산한 시험성적이 높은 사람부터 차례로 결정한다. 참고로 서울특별시교육청의 공립 중등학교교사와 초등학교교사 임용후보자 선정경쟁시험의 출제범위 및 배점 상황을 제시한다(〈표 9-1〉, 〈표 9-2〉 참조).

사립학교 교사의 신규채용에 관련된 사항은 「사립학교법」 제53조의2에 규정되어 있다. 「사립학교법」 제53조의2의 주요 규정은, "⑩ 고등학교 이하 각급 학교 교원의 신규채용은 공개전형으로 하며, 담당할 직무에 필요한 자격요건과 공개전형의 실시에 필요한 사항은 대통령령으로 정한다"와 "⑪ 제10항에 따른 공개전형을 실시할 때에는 필기시험을 포함하여야 하고, 필기시험은 시·도 교육감에게 위탁하여 실시하여야 한다. 다만, 대통령령으로 정하는 바에 따라 시·도 교육감의 승인을 받은 경우에는 필기시험을 포함하지 아니하거나 시·도 교육감에게 위탁하지 아니할 수 있다." 2개 항이다.

이에 따라 사립학교 교사 임용시험 제1차 필기시험은 교육감에게 위탁하여

〈표 9-1〉 2022학년도 서울특별시 공립 중등학교교사 임용후보자 선정 경쟁시험 내역

<table>
<tr><th>구분</th><th colspan="4">시험 과목 및 유형</th><th>문항수</th><th colspan="2">배점</th><th>출제 범위(비율) 및 내용</th></tr>
<tr><td rowspan="7">제1차시험</td><td colspan="2">교육학</td><td>1교시
(60분)</td><td>논술형</td><td>1문항</td><td colspan="2">20점</td><td>• 교육부 고시 제2017-126호(2017.8.30.)의 [별표 2] '교직과목의 세부 이수기준'에 제시된 교직이론 과목
- 교육학개론, 교육철학 및 교육사, 교육과정, 교육평가, 교육방법 및 교육공학, 교육심리, 교육사회, 교육행정 및 교육경영, 생활지도 및 상담
※ 특수(중등) 과목, 비교수 교과도 동일하게 적용</td></tr>
<tr><td rowspan="5">전공</td><td rowspan="2">전공
A</td><td rowspan="2">2교시
(90분)</td><td>기입형</td><td>4문항</td><td>8점</td><td rowspan="2">40점</td><td rowspan="4">• 교육부 고시 제2017-126호(2017.8.30.)의 [별표 3] '교사자격종별 및 표시과목별 기본이수과목 (또는 분야)'에 제시된 과목
- 교과교육학(25~35%): 표시과목의 교과교육학(론) 및 임용시험 시행 공고일 현재 국가(교육부 등)에 의해 고시되어 있는 총론 및 교과 교육과정까지
- 교과내용학(75~65%): 표시과목의 교과교육학(론)을 제외한 과목
※ 외국어 과목은 해당 외국어로 출제
※ 특수(중등) 과목도 동일하게 적용
※ 비교수 교과는 교과내용학에서 100% 출제</td></tr>
<tr><td>서술형</td><td>8문항</td><td>32점</td></tr>
<tr><td rowspan="2">전공
B</td><td rowspan="2">3교시
(90분)</td><td>기입형</td><td>2문항</td><td>4점</td><td rowspan="2">40점</td></tr>
<tr><td>서술형</td><td>9문항</td><td>36점</td></tr>
<tr><td colspan="3">소계</td><td>23문항</td><td colspan="2">80점</td><td>-</td></tr>
<tr><td colspan="5">계(배점)</td><td colspan="2">100점</td><td>-</td></tr>
</table>

<table>
<tr><th rowspan="2">구분</th><th rowspan="2">시험
과목</th><th rowspan="2">출제 범위 및 내용</th><th colspan="3">배점</th></tr>
<tr><th>일반
교과</th><th>실기 · 실험
교과</th><th>비교수
교과</th></tr>
<tr><td rowspan="5">제2차시험</td><td>실기 · 실험
평가</td><td><table><tr><td>체육</td><td>육상, 체조 (교육청에서 축구, 배구, 농구, 핸드볼, 무용 중 2종목 선정)</td></tr><tr><td>음악</td><td>① 청음 ② 시창
③ 양악가창 ④ 국악가창</td></tr><tr><td>미술</td><td>① 실기 Ⅰ: 소묘
② 실기 Ⅱ: 주제가 있는 다양한 표현</td></tr><tr><td>기계</td><td>① 용접 ② 절삭가공(선반)
※ 배점: 용접 15점, 절삭가공 15점</td></tr><tr><td>물리, 화학,
생물, 지구과학</td><td>① 기본실험: 기본실험 수행능력 평가
② 심화실험: 심화실험 수행능력 평가</td></tr></table>※ 세부 내용은 제1차 시험 합격자 발표 시 공고</td><td>·</td><td>30</td><td>·</td></tr>
<tr><td>교수 · 학습
지도안 작성</td><td>• 교수 · 학습 지도안 작성
[외국어 과목은 해당 외국어로 실시]</td><td>15</td><td>10</td><td>·</td></tr>
<tr><td>수업실연</td><td>• 교사로서의 의사소통 능력과 학습지도 능력
[외국어 과목은 해당 외국어로 실시]</td><td>45</td><td>20</td><td>·</td></tr>
<tr><td>교직적성
심층면접</td><td>• 교사으로서의 적성, 교직관, 인격 및 소양
[외국어 과목은 일정 부분을 해당 외국어로 실시]</td><td>40</td><td>40</td><td>100</td></tr>
<tr><td>계(배점)</td><td></td><td>100</td><td>100</td><td>100</td></tr>
</table>

참조: 제1차 시험의 한국사 과목은 한국사능력검정시험으로 대체

출처: 2022학년도 서울특별시 공립(국립 · 사립) 중등학교교사, 특수(중등) · 보건 · 영양 · 사서 · 전문상담교사 임용후보자 선정경쟁시험 시험계획 공고

〈표 9-2〉 2022학년도 서울특별시 공립 초등학교교사 임용후보자 선정 경쟁시험 내역

<table>
<tr><th>구분</th><th colspan="3">시험 과목 및 유형</th><th>문항수</th><th>배점</th><th>출제 범위(비율) 및 내용</th></tr>
<tr><td rowspan="3">제
1
차
시
험</td><td>교직논술</td><td>1교시
(60분)</td><td>논술형</td><td>1문항</td><td>20</td><td>초등학교 교직 · 교양 전 영역</td></tr>
<tr><td>교육과정A</td><td>2교시
(70분)</td><td rowspan="2">기입형
서술형</td><td rowspan="2">22문항
내외</td><td rowspan="2">80</td><td rowspan="2">초등학교 교육과정 전 영역</td></tr>
<tr><td>교육과정B</td><td>3교시
(70분)</td></tr>
<tr><td rowspan="5">제
2
차
시
험</td><th>시험 과목</th><th colspan="4">출제 범위 및 내용</th><th>배점</th></tr>
<tr><td>교 직 적 성
심층면접</td><td colspan="4">교사로서의 적성, 교직관, 인격 및 소양</td><td>40</td></tr>
<tr><td>교수 · 학습
과정안작성</td><td colspan="4">교과과정의 일정 단원에 대한
교수 · 학습 과정안 작성</td><td>10</td></tr>
<tr><td>수업실연</td><td colspan="4">교사로서의 학습지도 능력과
의사소통 능력</td><td>40</td></tr>
<tr><td>영어수업실연
및영어면접</td><td colspan="4">영어 의사소통 능력
영어로 진행하는 수업 능력</td><td>10</td></tr>
</table>

참조: 제1차 시험의 한국사 과목은 한국사능력검정시험으로 대체

출처: 2022학년도 서울특별시 공립(국립 · 사립) 유치원 · 초등학교 · 특수학교(유치원 · 초등)교사 임용후보자 선정경쟁시험 시험계획 공

시행되며, 사립학교는 통상 5배수인 필기시험 합격자를 대상으로 수업실연, 면접 등을 거쳐 학교 건학이념 등에 맞는 적격자를 최종 선발할 수 있다.

다만, 사립학교법 제53조의2제11항 단서에 따라, 학교법인 또는 사립학교경영자가 교원의 인건비에 대하여 국가 또는 지방자치단체로부터 법 제35조제5항 또는 제43조제1항에 따른 보조금을 지원받지 않는 경우에는 시 · 도 교육감의 승인을 받아 필기시험의 실시를 시 · 도 교육감에게 위탁하지 않을 수 있다.

3. 교사 신규채용제도의 발전 방향

교사 신규채용제도의 발전 방향은 다음과 같다. 첫째, 교사로서 능력과 자질을 종합적이고 장기적인 관점에서 평가해 볼 수 있으며, 교직에 대한 적응성을 높여 줄 수 있는 방향으로 교사 신규채용이 이루어져야 한다. 이와 관련하여 수습교사제도를 도입하는 것이 필요하다. 수습교사제도는 신규채용을 위한 공개전형에 합격한 자를 대상으로 하여 1학기 정도 기간 동안 가임용 상태에서, 수업참관, 수업교재 준비, 수업담당, 학생지도, 학급관리 등의 실무를 배우도록 하고, 수습기간이 종료될 때, 그 동안 관철된 교사로서의 능력과 자질에 대한 평가를 기초로 하여 최종적인 채용여부를 확정하는 방안이다.

둘째, 학교 교육여건이 불리하여 우수한 교사를 확보하기 어려운 시・도교육청의 경우 위탁교육 방법을 검토할 수 있을 것이다. 신규채용 인원의 일정한 비율에 해당하는 만큼의 인원을 해당 지역의 고등학교 출신자나 타 지역 출신자를 대상으로 선발하여 교사양성기관에 위탁교육을 시킨다. 그 후 일정한 수준 이상의 조건을 충족하는 졸업생에 대하여 무시험 특별전형을 통해 신규채용하여 일정 기간 동안 관내에 의무적으로 근무하도록 하는 방안이다.

셋째, 공・사립 간 교육의 균형발전 및 기회균등이라는 점에서, 사립학교의 교직 유인체제가 강화되어야 한다. 교원의 근무여건이나, 신분보장, 승진・전보・전직 기회, 처우 및 후생 복지 등이 공립학교에 비해 불리한 사립학교의 현실은 적절히 개선되어야 한다.

넷째, 각 지방자치단체의 교육적 필요와 특수성을 반영한 교원수급계획, 교사양성기관의 정원 조정, 교사양성 교육과정의 편성・운영, 그리고 교사 신규채용 등에 관한 정책을 관련기관들이 상호 협의하여 수립하도록 지역교원교육협의회를 조직・운영하는 것이 필요하다.

제4절 현직연수

1. 현직연수의 개념과 의의

현직연수, 현직교육, 교원연수 등의 용어들은 같은 의미를 갖는 것으로 상호 교환적으로 사용된다. 교육발전을 위해서는 높은 전문성을 갖추고 있는 교원을 확보하기 위해 교원 현직연수가 필수적이다. OECD는 회원국들을 중심으로 하여 교원 현직연수에 관한 문헌들을 분석한 결과, 현직연수 개념을 정의하는 데 '좁은 의미의 정의'와 '넓은 의미의 정의'가 있음을 밝혔다. '좁은 의미의 정의'는 대체로 특정한 교육 프로그램의 수행이나, 임용과 직접적으로 관련하여 제공되는 공식적인 교육·훈련만을 의미하는 데 비하여, '넓은 의미의 정의'는 교직 생활 전 기간 중에 다양한 형태로 제공되는 모든 교육·훈련을 의미한다(OECD, 1982: 12-13). 대체로 교원 현직연수는 "현직에 임용된 교육직원을 대상으로, 그들의 전문적 능력과 일반적 자질을 배양하기 위해, 다양한 장소에서 다양한 방법을 통해, 공식적 또는 비공식적으로, 의무적 또는 자발적으로 이루어지는 각종 교육·훈련 활동"을 의미하는 것으로 볼 수 있다(이윤식 외, 1993: 27).

현직연수의 목적은 다섯 가지로 분류된다. ① 학교 교직원 전체 또는 교직원 일부 집단의 직무수행 능력을 개선시키려는 목적의 연수, ② 개개인 교사의 직무수행 능력을 개선시키려는 목적의 연수, ③ 승진 또는 승급을 위한 개개인 교사의 사전 경험을 확장시키려는 목적의 연수, ④ 개개인 교사의 전문적 지식 및 이해를 증진시키려는 목적의 연수, ⑤ 교사의 개인적 욕구를 충족시키거나 일반교양을 증진시키려는 목적의 연수 등이다(OECD, 1982). 이러한 연수 목적들은 학교의 조직적 요구 및 목표의 충족을 지향하는 연수와 학교 구성원인 교원의 개인적 요구 및 자아실현의 충족을 지향하는 연수가 있음을 시사한다.

2. 현직연수에 대한 시각

현직연수에 대한 시각은 '권리로서의 연수'와 '책무로서의 연수' 두 가지가 있다. '권리로서의 연수'란 연수를 받느냐 안 받느냐 하는 것은 교원의 권리를 행사하는 것으로, 교원의 자유의사를 중시한다는 관점이다. 연수를 받는다면, 이에 따른 비용지급 혹은 반대급부(예: 출장비, 연수비, 인사상 혜택 등)나 우대조치를 교원들이 요구할 수 있는 권리를 가진다. 연수를 안 받는다고 해서 교원의 신분을 유지하는 데 어떠한 불이익(예: 자격정지, 계약해지, 인사상 불이익 등)이 있을 수 없다는 시각이다.

'책무로서의 연수'란 연수는 교원의 선택 사항이 아니라, 교원으로서 신분을 유지하고 맡은 바 직무를 적절히 수행하기 위하여, 의무적으로 받아야 할 책무라는 시각이다. 이는 연수를 안 받는다면 교원의 신분을 유지하는 데 불이익이 있을 수 있다는 관점이다. 미국의 경우, 대부분의 주에서 소정의 연수를 받지 않으면, 교원자격이 갱신되지 않거나, 계약기간이 갱신되지 않는 불이익을 받게 된다. 영국의 경우도, 1980년대 후반 이후 현직연수가 교원의 권리인 동시에 책무로 인식되어 임용계약 사항으로 명시되어 있다. 프랑스의 경우도, 3년에 한번씩 재교육을 받도록 되어 있다. 일본의 경우도, 초임교사에 대하여 1년간 직무수행에 필요한 연수를 받도록 의무화되어 있다. '지도력 부족교원'을 교직에서 격리하여 연수를 실시하며, 경력교사에 대하여 10년 경력 후 자질 향상을 위하여 연수 실시를 의무화하고 있다. 이러한 사례들이 '책무로서의 연수'와 관련되어 있다(이윤식, 2005).

1966년에 유네스코(UNESCO)와 국제노동기구(ILO)는 세계 각국에서의 교원의 지위에 관하여 일련의 공통적인 기준과 척도를 설정하기 위한 목적으로 '교원의 지위에 관한 권고'를 선포하였다. 권고의 기본 원칙으로서 제6항에 "교직은 전문직으로 간주되어야 한다"(Teaching should be regarded as a profession.)라고 하여 교직이 전문직임을 규정하고 있다. 교직이 전문직으로 이해되어야 하는 근거로서 교직은 "엄격하고도 계속적인 연구를 통하여 습득·유지되는 전문적 지식과 전문화된 기술을 필요로 하는 공공적 업무의 하나"이며, 또한 "교원들에 대하여 그들이 담당하고 있는 학생들의 교육과 복지를 위하여 개인적, 집단적인 책임감을 요구"하기 때문인 것으로 보고 있다. 이와 같은 규정들은 교직이 전문적인 지식과 기술을 습득하기 위한 장기적이고 계속적인 교육과 연찬이 필요하고, 엄격한 자격 기준이 요구될 뿐만 아니라, 교원들의 권익보다 학생들의 권익이 우선하는 사회공공적 및 윤리적 책임이 수반되는 직종임을 강력히 시사하는 것이다.

우리나라의 경우도 마찬가지이다. 1982년에 선포된 '사도헌장'과 '사도강령'에서뿐만 아니라, 2005년에 선포된 '교직윤리헌장'에서도 "우리는 교육자의 품성과 언행이 학생의 인격형성을 좌우할 뿐만 아니라 사회전반의 윤리적 지표가 된다는 사실을 깊이 인식하고, 윤리성과 전문성을 높이기 위해 노력한다"라고 명시되어 있다. '우리의 다짐'에서도 "나는 수업이 교사의 최우선 본분임을 명심하고, 질 높은 수업을 위해 부단히 연구하고 노력한다", "나는 교육전문가로서 확고한 교육관과 교직에 대한 긍지를 갖고, 자기개발을 위해 노력한다"라고 명시되어 있다. 윤리적인 관점에서, 현직연수가 '책무로서의 연수'로 인식되어야 함을 시사하는 내용들이다.

법률적으로는 교육기본법 제14조에 "교원은 교육자로서 갖추어야 할 품성과 자질을 향상시키기 위하여 노력하여야 한다"고 규정되어 있다. 이 규정도 현직연수가 '책무로서의 연수'로 인식되어야 함을 시사한다. 윤리적으로나 법률적으로는, 현직연수가 교원으로서 신분을 유지하고 맡은 바 직무를 적절히 수행하기 위하여 마땅히 받아야 할 책무인 것을 시사한다. 그러나 우리 교원들이 현직연수에 대하여 가지는 시각은 '권리로서의 연수'에 치중하고 있는 것이 현실이다. 교직경력 3년 이상 경과시 1급 정교사 자격연수를 받은 후(1호봉 승급의 인사상 우대), 의무적으로 받아야 할 연수는 하나도 없다. 그후 교감 승진 의사가 있는 교원의 경우에는 승진의 조건을 충족하기 위하여 소정의 연수를 자발적으로 받게 되지만, 그렇지 않은 교원의 경우는, 전혀 연수를 받지 않는다 해도 교원으로서 신분 유지에 아무런 문제가 없다.

교원들이 '권리로서의 연수'와 '책무로서의 연수' 간의 균형잡힌 시각이 요구된다. 교원으로서 전문적 성장을 위해 책임의식을 가지고 연수에 임하려는 자율적인 노력과 정부의 현직연수 체제 개편을 위한 정책적 노력이 병행되어야 한다.

3. 현직연수의 기관 및 종류

현재 우리나라에서 이루어지고 있는 현직연수는 대체로 [그림 9-2]와 같다. 크게 연수기관 중심의 연수, 단위학교 중심의 연수, 개인 중심의 연수로 구분된다. 그중에 공식적인 교원연수원을 중심으로 한 연수기관 중심의 연수가 그 주류를 이루고 있다.

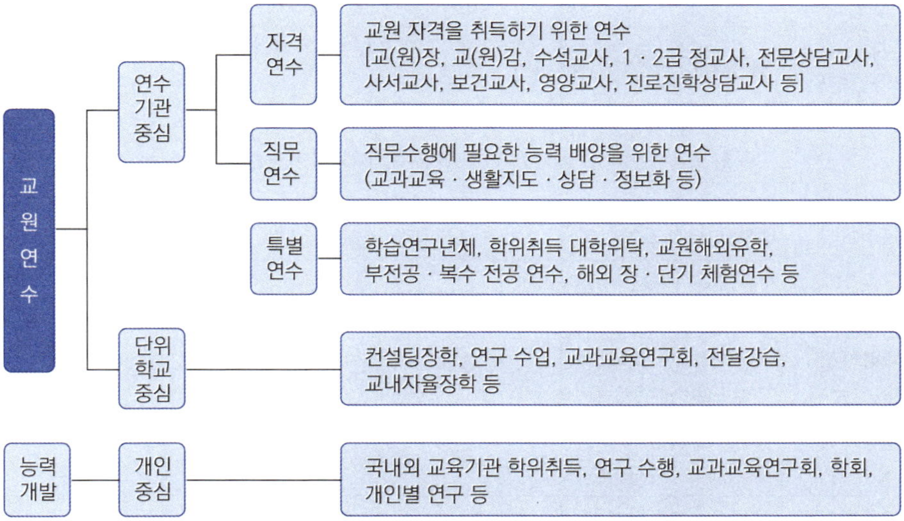

[그림 9-2] 교원 연수 개요

공식적인 교원연수기관에는 중앙단위 연수원으로 교육부 중앙교육연수원이 있고, 19개 시 · 도 교육연수원, 3개 교장자격연수기관, 79개 대학부설(초등 · 중등) 교육연수원이 주류를 이루고 있다. 그 외에도 29개 원격교육연수원, 서울대부설교육행정연수원, 16개 종합교육연수원, 기타 특수분야 연수기관이 다수 있다.

시 · 도교육연수원은 지방자치단체의 조례가 정하는 바에 따라 각 시 · 도의 교육연수를 전담하는 기관으로서 1986년 말에 경기도 율곡교원연수원의 설립을 필두로 하여 현재 17개 각 시 · 도에 설립되었다. 시 · 도교육연수원은 지역별로 교직원 자질의 향상을 위한 중추적 연수기관의 역할을 담당하고 있다. 초등교원연수원은 교육대학에 부설되어 있으며, 중등교원연수원은 국·공·사립 대학에 부설되어 있다. 각 연수기관의 주요 연수과정은 〈표 9-3〉에 개략적으로 소개되어 있다.

〈표 9-3〉 교원 연수기관 현황

구분	기관명	수	주요 연수과정	비고
중앙단위 연수원	중앙교육연수원	1	• 교육정책, 교원·일반직 연수 • 연수 발전 및 자료 개발	교육연수원 평가 업무 포함
시·도 교육연수원	서울특별시교육연수원 등	19	• 유·초·중등 교원 자격 및 직무 연수	
교장자격 연수기관	한국교원대학교 종합교육연수원	1	• 교(원)장 자격연수 • 특별연수 및 외국어연수	교장 자격연수 지정기관
	서울대학교사범대학 부설 교육행정연수원	1	• 교장(중등) 자격연수 • 교육행정 지도자 과정	
	서울교육대학교 부설 교육연수원	1	• 교장(초등)·원장 자격연수	
대학부설 교육연수원	서울대학교사범대학 부설 교육연수원 등	79	• 부전공·복수전공 자격연수 등	고등교육법상 대학에 설치
원격교육 연수원	한국교원캠퍼스 원격교육연수원 등	29	• 교원 직무연수, 원격연수과정	교육청 설치 기관 제외
교육행정 연수원	서울대학교사범대학 부설 교육행정연수원	1	• 교장(원장), 교감(원감) 대상	1개
종합교육 연수원	한국과학창의재단 종합교육연수원 등	16	• 교장(원장), 교감(원감) 및 교원의 직무연수	민간 및 공공기관
특수분야 연수기관	국립국어원 등 각종 공공·민간분야	다수	• 유·초·중등교원 직무연수	지정권자 교육감

출처: 교육부(2021.10). 2020년도 교원 연수 중점 추진방향. 자료정리.

위의 연수기관 이외의 기관에서도 연수를 실시할 수 있는 제도적 장치로서 위탁연수와 지정연수가 있다. 위탁연수는 연수원장이 필요하다고 인정할 때에는 연수의 일부를 다른 연수기관이나 교육기관 또는 교육행정기관에 위탁하여 실시할 수 있도록 한 것을 의미한다. 지정연수는 교육감이 연수원에서 실시할 수 없는 특수한 분야에 관한 연수를 위하여 필요하다고 인정할 때에는 특정기관을 지정하여 그 연수를 실시하게 할 수 있도록 한 것이다. 이러한 기관중심의 연수 이외에도, 학교단위로 자율적으로 자체연수가 실시되기도 하고, 교과교육연구회 또는 학회 등을 통한 연수와 함께 대학원 진학을 통한 교원의 전문성 신장 등 다양한 형태의 자율적 연수가 이루어지고 있다.

교육연수원을 중심으로 한 기관중심의 연수제도는 교육공무원법,[2] 교원 등의 연수에 관한 규정, 교원 등의 연수에 관한 규정 시행 규칙 등에 그 개괄적 모습이 나타나 있다. 각급 연수기관에서 실시하는 연수의 종류는 대체로 직무연수, 자격연수, 특별연수 등으로 구분된다.

직무연수는 교육의 이론·방법 및 직무수행에 필요한 능력 배양을 위한 연수이다. 크게 교원능력개발평가 결과 직무수행 능력 향상이 필요하다고 인정되는 교원을 대상으로 실시하는 직무연수와 그 밖에 교육의 이론·방법 연구 및 직무수행에 필요한 능력 배양을 위한 직무연수가 있다. 직무연수의 연수과정과 내용 및 기간은 당해 연수원장이 정한다. 직무연수 대상자를 지명할 때에는 학력·경력·연수과정의 내용 및 본인의 희망 등을 고려하여 연수의 기회가 균등하게 부여되도록 하여야 한다.

자격연수는 상급 자격이나 새로운 자격을 취득하기 위한 연수과정으로서 정교사(1급)과정, 정교사(2급)과정, 준교사과정(특수학교 실기교사를 대상으로 하는 과정), 전문상담교사(1급)과정, 사서교사(1급)과정, 보건교사(1급)과정, 영양교사(1급)과정, 수석교사과정, 원감과정, 원장과정, 교감과정 및 교장과정으로 구분되어 있다. 자격연수의 연수기간은 15일 이상으로 하되 그 이수시간은 90시간 이상

2) 교육공무원법 제37조는 연수의 기회균등을 보장하기 위한 것으로 "교육공무원에게는 연수기관에서 재교육을 받거나 연수할 기회가 균등히 부여되어야 한다"고 밝히고 있다. 제39조는 연수기관의 설치에 관한 것으로 "교육공무원의 재교육과 연수를 위하여 연수기관을 둔다"고 규정하고 있다. 제41조는 연수기관 및 근무장소 이외에서의 연수에 관한 것으로 "교원은 수업에 지장이 없는 한 소속기관의 장의 승인을 얻어 연수기관 또는 근무장소 이외의 시설 또는 장소에서 연수할 수 있다"고 명시하고 있다.

이며, 교장 및 원장의 경우 25일 이상으로 하되 그 이수시간은 180시간 이상이다.

1급 정교사과정의 연수대상자는 2급 정교사 자격증을 취득한 후 3년 이상의 교직경력이 있는 자 중에서, 1급 정교사과정의 연수를 받지 아니하고 2급 정교사로 근무한 기간이 오래된 자의 순위로 지명한다. 1급 정교사 자격연수를 받으면 1호봉 승급의 혜택이 부여된다.

교감 · 원감 자격연수 대상자는 경력평정점 70점, 합산점 100점(근무성적평정점 70점+다면평가점 30점), 연수성적평정점 30점, 가산점 등을 반영하여, 승진후보자명부에 준하는 응시대상자 순위명부를 작성한 후 그 명부의 선순위자 순으로 교육감 또는 교육부장관이 실시하는 교직과 교양 등에 관한 면접고사에 의하여 선발된 자를 지명한다. 교육감은 각 교과 간의 교감자격 취득기회의 균형유지 또는 교과별 교육전문직의 확보를 위하여 필요하다고 인정할 때에는 중등학교의 교감과정 응시대상자 순위 명부를 각 교과별 또는 계열별로 작성할 수 있다.

교장 · 원장과정의 연수대상자는 교장 · 원장자격에 관한 초 · 중등교육법 [별표 1]에 의한 교육경력이 있는 자와 교원자격검정령 제23조의 규정에 의하여 교장 · 원장의 자격인정을 받은 자 중에서 교육부장관이 정하는 기준에 따라 교육감이 지명한다. 구체적으로는 교육공무원승진규정에 의하여, 경력평정점 70점, 근무성적평정점 100점, 연수성적평정점 18점을 각각 만점으로 평정하여 그 평정점을 합산하여 승진후보자명부에 준하는 연수대상자순위명부를 작성하여 그 순위에 따라 지명한다.

특별연수는 교육공무원법 제40조에 근거하여 국가나 지방자치단체가 특별연수계획을 수립하여 교육공무원을 국내외의 교육기관 또는 연구기관에서 일정 기간 받게 하는 연수이다. 근무실적이 우수하고 필요한 학력 및 경력을 갖춘 사람을 대상으로 하는 특별연수, 또는 교원능력개발평가 결과가 우수한 교원 중에서 스스로 수립한 학습 · 연구계획에 따라 전문성을 계발하기 위한 특별연수 등이 있다.

4. 현직연수의 발전 방향

현직연수의 발전을 위하여 고려되어야 할 주요 방향은 다음과 같다. 첫째, 현직연수의 편성・운영에 교사들의 필요와 요구를 적절히 반영하고, 교사들이 참여할 수 있어야 한다. 연수를 계획하는 단계에서는 연수를 받게 될 교사들을 대상으로 하여 연수의 내용, 방법, 강사진 등에 관련하여 사전에 적절한 요구조사를 실시하고, 연수를 실시하는 단계에서는 다양한 참여식 연수활동을 진행하며, 연수가 끝난 후에는 보다 효과적인 향후 연수 계획 수립을 위하여 교사들의 의견을 수집하는 평가활동이 마련되어야 한다.

둘째, 현직연수의 운영에 있어서 다양한 교수・학습 방법과 교수・학습 자료 및 매체를 활용하며, 특히 참여식 교육방법을 적극 활용하도록 한다. 전통적인 강의중심의 방법을 탈피하여, 다양한 교수・학습방법을 활용하고, 성인학습의 원리에 입각하여 참여식・경험식 교육방법을 활용하려는 노력이 확대되고 있음은 바람직한 현상이다. 다양한 교수・학습 방법을 활용하는 데 있어서 교사들의 개인적인 작업보다는 교사들 간 협동작업을 통해 공동 성취를 유도・격려할 수 있는 방법, 즉 서로 가르치며 서로 배울 수 있고, 서로 도움을 주고받을 수 있으며, 동료적・집단적인 성취감을 느낄 수 있는 방법이 매우 중요하다.

셋째, 교사의 발달단계를 고려하여 교사가 받게 될 현직연수 과정의 체계화가 요망된다. 일반교사들을 위해서는 ① 기초과정, ② 정착과정, ③ 발전과정, ④ 심화과정, ⑤ 고급과정 등으로 연수과정을 구분하여 제시한다. 이러한 과정을 필수과정으로 지정하여 모든 교사들이 교직생활 중에 필수적으로 이수하도록 한다. 필수과정은 국가 또는 교육청이 경비를 부담하는 것을 원칙으로 한다. 또한 교사들을 대상으로 한 '희망연수 조사'(교사들이 희망하는 연수 내용, 시기, 시간 등)를 토대로 하여 교원들이 원하는 다양한 연수과정을 제공하고, 자율연수 형태로 교사들이 선택과정으로 이수하도록 한다. 선택과정은 원칙적으로 교원 자비부담으로 이수하도록 하되, 일부 직무연수는 교육청이 경비를 지원하도록 한다.

제5절 교사평가

1. 교사평가의 개념 및 의의

우리나라에서 교사평가는 흔히 근무성적평정이란 용어와 같은 의미로 사용되어 왔다. 이는 조직구성원의 직무수행 능력과 업적을 판정하고 기록하는 절차, 곧 조직구성원의 과거 및 현재의 성취를 그의 환경 배경에 비추어 평가하고 조직을 위한 장래의 잠재력을 판정하는 절차라고 규정할 수 있다. 현재 교육공무원승진규정에 명시되어 있는 대로, 근무성적평정이라는 명칭으로, 연말에 공립학교 교사들은 교장·교감에 의하여 1년간 근무실적·근무수행능력 및 근무수행태도 등을 평가받는다. 또한 동료교사에 의한 다면평가도 받는다. 동료교사 중에서 3인 이상으로 평가자를 구성하여 교사의 근무실적·근무수행능력 및 근무수행태도에 관해 평가한다. 사립학교 교사들도 공립학교 교사들에 준해 평가를 받는다.

교사평가의 목적은 다음과 같다. 첫째, 교사평가는 교사의 전문성 향상을 조장하는 목적을 갖는다. 교사평가는 교사가 담당하고 있는 직무를 잘 수행하도록 동기를 부여하며, 직무 수행이 부족한 부분을 확인하고, 직무를 보다 잘 수행하기 위하여 요구되는 자질과 능력을 점검하고, 이를 높이기 위하여 필요한 교육과 연수에 관한 정보를 제공하여, 궁극적으로 교사의 전문성을 향상시키려는 목적을 갖고 있다. 이러한 교사평가는 대체로 형성평가의 성격을 띠게 된다.

둘째, 교사평가는 교사의 직무 수행과 관련된 책무성을 확인하는 목적을 갖는다. 교사평가의 결과는 승진·전보·전직·보수·상벌 등 인사관리의 합리적인 근거와 자료로 활용된다. 외국에서는 자질이 부족한 교사를 확인하고, 이에 대한 적절한 인사상의 조치를 취하는 데 있어서 교사평가가 중요한 의미를 갖는다. 즉 교사의 업무 실적과 능력을 파악하여 이에 따른 보상을 하기 위한 객관적 근거를 제공하는 과거중심의 소극적인 목적이다. 이러한 교사평가는 대체로 총괄평가의 성격을 띠게 된다.

교육활동의 중요성을 고려할 때, 교사평가의 궁극적인 목적은 교사 개개인의 전문성을 높여 보다 효과적으로 교육활동을 수행하는 데 초점이 주어져야 한다. 그러나 위 두 가지 목적 중에서 우리나라의 경우는 후자의 목적이 강조되어 왔다.

2. 교사 근무성적평정의 내용

교육공무원승진규정에 따르면, 교사는 매 학년도 종료일을 기준으로 하여 경력평정, 근무성적평정(근무성적평정＋다면평가), 연수성적평정(교육성적평정＋연구실적평정) 등 평정을 받는다. 경력평정은 교육공무원의 경력이 직위별로 담당직무수행과 관계되는 정도를 기준으로 이루어지며, 교육공무원의 인사기록카드에 의하여 평정한다.

근무성적평정은 교감·장학사 및 교육연구사의 경우와 교사의 경우 달리 평정한다. 교사에 대하여는 해당 교사의 근무실적·근무수행능력 및 근무수행태도에 관하여 근무성적평정과 동료교원들에 의한 다면평가를 정기적으로 실시하고, 각각의 결과를 합산한다.

교사는 평정대상 기간 동안의 업무수행 실적에 대하여 매 학년도 종료일을 기준으로 〈표 9-4〉와 같은 교사 자기실적평가서를 작성하여 제출하여야 한다. 교장·교감은 교사가 제출한 교사 자기실적평가서를 참작하여, ① 직위별로 타당한 요소의 기준에 의하여 평정할 것, ② 평정자의 주관을 배제하고 객관적 근거에 의하여 평정할 것, ③ 신뢰성과 타당성을 보장하도록 할 것, ④ 평정대상자의 근무성적을 종합적으로 분석·평가할 것 등의 기준에 따라 교사의 근무실적·근무수행능력 및 근무수행태도를 평가하게 된다.

〈표 9-4〉 교사 자기실적평가서

1. 평가 지침
근무성적평정의 신뢰성과 타당성이 보장되도록 객관적 근거에 따라 종합적으로 평가하여야 한다.

2. 평가 기간: 년 월 일부터 년 월 일까지

3. 평가자 인적사항
- 소 속:
- 직 위:
- 성 명:

4. 평가자 기초 자료
- 담당 학년 및 학급:
- 담당 과목:
- 담임 여부:
- 담당 업무:
- 보직교사 여부:
- 주당 수업시간 수:
- 연간 수업공개 실적:
- 연간 학생 상담 실적:
- 연간 학부모 상담 실적:
- 그 밖의 실적사항:

5. 자기실적 평가

가. 학습 지도
- 학습지도 추진 목표(학년 초에 계획되었던 학습지도 목표)
- 학습지도 추진 실적(학년 초에 목표한 내용과 대비하여 추진 실적을 구체적으로 작성)

나. 생활지도
- 생활지도 추진 목표
- 생활지도 추진 실적

다. 전문성개발
- 전문성개발 추진 목표
- 전문성개발 추진 실적

라. 담당 업무
- 담당 업무 추진 목표
- 담당 업무 추진 실적
- 창의적 업무개선 사항

※ 자기 평가 종합 상황

자기 평가	목표달성도	설정한 목표에 대한 달성 정도	만족	보통	미흡
	창의성	학습지도, 생활지도, 전문성개발, 담당업무 등의 창의적인 수행 정도	만족	보통	미흡
	적시성	학습지도, 생활지도, 전문성개발, 담당업무 등을 기한 내에 효과적으로 처리한 정도	만족	보통	미흡
	노력도	목표달성을 위한 노력, 공헌도	만족	보통	미흡

년 월 일

작성자(본인) 성명 서명 (인)

교사를 대상으로 한 근무성적 평정의 요소와 내용은 〈표 9-5〉와 같다. 100점 만점으로 '근무수행태도' 10점, '근무실적 및 근무수행능력' 90점으로 배점하고 있다.

〈표 9-5〉 교사 근무성적 평정 요소 및 내용

평정사항	평정요소	평정내용
1. 근무수행태도	교육공무원으로서의 태도(10점)	1) 교육자로서 품성을 갖추고 직무에 충실한가?
		2) 공직자로서 사명감과 직무에 관한 책임감을 갖고 솔선수범하는가?
2. 근무실적 및 근무수행능력	가. 학습지도(40점)	1) 수업교재 연구를 충실히 하는가?
		2) 학생 수준에 적합한 수업계획을 수립하는가?
		3) 학생들이 수업에 적극적으로 참여할 수 있도록 분위기를 조성하는가?
		4) 학생의 능력과 수준에 적합한 질문을 제시하는가?
		5) 학생들을 학습활동이나 과제 수행에 적절히 참여시키는가?
		6) 학생 특성과 요구에 적합한 수업자료 및 매체를 활용하는가?
		7) 학생의 이해도와 참여도를 수시로 점검하는가?
		8) 평가 결과를 수업개선을 위한 자료로 적극 활용하는가?
	나. 생활지도(30점)	1) 학생 개개인의 특성을 파악하기 위하여 노력하는가?
		2) 상담을 통해 학생이 당면한 문제를 원만히 해결할 수 있도록 지원하는가?
		3) 학생의 적성과 특기를 고려하며 진로 · 진학 정보를 제공하는가?
		4) 학생들이 학급에서 친구들과 잘 어울려 생활하도록 지도하는가?
		5) 안전사고 및 학교폭력을 예방하기 위한 교육을 실시하는가?
		6) 학생들이 올바른 기본생활습관(언어, 행동, 예절, 질서 등)을 기르도록 지도하는가?
		7) 학생들이 건전한 가치관과 도덕성을 갖추도록 지도하는가?
	다. 전문성 개발(5점)	1) 전문성을 높이기 위한 연구활동에 적극적인가?
		2) 전문성을 높이기 위한 연수활동에 적극적인가?
	라. 담당업무(15점)	1) 담당 업무를 정확하고 합리적으로 처리하는가?
		2) 담당 업무를 창의적으로 개선하고 조정하는가?

교사에 대한 평정자 및 확인자는 교감과 교장이 된다. 교사에 대한 다면평가자는 교장이 구성하되, 평가대상자의 근무실적·근무수행능력 및 근무수행태도를 잘 아는 동료교사 중에서 3인 이상으로 구성한다. 다면평가자 구성에 관한 기준 및 절차 등에 관하여 필요한 사항은 교육감이 정한다.

교사에 대한 근무성적의 평정점은 교감이 평정자가 되어 100점 만점으로 평정한 점수를 20%로, 교장이 확인자가 되어 100점 만점으로 평정한 점수를 40%로 환산한 후, 그 환산된 점수를 합산하여 60점 만점으로 산출한다.

다면평가점은 다면평가자가 수업교재 연구의 충실성 등 〈표 9-5〉와 동일한 형태의 교사 다면평가표를 활용하여 정성평가의 방법에 따라 100점 만점으로 평가한 점수를 32%로, 주당 수업시간 등 〈표 9-6〉과 같은 정량평가의 방법에 따라 100점 만점으로 평가한 점수를 8%로 각각 환산한 후 그 환산된 점수를 합산하여 40점 만점으로 산출한다.

근무성적평정점과 다면평가점을 합산한 100점 만점의 합산점은 ① 수(95점 이상) 30%, ② 우(90점 이상 95점 미만) 40%, ③ 미(85점 이상 90점 미만) 20%, ④ 양(85점 미만) 10% 비율로 분포되도록 한다. 단 "양"에 해당하는 교사가 없거나 해당 비율 이하일 때는 "미"에 가산할 수 있다.

근무성적평정점과 다면평가점을 합산한 결과에 대하여, 평정대상자인 해당 교사의 요구가 있을 때에는 특별한 사정이 없는 한 본인의 최종 근무성적평정점을 알려주어야 한다. 근무성적평정점의 결과는 전보·포상 등 인사관리에 반영된다.

〈표 9-6〉 정량평가 방법에 따른 교사 다면평가표

평정사항	평정요소	평가지표
근무실적 및 근무수행능력	가. 학습지도 (30점)	1) 주당 수업시간
		2) 수업공개(연구수업 및 학부모 공개수업 등) 횟수
		3) 교내외 수업컨설팅 횟수
		4) 학습지도 곤란도(통합수업 지도/복식학습 지도/학습부진아 지도/다학년 지도/다교과 지도/보강수업)
	나. 생활지도 (30점)	1) 학생 또는 학부모 상담실적
		2) 생활지도 곤란도(담임/비담임)
		3) 학년 곤란도
	다. 전문성개발 (10점)	1) 연수이수 실적
		2) 수업동아리 및 교과연구회 활동 실적
		3) 연구대회 및 연구개발 실적
	라. 담당업무 (30점)	1) 업무 곤란도(다문화 · 탈북학생 지원/방과후학교 운영/자유학기제 운영)
		2) 업무 추진 실적(보직/학년대표/교과대표/일반교사)

비고: 평가관리위원회는 필요한 경우 평가지표를 추가 또는 삭제하거나 수정할 수 있다.

3. 교원능력개발평가

앞에서 살펴본 근무성적평정을 중심으로 하여 실시되어 온 교사평가제에 대하여 많은 논란이 제기되어 왔다. 교사평가가 승진 · 전보 · 전직 · 보수 · 상벌 등 인사관리 목적에 치중하여서, 실제적으로 학교 발전과 학생의 발달을 위하여 필요한 교사의 전문성 향상을 조장하는 목적은 거의 다루어지지 않고 있다는 것이다. 교사로 하여금 직무 수행의 부족한 점을 확인하고, 직무를 잘 수행하기 위하여 요구되는 자질과 능력을 점검하고, 이를 높이기 위하여 필요한 연수에 관한 정보를 제공할 수 있는 교사평가에 대한 요구가 높아져 왔다.

2005년 5월 당시 교육인적자원부(현 교육부)는 교원의 능력개발 지향, 단위학교 교육공동체가 참여하는 상호평가제, 단위학교의 자율성 보장, 단계적 추진을 골자로 하는 교원능력개발평가제 시안을 발표였다(김갑성, 2008). 시범학교와 선도학교를 운영을 거친 후, 2010년부터 교원의 교육활동에 관한 전문성을 진단하고 그 결과에 근거한 능력개발을 지원하여 학교교육의 질 향상을 도모하고, 수요자 만족도 제고를 통한 우리 공교육 신뢰 회복을 위한 목적으로 교원능력개발평가를 실시하고 있다.

교원능력개발평가는 평가대상에 따라, 교장, 원장, 교감 및 원감은 학교 경영에 관한 능력, 수석교사는 학습지도 및 생활지도 등에 관한 능력과 교사의 교수·연구 활동 지원 능력, 교사는 학습지도 및 생활지도 등에 관한 능력을 평가한다. 교원능력개발평가는 교원 상호 간의 평가 및 학생·학부모의 만족도 조사 등의 방법으로 한다. 교원능력개발평가의 결과는 직무연수 대상자의 선정, 각종 연수프로그램의 개발 및 제공, 연수비의 지원 등에 활용할 수 있다.

교원능력개발평가 도입 시기에 교육부가 제시한 표준 평가모형을 토대로 하여 각 시도 교육청에서는 나름의 표준 평가모형을 작성하게 된다. 서울특별시교육청의 교원능력개발평가 표준 모형은 〈표 9-7〉과 같다.

〈표 9-7〉 서울특별시 교원능력개발평가 개요

구분	주요 내용	
목적	교원 전문성 신장을 통한 공교육 신뢰 제고	
평가대상	• 국·공·사립, 초·중·고 및 특수학교 재직 교원, 계약제 교원 (2개월 미만 재직교원과 전년도 장기심화연수 이수자 평가결과 활용 제외)	
평가시기	• 9월부터 실시하여 11월말까지 종료 (교육정보시스템 활용)	
평가종류 평가참여자	동료교원평가	• 교장·교감 중 1인 이상, 수석교사(부재시 부장교사) 1인 이상, 동료교사 등 총 5인 이상 • 체크리스트 12문항 이상, 자유서술식 2문항
	초등학생의견조사 학생만족도조사	• 초4~초6 학생: 서술식 3문항 이상 • 중1~고3 학생: 체크리스트 5문항 이상 • 공통: 자기성찰 2문항 이내+자유서술식 2문항('좋은 점', '바라는 점'제시)
	학부모만족도조사	• 해당 학교 교사로부터 지도받는 학생의 학부모 • 만족도조사 대상자는 교장·담임교사 외 1인 이상 총 3인 이상 필수

<table>
<tr><th>구분</th><th colspan="5">주요 내용</th></tr>
<tr><td rowspan="27">평가
영역
·
요소
·
지표</td><td>구분</td><td>평가영역</td><td>평가요소</td><td colspan="2">평가지표</td></tr>
<tr><td rowspan="6">교사</td><td rowspan="3">학습지도
(3개 요소
8개 지표)</td><td>수업 준비</td><td colspan="2">교과내용 분석, 수업계획 수립</td></tr>
<tr><td>수업 실행</td><td colspan="2">학습환경 조성, 교사발문, 교사·학생 상호작용, 학습자료 및 매체 활용</td></tr>
<tr><td>평가 및 활용</td><td colspan="2">평가내용 및 방법, 평가결과의 활용</td></tr>
<tr><td rowspan="3">생활지도
(3개 요소
7개 지표)</td><td>상담 및 정보 제공</td><td colspan="2">개별학생 특성 파악, 심리상담, 진로·진학 지도</td></tr>
<tr><td>문제행동예방 및 지도</td><td colspan="2">학교생활적응 지도, 건강·안전지도</td></tr>
<tr><td>생활습관 및 인성지도</td><td colspan="2">기본 생활습관 지도, 인성지도</td></tr>
<tr><td rowspan="8">수석
교사</td><td rowspan="2">교수·연구
활동지원
(2개 요소
6개 지표)</td><td>수업 지원</td><td colspan="2">상시 수업공개, 교수·학습전략 지원, 수업컨설팅(코칭, 멘토링)</td></tr>
<tr><td>연수·연구 지원</td><td colspan="2">교내 연수 지원, 학습조직화 지원, 학습자료의 활용 지원</td></tr>
<tr><td rowspan="3">학습지도
(3개 요소
8개 지표)</td><td>수업 준비</td><td colspan="2">교과내용 분석, 수업계획 수립</td></tr>
<tr><td>수업 실행</td><td colspan="2">학습환경 조성, 교사발문, 교사·학생 상호작용, 학습자료 및 매체 활용</td></tr>
<tr><td>평가 및 활용</td><td colspan="2">평가내용 및 방법, 평가결과의 활용</td></tr>
<tr><td rowspan="3">생활지도
(3개 요소
7개 지표)</td><td>상담 및 정보 제공</td><td colspan="2">개별학생 특성 파악, 심리상담, 진로·진학 지도</td></tr>
<tr><td>문제행동예방 및 지도</td><td colspan="2">학교생활적응 지도, 건강·안전지도</td></tr>
<tr><td>생활습관 및 인성지도</td><td colspan="2">기본 생활습관 지도, 인성지도</td></tr>
<tr><td rowspan="11">교장
·
교감</td><td rowspan="11">학교경영
(4개 요소
교장 8개 지표
교감 6개 지표)</td><td rowspan="2">평가요소</td><td colspan="2">평가지표</td></tr>
<tr><td>교장</td><td>교감</td></tr>
<tr><td rowspan="3">학교교육계획</td><td>학교경영 목표 관리</td><td>학교경영 목표 관리 지원</td></tr>
<tr><td>교육과정 편성·운영</td><td>교육과정 편성·운영 지원</td></tr>
<tr><td>창의·인성 학생 관리</td><td>학사업무 관리</td></tr>
<tr><td rowspan="2">교내 장학</td><td>교실수업개선</td><td>교실수업개선 지원</td></tr>
<tr><td>자율장학운영</td><td>자율장학 지원</td></tr>
<tr><td>교원인사</td><td>교원인사관리</td><td>인사업무 수행</td></tr>
<tr><td rowspan="2">시설관리 및 예산운용</td><td>시설관리</td><td rowspan="2">해당 사항 없음</td></tr>
<tr><td>예산 편성·집행</td></tr>
</table>

<table>
<tr><th>구분</th><th colspan="3">주요 내용</th></tr>
<tr><td>평가방법</td><td colspan="3">• 평가지표별 5단척도 체크리스트와 자유서술식 병행
(단 초등 4학년~6학년은 서술식 문항으로만 구성)
• 동료교원평가, 학생 만족도조사, 학부모 만족도조사는 교육정보시스템 사용</td></tr>
<tr><td>평가결과 통보</td><td colspan="3">• 교육감 · 학교장은 개별교원에게 평가종류별 결과표와 개인별 합산표 통보, 열람 신청 시 원자료 열람 가능</td></tr>
<tr><td rowspan="4">평가결과 활용</td><td>대상</td><td>연수 유형</td><td>내용 및 연수시간</td></tr>
<tr><td>우수교원</td><td>학습연구년제</td><td>학습연구년 특별연수(1년)</td></tr>
<tr><td>일반교원</td><td>평가지표별 자율연수</td><td>기본과정, 심화 · 보충과정 등(15시간 이상)</td></tr>
<tr><td>지원필요 교원</td><td>능력향상연수</td><td>단기과정(60시간 이상), 장기 기본과정(150시간 이상), 장기 심화과정(6개월 이상)</td></tr>
</table>

출처: 서울특별시교육청(2017.3). 2017 교원능력개발평가 시행 기본계획.

〈표 9-7〉에서 보는 바와 같이, 평가종류는 동료교원평가, 초등학생 의견조사 및 학생만족도조사, 학부모만족도조사 등 세 가지로 구분된다. 동료교원평가는 교장 · 교감 중 1인 이상, 수석교사(수석교사 미배치교는 부장교사) 1인 이상, 동료교사 등 포함 총 5인 이상이 체크리스트 12문항 이상, 자유서술식 2문항으로 실시한다.

교사에 대한 평가는 학습지도 영역과 생활지도 2개 영역으로 구분하여, 학습지도 영역에서는 수업 준비(교과내용 분석, 수업계획 수립 2개 지표), 수업 실행(학습환경 조성, 교사발문, 교사 · 학생 상호작용, 학습자료 및 매체 활용 4개 지표), 평가 및 활용(평가내용 및 방법, 평가결과의 활용 2개 지표) 등으로 구분되어 평가를 실시한다. 생활지도 영역에서는 상담 및 정보 제공(개별학생 특성 파악, 심리상담, 진로 · 진학 지도 2개 지표), 문제행동예방 및 지도(학교생활적응 지도, 건강 · 안전지도 2개 지표), 생활습관 및 인성지도(기본 생활습관 지도, 인성지도 2개 지표) 등으로 구분되어 평가를 실시한다.

평가결과는 개별교원에게 평가종류별 결과표와 개인별 합산표가 통보되고, 열람을 신청할 경우 원자료 열람이 가능하다. 평가결과에 따라서 맞춤형 자율연수 및 능력향상연수 기회가 제공된다.

4. 교원평가제도의 최근 발전 동향

교원평가제도는 오랜 기간동안 여러 가지 문제점이 지적되어 왔던 제도의 하나이다. 교육부는 2015.12에 「교원평가제도 개선방안」을 발표하였다. 그간, 학교현장에서는 교원근무성적평정, 교원성과상여금평가, 교원능력개발평가 등 3가지 교원평가를 별도로 실시해 중복된 평가에 따른 비효율성 지적, 교원들의 피로감 호소, 평가별 결과 차이로 인한 신뢰성 논란, 연공서열식 평가 등의 문제점이 꾸준히 제기되어 왔다.

이에 교육부에서는 교원의 평가 부담감 해소와 결과의 신뢰성 제고, 수업과 생활지도를 잘하는 교원 우대 등 '교원의 교육활동전념 여건 조성'을 목적으로 교원평가제도 개선 방안을 발표하였다.

교육부가 발표한 교사평가제도 개선 방안은 기존의 ① 근무성적평정과 성과상여금평가를 교원업적평가로 통합·간소화하고, ② 교원능력개발평가는 현 제도를 개선·유지하고, ③ 평가용어와 지표를 정비하고, 평가대상 기간을 학년도 단위로 통일하는 것이 핵심 내용이었다. 기존 세 개의 교원평가를 두 개로 간소화·효율화하였다. [그림 9-3]과 [그림 9-4]에 나타난 바와 같이, 교원업적평가(근무성적평정+다면평가)는 승진인사에 활용하고, 교원업적평가 중 다면평가는 별도로 개인성과급지급에 활용하도록 개선하였다.

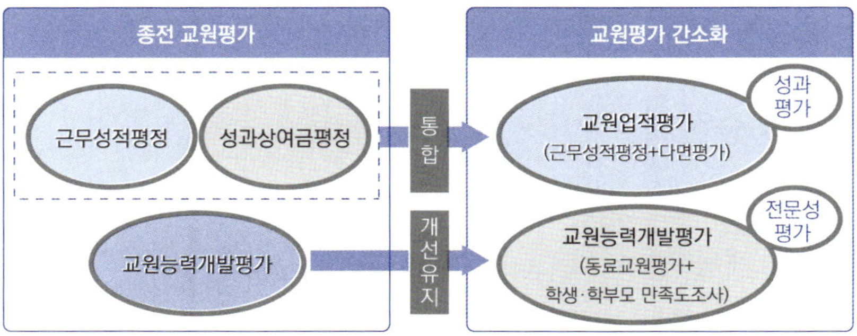

출처: 교육부(2015.12). 교원평가제도 개선방안 시행계획. 2면

[그림 9-3] 교원평가제도 개선방안 주요 내용

교원업적 평가요소에 있어서, 종래 교육자로서의 품성, 공직자로서의 자세, 학습지도, 생활지도, 교육연구 및 담당 업무 등의 요소를 교육공무원으로서의 태도, 학습지도, 생활지도, 담당업무, 전문성개발 등의 요소로 변경하였다. 근무성적평정에서 생활지도 비율을 종래 20%에서 30%로 상향 조정하고, 교육공무원으로서의 태도 비율을 종래 20%에서 10%로 축소하였다. 교원의 학습지도와 생활지도 전문성을 강조하고, 추상적 평가영역에 대한 용어 변경 및 비율 축소로 평가의 신뢰성을 높이는 방향으로 개선이 있었다. 업적평가 대상 기간도 종래 '연도 단위'에서 '학년도 단위'로 변경하여, 단위학교의 학사 일정과 시기를 일치시켰다.

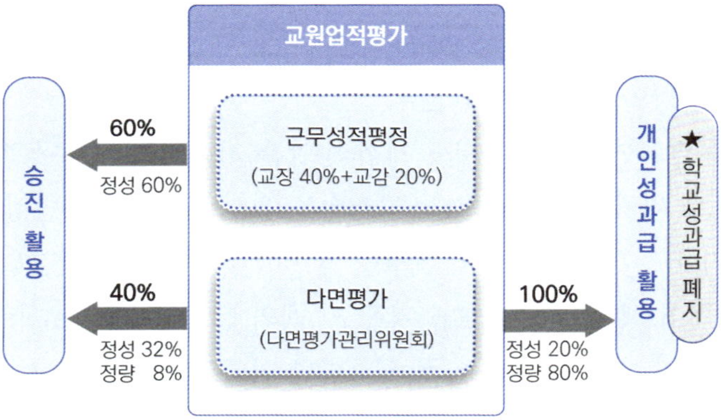

출처: 교육부(2015.12). 교원평가제도 개선방안 시행계획. 3면

[그림 9-4] 교원업적평가 개념도

제6절 승진

1. 승진의 개념 및 의의

승진은 상위직의 결원이 생겼음을 전제로 하여 하위직에서 상위직으로 수직적 이동을 하는 것을 의미한다. 일반적으로 책임과 권한의 증가, 직무의 확대, 보수

를 비롯한 근무조건의 개선 등이 수반되는 상위 직급에 임용되는 것을 의미한다. 일정한 기간이 경과하면 보수만 증액되는 승급과는 구별되는 제도이다. 조직의 입장에서 보면, 승진은 결원보충의 수단이며, 조직구성원의 직무동기를 유발하고 자기발전 노력을 자극하는 수단이다. 승진을 결정하는 방법은 조직원들에게 바람직한 근무형태에 대한 평가기준이 무엇인가를 알려주며, 이는 조직원들의 능력수준을 높이는 데 기여할 수 있다. 조직원의 입장에서 보면, 승진은 지위 상승과 근무조건 개선의 기회가 된다. 승진은 보다 높은 지위와 보다 높은 수입의 욕구를 충족시켜 줌으로써 개인의 사기를 앙양시키며, 개인의 능력발전 및 잠재력 발휘의 기회를 부여하며, 유능한 인재를 적재적소에 배치할 수 있게 하므로 조직의 유지·발전을 위하여 중요한 의미를 가진다.

교사에게 있어서 승진이란, 교사가 교감으로, 교감이 교장으로 상승 이동하는 것을 의미한다. 현행 교원의 자격·승진체계는 '2급정교사 → 1급정교사 → 교감 → 교장'으로 이어져 있다. 즉 교수직(2급정교사, 1급정교사)과 관리직(교감, 교장)이 일원적 구조로 이어져 있다. 2012년부터 도입된 수석교사제는 교수직(수석교사)와 관리직군(교감, 교장)으로 교원자격체제를 이원화하려는 취지로 도입된 것이다. 교육공무원법 제29조의4에 따라 수석교사는 4년 임기 중에 교장·원장 또는 교감·원감 자격을 취득할 수 없도록 하고 있다. 따라서 수석교사가 되는 것을 승진의 의미로 볼 수 없다.

2. 승진의 기준

2016년 12월 30일자로 개정된 교육공무원승진규정 제40조에 따르면, 교사에서 교감으로의 승진후보대상자는 경력평정점 70점, 합산점 100점(근무성적평정점 70점+다면평가점 30점), 연수성적평정점 30점을 각각 만점으로, 교장·장학관·교육연구관 승진후보자명부는 경력평정점 70점, 근무성적평정점 100점, 연수성적평정점 18점을 각각 만점으로 평정하여 그 평정점을 합산한 점수에 가산점을 합하여 다점자 순위로 등재하도록 되어 있다. 교육공무원승진규정에 나타나 있는 승진 기준의 주요 내용은 〈표 9-8〉과 같다.

〈표 9-8〉 교육공무원 승진 기준 및 배점(교감으로의 승진 기준)

<table>
<tr><th>구 분</th><th colspan="2">내 용</th><th>만 점</th></tr>
<tr><td>1. 경력 평정</td><td colspan="2">• 기본경력(최근 15년간) 64점
• 초과경력(기본경력 전 5년간) 6점</td><td>70점
(20년간)</td></tr>
<tr><td>2. 근무 성적 평정</td><td colspan="2">• 근무성적평점 60점
• 다면평가점 40점</td><td>100점
(최근 5년 중 3년 택)</td></tr>
<tr><td>3. 연수 성적 평정</td><td colspan="2">• 교육성적 27점
- 직무연수성적: 18점(60시간 이상 직무연수 1회 연수성적 6점)
- 자격연수성적: 9점
• 연구실적 3점
- 전국규모 연구대회: 1.0~1.5점 • 시도규모 연구대회: 0.5~1.0점
- 박사: 1.5 또는 3점(직무관련) • 석사: 1 또는 1.5점(직무관련)</td><td>30점</td></tr>
<tr><td colspan="3">합 계</td><td>200점</td></tr>
<tr><td rowspan="2">4. 가산점</td><td>공통 가산점</td><td>• 교육부장관 지정 연구학교 근무경력: 월 0.018점 상한점 1점
• 재외국민교육기관 파견 근무경력: 월 0.015점 상한점 0.5점
• 직무연수실적: 1학점당 0.02점, 1년 0.12점, 상한점 1점
• 학교폭력 예방 및 해결 등 기여 실적: 상한점 1점</td><td>3.5점</td></tr>
<tr><td>선택 가산점</td><td>〈명부작성권자가 항목 및 점수의 기준을 정할 수 있음〉
• 도서벽지 교육기관 또는 교육행정기관 근무 경력
• 농어촌교육진흥지역 학교 근무 경력
• 교육발전 또는 교육공무원의 전문성 신장 등을 위해 명부작성권자가 인정하는 경력 및 실적</td><td>상한점
10점</td></tr>
</table>

주: 교육공무원승진규정의 관련 내용을 정리함.

가. 경력평정

경력이란 어떤 직업에서의 경험과 근무연한을 의미한다. 경력평정은 경력에 기초하여 구성원의 승진, 전보, 전직 등 인사상의 순위를 결정하는 중요한 변인이다. 경력평정을 중요시하는 이유는 경력과 직무수행 능력은 밀접한 상관관계가 있다고 보기 때문이다.

교원에 대한 경력평정은 매 학년말을 기준으로 하여 정기적으로 실시한다. 다만, 신규채용·승진·전직 또는 강임된 자가 있거나 상위자격을 취득한 자가 있는 때에는 그때부터 2개월 이내에 정기평정일 현재를 기준으로 하여 평정한다. 경력은 기본경력과 초과경력으로 나눈다. 기본경력은 평정시기로부터 15년을 평정기간으로 하고, 초과경력은 기본경력전 5년을 평정기간으로 한다. 교사의 경우 경력의 내용과 기본경력 및 초과경력의 등급별 평정점은 〈표 9-9〉 및 〈표 9-10〉과 같다.

〈표 9-9〉 교사 경력의 등급 및 종별

등급	경력 종별
가경력	1. 각급학교 교장·교감 또는 교사(전임강사 이상의 대학 교원 및 중학교 또는 고등학교 졸업학력이 인정되는 사회교육시설에서 동등급 교원자격증을 가지고 학생을 지도한 경력을 포함한다)의 경력 2. 장학관·교육연구관·장학사 또는 교육연구사의 경력 3. 교육공무원으로 임용되기 전에 병역법 그 밖의 법률에 의한 의무를 수행하기 위하여 징집 또는 소집되거나 근무한 경력
나경력	1. 임용권자가 임용하여 전임으로 근무한 강사(대학의 전임강사는 제외한다) 또는 기간제교원(임시교원의 경력을 포함한다)의 경력. 다만 교육공무원임용령 제13조 제2항에 따라 교원의 통상적인 근무시간보다 짧게 근무하는 시간제 근무 기간제교원은 해당 교원이 근무한 시간을 합산하여 1일 단위(근무한 시간을 8로 나누어 산정하되, 8시간 미만의 나머지는 버린다)로 경력을 평정한다.

〈표 9-10〉 교사 경력의 등급별 평정점

구분	등급	평정 만점	근무기간 1월에 대한 평정점	근무기간 1일에 대한 평정점
기본경력	가 경 력	64.00	0.3555	0.0118
	나 경 력	60.00	0.3333	0.0111
초과경력	가 경 력	6.00	0.1000	0.0033
	나 경 력	5.00	0.0833	0.0027

비고: 교육공무원의 경력이 기본경력 15년, 초과경력 5년인 경우에는 그 경력평정 점수는 각각 평정만점으로 평정한다.

평정경력기간은 월수를 단위로 계산하되, 1개월 미만은 일 단위로 계산한다. 경력평정의 채점은 기본경력 평정점수와 초과경력 평정점수를 합산하여 행하며, 경력평정의 결과는 평정대상자의 요구가 있는 때에는 이를 알려 주어야 한다.

나. 근무성적평정

교사를 대상으로 한 근무성적평정의 내용과 방법은 '제5절 교사평가' 중 '2. 교사 근무성적평정의 내용'에 상세히 기술되어 있다. 교사가 교감승진후보자가 되는 경우 경력평정점 70점, 근무성적평정 100점, 연수성적평정점 30점을 각각 만점으로 평정하여 그 평정점을 합산한 점수가 높은 승진후보자의 순서대로 등재한다.

근무성적평정점은 명부의 작성기준일부터 3년 이내에 해당 직위에서 평정한 평정점을 대상으로 하여, 근무성적평정점=(최근 1년 이내 평정점×34/100)+(최근 1년전 2년 이내 평정점×33/100)+(최근 2년전 3년 이내 평정점×33/100) 계산방식에 따라 산정한다. 명부의 작성기준일부터 5년 이내에 해당 직위에서 평정한 점수 중에서 평정대상자에게 유리한 3년을 선택하여 산정한다.

다. 연수성적평정

연수성적평정은 조직 구성원들로 하여금 맡은 바 직무를 원만하게 수행하도록 하며, 조직의 발전과 구성원 개인의 발전을 도모하도록 하기 위한 교육훈련과 연구의 결과를 평정한 것이다. 현재 이루어지는 연수성적평정은 교육성적평정과 연구실적평정 두 가지로 구분된다. 여기에서 교육성적평정은 직무연수성적과 자격연수성적으로 나누어 평정한 후 이를 합산한 성적으로 27점 만점 기준으로 평정한다. 직무연수성적의 평정점은 18점 만점이며, 자격연수성적의 평정점은 9점 만점이다.

직무연수성적의 평정은 당해 직위에서 '교원 등의 연수에 관한 규정'에 의한 연수기관 또는 교육부장관이 지정한 연수기관에서 10년 이내에 이수한 60시간 이상의 직무연수성적 및 직무연수이수실적을 대상으로 평정한다. 직무연수성적의 평정점의 경우, 교장・장학관・교육연구관 승진후보자 명부작성 대상자는 6점, 교감 승진후보자 명부작성 대상자는 18점(60시간 이상의 직무연수 1회에 대한 연수성적의 평정점은 6점)으로 한다. 직무연수성적은 다음과 같은 기준에 따라 환산성적을 산출한다. 즉 직무연수성적이 95점 초과 시는 100점, 90점 초과~95점 이하 시는 95점, 85점 초과~90점 이하 시는 90점, 85점 이하~80점 이상 시는 85점, 80점 미만 시는 80점으로 환산한다. 자격연수성적의 평정은 「유아교육법」 제22조와 「초・중등교육법」 제21조에 따른 교원의 자격을 취득하기 위한 자격연수에서 얻은 성적을 대상으로 평정한다.

〈표 9-11〉 연수성적평정의 내용

<table>
<tr><th colspan="2">구 분</th><th colspan="4">대 상</th><th>상한점</th><th>만점</th></tr>
<tr><td rowspan="2">교육성적평정</td><td>직무연수</td><td colspan="4">「교원 등의 연수에 관한 규정」에 의한 연수기관 또는 교육부장관이 지정한 연수기관에서 10년 이내에 이수한 60시간 이상의 연수(1회당 6점 기준)
〈직무연수성적평정 방법〉
① 교장・장학관・교육연구관 승진후보자 명부작성 대상자: 6점×직무연수환산성적/직무연수성적만점
② 교감 승진후보자 명부작성 대상자: 6점×직무연수환산성적/직무연수성적만점+6점×직무연수횟수(2회한)</td><td>18점</td><td rowspan="2">27점</td></tr>
<tr><td>자격연수</td><td colspan="4">1. 교감으로서 교장자격증을 받은 자: 교장자격연수 성적
2. 교사로서 교감자격증을 받은 자: 교감자격연수 성적
3. 당해 직위 또는 교원의 직위에서 받은 자격연수 성적 중 최근에 이수한 자격연수 성적
〈자격연수성적평정 방법〉
자격연수성적 평정점=9점-(연수성적만점-연수성적)×0.05</td><td>9점</td></tr>
<tr><td rowspan="5">연구실적평정</td><td rowspan="2">연구대회입상실적</td><td colspan="2">입상 등급</td><td>전국규모 연구대회</td><td>시・도규모 연구대회</td><td rowspan="2">3점</td><td rowspan="5">3점</td></tr>
<tr><td colspan="2">1등급
2등급
3등급</td><td>1.50점
1.25점
1.00점</td><td>1.00점
0.75점
0.50점</td></tr>
<tr><td rowspan="3">학위취득실적</td><td colspan="4">당해 직위에서 석사 또는 박사학위 취득 경우 그 취득학위 중 하나를 평정</td><td rowspan="3">3점</td></tr>
<tr><td>박사</td><td colspan="3">직무와 관련있는 학위-3점 그 밖의 학위-1.5점</td></tr>
<tr><td>석사</td><td colspan="3">직무와 관련있는 학위-.5점 그 밖의 학위-1점</td></tr>
</table>

연수성적평정에서 연구실적평정은 연구대회입상실적과 학위취득실적으로 나누어 평정한 후 이를 합산한 성적으로 한다. 연구대회입상실적평정은 ① 국가 · 공공기관 또는 공공단체가 개최하는 교육에 관한 연구대회로서 교육부장관이 인정하는 전국규모의 연구대회에서 입상한 실적, ② 시 · 도교육청 · 지방공공기관 및 공공단체 등이 개최하는 교육에 관한 연구대회로서 교육감이 인정하는 시 · 도규모의 연구대회에서 입상한 실적을 평정한다. 연구대회입상실적은 1년에 1회의 연구대회입상실적에 한하여 평정한다. 학위취득실적평정은 교육공무원이 석사 또는 박사학위를 취득하였을 경우 그 취득학위 중 하나를 평정의 대상으로 한다.

라. 가산점평정

가산점평정은 조직체가 구성원들로 하여금 해당 조직에서 직무수행에 대한 동기부여와 사기진작 및 능력향상을 도모하기 위하여, 조직원들에 대한 평정에 있어 특별한 자격증 소지, 특수지 근무경력, 특별한 근무실적 등에 대하여 일정 점수를 가산해 주는 것을 의미한다.

교육공무원의 승진평정에 적용되는 가산점은 공통가산점과 선택가산점으로 구분된다. 공통가산점은 ① 교육부장관이 지정한 연구학교의 교원으로 근무한 경력(월 0.018점, 상한점 1점). ② 교육공무원으로 재외국민교육기관에 파견근무한 경력(월 0.015점, 상한점 0.5점). ③ '교원 등의 연수에 관한 규정' 제8조의2의 규정에 의하여 연수이수실적이 학점으로 기록 · 관리되는 직무연수 실적(1학점당 0.02점, 연도별 상한점 0.12점, 전체 상한점 1점) 등이다.

선택가산점은 총합계 10점을 초과할 수 없는 범위 내에서, ① 도서 · 벽지교육진흥법 제2조에 따른 도서벽지에 있는 교육기관 또는 교육행정기관에 근무한 경력이 있는 경우, ② 읍 · 면 · 동지역의 농어촌 중 교육감이 농어촌교육의 진흥을 위하여 특별히 지정한 지역의 학교에 근무한 경력이 있는 경우, ③ 그 밖의 교육발전 또는 교육공무원의 전문성 신장 등을 위해 교육감이 필요하다고 인정하는 경력이나 실적이 있는 경우 등에 대하여 부여한다.

3. 승진제도의 발전 방향

2016년에 대폭적으로 개정된 교육공무원승진규정은 종래 제기되어 온 승진에 관련된 문제점들을 보완하고자 하는 취지에서 마련된 것이다. 교직에서 승진의 기회는 제한되어 있는데, 승진하고자 하는 교원들의 욕구는 거의 무제한이라고 하는 현실적 상황에서, 모든 교원들의 요구를 충족시킬 수 있는 완벽한 승진규정을 만들기란 불가능한 일이라 하겠다. 승진규정의 발전 방향으로 다음과 같은 점이 고려될 수 있을 것이다.

첫째, 동료교사에 의한 다면평가제에 있어서 객관성에 대하여 우려의 소리가 적지 않다. 학년별・교과별로 교육과정 편성・운영 및 평가가 이루어지고, 교실 내의 활동이 주가 되는 교원 업무의 특성상 교장・교감・동료교사가 참가하여 교사평가의 객관성을 확보하기 위한 보완책으로 다면평가제가 도입되었다. 진일보한 변화라고 볼 수 있다. 그러나 다면평가제도에 있어서도 동료교사 간의 인간관계가 좋고 나쁨에 따라 다면평가에 사적인 감정이 개입될 소지가 많으며, 좋은 것이 좋다는 식의 온정주의적인 생각에서 이루어지는 다면평가는 객관성을 유지하기 어렵다는 지적이 있다. 교사들이 보다 객관적이고 합리적인 입장에서 다면평가에 참여하고자 하는 노력이 요망되며, 현실적으로 어려운 점이 있겠지만 다면평가에 참여하는 교사의 수를 늘리는 방안도 강구되어야 할 것이다.

둘째, 승진을 희망하는 많은 교원들은 경력평정점, 근무성적평정점, 연수성적평정점에 있어서는 거의 만점에 가까운 점수를 확보하고 있어, 가산점의 중요도가 대단히 높다. 이러한 상황에서 교원 자신이 노력하여 얻을 수 있고 교직 전문성과 관련이 높은 가산점의 경우는 필요성이 인정되나, 전문성과 관련이 적고 취득 기회를 갖기도 어려운 가산점은 문제가 될 수 있다. 교육활동의 본질적인 내용과 연결되며, 교직 전문성을 발휘할 수 있는 내용과 관련이 되는 가산점을 중심으로 개선이 이루어져야 할 것이다.

셋째, 교육공무원승진규정이 개선된다고 하더라도, 여전히 교장・교감으로의 승진지향 과열 문제에 대하여는 제도적 조치가 요망된다. 수업전문성이 높은 교사를 우대하기 위한 제도적 장치로 수석교사제가 법제화되어 2012년 3월 1일부터 본격적으로 실시되었다. 수석교사제는 현행 관리직 우위의 교직풍토를 교단교사를 존중하고 우대하는 풍토로 전환하기 위한 제도이다. 수석교사는 교사의 교수·연구활동을 지원하며 학생을 교육함을 그 직무로 하고 있다. 수석교사가 명실공히 그 직무를 충실하게 담당할 수 있는 여건 조성을 위한 제도적 보완이 요망된다.

질문 / 토의거리

1. 교원인사행정의 중요성에 대하여 설명해 보자.
2. 교사 신규채용제도의 현황을 설명하고, 발전 방향을 논의해 보자.
3. 현직연수에 대하여 어떠한 시각이 있을 수 있는가 설명해 보자.
4. 교사 근무성적 평정제도의 현황과 문제를 설명하고, 발전 방향을 논의해 보자.

참고문헌

경기도교육청(2018.2). 2018년 교원능력개발평가 시행 계획.

교원능력개발평가 실시에 관한 훈령[시행 2017. 5. 19] [교육부훈령 제217호]

교육과학기술부(2010). 2010학년도 교원능력개발평가 표준 매뉴얼.

교육부(2015.12). 교원평가제도 개선방안 시행계획

교육부(2021.10). 2022년도 교원 연수 중점 추진방향.

김갑성(2008). 2008년 교원능력개발평가 선도학교 운영 결과 분석 연구. 한국교육개발원.

서울특별시교육청(2021.9). 2022학년도 서울특별시 공립(국립·사립) 유치원·초등학교·특수학교(유치원·초등)교사 임용후보자 선정경쟁시험 시험계획 공고

서울특별시교육청(2021.10). 2022학년도 서울특별시 공립(국립·사립) 중등학교교사, 특수(중등)·보건·영양·사서·전문상담교사 임용후보자 선정경쟁시험 시험계획 공고

서울특별시교육청(2017.3). 2017 교원능력개발평가 시행 기본계획.

오석홍(2000). 인사행정론 (4판). 서울: 박영사.

이윤식(2005). 교원연수체제의 개편과 교사의 자세. 교학상장. 41. 인천교육청. 60-69.

이윤식 외(1993). 교원연수제도 개선방안연구. 한국교육개발원.

OECD. (1982). *In-service education and training of teachers*. Paris: OECD.

제10장 의사소통론

의사소통은 둘 이상의 사람들 사이에 사실, 생각, 의견 또는 감정의 교환을 통하여 공통적 이해를 이루고자 하는 행동이라고 볼 수 있다. POSDCoRB라는 행정의 과정 가운데 DCoR의 세 단계가 의사소통에 해당된다. 이것은 교육행정에서 의사소통이 매우 중요함을 말해 주는 것이다. 여기에서는 먼저 의사소통의 개념과 의사소통의 과정을 다룬다. 이어서 의사소통의 방법과 의사소통의 방향 등에 따라, 공식적 의사소통과 비공식적 의사소통, 언어적 의사소통과 비언어적 의사소통, 수직적 의사소통과 수평적 의사소통 등 다양한 의사소통 유형이 있음을 설명한다. 끝으로 효과적인 의사소통을 위하여 중요한 기법과 관련하여, 조해리 창, 성격 유형을 고려한 의사소통, 개인의 의사소통방법인 나-메시지와 너-메시지, 학교 구성원들 간의 효과적인 의사소통의 원리와 기술 등을 살펴본다.

제1절 의사소통의 개념

의사소통은 영어로 communication이다. communication이란 말은 공동 또는 공통성을 의미하는 라틴어 communis를 어원으로 하고 있다. 본래의 의미는 둘 이상의 사람들 사이에 서로 '공통성'을 만들어 내는 과정을 의미한다. 의사소통은 둘 이상의 사람들 사이에 사실, 생각, 의견 또는 감정의 교환을 통하여 공통적 이해를 이루고자 하는 행동이라고 볼 수 있다(박연호, 1994: 283). 의사소통에 관계하는 사람을 발신자와 수신자라고 할 때, 발신자와 수신자 사이에 이해의 정도를 높이기 위해 메시지, 아이디어 혹은 태도를 공유하는 과정이 의사소통이다. 일반적으로 의사소통은 사람들 간에 메시지를 전달함으로써 의미를 공유하려는 노력을 포함한다.

의사소통은 두 가지 상징 체제를 통해 이루어진다. 하나는 언어적 상징 체제이고 다른 하나는 비언어적 상징 체제이다. 언어적 상징 체제에는 말과 문자화된 매체가 있으며, 비언어적 상징 체제에는 신체·동작·상징적 가치를 지닌 물체(가구, 의복, 장신구 등), 개인들 간의 공간이나 거리, 기타 비언어적 상징 등이 있다. 의사소통은 다음과 같은 주요 특성을 갖는다(오석홍, 1998: 447-448).

첫째, 의사소통은 원칙적으로 개인 간의 과정이다. 즉 정보를 보내는 사람과 받는 사람 사이에 일어나는 과정이다.

둘째, 의사소통은 원칙적으로 유목적적인 것이다. 발신자는 수신자에게 어떤 영향을 미치려 하거나 무엇을 알리려 한다.

셋째, 의사소통 과정의 기본적인 단위를 형성하는 핵심적 요소는 세 가지이다. 즉, ① 발신자와 수신자의 존재, ② 정보전달의 매체 또는 수단, ③ 정보전달의 통로이다.

넷째, 조직 내의 모든 상호작용은 의사소통을 내포하기 때문에 조직과 의사소통의 관계 또는 조직에 대한 의사소통의 역할은 매우 복잡하다.

다섯째, 의사소통이 없으면 조직은 성립될 수 없기 때문에 의사소통은 모든 조직에 필요불가결한 요소이다.

일반적으로 의사소통은 조직에서 다음과 같은 주요 기능을 갖게 된다(박연호, 1994: 284).

첫째, 의사소통은 조직구성원의 행동을 통제하는 기능을 한다. 조직에서는 각 구성원들의 의무를 명확히 하고 권한과 책임에 관한 기준을 설정하기 위하여 의사소통을 한다.

둘째, 의사소통은 개인과 집단에 정보를 전달해 주는 기능을 한다. 의사소통을 통하여 구성원들에게 의사결정의 기준이 제공되고 명령과 지시 등이 수행된다.

셋째, 의사소통은 구성원들의 동기를 유발시키는 작용을 한다. 조직은 다양한 목적과 목표를 위한 구성원들 간의 협동과 헌신을 유발하기 위해 의사소통을 이용한다.

넷째, 의사소통은 구성원들이 감정과 정서를 표출할 수 있는 기능을 수행한다. 즉 의사소통을 통하여 자신의 감정을 표출하고 다른 사람들과의 교류를 넓혀 나간다.

제2절 의사소통의 과정

앞서 살펴본 바와 같이 의사소통을 발신자와 수신자 사이에 이해의 정도를 높이기 위해 메시지, 아이디어 혹은 태도를 공유하는 과정이라고 볼 때, 의사소통의 과정은 누가, 무엇을, 어떤 방법으로, 누구에게 전달하여 어떤 효과를 거두는가에 관한 것이라 할 수 있다(오석홍, 2014: 449). 이러한 과정을 기술하고 설명하기 위하여 Hoy와 Miskel(2013)은 다음과 같이 발신자, 목적, 전략, 매체와 메시지 형태, 수신자, 효과, 맥락 등을 구성 요소로 하는 의사소통 과정의 일반 모델을 제시하였다.

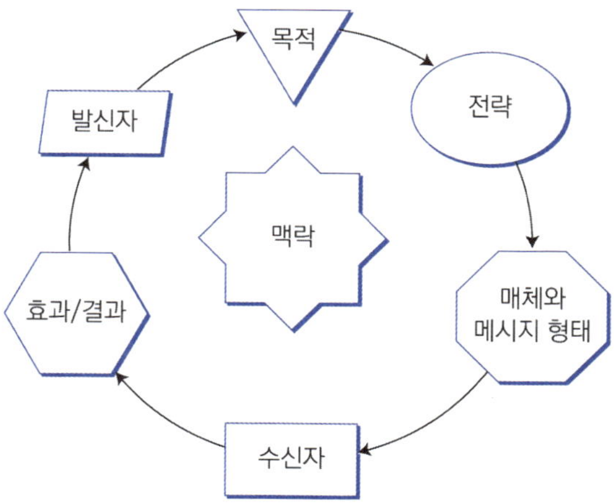

출처: Hoy, W. K., & Miskel, C. G.(2013). *Educational administration: Theory, research, and practice*(9rd Ed.). McGraw-Hill Education, 391.

[그림 10-1] 의사소통 과정의 일반 모델

1. 발신자

발신자는 메시지의 출처를 의미한다. 출처는 사람뿐만이 아니라, 비망록, 신문, 전문학술지, 혹은 조직의 지위 등도 될 수 있다. 메시지의 효과성은 부분적으로 발신자에 대한 수신자의 신뢰성(credibility) 정도에 관련된다. 어떤 경우, 발신자의 신원과 평판은 수신자가 메시지를 왜곡하게 하거나 혹은 그 메시지를 무시하게 만든다. 예를 들면, 교장의 능력이 부족하다거나 혹은 교장이 정직하지 못하다고 생각하는 교사들은 그 교장으로부터 나오는 의사소통을 왜곡해서 받아들일 가능성이 높다.

2. 목적

목적은 발신자가 의사소통 과정을 통해 달성하고자 하는 것이다. 일반적으로 의사소통의 공통적인 목적은 특정한 방식으로 수신자들이 행동하도록 하고, 수신자들 간의 상호작용과 관계, 그리고 그들의 행동과 태도에 영향을 주는 것이다. 이러한 목적은 상징 등을 통해 기호화하여 메시지를 전달하게 되는데, 발신자와 수신자 간에 상징에 대한 해석이나 의미부여가 일치할수록 목적을 달성하기 쉽다.

3. 전략

의사소통의 목적을 성취하기 위하여 발신자는 다양한 전략을 사용하게 된다. 발신자는 메시지에 명확성과 구체성을 부여하고 맥락을 포함하여 수신자에게 전달할 수 있다. 또한 메시지 내용에 적절한 감정이나 태도를 갖추고, 수신자로부터 이전에 받은 피드백을 활용하여 메시지를 수정할 수도 있으며, 의사소통 과정을 조정하여 메시지를 통제할 수가 있다(Te'eni, 2001).

4. 매체와 메시지 형태

매체는 메시지를 전달하는 수단이나 매개체를 말한다. 매체는 의사소통의 풍요성을 결정하는 요인이다. 매체는 크게 두 가지로 분류할 수 있다. 제스처나 사무실의 가구, 의복, 장신구 등과 같이 상징적으로 우리들을 둘러싸고 있는 물건들과 같은 비언어적 매체가 있다. 또한 직접 대면해서 하는 대화의 음파, 전화・이메일・SNS 메시지・화상회의와 같은 전기적 신호, 메모・신문・편지 등과 같은 문자 등을 통한 언어적 매체가 있다. 매체를 선택하는 기준으로는 쌍방향 참가 가능 여부, 수용력과 적응성 등을 고려한다.

메시지 형태는 메시지의 배열과 양식을 말하는 것으로 메시지의 논리나 조직 방식, 표현 양식, 공식화의 정도 등이 이에 해당한다. 메시지 형태는 매우 다양하지만 간단한 예로는 광고, 블로그, 학술 논문, 개인 저널, 공공 방송, 개인 방송 등이 있다.

5. 수신자

수신자는 메시지의 최종 목적지로 메시지를 해석하는 사람이다. 수신자는 자신이 받은 메시지의 의미를 해석하고 이해함으로써 의미를 구성한다. 즉, 메시지(발신자의 언어적, 비언어적 행동 및 상징 등) 자체가 내재적 의미를 가지는 것이 아니라 수신자가 이에 의미를 부여할 때 생겨난다는 의미이다. 따라서 의미가 발신자에서 수신자에게 그대로 옮겨지지는 않고 수신자의 의사소통 능력, 주제에 대한 지식, 관심, 가치, 욕구와 같은 수신자의 특성들이 메시지의 의미를 구성하는 데 영향을 미친다. 최근 학교 내 기성세대와 MZ세대 간에 의사소통에서 어려움이 많아지고 있다. 이는 발신자(기성세대)의 메시지에 담긴 의미를 수신자(MZ세대)가 잘 못 이해하거나 발신자(기성세대)의 메시지에 대한 수신자(MZ세대)의 대응 메시지의 의미를 발신자(기성세대)가 잘 못 해석하여 생긴 것이라고 볼 수 있다.

6. 효과

메시지의 효과는 의사소통 과정을 통한 결과를 의미한다. 새로운 지식을 얻게 되었다든지, 상호 이해의 도달, 이전과 상이한 태도, 학교 문화의 변화, 직무 만족도의 개선, 발신자와 수신자 간의 새로운 또는 향상된 관계 등이 결과에 해당한다(Hoy & Miskel, 2013).

7. 맥락

맥락은 다른 모든 구성요소와 관련을 맺고 있기 때문에 의사소통의 과정에 중대한 영향을 미친다. 맥락의 유형으로는 물리적 맥락, 사회적 맥락, 심리적 맥락, 시간적 맥락과 같은 상황적 맥락과 의사소통 집단 구성원의 상호작용 방식에 따른 소집단 의사소통 맥락, 공적인 연설 맥락 등과 같은 의사소통 맥락이 있다(Whitman & Boas, 1983; DeVito, 1978; 박영목, 2000에서 재인용). 이러한 맥락적 요인들은 그것이 긍정적이라면 효과적인 의사소통을 촉진하나, 역으로 부정적인 맥락을 가진다면 의사소통의 비용을 증대시키고, 의사소통을 왜곡, 지체 또는 차단하기도 한다. 학교 내 의사소통에서의 맥락을 예로 들면 학교 풍토의 개방성, 관료화 정도, 교사들과 학생들 간의 신뢰 수준 등이 있다.

제3절 의사소통의 유형

의사소통이 이루어지는 유형은 의사소통의 방법, 의사소통의 방향 등에 따라 아래와 같이 여러 가지로 나눌 수 있다.

1. 공식적 의사소통과 비공식적 의사소통

의사소통의 채널에 따라 공식적 의사소통 유형과 비공식적 의사소통 유형으로 구분할 수 있다. 공식적 의사소통(formal communication)은 조직의 공식적인 구조와 채널을 통해 이루어지는 의사소통이다. 비공식적 의사소통(informal communication)은 조직 구성원들 간에 자연발생적으로 형성된 인간관계와 사회적 관계를 중심으로 이루어지는 의사소통이다. 공식적 의사소통과 비공식적 의사소통은 모든 조직 내에 존재한다. 이들은 상호보완적으로 사용될 수 있다.

가. 공식적 의사소통

공식적 의사소통은 공식적 조직 내에서 공식적 의사소통의 경로와 수단을 통해서 정보가 유통되는 것을 의미한다. 공식적 의사소통의 목적은 조직 구성원들에게 조직의 목표·방침 및 지시 사항 등을 알리고, 구성원들의 의견과 보고 내용을 관리자와 모든 구성원들에게 알리는 데 있다. 공식적 의사소통은 보통 상하 조직계통을 따라서 공문서 또는 서면이나 구두의 지시·보고 등의 방법으로 이루어진다. 서면 형식은 보다 정확하게 기록을 남겨둘 수 있으나 시간과 비용이 많이 드는 단점이 있고, 구두에 의한 방식은 반대의 장점과 단점을 지니고 있다.

의사소통이 공식화되면 권한 관계가 명확해지고 의사소통이 확실하고 편리하며, 발신자와 수신자가 명확하여 책임 소재가 분명해지는 장점이 있다. 그러나 공식적 의사소통은 융통성이 없고, 의사소통의 속도가 느리다. 또한 모든 구성원의 복잡한 욕구나 감정을 공식적 방법으로 솔직하게 전달하는 데는 한계가 있다. 특히 구성원의 목표와 조직의 목표 간에 괴리현상이 있는 경우 공식적 의사소통에만 의지할 수 없다.

공식적 조직이자 의사소통의 예로는, 유・초・중등학교에는 교직원회의, 동학년회의, 동교과회의, 부장교사회의 등이 있다. 대학교는 교수회의, 교무회의, 학・원・처장회의, 대학평의원회의, 부서 업무회의 등이 공식적 의사소통에 해당된다.

나. 비공식적 의사소통

공식적 의사소통이 가지고 있는 한계성은 비공식적 의사소통에 의해 보완된다. 비공식적 의사소통은 비공식적 조직, 즉 자연발생적인 인간관계 집단 내에서 비공식적 방법으로 이루어지는 의사소통을 의미한다. 공식적 상하관계의 직책을 떠나 자연스런 친분관계, 상호신뢰관계 등 인간관계를 기초로 하여 의사소통을 하는 것이다. 공식적 의사소통이 제약된 조직이나 사회에서는 많은 양의 비공식적 의사소통이 발생하게 된다.

비공식적 의사소통은 소문이나 잡담 또는 자연스런 접촉 등의 형태를 통하여 이루어지므로 통제하기 어려우며, 경우에 따라서는 왜곡되고 정확하지 못한 정보를 유통시키기도 한다. 그러나 비공식적 의사소통을 통해 조직 구성원들의 일반적인 의사를 비교적 솔직하게 전달할 수 있으므로 조직 관리자나 지도자에게 유익한 정보를 전달하는 수단이 될 수 있다. 그리고 공식적 의사소통으로는 전달될 수 없는 기분・느낌・감정 등을 표현하고 전달할 수 있으므로 조직 구성원들의 만족감을 높여 주기도 한다.

비공식적 조직이자 의사소통의 예로는, 유・초・중등학교에는 대학동문회, 동호회, 처녀총각회, 남교사회, 여교사회 등이 있다. 대학교는 대학이나 대학원동문회, 여교수회, 교수동호회(테니스, 배드민턴, 등산 등), 직원동호회 등이 비공식적 조직이자 의사소통에 해당된다.

2. 언어적 의사소통과 비언어적 의사소통

흔히 의사소통이라고 하면 언어적인 의사소통만을 생각하기 쉽다. 그러나 의사소통에는 언어적인 방법 외에 비언어적인 방법이 있다. 예를 들어, 고개를 끄덕이거나 미소를 지음으로써 생각이나 감정을 전달할 수 있다. 이러한 의사소통을 비언어적 의사소통이라고 한다. 언어적, 비언어적 의사소통에 대해 좀더 자세히 알아보자.

가. 언어적 의사소통(verbal communication)

인간은 언어를 사용하여 자신의 생각과 감정을 서로 소통한다. 언어는 한 사회의 표준화된 의사소통의 매체이며 사회 구성원이 공유하고 있는 상징적 기호이다. 언어적 의사소통은 구두에 의한 의사소통과 문서에 의한 의사소통으로 구분된다. 구두에 의한 의사소통은 직접적 대면이나 스마트폰, 컴퓨터 등을 활용한 비대면적 상황에서 직접 전달되거나 전화와 같은 매체를 통하여 간접적으로 전달된다. 문서에 의한 의사소통은 문자에 의한 편지, 핸드폰 문자 및 메신저, 메모, 공문 등을 통해 전달되는 의사소통이다. 구두에 의한 의사소통은 직접적이고 신속한 장점이 있다. 문서에 의한 의사소통은 피드백에 시간이 걸리기는 하지만 정확성을 기할 수 있는 장점이 있다. 따라서 구두에 의한 의사소통과 문서에 의한 의사소통을 혼합하여 활용하는 것이 더 효과적이다.

일반적으로 말하고, 듣고, 쓰고, 읽는 과정에서 언어가 전달되고 수용되지만, 언어만으로는 인간의 모든 생각과 감정을 전달할 수 없다. 언어적 의사소통 방법의 보완을 위해서 비언어적 의사소통의 방법도 필요하다.

나. 비언어적 의사소통(non-verbal communication)

언어 이외에 자세・몸짓・얼굴 표정・복장 등 비언어적 방법은 은연중에 인간의 감정이나 태도를 전달할 뿐만 아니라 그 효과 역시 언어를 사용하였을 때보다도 더 큰 경우가 있다. 중요한 비언어적 의사소통 방법으로 신체적 동작, 준언어, 물리적 거리, 시간 등이 있다. 신체적 동작은 의사소통에 영향을 미치는 얼굴 표정, 눈길, 손·발·다리의 사용, 몸의 자세 등이다. 준언어란 무엇을 말했느냐보다는 어떻게 말했느냐에 관심을 두는 것으로 말의 명료성, 말의 유창성, 음성의 강도, 음질, 억양, 비웃음, 하품과 같이 언어를 둘러싸고 있는 정보를 말한다. 물리적 거리란 말하는 사람과 듣는 사람 사이의 거리를 말한다. 대화하는 사람들 간의 거리가 가까울수록 친밀하고 잘 아는 사이며, 멀수록 공식적이거나 이질적 집단을 의미한다. 대화에 참여하는 사람들이 시간을 어떻게 사용하는가 하는 것도 중요한 메시지를 전달한다. 하급자가 회의에 지각하면, 무례함이나 참여의식의 결여, 무성의를 뜻하는 것으로 해석된다. 그러나 상급자가 늦으면 하급자에 대한 권위나 배려, 바쁜 스케줄을 뜻하는 것으로 해석되기도 한다.

이외에도 상대방의 질문이나 인사에 대해 반응하거나 침묵한다든가, 약속시간을 지키거나 지키지 않는다든가, 다양한 복장의 모양과 색상, 사무실의 위치나 크기 및 집기의 배열, 회의 시 좌석의 배치 등도 비언어적 의사소통 방법이다. 이러한 방식의 의사소통은 직접적 대면관계에서 나타나는 것으로서 상대방에게 호감 또는 반감, 존경 또는 무례, 관심 또는 무관심, 친근감 또는 소외감 등을 전달하는 방법이 된다. 그러나 이러한 비언어적 의사소통 형태는 특수한 문화적 상황에서 학습된 것이어서 문화에 따라 의미가 크게 다를 수 있기 때문에 해석에 있어서 조심하여야 한다.

3. 수직적 의사소통과 수평적 의사소통

의사소통을 통한 정보 유통의 방향에 따라서 수직적 의사소통(vertical communication) 유형과 수평적 의사소통(horizontal communication) 유형을 구분할 수 있다. 조직의 구성원들 간에는 직무상의 역할과 권한에 따라 상급자와 하급자라고 하는 수직적 관계가 형성되고, 동시에 같은 직위와 직급자들 간에는 수평적 관계가 형성된다. 의사소통도 조직 구성원 간의 이러한 위계적인 관계 속에서 이루어지는 과정으로 볼 때, 수직적 의사소통과 수평적 의사소통으로 구분할 수 있다.

가. 수직적 의사소통

수직적 의사소통은 위계구조 속에서 상이한 수준을 통해 의사소통이 상하로 흐르는 것을 말한다. 수직적 의사소통은 그것이 이루어지는 방향에 따라 하향적 의사소통(downward communication)과 상향적 의사소통(upward communication)으로 구분할 수 있다. 하향적 의사소통은 상급자로부터 하급자에게로 이루어지는 것이며, 상향적 의사소통은 하급자로부터 상급자에게로 이루어지는 것이다.

1) 하향적 의사소통(상의하달)

하향적 의사소통은 조직의 계층 또는 명령 계통에 따라 상급자가 하급자에게 자신의 의사와 정보를 전달하는 것으로 상의하달식 의사소통 방법이다. 보통 구두 또는 문서에 의한 지시·규정·명령과 일반적 정보 안내가 있다. 지시·규정·명령 등은 대체로 조직의 목표 달성을 위하여 조직원들이 수행하여야 할 직무의 내용과 방법에 관련된다. 일반적 정보는 조직원들에게 조직 내의 사정을 알리고 조직원들의 사기를 높이기 위한 것에 관련된다. 일반적 정보를 전달하기 위하여 흔히 사용되는 방법으로 교직원회의, 학내 메신저, 소식지, 각종 게시물, 학내 방송, 각종 회의나 집회 등이 있다. 일반적 정보가 정확·신속·풍부하게 전달될수록 조직 내의 잘못된 비공식 의사소통이 적어지게 된다.

2) 상향적 의사소통(하의상달)

상향적 의사소통은 앞의 하향적 의사소통과는 반대로 조직의 하부에서 상부로 정보와 의사가 전달되는 하의상달식 의사소통 방법이다. 상향적 의사소통의 방법으로 보고·제안·의견조사·면접·회의 등이 있다. 보고는 가장 공식적이며 주된 하의상달의 방법이다. 그러나 보고는 공식적인 성격이 강하므로, 진정한 하의상달 방법으로서 제약이 있기도 하다. 상급자가 듣기 좋아하는 정보를 중심으로 하여, 사실과 달리 허위적이거나 왜곡된 정보가 보고될 수도 있다. 제안은 조직원들이 조직의 운영 및 업무 개선에 관한 의견이나 생각을 제안하게 하여 좋은 것을 채택하고 보상하는 제도이다. 의견조사는 질문지 등을 통해 조직원들의 사기, 태도, 인식 등을 조사하는 데 유용하다. 정기적으로 의견조사를 실시하는 외에도, 특별한 사안이 있을 때는 적절히 의견조사를 하는 것이 바람직하다. 이외에도 개별적으로 혹은 소규모로 면접이나 회의를 통하여 조직 하부의 정보와 의사를 수집하는 것도 유익하다.

상향적 의사소통은 그 과정에서 중간 계층을 경유하여 최고 계층에 도달하기 때문에 중간 계층이 하위 계층의 정보나 의사가 위로 올라가는 것을 차단할 가능성도 있다. 따라서 조직 상층부는 하부의 의견을 왜곡 없이 청취하기 위해서는 중간 계층을 경유하지 않고 직접 소통하는 체제를 갖출 필요가 있다.

나. 수평적 의사소통

수평적 의사소통은 같은 직급과 직위를 가지고 있는 동료들 간이나 부서들 간에 이루어지는 의사소통을 의미한다. 수평적 의사소통은 횡적 의사소통이라고도 한다. 같은 부서에서 함께 근무하는 구성원들 간에는 당연히 수평적 의사소통이 이루어진다.

조직의 규모가 커지면, 하위 부서나 조직들 간에 추구하는 목표나 과업이 달라지고, 이에 따라 갈등이 생길 수 있다. 이러한 갈등으로 야기되는 문제를 해결하기 위하여 조정이 불가피해진다. 동료들 간의 단합과 부서들 간 업무조정과 지원 및 통합을 위해서 수평적 의사소통은 매우 필요하다. 학교의 경우 교무부와 연구부 간에, 교무실과 행정실 간에 의사소통이 제대로 안 되어서 문제와 갈등을 야기하는 경우가 많다.

수평적 의사소통의 방법으로는 사전 업무 협의, 심사 제도, 회의 및 위원회, 회람 및 통보 등이 있다. 사전 업무 협의는 타 부서의 협조가 필요한 부서가 해당 부서를 사전에 찾아가 설명과 이해, 협조를 구하는 절차이다. 사전심사 제도는 계획이나 정책의 최종적 결정을 내리기 전에 미리 관련 부서들의 의견을 수합·반영하려는 절차이다. 회의 및 위원회는 중요한 결정에 앞서, 회의를 통하여 정보나 아이디어가 교환되도록 하며, 전문적 토론 등에 의해 조정이 이루어지도록 한다. 회람 및 통보는 어떤 결정이 이루어진 후에 관계자들에게 통지하여 그 내용을 잘 알도록 하는 것이다. 회람은 문서를 통해 많은 사람들에게 널리 알리는 방법이며, 통보는 결정된 사실을 특정인에게 알리는 방법이다.

4. 일방적 의사소통과 쌍방적 의사소통

일방적 의사소통은 한 사람이 다른 사람에게 일방적으로 이야기하며, 다른 사람은 듣기만 하는 형태의 의사소통이다. 연설이나 강의식 수업이 전형적인 예다. 쌍방적 의사소통은 의사소통의 과정에 참여하는 사람들이 서로 이야기를 하기도 하고 또한 듣기도 하는 형태의 의사소통이다. 따라서 말하는 사람과 듣는 사람의 역할이 고정되어 있거나 대화가 일방적으로 이루어지지 않는다. 말하는 사람과 듣는 사람의 역할이 수시로 바뀌고, 대화가 양방향으로 이루어지는 것이다. 토론식 수업이나 대화가 이에 해당된다.

5. 의사소통의 네트워크 형태

조직 내 의사소통 과정은 발신자와 수신자를 직접 연결하는 경우도 있지만, 다양한 네트워크를 구성하는 경우가 많다. [그림 10-2]에서 보는 바와 같이, 원형, 바퀴형, 연쇄형, 완전연결형, Y자형 등이 있을 수 있다.

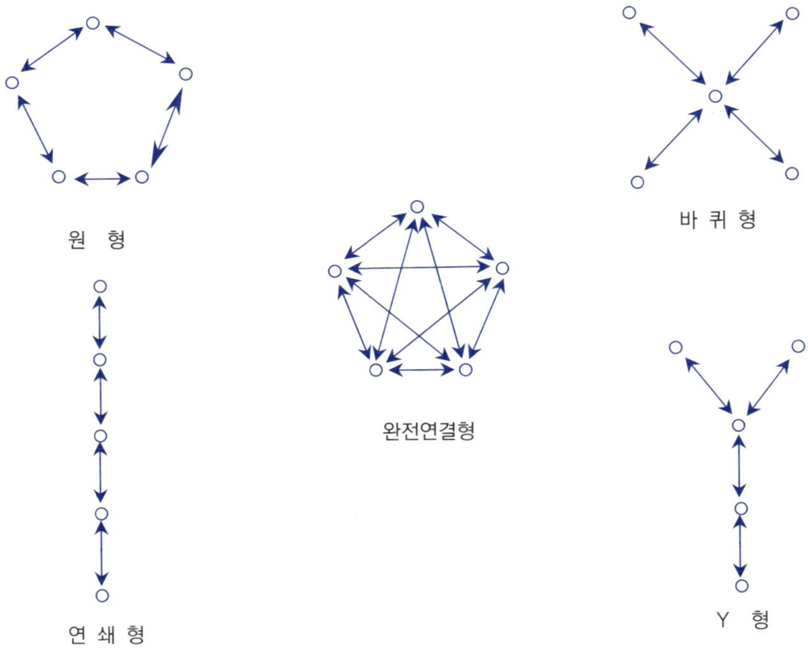

[그림 10-2] 의사소통 네트워크의 형태

원형은 조직 구성원들 간에 거의 동등한 입장에서 의사소통을 하는 경우에 형성된다. 바퀴형은 조직 내에 중심적인 인물이 존재하여 다른 구성원들의 정보 전달이 한 사람에게 집중되고 있는 형태이다. 연쇄형은 의사소통이 공식적인 명령 계통에 따라 위-아래로, 즉 수직적으로 흐르는 형태이다. 완전연결형은 비공식적 의사소통과 같이 모든 구성원들이 다른 구성원들과 자유롭게 정보를 교환하고 의사소통을 하는 형태이다. Y자형은 조직 내에 확고한 지도자나 중심적 인물이 있지는 않지만 비교적 다수의 구성원들을 대표할 수 있는 인물이 있는 경우에 나타나는 형태이다. 〈표 10-1〉은 5가지 네트워크 형태를 비교한 것이다. 조직이나 집단의 목적이나 크기에 따라 적절한 형태의 네트워크를 활용해야 할 것이다.

〈표 10-1〉 의사소통 네트워크 형태의 비교

구분	연쇄형	Y자형	바퀴형	원형	완전·연결형
신속성	중간	중간	빠름	느림	빠름
정확성	높음	높음	높음	낮음	중간
리더의 출현확률	중간	중간	높음	없음	없음
구성원의 만족도	중간	중간	낮음	높음	높음

출처: Bavelas, A. & Barrett, D. (1951). An experimental approach to organizational communication. *Personnel*, 27(5), 370.

제4절 의사소통의 기법

1. 조해리 창

조해리 창(Johari Window)은 미국의 심리학자인 Joseph Luft와 Harry Ingham에 의해서 고안된 의사소통 모형으로서, 두 사람의 이름 앞 글자를 모아서 만들어진 이름이다(Luft, 1970). 조해리 창은 인간관계에서 의사소통을 통한 자기노출의 중요성을 잘 보여준다.

조해리 창을 통해서 자기 자신에 대한 인식의 수준과 타인들로부터의 수용의 정도를 알 수 있다. ①은 나에 관한 모든 것이 담겨있는 정사각형을 나타낸다. 나의 지·정·의 그리고 나의 장점과 단점 등을 포함하는 모든 것과 나의 가정적 배경과 사회적 배경 등 모든 것이 포함되어 있다. ②는 나에 관한 모든 것 중에서 내가 아는 것도 있고, 내 자신이 모르는 것도 있음을 나타낸다. ③은 타인들이 나에 대하여 아는 것도 있고, 모르는 것도 있음을 나타낸다.

[그림 10-3]에 나타나 있는 바와 같이, ④는 ②와 ③을 통합한 정사각형으로서 이것을 조해리 창이라고 한다. 조해리 창은 네 면으로 구성되어 있는데, 이것은 각각 개방의 영역, 무지의 영역, 은폐의 영역, 미지의 영역이다.

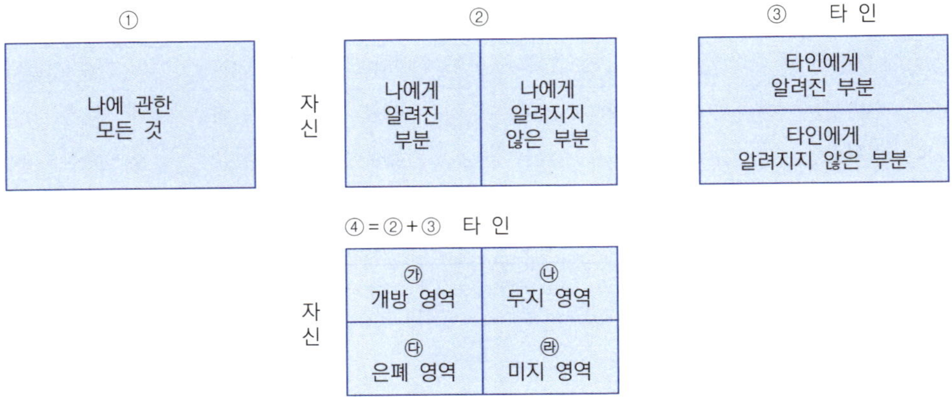

[그림 10-3] 조해리 창의 형성 과정

가. 개방 영역(open area)

㉮는 자신도 알고 있고 타인들에게도 알려진 부분이다. 예를 들어 나의 이름, 성별, 직업, 가족사항 등 나에 대하여 타인들이 잘 알고 있는 부분을 지칭하는 영역이다. 타인들과 인간관계가 깊어지면, 상호 간의 빈번한 의사소통을 통하여, 이 영역이 점차 넓어진다. 이때, 타인들과 자신에 관한 정보와 감정을 개방적으로 확대 공유하는 '민주형의 의사소통'이 이루어진다고 볼 수 있다.

나. 무지 영역(blind area)

㉯는 자기 자신에 대하여 타인들은 알고 있지만 정작 자신은 잘 모르는 부분이다. 마치 맹인이 자기를 보지 못하는 것과 같아 맹인의 영역이라고도 부를 수 있다. 사람들은 자기의 장점과 단점을 스스로 잘 안다고 생각하지만 실제로는 타인들이 아는 객관적인 자기 자신을 잘 모르는 경우가 많다. "너 자신을 알라", "무식하면 용감하다"라는 말이 이런 경우에 해당된다. 예를 들어 자신의 좋지 못한 습관, 버릇, 말투, 행동 특성 등으로 타인이 기분상하거나 상처를 입는 경우가 있다. 타인들로부터 적절히 피드백을 받아서 고치려는 노력을 한다면 무지의 영역은 점차 줄어

들 수 있다. 자기 이야기는 많이 하면서 타인의 이야기에는 귀를 기울이지 않는다면 '독단형의 의사소통'이 이루어지고 있다고 할 수 있다.

다. 은폐 영역(hidden area)

㉰는 자신은 알지만 타인들에게는 알려지지 않은 부분이다. 마음의 문을 닫고 자신에 대하여 타인들에게 내보이지 않는 경우에 해당된다. 타인에게 숨기고 싶은 자신의 생각, 감정, 경험, 실수, 약점 등이 누구에게나 있다. 별로 친하지 않은 사람들은 나에 대하여 잘 모르는 것이 정상이다. 나와의 관계가 친밀해질수록, 나에 대하여 잘 알게 되고, 은폐의 영역은 점차 줄어들게 된다. 자기 자신에 대하여 별로 노출시키지 않으면서 타인의 이야기를 주로 듣는 자세를 취한다면 '과묵형의 의사소통'이 이루어지고 있는 것이다.

라. 미지 영역(unknown area)

㉱는 타인들은 물론이고 자기 자신 스스로도 잘 모르는 자신의 모습을 나타내는 부분이다. 예를 들어 자신의 무의식이나 기억이 흐린 아주 어린 시절의 경험 등은 자기 자신도 모른다. 자신을 포함하여 어느 누구도 한 사람을 완전히 알 수 없기 때문에 이 영역은 누구에게나 있다. 만일 어떤 사람이 자기 자신에 대하여 별로 노출시키지 않으면서, 또한 타인의 이야기도 들으려 하지 않는다면 '폐쇄형의 의사소통'이 이루어지고 있는 것이다. 이런 경우 정상적인 의사소통이 이루어지기 어렵다.

인간관계의 발전을 위해서는 자기에 대한 정보를 타인에게 제공하는 행동, 즉 자기노출과 함께 자기노출에 대한 타인으로부터의 반응, 즉 피드백(feedback) 모두가 중요하다. 타인으로부터의 피드백은 자신의 모습을 마치 거울과 같이 비춰주고 알려주는 것으로 이해할 수 있다. 자신에 대하여 잘 모르고 있는 부분들은 타인의 피드백을 통하여 알게 되는 경우가 많다. 인간관계 초기에는 '개방의 영역'

이 아주 좁은 반면에 인간관계가 발전할수록 이 영역은 넓어지게 된다. 우리는 타인의 피드백을 통하여 내가 밤에 잘 때 코를 곤다는 사실을 알기도 하고, 내가 모르고 있던 나의 특정한 장점이나 단점을 알게 되기도 한다. 결과적으로 타인과의 인간관계가 발전될수록 타인으로부터의 피드백을 통하여 나 자신에 대하여 더 많이 알게 되는 것이다.

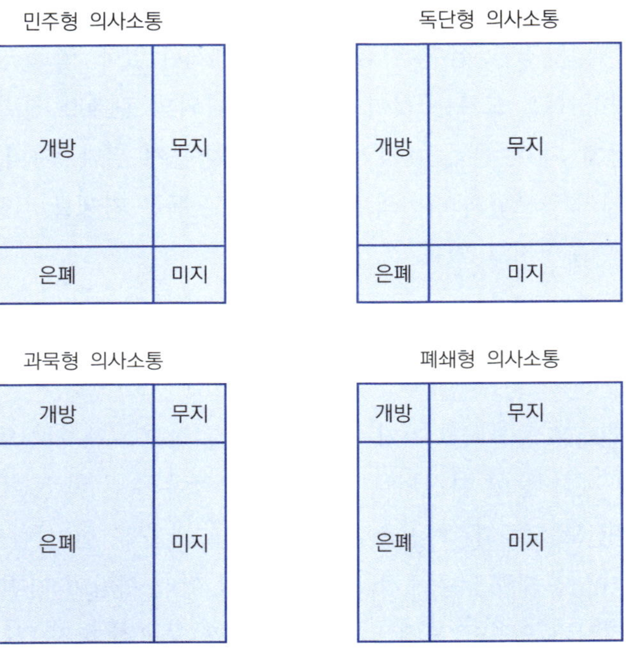

[그림 10-4] 조해리 창에 비추어 본 의사소통의 유형

2. 성격 유형에 따른 의사소통: MBTI와 사군자 유형검사

의사소통의 목적을 달성하는 일은 발신자와 수신자가 이해를 공유할 때 가능하다. 따라서 발신자는 자신이 의도한 메시지를 수신자가 동일한 의미로 해석할 수 있도록 상징화하는 것이 중요하다. 이때 수신자가 외부로부터 정보를 수집하는 인식기능이 어떠한지, 정보에 근거하여 행동을 위한 결정을 내리는 판단기능은 어떠한지, 또는 이러한 기능을 사용할 때 어떠한 태도를 보이는지 등에 대한 이해 정도가 높다면 수신자의 특성에 맞게 메시지를 조직하고 조정하여 의사소통의 효과성을 높일 수 있다. 이에 인간의 성격 또는 기질에 여러 유형이 있음을 알고, 각 유형에 대한 특성을 파악해 둔다면 발신자는 자신의 의사소통 방식의 특성을 반성적으로 성찰하고 수신자가 선호하는 의사소통 방식을 존중함으로써 의사소통의 목적을 보다 효과적으로 달성할 수 있게 될 것이다.

대표적인 성격검사로는 C. G. Jung의 심리유형론을 이론적 근거로 하여 Katharine Cook Briggs와 Isabel Briggs Myers가 고안한 MBTI(Myers-Briggs Type Indicator)가 있다. MBTI는 4가지 양극적 선호경향으로 구성되는데, 에너지방향과 주의초점에 따라 외향(Extraversion)과 내향(Introversion), 인식기능에 따라 감각(Sensing)과 직관(iNtuition), 판단기능에 따라 사고(Thinking)과 감정(Feeling), 이행양식이나 생활양식에 따라 판단(Judging)과 인식(Perceiving)형을 조합하여 16가지의 성격 유형으로 구분한다. 반대 선호 경향과 의사소통을 할 때 유의하여야 하는 내용은 〈표 10-2〉와 같다.

한편, 국내에서 개발되어 한국인의 특성이 고려된 기질 검사로, 한국인에 보다 적합한 유형으로 나누는 사군자 유형검사를 의사소통에 활용할 수 있다. 사군자 유형검사는 김종구(2013)의 'Keirsey 이론과 외향-내향을 활용한 사군자 기질검사 개발' 논문을 학문적 배경으로 하여 2016년에 개발된 한국형 기질 검사로, 사람의 기질을 한국 사람들에게 쉽고 친숙한 사군자의 명칭에 따라 여러 유형으로 분류하였다. 봄에 피어 열매를 맺는 보호자 기질의 매화, 산중에서 자유로이 고고하게 향기를 펼치는 예술가 기질의 난초, 가을에 홀로 꽃을 피우며 다양한 색과 모양을

〈표 10-2〉 MBTI 반대 선호 경향과의 효율적 의사소통 방법

선호경향		반대 선호 경향과의 의사소통 시 효율적인 방법
I - E	내향형 (I)	1. 힘차게 열정적으로 대화하며 될 수 있는 한 뜸을 들이지 않으려 노력한다. 2. 상대방이 자유롭게 자기 생각을 표현할 수 있도록 해준다. 3. 가급적 만나서 대화하는 기회를 만든다.
	외향형 (E)	1. 많은 표현과 활력이 부담이 될 수 있음을 알고 자제한다. 2. 무언가를 물을 때는 즉각적인 반응을 요구하기보다는 먼저 생각할 시간을 준다. 3. 상대방이 당신을 알고 신뢰하는 데 시간이 필요하다는 것을 이해해준다.
N - S	직관형 (N)	1. 사실을 진술할 때는 명료하게, 직접적으로 일정한 틀에 맞춰 이야기한다. 2. 설득하고자 할 때에는 일의 현실성과 실제적 효과를 알려준다. 3. 어떤 변화를 시도하고자 할 때에는 그 변화가 기존의 방식에서 조금씩 바뀌어온 것이지 전면적인 변화가 아님을 강조한다.
	감각형 (S)	1. 가능한 상대방의 창조적 상상력을 높이 평가해준다. 2. 미시적인 것과 거시적인 것과의 연관성을 설명해준다. 3. 당면한 과제에 참여하게 만들려면 그 일이 가진 가능성에 대해 설명한다.
F - T	감정형 (F)	1. 침착하고 객관적인 자세를 취하려고 노력한다. 2. 감정도 사고만큼 중요한 실재임을 알려준다.
	사고형 (T)	1. 용건을 처리하기 전에 먼저 인간관계를 수립하는 것이 중요하다. 2. 정서적으로 대하려고 노력하며 칭찬은 아끼지 않고 비판은 부드럽게 한다. 3. 상대방에게 대화란 단순히 정보를 나누는 것이 아니라, 곧 마음을 나누는 것임을 이해해준다.
P - J	인식형 (P)	1. 인식형은 판단형과 대화하기 전에 의사결정 할 준비를 하고 있어야 한다. 2. 일정을 변경할 경우가 생기면 반드시 이에 대해 상대방에게 먼저 알린다.
	판단형 (J)	1. 평소 자신의 시간표보다 여유 있는 시간배정을 한다. 2. 상황의 변화에 따라 유연성 있게 대처할 수 있음을 기억한다. 3. 마지막 순간까지도 변경 사항이 있을 수 있다는 것을 예상하고 또 그것을 허용하는 분위기에서 의사결정을 하려고 노력한다.

출처: 어세스타 홈페이지(https://www.career4u.net/Main/Main.asp)

가진 이상가 기질의 국화, 단단하고 곧게 높이 올라가며 사시사철 푸름을 유지하는 합리적 기질의 대나무 유형을 외향형과 내향형으로 구분하여 여덟 가지로 기질을 유형화한 것이다. 각 기질에 따라 효과적으로 대하는 방법을 간략히 소개하면 〈표 10-3〉과 같다.

〈표 10-3〉 사군자 기질별 효과적 의사소통 방법

기질	기질에 따른 효과적인 의사소통 방법
매화	1. 구체적인 정보를 가지고 차근차근 단계적으로 설명한다. 2. 통계자료, 방송 미디어 자료, 학술논문 등을 활용해 객관성을 확보한다. 3. 상징, 은유, 암시적 표현을 삼가고 논리적으로 설명한다.
난초	1. 엄숙한 분위기보다 생동감 있고 흥미진진한 대화 분위기를 조성한다. 2. 모든 개연성을 열어놓는 개방적인 태도를 가지며 다양한 선택지를 제공한다. 3. 식사를 하면서 대화하거나, 재미있는 이야기도 함께 활용한다.
국화	1. 개인적인 경험과 이야기로 접근한다. 2. 마음으로 접근하고 진실한 자세를 유지한다. 3. 설득할 때는 자신의 생각과 믿음에 확신을 가지고 자신감 있게 전달한다.
대나무	1. 개인적이고 감정적인 접근을 피하고 논리적 일관성과 결과를 강조한다. 2. 제안할 때는 그와 관련된 충분한 이론적 근거를 준비하라. 3. 무지하고 무능한 인상을 주지 않도록 하고 능력을 보여준다.

출처: 김종구(2017). 당신의 성격, 5분이면 알 수 있다.

3. 개인의 의사소통: 너-메시지와 나-메시지

개인 간 갈등이나 불만이 있을 때 그것을 표현하는 언어적 의사소통 방법에는 너-메시지(you-message)와 나-메시지(I-message)가 있다. 불편한 상황에 대한 책임소재를 따지는데, 나-메시지는 나의 책임이 있다고 받아들이는 것이지만 너-메시지는 상대방의 책임을 묻는 것이다(설기문, 2003).

가. 너-메시지

어떤 사람이 식당에서 떠들면서 식사를 하고 있다고 가정하자. 이런 경우 대체로 "조용히 하세요!"라는 반응을 보인다. 조용히 하라는 말은 전형적인 너-메시지이다. "당신은 시끄러우니 조용히 하세요."라는 메시지를 보내는 것이다. 상대방에게 비난, 지시, 명령, 충고, 무시, 판단 등의 뜻을 내포한 메시지를 던지는 것이기 때문에 상대의 자존심을 상하게 하고 불쾌하게 느끼게 하며 문제의 책임을 그에게 떠넘기는 것이다.

너-메시지는 상대방에게 문제의 책임을 지우면서 부정적인 감정을 느끼게 하는 메시지를 전하는 것이기 때문에 부정적인 의사소통과 인간관계를 초래한다. "너는 형편없구나!", "나이 값을 해라!", "당신 일이나 신경 쓰세요!" 등의 표현이 너-메시지의 대표적 예이다. 이러한 표현들은 의사소통을 방해하는 표현들로서 '의사소통의 걸림돌'이라고도 한다. 이런 표현들을 자주 사용하면 효과적인 의사소통이 이루어지기 어렵다. 의사소통을 방해하는 걸림돌의 종류는 많은데 대표적인 것들은 〈표 10-4〉와 같다.

〈표 10-4〉 의사소통의 걸림돌

의사소통의 걸림돌	대화자의 의도	걸림돌이 되는 이유	예문
명령하기	상황을 통제하고 상대방에게 빠른 해결책을 주고 싶다.	"당신은 자신의 문제를 다루거나 해결할 수 있는 권리나 능력이 없다."라는 뜻으로 들릴 수 있다.	"당신은......을 해야 한다." "조용히 해라!"
충고하기	대화에서 상대방에게 영향력을 행사하고 싶다.	"당신은 스스로 해결책을 생각할 만큼 판단력이나 지혜를 갖고 있지 않다."라는 뜻으로 들릴 수 있다.	"나에게 좋은 생각이 있는데......" "이런 방식이 더 좋아요."
회유하기	상대방의 어려움을 덜어주고 기분이나 감정을 좋게 하고 싶다.	"당신은 자신의 어려움을 다룰 수 있는 능력이 없다."라는 뜻으로 들릴 수 있다.	"다 잘 될 테니까 걱정하지 말아요."
심문하기	무엇인가 해결의 실마리를 찾고 싶다.	"당신은 무엇을 감추고 있는 것 같은데 틀림없이 당신에게 문제가 있을 것이다."라는 의미로 들릴 수 있다.	"그러니까 왜 그렇게 행동을 했어요?" "그 다음에는 어떻게 되었어요?"
도덕적 판단하기	상대방에게 무엇이 잘못되었는지를 알도록 함으로써 도덕적으로 옳은 길을 제시하고 싶다.	"당신은 도덕 수준이 낮아서 문제예요. 도덕적으로 올바른 행동을 하세요."라는 뜻으로 들릴 수 있다.	"그런 것은 나빠요." "나이 값을 좀 해요." "어른답지 못해요."

의사소통의 걸림돌	대화자의 의도	걸림돌이 되는 이유	예문
빈정대기	상대방에게 바보처럼 생각되고 느끼게 함으로써 그의 태도나 행동이 잘못 되었음을 보여주고 싶다.	"그것을 말이라고 해요?", 또는 "그런 행동 밖에 못해요?"라는 뜻으로 들릴 수 있다.	"잘났군요." "장하시군요." "그렇게까지 행동했어요?"

출처: 설기문(2003). 인간관계와 정신건강. 서울: 학지사, 165.

나. 나-메시지

나-메시지는 상대방의 자존심을 상하지 않게 하면서 나의 감정을 전달하는 효과적인 방법이다. 나-메시지는 상대방의 행동 자체를 문제 삼고 그에 따른 책임을 상대에게 넘기는 대신에, 그의 행동에 대한 나의 반응을 판단이나 평가 없이 알려줌으로써 반응에 대한 책임을 내가 지는 것이다. 나-메시지는 ① 타인의 행동 또는 상황, ② 그에 따른 결과, ③ 나의 감정 또는 반응 등 세 가지 요소를 포함한다. 앞에서 예로 든 너-메시지를 나-메시지로 바꾸어보면 다음과 같다.

너-메시지: "너는 형편없구나."
나-메시지: "네가 그런 식으로 행동을 하니(행동/상황), 여러 사람들에게 욕을 먹게 될 것 같아(결과), 내가 속이 상하는구나(감정/반응)."
너-메시지: "나이 값을 해라."
나-메시지: "네가 그런 일도 제대로 처리 못하고 실수를 하니(행동/상황), 앞으로 더 힘든 일을 제대로 처리 못하고 그르칠 것 같아(결과), 걱정이 된다(감정/반응)."

나-메시지는 다음과 같은 장점이 있다. 첫째, 나-메시지는 상대방의 방어심리 감소를 유발한다. 나-메시지는 상대방을 직접 판단・평가・공격하는 것이 아니기 때문에 상대방의 방어심리를 덜 유발한다. 둘째, 나-메시지는 나의 입장과 감정을 솔직하게 전달할 수 있다. 솔직한 이야기를 들으면 함께 솔직해지기 쉽고 훨씬 진지하게 대화에 임할 수 있게 된다. 셋째, 나-메시지는 완전한 메시지를 전달할 수 있다. 너-메시지처럼 단순히 "......하다."라고 단정적으로 말하는 것이 아니라, 나-메시지는 전후 사정과 그것에 대한 나의 입장까지 알려준다.

4. 효과적인 의사소통 원리와 기술

가. 효과적인 의사소통의 원리

완전하고 정확한 의사소통은 매우 힘들다. 어느 조직에서나 지도자와 조직 구성원들 간의 효과적인 의사소통은 조직의 성과에 매우 중요한 영향을 미친다. 의사소통 이론에서 제시되는 다음과 같은 원리들은 보다 효과적인 의사소통을 위하여 도움을 줄 수 있다.

① 명료성: 이상적인 의사전달은 전달자가 그 의도하는 바를 말하고, 그가 말하는 의미를 피전달자가 정확하게 이해해야 한다. 이를 위하여 간결한 문장과 평이한 용어를 사용해야 한다. 그리고 의사전달 내용의 구조가 체계화되어야 한다.

② 일관성: 의사전달은 일관성이 있어야 하며, 그리고 처음과 나중의 내용이 서로 모순되어서는 안 된다.

③ 적시성: 의사전달을 너무 빠르거나 너무 늦게 해서도 안 되며, 알맞은 시기를 택하여 행하여야 한다.

④ 배포성: 의사전달은 전달자로부터 명확하게 피전달자에게 전해져야 한다. 전달되지 않은 의사전달이나 엉뚱한 사람에게 전달된 정보는 아무 소용이 없거나 행정상 혼란을 가져올 뿐이다.

⑤ 적정성: 의사전달은 적정량을 기해야 하며. 너무 많거나 너무 적은 경우에는 피전달자의 이해를 방해한다.

⑥ 적응성과 통일성: 적응성이란 의사소통이 이루어지는 개인적 상황과 사회

적 상황에 따라 의사전달의 융통성, 개별성, 현실합치성 등이 필요함을 말한다. 한 마디로 상황에 맞게 소통해야한다는 것이다. 상황에 따른 적응성과 함께 전체적으로 통일성도 요구된다. 통일성이란 의사전달이 전체로서 통일된 내용이 표현되게 하는 것이다.

⑦ 관심과 수용: 의사전달은 피전달자가 관심을 갖고 있고, 또한 그것을 받아들일 수 있을 가능성이 있을 때에 비로소 능률적으로 이루어질 수 있다. 소통 이전에 상대방의 관심 유발이 필요하다.

나. 효과적인 의사소통의 기술

효과적인 의사소통을 위하여 발신 기술(sending skill), 청취 기술(listening skill), 피드백 기술(feedback skill)이 필요하다(Hoy & Miskel, 2003: 383-385).

발신 기술은 자기 자신을 남에게 이해시키는 능력을 의미한다. 다음과 같은 5가지 방법을 활용할 수 있다. 첫째, 적절하고 직접적인 언어를 사용해야 한다. 복잡하고 어려운 용어는 피하는 것이 좋다. 둘째, 수신자에게 명확하고 완전한 정보를 제공해야 한다. 셋째, 물리적 및 심리적 환경에서 오는 소음을 최소화해야 한다. 넷째, 상황에 따라 적절하고 다양한 매체들을 사용해야 한다. 다섯째, 복잡하고 애매모호한 메시지를 전달할 경우에는 대면적 의사소통과 다양한 매체를 사용해야 한다.

청취 기술은 다른 사람들을 이해하는 능력을 의미한다. 청취는 다른 사람들이 단어, 행동, 또는 사물 등을 사용하여 전달하고자 하는 것을 이해하려고 하는 행동의 한 형태이다. 다른 사람의 이야기를 귀담아 듣는 것은 그 사람에 대한 관심, 존중, 및 배려 등을 나타낸다. 경청하기, 질문하기, 격려하기, 부연하기, 감정 나타내기 및 요약하기 등의 청취 기술이 중요하다.

피드백 기술은 어떤 개인의 행동을 어떻게 인식하고 평가하는가에 관한 정보를 주고받는 능력을 의미한다. 피드백에는 상대가 하는 행동을 격려하거나 강조하는 긍정적 피드백과 잘못된 부분을 지적하는 부정적 피드백이 있다. 피드백을 주고

받는 데 있어서 다음과 같은 원리가 고려될 수 있다.

첫째, 피드백은 그것을 받는 사람에게 도움이 되도록 의도되어야 한다. 둘째, 피드백은 일반적이기보다는 구체적이어야 하며 오래된 것보다는 최근의 것이어야 한다. 셋째, 피드백은 사람이 변화시킬 수 있는 행동을 대상으로 해야 한다. 넷째, 피드백은 시기적절하게 이루어져야 한다. 즉시적일수록 더 좋다.

질문 / 토의거리

1. 학교 내 존재하는 공식적 의사소통과 비공식적 의사소통의 종류를 찾고 그 특징을 비교하여 설명해 보자.
2. 학교 구성원 간에 이루어지는 의사소통은 어떠한 의사소통 유형에 속할 때 효과적일지 생각해 보고 지금의 학교 상황과 비교하여 설명해 보자.
3. 자신이 선호하는 의사소통 방식은 무엇인지 생각해 보고, 또한 자신의 동료를 한명 떠올려 그가 선호하는 의사소통 방식은 무엇일지 생각해 보자.
4. 나-메시지와 너-메시지의 특징을 비교하여 설명하고, 동일한 상황을 가정하여 나-메시지와 너-메시지로 표현해 보자.
5. 효과적인 의사소통을 위하여 어떠한 기술이 요구되는지 설명하고, 이러한 기술이 학교에서의 행정에 어떻게 적용될 수 있는지 논의해 보자.

참고문헌

김종구(2017). 당신의 성격, 5분이면 알 수 있다. 서울: 평단문화사.

박연호(1994). 현대인간관계론. 서울: 박영사.

박영목(2000). 의사소통의 맥락과 전략. 교육연구논총(17), 189-219.

설기문(2003). 인간관계와 정신건강. 서울: 학지사.

오석홍(1998). 행정학. 서울: 나남 출판.

오석홍(2014). 조직이론. 서울: 박영사

Bavelas, A., & Barrett, D. (1951). An experimental approach to organizational communication. *Personnel*, 27(5). 57-62.

Hoy, W. K. & Miskel, C. G. (2003). *Educational administration: Theory, research, and practice(6th Ed.)*. Boston: McGraw-Hill.

Hoy, W. K., & Miskel, C. G. (2013). *Educational Administration: Theory, Research, and Practice(9th Ed.)*. McGraw-Hill Education.

Luft, J. (1970). *Group process: An introduction to group dynamics*(2nd ed.). Palo Alto, CA: Mayfield.

Te'eni, D. (2001). A Cognitive-Affective Model of Organizational Communication for Designing IT. *MIS Quarterly,* 25(2). 251-312.

김종구. 사군자 기질검사. 저작권등록. 등록번호 C-2016-015729.

어세스타 홈페이지. 〈https://www.career4u.net/〉

제11장 교육재정론

교육행정에 관한 이론이 아무리 잘 정립되어 있고, 행정을 담당할 사람의 전문성이 적절하게 구비되어 있다 하더라도, 교육행정을 집행해 나가는 데 필요한 재정이 뒷받침되지 않는다면 교육행정은 공허한 말장난에 불과하게 된다. 여기에서는 교육재정의 개념과 원리를 소개하고, 교육재정의 이론과 모형을 살펴본다. 그리고 우리나라에서 이루어지고 있는 교육재정의 재원구조와 지출구조를 중심으로 살펴보고 교육재정의 전반적인 문제점과 과제에 대하여 논의한다.

제1절 교육재정의 개념과 원리

1. 교육재정의 개념

재정은 국가와 공공단체가 공공의 욕구를 충족하기 위해 필요한 수단을 조달, 관리하는 경제활동으로 운용 주체가 국가와 공공단체라는 점에서 사경제와 구별된다(차병권, 1987). 교육재정은 국민의 교육 욕구 충족을 위한 공적 수단이라는 점에서 일반 재정과 차이가 있다. 이러한 교육재정을 김종철(1985: 252)은 "사회적·공공적 활동으로서의 교육활동을 위하여 재원을 확보하고 보관하며 운용하는 활동, 교육활동을 위한 금전의 수입·보관·지출에 관련된 일련의 활동"이라고 정의한다. 윤정일(2004: 59)은 "국가·사회의 공익사업인 교육활동을 지원하기 위하여 국가나 공공단체가 필요한 재원을 확보·배분·지출·평가하는 일련의 경제활동"으로 교육재정을 정의한다.

교육재정도 공공성, 강제성, 양출제입의 원리, 영속성이라는 일반 재정의 특성을 갖고 있다(윤정일, 송기창, 조동섭 등, 2015; 차병권, 1987). 교육재정은 사적 개인적 이익이 아니라 공공적 이익을 위한 것이고(공공성의 원리), 따라서 국가와 공공기관의 공권력에 의해 강제적으로 운영된다(강제성의 원리). 민간 경제(가정 경제 포함)가 수입의 규모에 맞춰 지출을 제어한다면(양입제출의 원리), 교육재정은 지출과 소요액에 맞추어 수입을 조정하는 방식(양출제입의 원리)으로 운영된다. 그리고 교육재정은 국가에 의해 보장되므로 민간 경제와 비교할 때 상대적으로 존속 기간이 더 길다(영속성의 원리).

교육재정의 범위는 두 가지로 생각해 볼 수 있다. 즉, 좁게 해석하여 정부가 교육을 위해 수립하는 교육예산으로 한정할 수 있다. 그러나 여기에서는 학교법인, 학부모 등이 부담하는 교육비 등이 제외될 수 있다. 따라서 일반적으로는 교육재정을 보다 넓게 해석하는 경향이다. 즉, 교육재정을 원활한 교육활동을 지원하기 위해 공적으로 수행되는 재정 행위라고 보고, 여기에 공립학교의 기성회비와 사립학교의 예산 등을 포함한 공교육비의 개념으로 받아들이는 것이 보편적이다. 요컨대, 교육재정은 국가와 공공단체가 주체가 되어 국민들의 교육에 관한 욕구를 충족시키기 위한 것이다. 그리고 교육재정은 교육을 위한 지원적·수단적 성격의 활동으로서 교육을 위한 재원을 확보하여 배분하고, 지출 및 평가하는 일련의 활동이다.

2. 교육비의 개념과 분류

교육에 대한 지출 경비, 즉 교육비는 교육 목적과의 관련성 정도에 따라 혹은 운영 형태 및 부담의 원천에 따라 다양하게 구분할 수 있다(윤정일, 2004). 교육 목적과의 관련성 정도를 기준으로 분류하면 직접 교육비와 간접 교육비로 나눌 수 있다. 직접 교육비는 교육 목적을 달성하기 위하여 교육활동에 직접적으로 투입되는 경비로서 공교육비와 사교육비가 여기에 포함된다. 간접 교육비는 기회경비(opportunity cost)로서, 교육을 받는 기간 동안 취업할 수 없는 데서 오는 손실인 유실소득(foregone earnings)과 비영리교육기관에게 주어지는 면세의 가치가 포함된다.

경비의 운영 형태에 따라서는 공공의 회계 절차를 거쳐 교육에 투입되는 공교육비와 그렇지 않은 사교육비로 분류된다. 공교육비에는 교육활동을 위하여 국가·지방자치단체 및 각급 학교법인이 지출하는 모든 비용과 학생납입금이 포함된다. 사교육비에는 교재대·부교재대·학용품비·교통비 등 자녀를 교육시킴으로 인하여 공교육비 이외에 추가적으로 학부모가 부담하는 모든 비용이 포함된다(윤정일, 2004). 이를 다시 부담 주체로 구분하면 국가와 지방자치단체 및 학교법인이 부담하는 공부담 공교육비와 입학금·수업료·학교운영지원비(기성회비) 등의 사부담 공교육비, 학생 개인 활동비·교재대·기회경비·교통비 등을 포함하는 사부담 사교육비로 구분할 수 있다. 이상과 같은 분류를 종합하여 도표로 제시하면 [그림 11-1]과 같다.

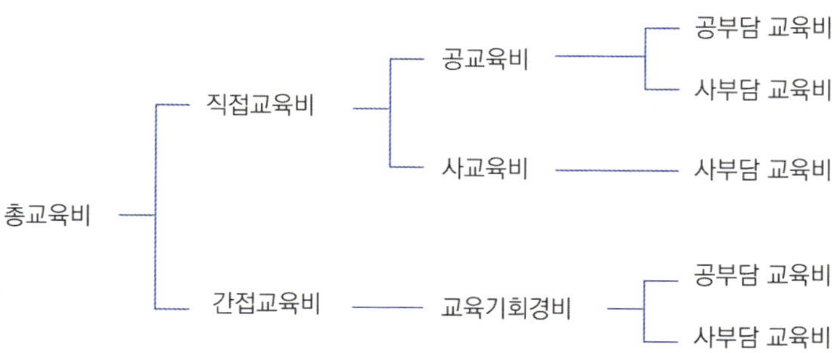

[그림 11-1] 총교육비의 분류

3. 교육재정의 법적 기반

교육재정은 1949년에 제정된 교육법에 기본 사항을 규정함으로써 법적 기반을 마련하였다. 그러나 교육법은 교육재정만을 규정하는 법이 아니므로 교육재정의 확보와 배분 등의 구체적 사항이 불분명했다. 이를 보완하기 위해 1958년에 교육세법과 의무교육재정교부금법이 제정되고, 1963년에는 지방교육교부세법이 제정되었다. 이 세 법률이 오늘날의 교육재정 관계법령 체계를 구성하는 밑바탕이 되었다(송기창, 2001). 현재 교육재정에 관한 기본사항을 규정하고 있는 법령은 교육기본법, 유아교육법, 초·중등교육법, 고등교육법 등 교육4법과 지방교육자치에관한법률, 지방교육재정교부금법, 사립학교법, 교육세법, 지방세법 등과 그 시행령 및 시행규칙이다(송기창, 2001).[1)]

교육기본법은 교육재정에 관한 기본적인 사항을 언급하고 있으며, 지방교육자치에 관한 법률은 교육에 대한 지방자치단체의 역할을 언급하고 있다. 지방교육재정교부금법은 지방자치단체가 교육기관 및 교육행정기관의 설치·경영에 필요한 재원의 전부 또는 일부를 국가가 교부하여 교육의 균형 있는 발전을 도모하기 위해 교부금의 종류와 재원, 교부율, 교부방법 등을 정하고 있다. 교육세법은 1958년 의무교육비의 조달을 목적으로 하는 목적세로 제정되어 시행되었으나 1961년 폐지되었다가 1982년 신설되는 등 수차례의 변화를 거치며 오늘에 이르렀다. 1982년 당시 새로 마련된 교육세법은 학교시설과 교원처우개선에 소요되는 재원 마련을 목적으로 신설된 한시세였으나 1990년 개정된 교육세법은 영구세로 전환되었다. 교육세는 다른 조세와는 달리 특정한 목적을 위해 특정한 조세 재원으로 마련한 목적세이다. 따라서 교육세법은 교육을 위한 재원 확보와 조달에 있어 매우 큰 의의를 갖는다.

1) 유아교육법은 2004년에 제정되었다.

4. 교육재정의 원리

교육재정은 사회와 구성원들이 중요하다고 여기는 어떤 규범 또는 원리에 따라 집행된다. 이 원리는 교육재정의 확보, 배분, 집행, 평가 전반을 평가하는 준거로 활용될 수 있다. 교육재정의 원리는 일련의 활동 단계별로 다르게 적용될 수 있다. 즉, 재원의 확보 측면에서는 충족성의 원리와 자구성의 원리가 중요하며, 배분 및 지출의 집행단계에서는 효율성의 원리, 공정성의 원리, 자율성 및 적정성의 원리가 적용되어야 한다. 마지막으로 평가 측면에서는 효과성의 원리와 책무성의 원리 구현이 중요하다(윤정일, 2004).

① 충족성의 원리: 교육활동을 운영하는 데 필요한 재원이 충분히 마련되어야 한다는 것으로 적정교육재정 확보의 원리라고도 불린다.

② 자구성의 원리: 지방교육자치를 구현하기 위해 중앙정부의 지원금 외에 필요한 추가 경비를 확보하기 위한, 지방자치단체 스스로의 노력이 필요함을 의미한다.

③ 효율성의 원리: 최소의 노력과 재정으로 최대의 교육효과를 얻어야 함을 의미한다.

④ 공정성의 원리: 교육재정의 공정성이란 특정 기준에 의하여 재정 규모, 재정 배분 등에 있어서 차이가 나는 것을 정당하다고 보는 것이다. 예를 들면, 개인의 능력, 교육환경의 차이, 학교 단계, 교육프로그램, 정책 목표의 우선순위 등에 따라 교육재정이 달리 운영되는 것은 정당할 수 있다는 것이다(공은배, 1992: 70).

⑤ 자율성의 원리: 자율성이란 자신의 행위를 지배하는 규범이나 규칙을 스스로 선택하고 결정하며 실천하는 것이다. 지방교육재정의 자율성이 확립된다는 것은 지방교육행정기관 스스로가 외부적 통제나 규율이 없이 재정에 관한 결정을 내리고 집행한다는 것을 의미한다.

⑥ 적정성의 원리: 적정성은 표준화된 성과를 산출할 수 있는 자원의 배분 그

리고 교육대상자의 필요를 충족시킬 수 있는 교육 프로그램의 양과 질에 대한 보장을 강조한다. 평가와 책무성 개념의 발달로 인해 교육의 질에 관한 관심이 증대되고 다원화된 교육적 요구를 충족시키기 위한 자원 배분이 강조됨에 따라 그 중요성이 부각되는 원리이다.

⑦ 효과성의 원리: 투입된 재원이 교육의 질적 향상을 가져오도록 해야 한다. 물론 교육의 효과가 장기적이고 무형적이라는 특성을 가지고 있으나, 교육재정 투자의 효과성을 높이기 위한 다방면의 노력이 있어야 한다.

⑧ 책무성의 원리: 추가적인 재정이 투입되면 당연히 그에 상응하는 산출이 있어야 한다는 의미로, 사용된 경비에 대해서 납득할 만한 명분을 제시할 수 있고 책임을 져야 한다.

5. 교육재정 배분 모형

교육재정 이론은 주로 빈부의 차이를 극복하고 지방 간에 균등한 교육을 하도록 교육재원을 배분하는 데 초점이 맞추어져 왔다. 미국을 중심으로 개발된 다양한 교육재정 모형을 부(wealth)와 필요(needs), 경비(cost)를 기준으로 구분하면 다음과 같다(Cohn, 1979; Garms, Guthrie, & Pierce, 1978). 우선 지역 교육청 간의 부의 형평성을 보장하기 위한 부의 균등화 모형은 정액교부금제도, 기본교육비교부금제도, 과세표준보장교부금제도, 비례평형교부금제도, 능력평형교부금제도, 전액주교부금제도 등이 있다. 부의 균등화를 위한 제도들은 학생의 교육적 필요도가 비슷하다고 가정하여, 부의 균등 배분에 주안점을 두는 제도이다.

필요의 형평을 위한 모형은 특수교육뿐 아니라 보상교육, 직업교육 등이 이에 해당하며, 다양한 교육적 필요를 균등화하기 위한 모형으로 개발되었다. 많은 학생이 학습상의 문제로 특수한 교육 프로그램을 필요로 한다. 이와 관련하여 각 교육 요구별로 가중치를 부여하거나 초과 경비를 상환해 주기도 하고, 중간단위 교육청에 필요한 경비를 보전해 주기도 한다. 이러한 모형에는 가중치제도, 초과

경비상환제도, 특수프로그램을 위한 정액교부금제도, 중간단위 교육구제도 등이 있다.

마지막으로 경비의 균등화 모형이 있다. 동질의 교육프로그램을 제공하기 위해서는 교육구 간의 경비가 균등해야 한다. 그러나 동등한 자질의 직원을 유치, 확보하기 위해 지불해야 하는 인건비, 물품비, 교통비 등은 지역별로 차이가 있을 수밖에 없다. 즉 산간지역에서는 연료비가 비싸고, 농촌지역에서는 학급 규모가 작기 때문에 학생당 교육비가 높고, 도시지역에서는 학교 부지 값이 비싸다. 경비의 균등화 모형은 이와 같이 지역에 따라 발생하는 경비의 차이를 고려하여 주정부가 교육구에 경비를 배분하는 것을 말한다.

제2절 교육재원의 구조와 현황

교육재정은 교육부를 중심으로 한 중앙정부, 시·도교육청으로 불리는 지방교육자치단체 그리고 일선 학교 단위로 운영된다. 이들은 계단과 같은 구조 속에서 관계를 맺으면서 재정을 운영하고 있다. 각각에 대해 살펴보면 다음과 같다.

1. 중앙 정부(교육부)의 교육재정과 재원

중앙정부의 국가 교육재정의 주요 재원은 조세 수입과 세외 수입으로 구성된다. 중앙정부는 전체 예산의 약 16%~17% 정도를 교육에 투자한다.[2] 교육부 예산의 가장 큰 비중을 차지하는 것은 지방교육재정교부금이다. 지방교육재정교부금은 내국세 총액의 20.79%와 목적세인 교육세 수입으로 구성된다. 교육부는 지방교육재정교부금과 국고보조금을 정해진 방식에 따라 시·도교육청에 배분해 준다.

2) 2022년도의 경우 16.1%로 전체 예산 약 548조 8천억 원 중 약 88조 6천억 원이다.

2. 시 · 도의 지방교육재정과 재원

시 · 도의 지방교육재정 재원은 크게 국고부담과 지방부담 재원으로 구분되며, 중앙정부가 직접 확보하여 지원하는 국가지원금, 각 지방자치단체가 확보하는 지방자치단체 일반회계전입금, 교육경비보조금 그리고 지방교육자치단체(시 · 도교육청)의 자체수입으로 구성된다. 국가지원금은 지방교육재정교부금과 국고보조금으로 이루어진다. 국고보조금은 국가사업의 보조금 성격을 갖는다.

지방교육재정교부금은 보통교부금과 특별교부금으로 되어 있으며, 보통교부금의 재원은 내국세 총액의 20.79% 중에서 97%와 교육세 수입액으로 구성된다. 특별교부금의 재원은 내국세 총액의 20.79% 중에서 3%이다.[3)]

시 · 도의 지방교육재정을 지방교육비 특별회계라고 부른다. 지방교육비 특별회계 세입 예산 중 중앙정부(교육부)가 지원하는 예산의 비중은 지방자치단체 전입금 규모에 따라 다르지만 대략 72% 정도이다. 지방교육재정의 중앙정부에 대한 의존도가 대단히 높음을 알 수 있다. 지방자치단체 일반회계전입금은 지방교육세전입금, 담배소비세전입금, 시 · 도세 전입금, 학교용지부담금, 기타로 구성되어 있다. 자체 수입은 학생납입금과 재산 수입 등이다. 자세한 내용을 그림으로 정리하면 [그림 11-2]와 같다.

3. 단위학교의 재원

단위학교의 재원은 공 · 사립학교 모두 납입금, 학교운영지원비, 학교발전기금, 수익자부담경비 등 대부분이 학부모 부담경비로 구성되어 있으며, 사립학교에는 법인으로부터의 법인전입금이 추가된다. 공립학교에는 시 · 도 및 시 · 군 · 자치구로부터의 교육경비 보조금이 포함되며 2021년부터는 공립고등학교는 입학금

3) 지방교육재정교부금의 개정에 따라 내국세 총액 중 보통교부금의 비율은 달라진다. 현행 지방교육재정교부금법은 2021년 12월 28일에 일부 개정되었다.

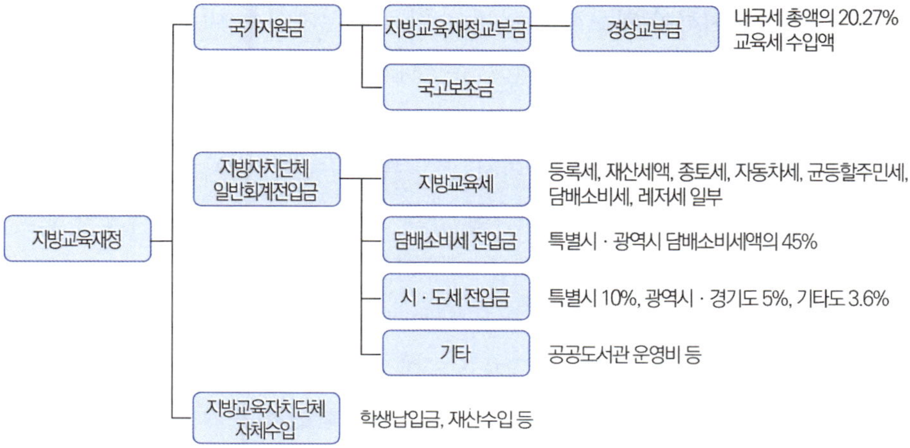

[그림 11-2] 지방교육재정의 재원구조

과 수업료가 면제됨에 따라 단위학교 재원에서 빠지게 되었다. 수업료 및 입학금 등의 납입금은 '학교수업료 및 입학금에 관한 규칙'으로 규정하고 있다. 납입금은 의무교육을 실시하는 초등학교와 중학교를 제외한 고등학교의 경우는 설립 주체에 따라 다르게 규정된다. 국공립고등학교는 무상이며 사립학교는 무상교육에서 제외된다. 그 외 외국어, 예술, 체육계열 특수목적고등학교와 특성화고등학교 및 자율학교 중 교육부 장관이 정하는 학교는 예외규정을 적용받는다.

사립학교뿐만 아니라 공립학교도 공식적으로 기부금을 받을 수 있다. 지방교육재정 및 학교재정의 재원 확보를 위해서 지방자치단체, 지방교육자치단체 및 학교는 동문, 지역유지, 학부모, 기업체, 독지가 등으로부터 학교발전기금이나 기부금 등을 받을 수 있다. 학교운영위원회가 설치된 각급 학교에서 학교발전기금을 조성·운용할 수 있고 학교회계를 통해 관리하도록 하고 있다.

사립학교는 별도의 법인전입금 재원을 가지고 있다. 현행 사립학교법 제5조는 학교법인이 사립학교에 필요한 시설·설비와 당해 학교의 운영에 필요한 재산을 갖추도록 규정하고 있다. 중등교육 확장기에 설립된 우리나라 대부분의 사립중등학교법인(재단)은 재정 구조가 매우 취약하여 법인의 법정부담금이 미미하다. 학교 운영을 위하여 확보하고 있는 수익용 기본재산은 대부분이 토지, 임야 등 저수익성 재산으로 구성되어 학교 운영에 필요한 재정을 제대로 보조할 수 없는 실정이다.

교육경비 보조금은 특별시, 광역시, 도・특별자치도 및 시・군・구(지방자치단체인 구를 말함)가 그 관할 구역 안에 있는 고등학교 이하 각급 학교의 교육에 소요되는 경비를 보조해 주는 경비를 말한다.

이상의 교육재원은 상급 교육행정기관 또는 지방자치단체로부터의 교부금, 민간으로부터의 전입금 등의 형태를 띠고 있어 재원 배분 구조와도 연결되어 있다. 교육재원의 배분은 예산 편성 및 집행 과정을 포함한다(송기창, 2008).

제3절 교육재정 배분의 구조와 현황

1. 중앙: 교육부 회계[4)]

중앙정부의 교육부예산은 교육부의 세출예산을 의미한다. 배분구조를 파악할 수 있는 교육부의 예산은 2022년 기준 약 88조 6천억 원으로 일반회계와 특별회계로 편성・운영된다. 일반회계는 교육부 포함 관련 기관의 기본운영비 및 인건비 등과 지방교육재정을 지원하는 지방교육재정교부금으로 구성된다. 특별회계는 매년 용도가 변화하는데, 2021년의 경우 국가균형발전 특별회계와 유아교육지원 특별회계 등으로 구성된다. 가장 큰 규모를 차지하는 것은 지방교육재정교부금으로 2021년의 경우 총 세출예산의 72.65%에 이른다.[5)]

4) 최신의 지방교육재정, 교육청 재정 등에 대해 자세한 정보는 지방교육재정알리미(eduinfo.go.kr) 참조

5) 교육부(2021). 교육통계연보.

2. 지방: 지방교육비 특별회계

지방교육재정은 지방자치단체가 설치・운영하는 공립의 각급 학교재정과 함께 고등학교 이하 사립학교재정까지 포함하는 등 그 범위가 매우 넓다. 이것은 주로 지방교육을 관장하는 17개 시・도교육청의 예산을 의미하며, '특별회계'로 편성되어 있다. 특별회계의 세입은 크게 중앙정부로부터의 이전수입과 지방자치단체로부터의 이전수입, 시・도교육청의 자체수입, 차입 및 기타로 구분된다. 이전수입은 중앙정부로부터의 교부금 및 보조금이 있으며, 지방자치단체에서 교부되는 법정전입금 등이 있다. 2020년의 경우 중앙정부 및 지방자치단체 이전수입이 전체의 89.5%를 차지하며, 이 중 국고부담의 교부금과 보조금은 약 59조 4천억 원으로 교육비 특별회계 전체 82조 2천억 원의 72.3%를 차지한다. 세출 예산은 유아 및 초・중등교육비, 평생・직업교육비, 기관운영 및 교육행정관련 비용 등으로 구분된다. 가장 큰 비중을 차지하는 것이 유아 및 초・중등교육기관의 인건비와 교육비이다.

3. 학교단위: 학교회계

단위학교 재정은 학교회계라는 이름으로 운영된다. 이것은 국립과 공립 초등학교, 중학교, 고등학교에 설치되는 것이다. 회계연도는 매년 3월 1일부터 다음해 2월 말일까지다. 학교장은 매년 세입과 세출 예산안을 편성하여 운영한 후 결산서를 작성한다. 학교회계의 세입은 ① 국가의 일반회계나 지방자치단체 전입금, ② 학교운영위원회의 심의를 거쳐 학부모가 부담하는 경비, ③ 학교발전기금으로부터 받은 전입금, ④ 국가나 지방자치단체의 보조금과 지원금, ⑤ 기타 사용료와 수수료 등이다. 사립학교의 경우는 학교법인으로부터의 전입금이 추가된다. 세출은 학교교육비로서 교수-학습활동비, 학생복리비, 공통운영비, 업무추진비 그리고 시설비 등이 포함된다(박병량, 주철안, 2012: 441).

〈표 11-1〉 최근 5년간 재원별 세입결산액 현황

(단위: 백만원, %)

재원별	2016		2017		2018		2019		2020	
	결산액	구성비	결산액	구성비	결산액	구성비	결산액	구성비	결산액	구성비
계	66,097,940	100.00	72,443,464	100.00	78,836,465	100.00	87,387,293	100.00	82,226,557	100.00
중앙정부이전수입	43,834,458	66.32	50,677,395	69.95	56,563,253	71.75	64,571,638	73.89	59,442,081	72.29
지방교육재정교부금	43,161,624	65.30	46,566,712	64.28	52,477,714	66.57	60,530,510	69.27	54,188,691	65.90
보통교부금	41,639,909	63.00	44,808,354	61.85	50,950,868	64.63	58,801,044	67.29	52,043,340	63.29
특별교부금	1,521,715	2.30	1,758,358	2.43	1,526,845	1.94	1,729,466	1.98	1,499,351	1.82
증액교부금									646.000	0.79
국고보조금	672,835	1.02	169,801	0.23	192,823	0.24	225,790	0.26	1,263,411	1.54
특별회계전입금			3,940,881	5.44	3,892,717	4.94	3,815,338	4.37	3,989,979	4.85
지방자치단체이전수입	11,903,546	18.01	12,916,184	17.83	13,443,914	17.05	13,924,743	15.93	14,152,663	17.21
법정이전수입	11,037,487	16.70	11,821,052	16.32	12,059,534	15.30	12,256,805	14.03	12,622,275	15.35
지방교육세전입금	6,406,113	9.69	7,028,806	9.70	7,194,507	9.13	7,194,974	8.23	7,334,503	8.92
담배소비세전입금	596,437	0.90	734,893	1.01	642,716	0.82	588,545	0.67	599,644	0.73
시 · 도세전입금	2,573,559	3.89	2,836,488	3.92	2,975,630	3.77	3,155,758	3.61	3,464,129	4.21
학교용지일반회계부담금	590,919	0.89	237,245	0.33	239,157	0.30	251,292	0.29	95,179	0.12
지방교육재정교부금보전금	843,124	1.28	960,789	1.33	983,248	1.25	1,038,239	1.19	1,044,920	1.27
교육급여보조금	27,335	0.04	22,831	0.03	24,276	0.03	27,998	0.03	22,150	0.03
무상교육경비전입금									61,750	0.08
비법정이전수입	866,059	1.31	1,095,133	1.51	1,384,380	1.76	1,667,938	1.91	1,530,389	1.86
광역자치단체전입금	458,757	0.69	643,674	0.89	794,943	1.01	900,555	1.03	910,546	1.11
기초자치단체전입금	407,303	0.62	451,459	0.62	589,438	0.75	767,383	0.88	619,843	0.75
기타이전수입	147,516	0.22	109,335	0.15	131,875	0.17	151,209	0.17	438,052	0.53
민간이전수입	96,148	0.15	78,049	0.11	114,129	0.14	135,355	0.15	424,135	0.52
자치단체간이전수입	51,368	0.08	31,286	0.04	17,746	0.02	15,854	0.02	13,916	0.02
자체수입	1,465,925	2.22	1,700,098	2.35	1,700,439	2.16	1,604,342	1.84	1,212,034	1.47
입학금 및 수업료	984,214	1.49	946,839	1.31	869,201	1.10	725,699	0.83	365,510	0.44
사용료 및 수수료	29,158	0.04	24,180	0.03	26,118	0.03	25,659	0.03	10,796	0.01
자산수입	157,457	0.24	227,430	0.31	277,900	0.35	271,338	0.31	249,368	0.30
이자수입	118,510	0.18	110,218	0.15	129,866	0.16	140,740	0.16	80,602	0.10
기타수입 등	176,587	0.27	391,430	0.54	397,353	0.50	440,907	0.50	505,757	0.62
지방교육채 및 기타	8,746,495	13.23	7,040,453	9.72	6,996,983	8.88	7,135,360	8.17	6,963,862	8.47
지방교육채	3,010,194	4.55	1,143,123	1.58	320,927	0.41	0	0.00	0	0.00
기타	5,736,301	8.68	5,897,330	8.14	6,676,056	8.47	7,135,360	8.17	6,963,862	8.47
순세계잉여금	1,962,098	2.97	2,049,875	2.83	2,057,979	2.61	2,233,728	2.56	2,173,827	2.64
보조금사용잔액	41,233	0.06	13,844	0.02	12,490	0.02	15,800	0.02	30,161	0.04
전년도이월금	3,732,970	5.65	3,833,611	5.29	4,605,587	5.84	4,885,832	5.59	4,759,874	5.79
내부거래(기금전입금)									17,864	0.02

출처: 한국교육개발원(2021: 20). 2021 지방교육재정분석 종합보고서(2020회계연도).

학교회계는 과거의 통제 중심의 품목별 예산에서 성과중심의 사업별 예산으로 변경되었고, 현금주의 및 단식부기회계에서 발생주의 및 복식부기회계로 방식을 바꿨다. 학교회계운영프로그램도 이전의 '학교회계시스템(NEIS)' 대신 2008년부터 '지방교육행・재정통합시스템'(EDUFINE, 에듀파인)을 도입하는 등 변화가 있었다. 에듀파인은 2005년 전자정부 31대 과제 중 하나로 선정된 것으로 지방교육재정의 건전성과 투명성을 제고하기 위해 구축된 시스템으로 2008년에 개통되어 교육부와 17개 시・도교육청 및 유치원・초・중등학교의 회계 처리에 활용되고 있다.

이상의 내용을 정리하여 교육재원의 특징 및 배분 구조를 도표화하면 [그림 11-3]과 같다.

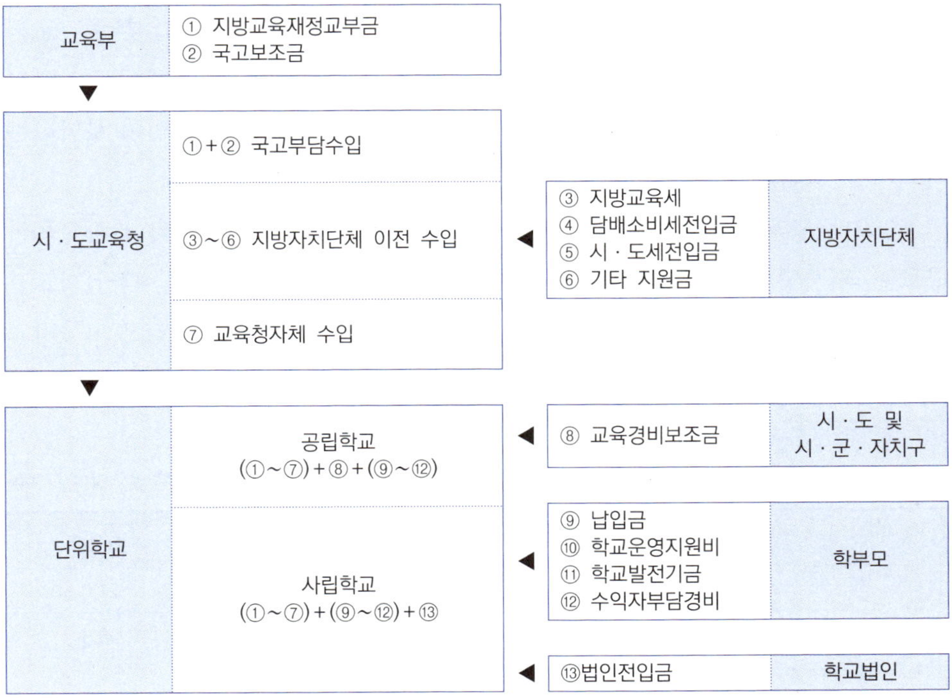

[그림 11-3] 교육재원의 특징 및 배분 구조

제4절 교육재정의 문제점과 과제

교육재정의 문제는 재원과 배분에 관한 문제뿐만 아니라 국가 사회적으로 이슈가 되는 사교육비 문제까지 그 폭과 범위가 매우 넓고 다양하다. 가장 중요한 것 몇 가지에 대해 살펴보면 다음과 같다.

1. 과중한 사교육비

우리나라의 사교육 문제는 대단히 심각한 수준이다. 사교육비의 액수가 큰 것은 물론이고 사교육에 참가하는 학생들의 비율이 아주 높아서 교육적으로 그리고 사회·경제적으로 심각한 문제를 야기해 왔다. 2021년 사교육비의 총량 규모는 〈표 11-2〉와 같다. 여기에서 사교육비란 초등학교와 중·고등학교 학생들이 학교의 정규 교육과정 이외에 학교 밖에서 받는 보충 교육을 위해서 개인이 부담하는 과외비를 의미한다(교육부, 통계청, 2021).

2021년도 사교육비 총액은 약 23조 4천여억 원에 이른다. 이러한 사교육비 규모는 최근 몇 년 동안 커다란 변화 없이 유지되고 있다. 사교육비를 각급 학교별로 보면, 초등학교가 10조 5천여억 원, 중학교가 6조 3천여억 원 그리고 고등학교가 6조 5천여억 원에 달한다.

〈표 11-2〉 학교급별 사교육비 총액 (단위: 억 원, %)

구 분	2019년	2020년	2021년	증감률
전 체	209,970	193,532	234,158	21.0
초등학교	95,597	76,107	105,279	38.3
중 학 교	52,554	53,943	63,480	17.7
고등학교	61,819	63,482	65,399	3.0

출처: 교육부, 통계청(2021). 2021년 초·중·고 사교육비 조사결과.

2021년 학생 1인당 사교육비 지출액과 사교육 참여율을 살펴보면, 학생은 1인당 월 37만 원 정도를 지출했다. 초등학생은 월평균 32만 8천 원, 중학생은 39만 2천 원 그리고 고등학생은 41만 9천 원을 사교육비로 지출한다. 전체 학생의 75.5%가 사교육에 참가했고, 주당 6.5시간 정도 사교육을 받았다. 사교육을 받는 목적은 학교수업 보충·심화, 선행 학습, 진학 준비, 취미 및 재능 개발 등 다양하다.

우리나라 가정에 교육비는 큰 부담이 된다. 2017년의 경우 우리나라 가구는 평균 2천 4백 7십여만 원을 지출했는데 이중 교육비가 차지하는 액수는 31만 7천여 원으로서 12.8%에 달한다.[6] 교육비의 대부분이 과외비이기 때문에 가계에 큰 부담이 될 수밖에 없고 따라서 심각한 사회 문제가 되고 있다. 사교육비의 부담이 과중해서 심각한 사회 문제가 되고 있다.

2021년 사교육비조사에 의하면, 가구의 월소득 200만 원 미만인 경우 월평균 11만 6천 원의 사교육비를 지출하고, 월평균 300~400만 원 미만은 25만 3천 원, 500~600만 원 미만은 38만 1천 원, 그리고 800만 원 이상은 59만 3천 원을 지출한다. 부모의 경제력에 따라 사교육비 투자금액이 최고 5배 이상 차이가 나고 있다. 부모의 경제력에 의해 교육의 기회가 결정되며, 빈부 격차가 교육 격차를 야기하는 구조이다. 이러한 사교육은 공교육에 부정적인 영향을 주고 국가 교육 전체를 파행으로 몰고 간다. 정부는 지속적으로 사교육비를 경감하려는 정책들을 마련해서 시행하고 있지만, 그 효과는 미미한 실정이다. 사교육에 관한 새로운 관점과 정책이 절실히 요구된다.

2. 낮은 지방교육재정 자립도

지방교육재정의 재원은 중앙정부의 지방교육재정교부금 및 보조금, 지방자치단체 전입금, 자체 수입 등으로 구성된다. 2021년 기준으로 보면, 국고부담금(중앙정부의 지원금과 보조금)의 비율이 약 74.32%로 지방교육재정의 자립도가 매우

6) 통계청(2017). 가계금융복지조사보고서.

낮다. 이것은 교육재정에 대한 통제권을 토대로 중앙정부가 지방자치단체보다 더 큰 교육영향력을 행사할 수 있음을 의미하며, 지방교육자치를 구현하는 차원에서 바람직하지 않은 현상이다.

낮은 지방교육재정의 자립도는 교육재정 배분과 관련이 있는데, 현행 지방교육재정교부금제도에 의하면, 기준재정 수입액이 수요액에 미달하는 부분에 대한 교부를 원칙으로 하고 있다. 지역 간 재정상의 불균형을 시정하고 형평을 기한다는 면에서는 타당하다. 그러나 기본적으로 지방자치단체가 교육재정 확보를 위해 노력하지 않아도 중앙정부가 지원해 준다는 점에서는 문제가 될 수 있다(윤정일, 2004). 실제로 지방자치단체의 교육재정 확보 노력은 미흡한 수준이다.

현재 지방교육재정교부금법 제11조에 의해 시·군 및 자치구 지방자치단체는 관할 구역 안에 있는 고등학교 이하 각급 학교 교육에 소요되는 경비 일부를 보조할 수 있도록 규정하고 있다. 또한 1996년 4월 "시·군 및 자치구의 교육경비보조에 관한 규정(대통령령 제1491호)"을 제정하여 기초자치단체가 보조할 수 있는 교육 사업도 명시하고 있다. 그러나 시·군·구 자치단체가 해당 지역 교육을 위해 보조하는 경비는 아주 미미한 수준이고 지역 간 편차도 크다(김흥주, 이석희, 서영인, 2006).

지방자치단체와 교육청의 노력 여하에 따라 교육재정을 확보할 수 있는 길이 법적으로 보장되어 있으나 적용상의 문제 등을 이유로 활성화되지 않고 있다. 이에 따라 제기되는 문제로는 첫째, 지방자치단체의 재정 형편에 따라 교육 여건의 차이가 심화되고, 둘째, 지방자치단체 교육경비 보조금 사용의 의사결정이 매우 임의적으로 이루어진다. 셋째, 조세가 특정 목적에 제한적으로 사용되어 학교단위에서 운영의 자율성이 제한받는다는 점 등이 있다(전상경, 류춘호, 2008; 하봉운, 2005, 2009). 그러므로 이러한 문제는 교육경비보조금 재원과 사용처를 보다 구체적으로 명시하는 근거 규정을 만들고, 형평성 조절 장치를 마련하며, 인센티브를 부여하거나, 지역교육청의 행정력을 강화하는 방안 등을 통해 해결될 수 있다(하봉운, 2009). 교육경비보조금 제도를 잘 활용하여 지방교육재정자립도를 향상시키는 방안이 고려되어야 할 것이다.

3. 불안정한 교육세 재원

교육 재원의 구조에서 파악할 수 있듯이 가장 중요한 재원의 하나는 교육세이다. 그런데 국세분 교육세 항목이 경기 변화에 예민한 세원으로 구성되어 있기 때문에 세수 확보가 불안정하다. 특정 세원에 부가되는 형식의 현행 교육세는 본세의 변동에 따라 세수가 좌우되고, 징수 과정이 복잡하고, 본세 자체가 한시적인 경우가 있어 세수가 불안정하다는 문제점을 지니고 있다(윤정일, 2010). 세수가 불안정하다는 것은 장기적이고 안정적인 재정 계획을 세우기 어렵다는 점과 직결된다. 따라서 경기 변동에 민감하지 않고 안정적으로 걷힐 수 있는 재원의 확보가 필요하다(송기창, 2008; 윤정일, 2004).

이를 위해 2008년 당시의 기획재정부는 교육세와 같이 특정 목적을 위해 각종 세목에 부가하여 과세하는 목적세를 본세에 포함시키고 일반 재원화하는 것을 골자로 하는 세제개편안을 마련하였다. 교육재원의 안정성 측면에서는 긍정적인 시도이기는 했으나, 교육재원의 규모가 축소되는 결과가 나타났다(윤정일, 2010). 교육계에서는 재원의 안정성과 함께 적정 규모를 유지할 수 있는 방안으로 부가세 방식을 폐지하고, 독립세원에 교육세를 부과하는 방안을 모색하고 있다. 지방교육세의 경우 도시계획세를 통합한 재산세에 부과하거나, 독립 세원이 여의치 않을 경우 2~3개 세목으로 단순화하는 방안, 시・도세 전입금의 전입률을 조정하는 방안 등을 통해서 안정적 재원 확보를 위해 노력하고 있다(송기창, 2010).

4. 과중한 경직성 경비

교육재정은 학생교육에 직접 투자되는 교육비와 교육기관 운영 및 인건비 등의 비용이 적정해야 한다. 그러나 〈표 11-3〉에서 보는 바와 같이 유・초・중등교육에서 차지하는 인건비의 비중이 42.97%이고, 자본지출이 6.71%에 달해 경직성 고정비의 비중이 높다. 인건비는 매년 고정적으로 지출해야 하는 경직성 경비이기 때문에 그 비중이 크면 클수록 직접적인 교육활동경비라고 할 수 있는 교수-학습

활동 지원을 위한 경비는 상대적으로 적어질 수밖에 없다. 교육의 질 향상을 위해서는 교육 여건의 개선과 함께 교수-학습 과정의 혁신이 필요하다. 이것을 위한 재정 확대와 투자가 절실히 요구된다.

〈표 11-3〉 2021 교육비 특별회계 세출 예산 성질별 분류

구분	예산(억 원)	구성비(%)
인건비	308,810	42.97
물건비	30,060	4.18
이전지출	86,306	12.01
자본지출	48,242	6.71
상환지출	6,970	0.97
전출금 등	235,326	32.75
예비비 및 기타	2,517	0.35
내부거래	371	0.05
총계	718,605	100

출처: 교육부(2021). 교육통계연보.
교육비 특별회계 세출 예산 성질별 분류는 2016년 교육비특별회계법령개정에 의한 변경사항을 반영함.

5. 선진국의 교육격을 갖추기 위한 교육재정의 혁신

우리나라는 국력과 교육력은 선진국 수준이다. 경제력은 세계 10대 강국에 속하고 학생들의 학업성취도는 세계에서 가장 우수한 국가에 속한다. 경제적으로 어려운 여건 속에서도 교육에 대한 투자를 게을리하지 않았고, 그 결과 배출된 우수한 인력들이 우리나라를 선진국 반열에 올려놓았다.

한 국가의 교육의 질을 반영하는 지표의 하나로 학생 1인당 공교육비를 들 수 있다. 학생 1인당 공교육비 지출액을 구매력지수(PPP)로 환산했을 때, 2018 회계연도 기준 초등학교 12,535달러, 중고등학교 14,978달러이다(교육부 · 한국교육개발원, 2021). OECD 평균이 초등학교 9,550달러, 중고등학교 11,192달러임을

고려하면 국제적으로도 낮은 수준은 아니다. 초등학교 공교육비는 스위스, 미국, 영국과 북유럽 국가들을 제외하고는 높은 수준이다. 그러나 중등학교는 우리나라보다 높은 국가들이 15개국을 넘는다. 고등교육기관 학생 1인당 공교육비의 경우 우리나라는 11,290달러인데, OECD 평균은 17,065달러이다. 학교급이 올라갈수록 학생 1인당 공교육비 지출이 낮아지고 액수는 세계 선진국 수준에서 크게 떨어지는 것을 알 수 있다. 앞으로 국가 간의 경쟁이 더욱 더 치열해질 것임을 예상할 때, 학교급별 투자의 우선순위와 중점사항에 대해 연구해야 할 것이다.

학령 아동수의 급격한 감소는 우리나라의 심각한 문제로 대두되고 있다. 학생수의 감소는 교육재정의 수요와 지출 등 운영 전반에 커다란 영향을 줄 것이다. 학생수가 감소하면 학급과 학교가 줄어들 것이다. 이런 추세 속에서 교원 수의 감축은 쉽게 예상할 수 있다. 교육재정 운영의 효율화는 필요하다. 그러나 이것을 명분으로 교육재정 규모를 기계적으로 줄이는 방향으로 나아가서는 안 될 것이다.

교육의 양적 여건을 개선하는 것보다 더 중요한 것은 질적 수준을 높이는 것이다. 제4차 산업혁명이 진행됨에 따라 우리의 교육은 새로운 사회를 이끌어 갈 역량을 갖춘 인재를 양성해야 한다. 이를 위해서는 교육 체제와 운영 방식이 획기적으로 변해야 한다. 이제까지의 교육재정 정책과 제도로는 이것을 뒷받침하는 일이 쉽지 않을 것이다. 교육재정 체제와 운영에 대한 패러다임의 변화가 필요하다.

〈표 11-4〉 주요국의 학생1인당 공교육비(2018) (단위: PPP 환산달러)

구분	초등교육	중등교육
미국	13,139	14,859
영국	11,697	12,765
프랑스	8,724	13,006
일본	8,977	11,330
한국	12,535	14,978
OECD 평균	9,550	11,192

주: 1) 교육비를 산출하는 데 적용되는 구매력지수(PPP)는 일정한 재화와 서비스에 대해 기준국 화폐1단위로 살 수 있는 것과 동일한 양을 살 수 있는 비교국의 화폐단위를 의미함.

출처: 교육부, 한국교육개발원(2021). OECD 교육지표 2021.

질문 / 토의거리

1. 중앙 정부의 예산으로부터 단위학교 재정이 배분되는 과정을 설명해 보자.
2. 가정 경제에 큰 부담이 되고 있는 과도한 사교육비를 줄이는 방법에 대해 토론해 보자.
3. 지역별 재정자립도의 차이에 의한 교육 격차를 줄일 수 있는 방법에 대해 토론해 보자.
4. 저출산의 영향으로 유 · 초 · 중등교육을 위한 교육재정(지방교육재정교부금)은 여유가 있는 반면에 고등교육 재정은 열악해 지고 있다. 이를 해결할 수 있는 방법에 대해 토론해 보자.

참고문헌

공은배(1992). 초・중등교육재정의 확립방안. 교육재정경제연구, 1(1), 65-98.

교육부(2021). 교육통계연보.

교육부, 통계청(2021). 2021년 초・중・고 사교육비 조사.

교육부, 한국교육개발원(2021). OECD 교육지표 2021.

김종철(1985). 교육행정학신강. 서울: 세영사.

김흥주, 이석희, 서영인(2006). 지방교육발전을 위한 시・도교육청과 시・도청 간 연계협력체제 구축 방안 연구. 서울: 한국교육개발원.

박병량, 주철안(2012). 교육행정 및 교육경영-학교・학급경영 중심. 서울: 학지사.

송기창(2001). 교육재정관계법령의 구조적 문제점 분석연구. 교육재정경제연구, 10(2), 81-107.

송기창(2008). 국가 교육재원 배분과정의 효율화 방안. 교육재정경제연구, 17(1), 179-205.

송기창(2010). 지방교육자치 구조의 변화와 지방교육재정의 과제. 2010년도 연차학술대회자료집 「지방자치와 교육자치의 교육재정・경제학」 한국교육재정경제학회.

윤정일(2004). 교육재정학원론. 서울: 세영사.

윤정일(2010). "지방자치와 교육자치 시대의 교육재정: 새로운 도전과 과제", 2010년도 연차학술대회자료집 「지방자치와 교육자치의 교육재정・경제학」 한국교육재정경제학회.

윤정일, 송기창, 조동섭, 김병주(2015). 교육행정학원론(6판). 서울: 학지사.

전상경, 류춘호(2008). 기초지방정부의 교육재정지원에 관한 연구: 부산시를 중심으로. 한국지방재정논집, 13(2), 81-110.

차병권(1987). 재정학개론. 서울: 박영사.

통계청(2017). 가계금융복지조사보고서(2017).

하봉운(2005). 「시군 및 자치구의 교육경비보조에 관한 규정」에 따른 기초자치단체의 교육지원 현황과 문제점 분석 연구. 교육법학연구, 17(1), 253-278.

하봉운(2009). 기초자치단체 교육지원의 현황 분석과 향후 과제: 경기도 31개 시・군 사례를 중심으로. 교육정치학연구, 16(1), 107-133.

한국교육개발원(2021). 2021 지방교육재정분석 종합보고서(2020회계연도).

Cohn, E. (1979). *The economics of education*. Cambridge, MA: Ballinger.

Garms, W. I., Guthrie, J. W., & Pierce, L. C. (1978). *School finance: The economics and politics of public education*. Englewood Cliffs, N. J.: Prentice-Hall.

제 3 부

교육행정 및 학교경영의 주요과제

제12장　교원의 전문성 개발
제13장　학교경영 및 학급경영
제14장　학교평가
제15장　교육법

제12장 교원의 전문성 개발

교육 환경은 끊임없이 변하고, 교육에 대한 인간의 요구와 기대도 변한다. 이것은 그대로 교육 조직에 영향을 주고, 교원과 행정직원은 이에 부응해서 교육과 행정 서비스를 제공해야 한다. 입직 이전의 지식과 기술만으로는 이것이 가능하지 않기 때문에 지속적으로 그것을 습득하고 발전시켜야 한다. 교육행정에서 교원과 행정직원의 전문성 개발이 강조되어야 할 이유가 여기에 있다.

이 장에서는 교사 전문성 개발과 함께 일선 학교 교원의 교육과 경영 역량 강화를 위해서 이루어지는 주요 과업에 대해서 살펴본다. 이들은 장학(supervision), 학교컨설팅(school consulting), 전문적 학습 공동체(professional learning community) 등이다.

제1절 교사 전문성 개발(Teacher Professional Development)

1. 개념과 목표

전문성 개발은 영어 "professional development"를 번역한 것이다. 시기상으로 보면, 전문성 개발에 앞서 사용하던 용어는 "staff development"였다. 직원 개발로 번역해서 사용했다. 전문성 개발이 1990년 전후에 본격적으로 사용하기 시작했다면, 직원 개발은 1980년대에 많이 사용하던 용어다. 교육 조직에서 직원이라

함은 주로 교원과 행정직원을 말하는데, 교육 업무를 직접 담당하는 인력은 교원이고 교육의 질은 교원들의 질에 의해서 영향을 받기 때문에 교육 지원 인력인 행정직원에 비해서 상대적으로 높은 정책적 관심을 받았다. 1980년대는 미국의 국제경쟁력이 유럽의 독일이나 아시아의 일본에 비해서 떨어진다는 위기의식이 강했다. 따라서 미국은 교육을 개혁하기 위해서 국가적으로 노력을 기울였다. 이러한 노력에서 중요한 위치에 있었던 것이 교사의 질이고 따라서 교사의 전문성 함양이었다. 이것과 직접적으로 관련이 있는 것은 교사 교육(education)과 훈련(training)이다. 교사가 되기 전에 이루어지는 것은 양성 교육이고, 교사가 된 후에 이루어지는 것은 현직 교육, 훈련 혹은 연수라고 부른다.

이런 교육, 훈련, 혹은 연수라는 용어가 1980년대에는 발달 혹은 개발이라는 용어로 대체되었다. 교육, 훈련, 연수는 형식적인 혹은 공식적인 기관이 주도하고, 가르치는 사람의 위상과 권위를 강조하고, 구체적인 지식과 기술의 전수에 초점을 둔다. 개발은 비공식적인 기관이나 비형식적인 기관도 참여하고, 교사의 위상과 권위를 존중하고, 교사의 개인적 필요와 전문직으로서의 직무와 역할의 필요에 부응하는 다양한 내용을 강조한다. 전자와 후자의 또 한 가지 중요한 차이점은 개발은 교육, 훈련, 연수와 비교할 때 교사의 교직 생애 전반에 걸쳐서 이루어지는 것임을 강조한다는 점이다.

똑같이 development라는 말을 쓰지만, staff development와 professional development 사이에도 미묘한 의미상의 차이가 존재한다. 교육조직의 경우 staff는 교원, 행정직원과 기타 지원인력을 모두 포괄한다. staff development는 교원만이 아니라 행정직원과 기타 지원 인력의 전문성(expertise)을 개발한다는 의미로 볼 수 있다. teacher professional development는 교사라는 전문직(profession)의 전문성을 개발한다는 것을 의미한다. 범속직과 전문직의 전문성에는 차이가 있다. 교사의 전문성 개발은 전문직으로서 교사가 갖추어야 할 특성으로서의 전문성을 개발하는 것이다. 교육조직에서 professional development라는 용어가 1990년을 전후해서 널리 사용되었다는 것은 미국의 교육 개혁에서 교육조직의 주요 구성원들의 전문성을 강조했다는 것을 의미하고, 특히 전문직으로서의 교사의 전문성을 강조했음을 의미한다.

교육조직의 전문성 개발은 교사의 전문성 개발이 핵심이다. 교사의 전문성 개발은 교사 양성 기관에서부터 이루어지고, 교사 입직 이후 교직 생활의 전 기간을 통해서 일어난다. 그리고 교사 전문성 개발의 목표, 유형, 내용은 매우 다양하게 발전해 왔다. 따라서 교사 전문성 개발이 무엇인지에 대해서 정의하는 일은 결코 쉽지 않다. 그것에 대한 합의된 정의는 존재하지 않는다. 교사 전문성 개발의 정의에 관해서는 최근에 Sancar, Atal과 Deryakula(2021)가 발표한 연구가 잘 요약하고 있다.

Sancar, Atal과 Deryakula(2021)는 교사 교육 전문 학술지, Teaching and Teacher Education, Journal of Teacher Education, European Journal of Teacher Education, 그리고 Asia-Pacific Journal of Teacher Education 등 4개 영문 학술지에 2009년부터 2019년까지 게재된 "professional development"가 제목에 들어간 논문 10,483편 중에서 156편을 선정해서 전문성 개발의 개념을 분석했다. 이들은 대부분의 저자들이 각자 전문성 개발을 정의하지 않고 기존의 전통적으로 내려오는 정의를 사용하고 있음을 발견했다. 전통적 의미의 교사 전문성 개발은 "학생의 학습을 향상시킬 목적으로 교사의 전문적 지식 기술과 태도를 함양하기 위해서 마련한 과정과 활동들"이다(Sancar, Atal & Deryakulu, 2021: 4).

그런데 이 정의는 교사의 개인적인 특성, 요구, 능력, 참여, 사전 지식에 대해서는 관심을 충분하게 두지는 않았다고 비판했다. 이후 교사의 개인적, 사회적, 직업적 차원을 고려한 학습과 교수행동에 초점을 둔 접근법이 나타난다. 예를 들면 교사의 자기 주도적 전문성 개발이다.

이상과 같은 선행 문헌의 분석에 기반을 두고 Sancar, Atal과 Deryakula(2021: 8)는 교사 전문성 개발에 관한 아주 포괄적인 모델을 제시하고, 이것을 제3세대 모델이라고 부른다. 1세대 모델은 전문성 개발을 교사들의 교과 내용/지식을 심화하고 그들의 교수 행동을 개발하기 위한 핵심적인 기제라고 본다. 2세대 모델은 교사 전문적 발달에서 개인적 차원(연령, 사회경제적 지위, 문화적 도덕적 배경 등), 사회적 차원, 직업적 차원들에 초점을 둔다. Sancar, Atal과 Deryakula(2021:

9)가 제3세대 모델이라고 부르는 것은 교사들의 모든 과정(process) 관련 변인들과 (예를 들면, 자발적 효과적 참여, 과정에서의 믿음과 신뢰, 기대, 혁신과 변화에 대한 개방성) 전문성 개발의 상호작용을 포괄하는 것이다. 이 모델은 교사 중심적 홀리스틱(holistic) 관점을 취한다. 그리고 교사 전문성 개발은 교사 양성 교육과 함께 시작하고 교사의 전문적인 생활 동안 계속되는 과정이라고 규정한다. 교사 전문성 개발은 교사의 특성, 가르치는 내용, 가르치는 방법에 의해서 영향을 받는다.

다음과 같은 전문성 개발에 관한 정의들을 살펴보면, 그것의 초점과 의미의 변화를 알 수 있다.

Fullan(1990)은 전문성 개발(staff development)을 기술, 태도, 이해 혹은 현재의 역할이나 미래의 역할 수행을 향상시키기 위한 활동 혹은 과정이라고 정의한다.

Darling-Hammond와 McLaughlin(1995: 597)는 교사 전문성 개발 정책은 교사의 새로운 기술이나 지식 획득을 지원하는 것을 넘어서는 것이라고 주장하면서 교사들의 교수 행동에 대해서 비판적으로 반성하고 교과 내용, 교수법 그리고 학습자들에 관한 새로운 지식과 신념을 형성하는 기회를 제공하는 것을 의미한다고 말한다.

Seyfarth(2002: 122)는 전문성 개발을 전문적 혹은 지원적 인사의 기술, 태도, 이해 혹은 현재와 미래의 역할 수행을 유지하거나 향상시키기 위한 활동이나 과정이라고 정의한다. 이 정의는 Fullan의 정의와 비슷한데, 차이점은 전문성 개발은 전문성을 ① 향상시키기 위한 것일 뿐만 아니라 ② 나빠지거나 잊는 것을 방지하기 위한 활동이기도 하다는 점이다(Seyfarth, 2002: 121-122). 후자는 전문성 개발의 '유지 기능'을 말한다.

Desimone(2009)는 전문성 개발을 교사의 지식과 신념, 학급에서의 교수 행동, 그리고 교사의 학습 성과 등의 상호작용을 포함하는 과정으로 정의한다. 이러한 전문성 개발은 복잡하고, 상호작용적이고, 형식적이고, 비형식적이고, 경영할 수 있고(manageable), 측정 가능한 활동이라고 주장한다(Desimone et al. 2002; Sancar, Atal, & Deryakulu, 2021: 4).

Guskey(2002)는 이상과 같은 교사 전문성 개발의 목표를 1) 교사의 교실 수업 행동을 변화시키고, 2) 학생들의 학습 성과를 변화시키고, 3) 교사의 태도와 신념에 변화를 주는 것으로 규정한다. 전문성 개발의 목적은 교사의 교수 기술과 학생의 성과 등과 같은 실제적 성과와 함께 전문가로서의 교사 정체성 성장에 영향을 주는 보이지 않는 내적인 성과와도 관련이 되어 있다(Lim, 2021: 14).

2. 교사 전문성 개발의 유형

교사 전문성 개발에는 교사의 지식과 기술, 교수 행동 그리고 학생의 성과 향상에 영향을 주는 모든 활동과 상호작용들이 포함된다. 따라서 이들의 유형을 일목요연하게 구분하는 것은 가능하지 않다. 최근에 제시된 유형으로 Lim(2021: 16-21)의 분류를 소개하면 다음과 같다. 그는 전문성 개발 프로그램의 유형을 구조, 내용, 운영 단위(혹은 주체)로 구분해서 분류한다. 구조 차원 활동들을 ① 공식적 형태와 ② 비공식적 형태로 구분한다. 전자는 워크샵, 세미나, 회의 혹은 대학 수강 등을 말한다. 비공식적 형태로는 멘토링, 네트워크에서 참여, 다른 교실 수업 관찰 등을 말한다.

내용 차원에서 보면, ① 교과 관련 지식과 교육과정, ② 교수 내용 지식(pedagogical content knowledge), ③ 현안 이슈 등에 관한 전문성 개발 등이다. 교수 내용 지식의 예로는 학생 심리, 학교 조직, 상담 등이다. 현안 이슈로는 학교 안전, 다문화 교육, 새로운 교육 공학 등이 있다.

운영 단위(혹은 주체) 차원에서 보면, ① 단위학교 전문성 개발(School professional development), ② 학교 밖 전문성 개발(Non-school professional development) 등이 있다. 전자는 단위 학교 내에서의 교사들의 네트워크, 협업적 전문적 학습, 멘토링, 코칭, 다른 학급의 관찰 등과 같이 단위 학교의 맥락에서 이루어지는 전문성 개발을 말한다. 후자는 대학 강의 수강, 워크숍, 회의 혹은 세미나 등과 같이 단위 학교의 밖에서 이루어지는 활동을 말한다.

3. 효과적인 전문성 개발의 특징

앞에서 살펴본 바와 같이 교사 전문성 개발의 유형은 매우 많고 다양하다. 각각의 유형은 나름대로 목표를 가지고 있고, 정도의 차이는 있겠지만 그것을 달성한다. 이러한 전문성 개발의 효과성과 관련된 특성들이 무엇인지에 관해서는 유형에 따라 다르다. 그러나 유형에 관계없이 일반적으로 전문성 개발의 효과성에 영향을 주는 것으로 인정받는 기본적인 특성들은 있다. 이들에 관해 살펴보려고 한다.

Garet 등(2001)은 1) 내용 지식에 대한 초점, 2) 능동적 학습의 기회, 3) 다른 학습 기회들과의 합치성 등이다. 이들은 같은 학교, 동 교과, 혹은 동 학년 교사들의 집단적 참여의 중요성을 강조한다.

Desimone 등(2002)은 질 높은 전문성 개발의 특성들은 다음과 같은 요인들과 관련되어 있음을 발견했다. 전문성 개발의 구조 차원에서는 1) 표준/평가와의 일치, 2) 계속적인 향상의 노력, 3) 대학과 교육구청과의 협업, 내용의 차원에서는 1) 능동적 학습 기회, 2) 합치도, 3) 지속성, 4) 집단적 참여 등이다.

Desimone(2009)는 효과적인 전문성 개발의 특징들에 관한 연구를 개관하고 다음과 같은 다섯 가지 특징들이 교사의 지식과 기술, 실행(practice), 그리고 학생의 성취에 영향을 주는 것으로 규정했다. 1) 교과 내용과 학생의 학습 방법에 초점을 두는 전문성 개발, 2) 강의를 듣는 것과 같은 수동적 학습이 아니라 전문가 수업 관찰하거나 자신의 수업을 보여주고 피드백을 받는 것과 같은 능동적 학습, 3) 교사 학습이 교사들의 지식과 신념과 합치하는 정도. 그리고 학교, 교육청, 주(state)의 개혁과 정책과 전문성 개발의 내용과의 합치도, 4) 전문성 개발이 이루어지는 범위와 시간의 지속성. 예를 들면 한 학기, 방학 기간 혹은 20시간 이상의 접촉 시간, 5) 같은 학교, 동 학년, 동 교과 교사들의 집단적 참여.

최근의 연구로는 Darling-Hammond, Hyler와 Gardner(2017)가 수행한 것을 들 수 있다. 이들은 교사 전문성 개발과 교사의 교수 행동 및 학생에 대한 성과 간에 긍정적인 관계가 있음을 보고한 35편의 논문들을 개관하고 효과적인 전문성 개발의 특징 7가지를 제시했다. 1) 특정 교과목의 교수 전략에 초점을 맞춘 교사 전문성 개발(content focused). 예를 들면, 수학, 과학, 문해 영역의 교육과정 개발과 교수법에 초점을 맞춘 교사 전문성 개발. 2) 교사들이 교수법을 디자인하고 실행하는 기회를 통해서 하는 능동적 학습, 즉 전통적인 강의법 학습 모델에서 탈피하는 것. 3) 교사들을 가르치는 맥락 속에서 협업을 통해 학습을 하도록 지원하는 것, 4) 효과적인 교수 행동의 모델 활용. 학생 작업의 샘플, 동료 교사의 관찰, 혹은 교수 비디오나 기록된 사례들을 통한 학습. 5) 코칭과 전문가의 지원 제공, 6) 교사들의 반성 촉진과 피드백 제공, 7) 새로운 교수 전략들에 대해서 학습, 연습, 실행, 반성할 수 있는 시간 제공. 이들 연구들이 일관되게 강조하는 것은 평생학습자로서의 교사, 가르치는 일에 대한 이해와 반성의 중요성이다.

이러한 연구 결과들을 종합하면, 효과적인 교사 전문성 개발 프로그램은 1) 교과목의 내용과 교수법에 초점을 맞추고 효과적인 교수 행동에 대한 모델과 사례를 활용하는 것, 2) 교사들의 능동적인 참여 속에 협업을 통해서 이루어지는 것, 3) 목표 달성에 적합한 시간 동안 진행되는 것, 4) 교사들의 지식, 신념 그리고 필요에 합치하는 것, 5) 코칭, 멘토링과 같은 전문가의 지원과 피드백을 제공하는 것 등으로 요약할 수 있다. 이 특성들은 구체적인 프로그램을 디자인하는 데 도움을 준다.

다음으로는 교육 현장에서 오랜 역사를 가지고 이루어진 **장학**에 대해서 살펴보고, 이어서 2000년대 우리나라에서 창안된 **학교컨설팅**과 비슷한 시기에 우리나라의 교직사회에 확산된 **교사 전문적 학습 공동체**에 대해서 살펴본다.

제2절 장학

장학(supervision)은 교육행정과 학교경영에서 중요한 위치를 차지해 왔다. 특히 지방교육행정기관의 기능 중에서 단위학교에 대한 장학은 핵심적인 것으로 인식되어 왔다. 영어로 supervision이라는 용어는 어원적으로, superior와 vision의

합성어로서 '높은 곳에서 우수한 사람이 본다'는 뜻이다. 어원적으로는 감독을 의미한다. 이러한 용어의 의미가 시사하는 바와 같이 한때 장학은 감독적 차원에서, 주로 학사에 관한 사항을 감독・시찰하는 활동으로 이해되었다. 그러나 민주화와 자율화의 시대적 발전에 따라 개념이 변화하고 있다. 이 절에서는 장학의 개념과 의의, 장학의 기능, 장학을 보는 관점, 장학의 유형 및 형태, 장학의 발전 방향 등을 정리한다.

1. 장학의 개념과 의의

장학의 개념에 관해서는 장학에 대한 접근 방법과 관점 및 강조점의 차이로 인하여 여러 가지 다양한 의견이 제시되고 있다. 특히 장학이 그 이론에서뿐만 아니라 실제에 있어서 우리나라에 앞서서 발달한 미국 등 선진국의 학자들은 다양한 형태의 장학의 개념에 관하여 논의하고 있다.

Wiles와 Bondi(1980)는 여러 학자들의 주장을 정리・분석한 결과, 장학에 대한 개념 정의가 대체로 여섯 가지로 구분된다고 밝혔다. 즉 ① 장학을 교육행정에 초점을 두어 정의하는 입장, ② 장학을 교육과정에 초점을 두어 정의하는 입장, ③ 장학을 수업에 초점을 두어 정의하는 입장, ④ 장학을 인간관계에 초점을 두어 정의하는 입장, ⑤ 장학을 경영에 초점을 두어 정의하는 입장, ⑥ 장학을 지도성에 초점을 두어 정의하는 입장 등이다.

우리나라의 장학에 관한 연구물이나 각종 문헌은 외국 학자들의 개념과 이론을 토대로 이루어졌다. 그리고 우리의 실정에 맞는 장학의 개념을 정립하기 위해서 노력해 왔다.

김종철(1982)은 우리나라에서 장학의 개념에 대하여 적지 않은 혼동이 있음을 지적하면서, 장학에 대해서 다원적 접근 방법으로 개념을 검토하는 것이 바람직하다고 주장한다. 김종철(1982)에 따르면 장학의 개념을 파악하는 데 있어서, ① 법규면에서 접근 방법, ② 기능면에서 접근 방법, ③ 이념면에서 접근 방법이 있다.

법규면에서의 접근 방법은 법규 해석에서 출발하여 연역적으로 장학의 개념을 파악하려는 입장으로서, 장학을 "계선조직의 행정활동에 대한 전문적·기술적 조언을 통한 참모활동 내지 막료활동"으로 본다. 기능면에서의 접근 방법은 장학의 기능이 무엇이냐를 분석·검토하여 귀납적으로 장학의 개념을 파악하려는 입장으로서, 장학을 "교사의 전문적 성장, 교육운영의 합리화 및 학생의 학습환경 개선을 위한 전문적·기술적 보조활동"으로 본다. 이념면에서의 접근 방법은 우리나라의 법규나 현실적 장학활동 기능의 분석보다도 선진국의 교육 이론과 교육 이념을 토대로 하여 새로운 장학 개념을 도입하려 노력하는 입장으로, 장학을 "교수(instruction), 즉 학습지도의 개선을 위하여 제공되는 지도·조언"으로 본다(김종철, 이종재, 1994: 235-238).

주삼환(1995)은 장학의 궁극적 목적이 수업 개선이며, 수업 개선의 목적을 달성하기 위해서는 수업의 주요 요소인 교사, 교육과정, 학습 환경과 교재, 학생에 변화를 주어야 한다고 주장한다. 이러한 관점에서 ① 교사의 교수행위에 영향을 주고, ② 교육과정을 개발·수정·보완하고, ③ 학습 환경과 교육 자료를 제공·개선해 주며, ④ 학생의 학습 행위에 변화를 주어, ⑤ 학습을 향상시키는 활동이 본질적 장학의 정의라고 밝히고 있다.

강영삼(1994)은 장학의 의미가 교육조직 내지는 교육행정조직 내의 장학담당자들의 업무를 어떤 입장에서 어떻게 지각하느냐에 따라 다르게 개념화될 수 있음을 지적하면서, 장학의 개념으로 ① 참모활동 중심 접근, ② 계선활동 중심 접근, ③ 학교 수업활동 중심 접근, ④ 학급 수업활동 중심 접근 등을 제시하였다. 이에 기초하여 그는 장학의 유형을 ① 문교장학, ② 학무장학, ③ 수업장학, ④ 임상장학 등 4가지로 구분한다.

정태범(1996)은 여러 학자들의 장학에 대한 개념을 검토한 결과, 지금까지 법규면과 이념적인 면에서 장학의 개념은 많이 논의되었으나, 제도관리 측면이나 전문성 신장 측면에서의 접근은 부족하였다고 밝혔다. 이를 고려하여, 정태범은 장학을 교수-학습의 효율화를 목적으로 교사의 전문성 신장, 교육과정의 운영 및 학교경영의 합리화를 위해 제공되는 지도, 조언, 정보 제공, 자원 봉사 등 일련의 전문적·기술적 활동이라 정의하였다. 이러한 정의를 분석적으로 볼 때, 장학의 대상은 교사의 전문성, 교육과정 운영, 학습지도, 학교경영 등이 되며, 장학의 구체적 행위는 전문적·기술적 활동, 지도·조언 및 지도성의 발휘 등이다.

윤정일 등(1982)은 우리나라에 민주적인 장학 개념이 도입된 지 오래되었으나 아직도 제 기능을 담당하지 못하고 있으며, 이는 우리의 교육 현실에 적합한 발전적인 장학의 개념이 정립되지 못한 데에도 원인이 있다고 주장한다. 이러한 주장을 전제로 하여 국내 학자들의 장학에 대한 다양한 논의를 분석·종합한 후, 장학을 교수-학습의 효율화를 목적으로 교사의 전문성 신장, 교육과정 운영 및 학교 경영의 합리화를 위해 제공되는 지도, 조언, 조정, 정보 제공, 자원 봉사 등 일련의 전문적·기술적 활동이라고 정의한다.

남정걸(1997)은 장학에 대한 다양한 개념 정의를 고찰하고 장학을 학생들의 성장과 발달을 증진시키기 위하여 교사들의 활동을 전문적으로 개선·향상시키는 일이라고 정의한다. 윤정일과 남정걸의 정의도 김종철의 기능적 접근과 이념적 접근에서 이루어진 장학 개념을 포괄하고 있다고 볼 수 있다.

이상과 같은 장학의 개념에 대한 여러 학자들의 의견을 종합하면, 장학은 "교육활동의 개선을 위하여 주로 교원을 대상으로 하여 이루어지는 제반 지도·조언 활동"을 의미한다. 이 개념 정의에 대하여 보다 자세히 다음과 같은 사항이 부연될 수 있다.

첫째, '교육활동의 개선'은 장학이 추구하는 목적을 시사한다. '교육활동의 개선'은 교원들의 전문성을 바탕으로 하여, 교육의 3요소인 교원·학생·교육과정 간의 상호작용을 통해 이루어지는 '교수-학습 활동의 개선'을 핵심으로 하여, 궁극적으로 설정된 '교육목표의 효율적 달성'을 위하여 이루어지는 협동적이며 지속적인 노력을 의미한다. '교육목표'는 대체로 '학생들의 지적·정의적·신체적 성장·발달'을 의미한다. 학교에서는 교육활동의 기능을 높이기 위하여 학교경영 활동이 전개된다.

둘째, '주로 교원을 대상으로'는 장학이 원칙적으로 누구에게 작용하는가를 시사한다. 여기서 교원은 교사뿐 아니라, 교장·교감도 포함하며, 넓게 보아서는 일반직원도 포함하여 교육활동에 관계하는 모든 사람들을 의미하는 개념이다. 교장・교감은 교사들에게 지도・조언을 제공하지만 경우에 따라서는 필요한 지도・조언을 얻기도 한다. 장학담당자는 원칙적으로 교원을 대상으로 장학활동을 하게 된다. Sergiovanni와 Starratt(1983: 12)는 "장학은 교육목표 달성에 책임이 있는 사람들이 다른 사람들로 하여금 교육목표를 달성할 수 있도록 도와주는 데 활용하는 하나의 과정"이라고 보았다.

장학활동이 다른 조직 활동과 구별되는 근본적인 차이는 '다른 사람들을 통해 목표를 달성하는 행동'이라는 점이다. 교장이 교사를 도와 학생을 위한 교육활동의 효과를 높이고자 하는 노력은 바로 장학활동이다. 그러나 교육목표 달성에 직・간접적으로 기여하는 활동이기는 하지만 목표달성을 위해 다른 사람들에게 의존하지 않는 학교행정가나 장학담당자의 활동은 장학활동이라기보다는 행정활동이라고 할 수 있다. 학교행정가와 장학담당자가 교육목표 달성을 위해 사람들보다는 자료・문서・시설・예산 등을 포함하여 사물들에 휩싸여 일하게 될 때, 그들은 장학의 방법이라기보다 행정의 방법을 사용한다고 볼 수 있다.

셋째, '제반 지도・조언 활동'은 지도・조언의 형태와 내용이 다양할 수 있음을 의미한다. 즉, 지도・조언 활동은 직접적 또는 간접적, 체계적 또는 비체계적, 공식적 또는 비공식적, 반복적 또는 일시적, 장기적 또는 단기적 등 여러 가지 형태로 이루어질 수 있다. 교원을 대상으로 하는 지도・조언은 앞에서 Wiles와 Bondi가 제시한 여섯 가지 다양한 내용(① 수업, ② 교육과정, ③ 인간관계, ④ 경영, ⑤ 행정, ⑥ 지도성)에 관하여 이루어지는 것을 의미한다. 또한 강영삼이 제시한 4가지 활동(① 참모활동 중심 접근, ② 계선활동 중심 접근, ③ 학교수업활동 중심 접근, ④ 학급수업활동 중심 접근)도 포괄하는 것으로 볼 수 있다.

요컨대, 장학의 목적은 교육활동의 개선 즉 교원들의 전문성을 바탕으로 한 교수-학습 활동의 개선을 핵심으로 하여, 설정된 교육목표를 효율적으로 달성하여, 궁극적으로 학생들의 지적・정의적・신체적 성장・발달을 도모하는 데 있다.

2. 장학의 기능

장학의 기능이 무엇인가에 대하여는 앞의 장학의 개념 정의에서 어느 정도 시사되었다. 우리나라의 교육 상황에서 관찰되는 장학의 기능을 알아보기 위하여 학자들의 의견을 살펴본다.

백현기(1964)는 장학의 기능을 다섯 가지로 제시하였다. 즉 ① 교사의 자주성을 함양시킨다. ② 교사들로 하여금 그들의 문제를 분석·처리할 수 있는 능력을 길러준다. ③ 장학을 통하여 교사들에게 안전감을 준다. ④ 지역사회에 대하여 학교 교육활동을 소개하는 동시에 지역사회의 자원을 학교교육에 활용될 수 있도록 하여 교육의 효율적인 향상을 기한다. ⑤ 교사와 더불어 건전한 교육철학을 발전시키는 데 협력한다. 백현기의 주장은 장학의 기능이 기본적으로 교사를 대상으로 한 활동이라는 점을 강조하는 것이다.

한편, 김종철(1982)은 '기능면에서의 접근 방법' 차원에서 장학의 기능을 세 가지로 제시하였다. 즉 ① 교사들의 전문적 성장을 돕는다. ② 교육 행정가들의 교육 운영의 기획과 평가를 돕는다. ③ 학습 환경의 개선을 돕는다. 이러한 장학의 기능을 중심으로 하여, 장학을 교사의 전문적 성장, 교육 운영의 합리화 및 학생의 학습 환경 개선을 위한 전문적·기술적 보조 활동으로 보는 것이다.

강영삼(1994)은 장학의 기능을 다양하게 제시하고 있다. 즉 자신이 제시한 4가지 장학의 유형별로, ① 문교장학은 전문적 조언 위주의 참모 기능을, ② 학무장학은 지시·감독·명령 위주의 계선 기능을, ③ 수업장학은 간접적으로는 학생의 학습을, 직접적으로는 교사의 교수활동을 돕고 지원하는 기능을, ④ 임상장학은 교사의 수업행동을 개선하는 기능을 가지고 있는 것으로 본다.

정태범(1996)의 입장은 다른 학자들과는 약간 차이가 있다. 그는 장학의 기능을 장학의 행위를 중심으로 볼 때와 장학의 내용을 중심으로 볼 때로 나누어서 구분한다. 행위상으로 분류한 기능은 감독적 관리 기능, 전문적 지도 기능, 협동적 조언 기능 등이다. 내용상으로 분류한 기능은 교과지도 기능(교육과정 개발, 교수-학습활동, 각종의 교재·교구 및 매체 등), 학생지도 기능(학생의 심리적 이해,

생활지도, 진로지도 등), 학급 및 학교경영 기능(학교교육계획, 교육조직관리, 교육과정관리, 교육조건 관리, 교육성과 관리 등) 등이다.

여러 학자들의 주장들을 종합적으로 보면, 장학담당자가 하는 활동의 성격(예: 지도, 조정, 조언, 자원・봉사, 평가, 관리 등)을 중심으로 장학의 기능을 설명하는 입장과 장학담당자가 하는 활동의 대상 영역(예: 교사의 성장, 교원 인사, 교육과정 개발, 수업 개선, 교과지도, 학생지도, 학급・학교경영 등)을 중심으로 장학의 기능을 설명하는 입장이 혼합되어 있음을 알 수 있다. 이것으로 장학의 기능과 장학의 영역은 긴밀히 연계되어 있음을 알 수 있다.

정태범(1996)은 장학에서 무엇을 다루며, 어디까지 다루며, 어떻게 다룰 것인지에 대한 범위를 한정하는 것을 장학의 영역으로 본다. 그리고 교육과정 관리, 교원직능 관리, 교육조건 관리 등 세 가지를 제시하였다. 교육과정 관리는 교육활동과 교육목적 사이의 적합성을 유지하기 위한 활동으로, 교육과정을 개발하고 교육의 내용과 방법이 교육의 목적에 적합하게 이루어질 수 있도록 하는 관리적 입장의 장학이다. 교원직능 관리는 교육활동에 임하는 교원의 직능을 개발하여 수업을 개선함으로써 교육의 효과성을 높이는 장학이다. 교육조건 관리는 교육에 필요한 재정적, 물적 조건을 관리하고 정비함으로써 교육활동을 효과적으로 이루어지도록 하는 장학활동이다.

논리적으로 볼 때, 장학의 기능은 장학담당자가 하는 활동의 대상 영역을 중심으로 접근하는 것이 타당하다. 활동의 성격은 활동의 내용 즉 대상 영역이 전제되어야 의미가 있기 때문이다. 여기서는 여러 학자들의 의견을 종합하여 장학의 기능을 다음과 같이 세 가지로 정리・제시한다.

① **교원의 성장・발달을 돕는 기능**: 교원들로 하여금 교직생활과 관련된 제반 영역에서 필요한 가치관, 신념, 태도, 지식, 기능, 행동 등을 갖추도록 도와주는 기능

② **교육과정 운영의 효율화를 돕는 기능**: 교육목적을 달성하기 위하여 학생들에게 제공되는 교육내용 및 교육활동에 대한 개발・운영・평가에 있어서 효

과를 높이도록 도와주는 기능

③ 학교경영의 합리화를 돕는 기능: 학교체제 내의 인적, 물적, 재정적 자원을 효과적으로 유지・통합・운영하고, 제반 교육활동 기능을 최적화하도록 도와주는 기능

이러한 장학의 기능은 실제적으로 중복되는 부분이 있으며, 상호 보완적인 관계에 있다.

3. 장학의 영역

장학이 다루는 영역은 크게, ① 교사의 전문적 발달(professional development) 영역, ② 교사의 개인적 발달(personal development) 영역, ③ 학교의 조직적 발달(organizational development) 영역 등 세 가지 영역으로 구분된다. 교사의 전문적 발달 영역은 교육과정 운영의 효율화에 초점을 두며, 교사의 개인적 발달 영역은 교사 개인의 성장・발달에 초점을 두며, 학교의 조직적 발달 영역은 학교조직 운영의 효율화에 초점을 둔다. 물론 이 세 가지 영역 중에서 학교 교육활동의 핵심인 교수-학습 활동 개선을 포함하는 교사의 전문적 발달 영역이 가장 중요하다.

교사가 교직생활 중 어떻게 성장・발달하여 가는가 하는 것은, 교사가 경험하는 개인적 환경과 학교의 조직적 환경에 의하여 커다란 영향을 받는다. 교사의 개인적 환경에서의 개선 즉, 교사의 개인적 발달과 교사가 근무하는 학교의 조직적 환경에서의 개선 즉, 학교의 조직적 발달을 동시에 도모하지 않고서는 교사가 교육활동 전반에 있어서 전문성을 신장・발휘하도록 도와주는 것으로 보기 어렵다. 이는 교사는 교실 안에서 학생들을 지도하는 교사이기 이전에, 사생활을 영위하는 성인이며 개인이라는 점, 그리고 학교라고 하는 공공기관의 구성원이라는 점을 간과해서는 안 된다는 것을 의미한다.

장학에서 다루는 세 영역의 관계는 [그림 12-1]과 같이 상호 접속되는 부분이

있는 세 개의 원으로 표시할 수 있다. 세 영역은 개념상으로는 서로 구분이 되는 듯하지만, 현실적으로는 상호 중복되는 부분이 적지 않다. 또한 각 영역에서의 발전은 다른 영역에서의 발전에 영향을 미칠 뿐 아니라, 동시에 다른 영역에서의 발전에 의하여 영향을 받는다. 즉, 각 영역에서의 발전은 상호 보완적인 동시에 상호 규제적이다.

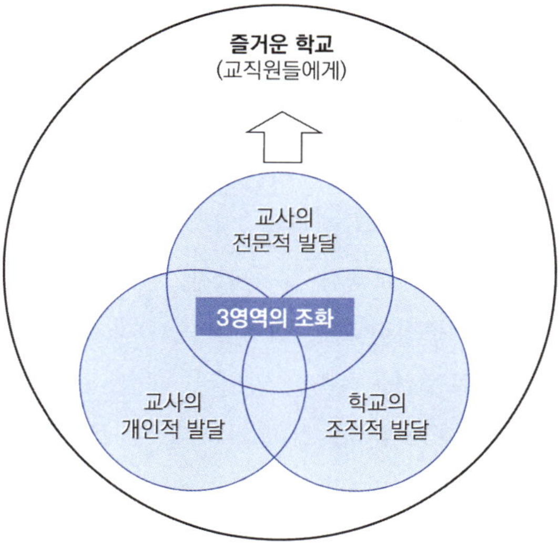

[그림 12-1] 장학의 3영역 간 관계

출처: 이윤식(2022: 129).

3. 장학을 보는 관점

장학의 개념에 대한 여러 가지 의견을 종합하여 보면, 장학은 "교육활동의 개선을 위하여 주로 교원을 대상으로 하여 이루어지는 제반 지도·조언 활동"을 의미한다. 장학을 보는 관점은 ① '역할(role)'로 보는 관점과 ② '과정(process)'으로 보는 관점이 있다. 장학을 역할로 보면 장학은 단지 장학사(관), 또는 일부 교육행정가 등 소수의 사람들만이 수행하는 공식적인 지도·조언 활동이 된다.

그러나 장학을 과정으로 보면 교육 현장에서 어떠한 형태로든지 교육 개선과 관련하여 주고받는 공식적 또는 비공식적, 전문적 또는 일상적 지도·조언 행위에 관여하게 되는 모든 사람들은 일종의 장학활동을 하는 것으로 이해된다. 이런 경우에는 종래 장학사(관), 또는 일부 교육 행정가들의 전유물로 인식된 장학활동이 이제는 학교 현장에 함께 생활하고 있는 교장, 교감, 수석교사, 부장교사, 일반 교사 그리고 기타 교직원들이 상호 신뢰 및 협력 관계 속에서 참여할 수 있는 활동으로 그 의미가 크게 바뀐다.

우리나라에서 장학은 통상적으로 교육부나 시·도교육청 또는 지역교육청 수준에서 공식적으로 임명된 장학사나 장학관의 활동을 지칭하는 것으로 이해한다. 그것은 장학을 과정으로 보기보다는 역할로 보기 때문이다.

백현기(1964: 69)는 이미 오래 전부터 "장학지도자는 단순히 장학사(관)뿐만 아니라 교장, 교감, 교과주임, 교육감, 교육학자, 연구소원으로부터 부형 시민에 이르기까지 광범위하다"고 주장하였다. 강영삼(1984)과 남정걸(1997)도 장학 담당자는 장학사(관)와 같은 교육전문직뿐만 아니라, 교장, 교감, 수석교사, 부장교사 및 일반 교사도 될 수 있다고 본다. 장학을 역할로서보다도 과정으로서 이해할 때, 장학 특히 자율장학의 의미가 명료해질 수 있을 뿐만 아니라 장학의 발전을 위한 조건 탐색에도 유용한 시사를 도출할 수 있다.

Sergiovanni와 Starratt(1983)도 장학을 특정한 역할보다는 과정으로 보는 입장을 견지하고 있다. 물론 장학을 역할로 보느냐 과정으로 보느냐는 개념적인 측면에서 구분하는 것일 뿐 실제 장학의 운용 면에서는 역할과 과정의 차이가 분명하게 나타나지 않는다. 그는 장학을 하나의 과정으로 보는 것은 장학을 하나의 역할로 보거나 장학담당자를 특정 역할의 담당자로 보는 것보다 장학의 개념을 이해하는 데 더 의미가 있다고 주장했다.

〈표 12-1〉은 장학을 보는 두 관점을 비교한 것이다. '역할로서의 장학'은 "누가 하는가?"에 그 초점이 있으며, 장학을 제공하는 사람과 장학을 받는 사람의 상하관계가 전제된다. 이러한 장학에서 교사는 장학의 객체로서 피동적이고 수동적인 입장에 있게 되며, 교사의 입장에서 보면 장학은 '주어지는 장학'의 성격을 가질 수밖에 없다.

〈표 12-1〉 장학을 보는 두 가지 관점의 비교

<table>
<tr><th colspan="2">장학을 보는 관점</th><th>역할로서의 장학(role)</th><th>과정으로서의 장학(process)</th></tr>
<tr><td colspan="2">초점</td><td>누가 하는가?</td><td>어떻게 하는가?</td></tr>
<tr><td colspan="2">참여자간 관계</td><td>상하관계 전제</td><td>협동관계 전제</td></tr>
<tr><td colspan="2">장학의 성격</td><td>주어지는 장학</td><td>함께 하는 장학</td></tr>
<tr><td colspan="2">주된 장학 형태</td><td>상급 행정기관 주도의 장학</td><td>학교현장 주도의 자율장학</td></tr>
<tr><td rowspan="2">용어의 예</td><td>임상장학</td><td>의사와 환자의 관계 부각
• 장학담당자: 의사
• 교사: 환자 → 거부감</td><td>의사가 환자를 치료하는 과정상의 특징 활용
• 대면적: 1:1 관계
• 체계적: 계획적, 도구 사용
• 윤리적: 문제해결 노력</td></tr>
<tr><td>장학지도, 장학협의</td><td>장학지도</td><td>장학협의</td></tr>
</table>

출처: 이윤식(2022: 95).

반면, '과정으로서의 장학'은 "어떻게 하는가?" 즉 "어떠한 방법, 절차, 과정을 통하여 교육활동의 개선을 위하여 활용될 수 있는 좋은 지식, 기술, 정보, 아이디어, 경험, 도움, 조언 등을 나누어 갖는가?"에 그 초점이 있다. 이때에는 장학에 참여하는 사람들 간의 상하관계보다는 협동관계가 전제된다. 이러한 장학에서 교사는 장학에 보다 능동적이고 적극적으로 임할 수 있다. 교사의 입장에서 보면 장학은 '함께 하는 장학'의 성격을 갖는다. 물론 이때에도 장학담당자·교장·교감의 합리적 지도성은 중요하다.

임상장학(clinical supervision)[1]이라는 용어가 의사와 환자의 관계를 토대로 한 병원 상황을 내포한 용어이기 때문에 거부감을 느끼는 교사들이 있다. 그러나 의사가 환자를 치료하는 과정을 보면, 1:1 관계에서 치료가 이루어지며, 전문적 지식과 경험을 토대로 여러 가지 도구를 사용하여 병의 증상과 원인을 체계적으로 진단하여 최선을 다하여 처방과 치료를 한다. 이러한 과정상의 특징을 장학에 활용

1) 교사의 수업 기술 향상에 초점을 맞추어, 장학담당자와 교사가 1:1의 친밀한 관계 속에서 수업계획 협의, 수업 관찰, 결과 협의의 과정을 밟아가면서 체계적으로 수업 문제를 해결하고 수업 기술을 향상시키는 활동으로서 수업장학의 한 방법.

하여 교사의 수업 상황에 초점을 맞추어, 장학담당자와 교사가 1:1의 친밀한 관계 속에서 수업계획을 협의하고, 녹음·녹화기·체크리스트 등 도구를 사용하여 수업을 관찰하고, 관찰 결과에 대하여 진지한 협의의 과정을 밟아 가면서, 교사가 가지고 있는 교수 문제를 해결하고 교수기술을 향상시키는 체계적인 방법을 임상장학이라고 부른다.

장학지도라는 용어는 장학협의라는 용어에 비하여 장학지도를 하는 사람과 받는 사람의 관계가 내재되어 있어 역할로서의 장학의 의미가 강하다. 반면 장학협의라는 용어는 장학을 하는 절차나 방법으로서 협의 활동을 포함하고 있어 과정으로서의 장학의 의미가 강하다.

[그림 12-2]는 교육경험이 풍부한 교장·교감이나 장학담당자도 경우에 따라서는 경력이 짧은 교사들로부터 유용한 지식, 기술, 정보, 아이디어, 도움 등을 얻을 수 있음('장학 수혜자'로서의 위치)을 보여준다. 초임교사의 경우에도 교장·교감이나 장학담당자를 비롯한 선배교사들로부터 배우고 지도·조언을 받기만 하는 입장에 있는 것이 아니라, 교사양성기관에서 배운 새로운 지식, 기술, 정보, 아이디어 등을 선배교사들에게 가르쳐 줄 수 있다('장학 제공자'로서의 위치). 예를 들면, 초임교사들의 경우 일반적으로 컴퓨터, 인터넷 등에 있어서는 상당히 익숙하기 때문에 나이가 많은 교장·교감이나 선배교사들에게 도움을 줄 수 있는 것이다.

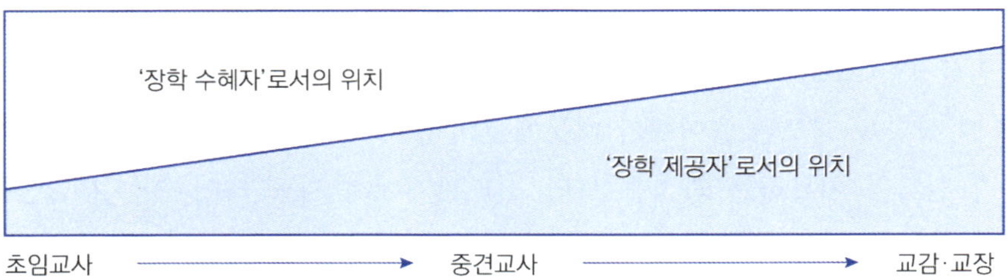

[그림 12-2] 교사발달에 따른 장학에 있어 수혜자 · 제공자로서의 위치 변화

이러한 관계는 장학을 역할로 보기보다는 과정으로 보는 것이 교육활동의 개선을 위한 지도·조언 활동인 장학의 본질에 더 부합함을 시사한다. 앞에서 장학의

개념을 "교육활동의 개선을 위하여 주로 교원을 대상으로 하여 이루어지는 제반 지도·조언 활동"으로 보았다. 이 정의를 '과정으로서의 장학'의 입장에서 재규정하면, "교육활동의 개선을 위하여 활용될 수 있는 좋은 지식, 기술, 정보, 아이디어, 경험, 도움, 조언 등을 서로 나누어 갖는 활동(장학담당자·교장·교감의 합리적 지도성 전제)"이 된다.

[그림 12-3]은 기관 수준별로 추진되는 장학이 '역할로서의 장학'과 '과정으로서의 장학' 중 어느 형태의 성격이 강한가를 보여준다. 상급 행정기관이 주도하는 장학은 역할로서의 장학의 성격이 강한 반면, 학교 현장에서 교장, 교감, 수석교사, 부장교사, 일반교사들 간의 협력관계에서 이루어지는 자율장학은 과정으로서의 장학의 성격이 강하다.

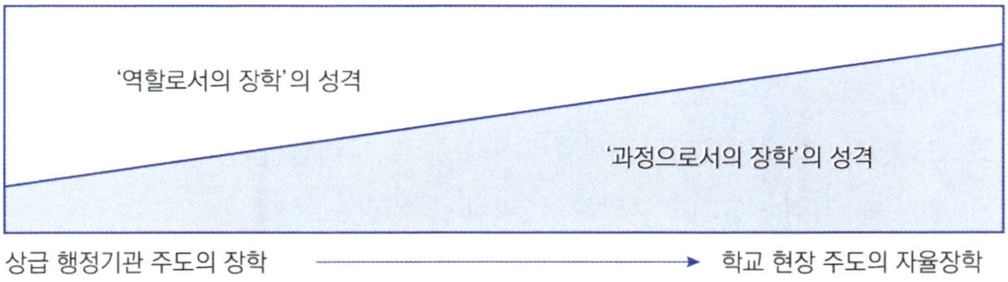

[그림 12-3] 기관수준별 '역할로서의 장학'과 '과정으로서의 장학' 성격 비교

4. 장학의 유형과 형태

장학의 유형은 장학의 주체를 기준으로 하여 분류하는 것이 타당하다. 크게 교육행정기관이 주도하는 장학과 학교 현장에서 교장을 중심으로 교직원들이 협력적인 관계 속에서 이루어지는 자율적인 성격이 강한 장학으로 구분할 수 있다. 학교 현장을 중심으로 하여 이루어지는 장학을 '자율장학'이라고 부른다.

가. 교육행정기관 주도의 장학

2010년 '선진형 지역교육청 기능 및 조직 개편'이 이루어지고, 2012년 장학지도에 관한 법령이 개정되면서, 시 · 도교육청의 장학 기능 축소 및 지원 기능 강화의 방향으로 장학이 변화하고 있다. 이에 따라 지역교육청이 장학을 주도하게 되었으며, 전반적으로 교육행정기관 주도의 장학은 그 중요성이 낮아지고 있는 추세이다. 시 · 도교육청, 교육지원청 등 교육행정기관이 주도하는 장학의 다양한 형태에는 다음과 같은 것들이 있다.

① 종합장학: 교육시책 추진 사항, 교육과정 운영, 학교경영 등 전반 영역에 대해 종합적으로 여러 명의 장학지도반이 실시하는 장학활동으로서 주로 학교현황 파악, 수업 참관, 협의, 확인, 평가 등의 방법으로 이루어짐.
② 담임장학: 각 학교를 담당하는 장학사가 해당학교 교육활동 전반에 대해 수시로 실시하는 장학활동으로 주로 상담, 협의, 참관, 확인, 평가 등의 방법으로 이루어짐.
③ 표집장학: 학교별 또는 주제별로 학교를 무선표집하여 학교경영 또는 주제활동을 점검 · 협의 · 지원하기 위한 장학활동.
④ 확인장학: 장학지도 시 시정 · 보완 지시 사항에 대한 이행을 확인하거나 학교경영활동을 확인하기 위한 장학활동.
⑤ 특별장학: 특별한 문제가 발생하거나 발생이 우려될 때 해당 문제의 해결이나 예방을 위하여 필요한 지도 · 조언을 하는 장학활동. 또는 특수한 교과 분야나 문제 영역에 관하여 실시하는 장학활동.
⑥ 개별장학: 장학사 개인별로 담당 학교에 대해 실시하는 장학활동으로 주로 상담, 협의, 참관, 확인, 평가 등의 방법으로 이루어짐. 담임장학과 유사.
⑦ 교과장학: 교과별로 교과담당 장학사가 학교의 해당 교과활동을 중심으로 실시하는 장학 활동으로 주로 수업 참관, 수업 협의 등의 방법으로 이루어짐. 또는 교과 장학담당자가 교과 관련 교육정책 수립, 교육과정 운영 지

도, 교구 설비의 확보와 사용계획 수립 · 조정 · 보급, 자료 개발과 연구 · 실험 · 시범학교의 운영, 각종 교원연수 및 학교의 교과 관련 교육 행사를 지도하는 장학활동.

⑧ 방문장학: 학교의 요청 또는 교육행정기관의 필요에 따라 해당 학교 담당 장학사나 해당 업무 담당 장학사가 학교를 방문하여 실시하는 장학활동.

나. 학교현장 주도의 장학: 자율장학

자율장학은 전통적으로 실시되던 교육행정기관 주도의 장학이 장학의 본래적 목적인 교원의 전문적 발달에 기대했던 것만큼 기여하지 못하고 있다는 비판에 따라 관심을 받기 시작하였다. 학교 현장 중심의 자율적인 장학이라는 의미를 담고 있는 자율장학은 공간적인 분류를 기준으로 두 가지로 구분된다. 하나는 개별 단위 학교에 초점을 둔 자율장학이고, 다른 하나는 동일 지구나 인근 지역 내 몇 개의 단위학교 간 협동체에 초점을 둔 자율장학이다. 전자를 '교내 자율장학'으로, 후자를 '지구 자율장학'으로 부른다. 교내 자율장학은 "단위학교에서 교육활동의 개선을 위하여 자율적으로 교장 · 교감을 중심으로 하여 전체 교직원들이 상호 이해와 협력을 기초로 하여 서로 지도 · 조언하는 활동"이라 볼 수 있다.

1) 교내 자율장학

교내 자율장학의 기본 형태에는 〈표 12-2〉에서 보는 바와 같이, ① 수업장학, ② 동료장학, ③ 자기장학, ④ 약식장학, ⑤ 자체연수 등이 있다.

가) 수업장학

우리나라의 여러 학자들이 사용하는 수업장학이라는 용어의 개념은 학자 간에 약간의 차이가 있다. 대체로 수업장학이라는 용어는 2가지 경우로 쓰인다. 즉 ① 다른 행정기관과 비교하여 볼 때, 학교에서의 주된 활동이 수업활동이기 때문에 수업장학을 학교 수준에서의 장학활동 즉 교내장학과 같은 의미로 쓰이는 경우(강영삼, 1994; 조병효, 1991)와 ② 학교 수준에서 교사를 대상으로 이루어지는 여러 가지 장학활동 중에서 직접적으로 교사의 수업 기술과 방법의 개선을 위하여 제공되는 비교적 체계적인 장학활동을 수업장학으로 보는 경우(고영희 외, 1983; 변영계, 1997; 정태범, 1996)이다. 이의 구체적인 방법으로는 임상장학이나 마이크로티칭 등이 있다.

〈표 12-2〉 교내 자율장학의 기본 형태

기본 형태	개념	주 장학 담당자	영역	구체적 형태	대상
수업 장학	교사들의 수업기술 향상을 위하여 교장·교감·수석교사(외부 장학요원·전문가·자원인사 포함)이 주도하는 개별적이고 체계적인 성격이 강한 지도·조언활동	교장·교감·수석교사 (외부 장학요원, 전문가, 자원인사 포함)	전문적 발달	• 임상장학 • 마이크로티칭 • 수업연구(교장·교감·수석교사 주도) • 초임교사 대상 수업 관련 지도·조언 활동 등	• 초임교사 • 저경력교사 • 수업기술 향상 필요성 있는 교사
동료 장학	동료교사들이 교육활동의 개선을 위하여 모임이나 짝을 이루어 상호 간에 수업 연구·공개 활동의 추진이나 공동 과제 및 관심사의 협의·연구·추진 등 공동으로 노력하는 활동	동료 교사	전문적 발달 개인적 발달 조직적 발달	〈수업연구(공개)중심 동료 장학〉 • 동학년 수업연구(수업공개) • 동교과 수업연구(수업공개) 등 〈협의중심 동료장학〉 • 동학년·동교과·동부서 교사 협의 • 부장 교사 협의 • 스터디그룹 활동 • 각종 공식적·비공식적 협의 등 〈연구과제중심 동료장학〉 • 공동 연구과제 추진 • 공동 시범과제 추진 • 공동 연구 자료·작품 제작 등 〈일대일 동료장학〉 • 초임교사와 경력교사 간 짝짓기 〈동호인활동중심 동료장학〉 • 각종 건전한 동호인 활동	• 전체 교사 • 협동으로 일 하기 원하는 교사 • 관심 분야 같은 교사 • 동호인

기본 형태	개념	주 장학 담당자	영역	구체적 형태	대상
자기 장학	교사 개인이 자신의 전문적 발달을 위하여 스스로 체계적인 계획을 세우고 이를 실천해 나가는 활동	교사 개인	전문적 발달	• 자기수업 분석 · 연구 • 자기평가 • 학생을 통한 수업 반성 • 1인 1과제연구 · 개인(현장) 연구 • 전문서적 · 자료 탐독 • 대학원 수강 • 전문기관, 전문가 방문 · 상담 • 현장 방문 · 견학 • 교과연구회, 학술회, 강연회 등 참석 • 각종 자기연찬 활동 등	• 전체 교사 • 자기분석 · 자기지도의 기술이 있는 교사 • 혼자 일하기 원하는 교사
약식 장학 (일상 장학)	교장 · 교감이 간헐적으로 짧은 시간 동안 학급순시나 수업참관을 통하여 교사들의 수업활동과 학급경영 활동을 관찰하고 이에 대하여 교사들에게 지도 · 조언하는 활동	교장 · 교감	전문적 발달	• 학급 순시 • 수업 참관 등 (약식장학은 교장 · 교감이 일상적으로 수행하는 활동이므로 일상장학이라고 칭할 수 있음)	• 전체 교직원
자체 연수	교육활동의 개선을 위하여 교직원들의 필요와 요구에 터해 교내 · 교외의 인적 · 물적 자원을 활용하여 학교 자체에서 실시하는 연수 활동	전체 교직원 (외부인사, 학부모 강사 포함)	전문적 발달 개인적 발달 조직적 발달	• 학교 주도의 각종 연수 활동 (수업장학, 동료장학, 자기장학의 결과를 자체연수 때에 발표할 수 있음)	• 전체 교직원

출처: 이윤식(2022: 144).

여기에서는 수업장학을 후자의 입장에서 비교적 제한적인 의미로 보고자 한다. 수업장학을 교사들의 수업 기술 향상을 위하여 교장 · 교감 · 수석교사(외부 장학요원 · 전문가 · 자원인사 포함)가 주도하는 개별적이고 체계적인 성격이 강한 지도 · 조언활동으로 본다. 단위 학교 내에서 자율적으로 실시되는 수업장학은 원칙적으로 교장 · 교감 · 수석교사의 주도하에(필요한 경우 외부 장학요원, 전문가, 자원인사의 도움을 받아서), 교사들의 수업 기술 향상을 위하여, 임상장학, 수업연구(교장 · 교감 · 수석교사 주도), 그리고 마이크로티칭 등의 방법으로, 초임교사나 경력이 짧은 교사, 수업 기술 향상의 필요성이 있는 교사를 대상으로 진행된다. 또한 학교 현장에서 초임교사가 왔을 때, 교장·교감·수석교사가 첫 학기 동안 혹은 2~3달 동안에 개별적으로 수업지도안을 검토해 주고 수업참관을 하면서 초임교사가 보다 쉽게 수업활동과 교직생활에 적응하도록 지도·조언해 주는 활동도 수업장학의 중요한 방법이다.

나) 동료장학

동료장학은 동료 교사들이 그들의 교육활동 개선을 위하여 모임이나 짝을 이루어 상호 간에 수업 연구·공개 활동을 하거나, 공통의 과제 및 관심사에 대해서 공동으로 협의·연구·추진하는 활동을 의미한다. 동학년 교사들 또는 동교과 교사들이 수업 연구·수업 공개 활동을 하거나, 상호 간에 좋은 경험이나 아이디어를 교환하거나, 동료 교사들이 협의회, 소모임, 스터디그룹 등을 통해 공동 과제나 공동 관심사를 협의·연구·추진하는 활동 등은 동료장학의 전형적인 형태이다.

동료 교사들이 공동으로 연구를 수행해 나가거나, 연구 자료나 작품을 제작하는 활동도 동료장학 활동으로 볼 수 있다. 경력교사와 초임교사 혹은 경력교사들끼리 1:1로 짝을 이루어 서로 수업을 공개하고 의견을 교환하며, 교육활동 전반에 관하여 도움을 주는 것도 중요한 동료장학 활동이다.

다) 자기장학

자기장학은 교사 개인이 자신의 전문적 발달을 위하여 스스로 체계적인 계획을 세우고 이를 실천하는 활동이다. 교사는 전문직 종사자로서 자기성장과 자기발전을 위해 끊임없이 노력해야 한다는 당위성에서도 자기장학의 의미는 크다. 학교 현장에서 찾아볼 수 있는 자기장학 형태의 활동은 자기수업 분석·연구, 자기 평가, 학생을 통한 수업 반성, 1인 1과제 연구 혹은 개인 연구, 전문 서적·자료 탐독, 대학원 수강, 전문기관·전문가 방문·상담, 현장 방문·견학, 교과연구회·학술회·강연회 참석 등을 포함한 각종 자기 연찬 활동이 있다.

라) 약식장학(일상장학)

약식장학은 교장・교감이 간헐적으로 짧은 시간동안 학급 순시나 수업 참관을 통하여 교사들의 수업활동과 학급경영 활동을 관찰하고 이에 대하여 교사들에게 지도・조언을 제공하는 활동을 의미한다. 이러한 약식장학은 교장・교감의 계획과 주도하에 전개되는 비공식적인 성격이 강한 활동으로서 다른 형태의 장학에 대하여 보완적이고 대안적인 성격을 갖는다. 약식장학은 교장・교감이 개략적인 절차에 따라 수행하는 장학활동이라는 점에서 약식장학(略式奬學)으로 칭하거나, 또는 교장・교감이 일상적으로 수행하는 장학활동이라는 점에서 일상장학(日常奬學)이라고 칭할 수도 있다.

이러한 활동은 다음과 같은 몇 가지 이유에서 그 필요성이 높다. 첫째, 교장과 교감이 수행하는 수업 참관이나 학급 순시를 중심으로 한 약식장학은 교사들의 수업 활동과 학급경영 활동을 포함하여 학교교육 및 학교경영 전반의 개선을 위한 교장과 교감의 적극적인 의지와 노력, 그리고 지도성의 좋은 표현 방식이 된다. 둘째, 약식장학을 통하여 교장이나 교감은 교사들의 미리 준비한 수업활동이나 학급경영 활동이 아닌 평상시의 자연스러운 수업활동이나 학급경영 활동을 관찰할 수 있으며, 이에 대하여 의미 있는 지도・조언을 제공할 수 있다. 셋째, 약식장학을 통하여 교장과 교감은 학교교육, 학교경영, 그리고 학교풍토 등 전반적인 영역에 걸쳐 학교를 전체적으로 파악하는 데 필요한 정보를 수집할 수 있다.

약식장학은 이처럼 학교교육의 발전을 위해 중요한 의미를 지닌다. 그러나 현실적으로 교장과 교감이 실시하는 수업 참관이나 학급 순시에 대하여 교사들의 거부 반응이 있다. 이는 수업 참관이나 학급 순시의 취지나 방법・절차와 관련하여 교장・교감 그리고 교사들의 이해 부족에서 비롯되는 듯하다. 그러나 분명한 것은 대외적으로 학교를 대표하는 위치에 있는 교장・교감은 단위학교 내의 최종적인 교육책임자 및 장학책임자로서 교사들을 대상으로 적절히 약식장학을 수행해야 할 책무성과 당위성이 있다는 것이다.

마) 자체연수

자체연수를 자율장학의 하나로 보는 것은 그것이 교육활동의 개선을 위하여 교직원들의 필요와 요구에 터해 교내·교외의 인적·물적 자원을 활용하여 학교 자체에서 실시하는 활동으로서 장학 기능을 수행하고 있기 때문이다. 자체연수는 연수의 주제에 따라 교장, 교감, 교사뿐만 아니라 행정직원도 참여할 수 있다. 교사들과 행정·관리직원들 간의 공동 관심사나 공동 과제에 대한 연수, 또는 교사들의 이해와 협조가 요구되는 행정·관리의 특정 업무와 관련된 소개와 연수는 교사들과 행정·관리직원들 간의 상호 이해와 협조를 높일 수 있다는 점에서 의미가 있다.

뿐만 아니라 자체연수는 교외의 교직원, 학부모를 포함한 외부 전문가, 장학요원들이 연수담당자가 될 수 있다. 학교교육에 대한 학부모의 참여를 높이기 위하여 전문적 지식이나 경험이 있고, 교육과 관련하여 좋은 지식·정보·경험을 가지고 있고, 혹은 특정 분야에 종사하고 있는 학부모를 강사로 초대하여 연수를 진행할 수도 있다.

자체연수는 종래 교내연수라는 용어와 같이 쓰이기도 한다. 그러나 굳이 교내연수와 구별한다면, 교내연수는 연수의 장소가 교내로 한정된다면, 자체연수는 교내뿐만 아니라 야외연수, 현장견학 및 탐방 연수 등과 같이 교외에서도 다양하게 이루어진다. 따라서 교내연수보다는 자체연수라는 용어가 보다 타당하다.

이상에서 제시된 다섯 가지 교내 자율장학의 기본 형태 중에서 우리 교육 현장에서 교장·교감이 임상장학을 포함한 수업장학의 구체적인 내용과 방법에 대하여 전문적인 지식과 기술이 부족하고, 중등학교의 경우 교사마다 전공 교과가 달라서 교장·교감이 모든 교사에 대하여 수업장학을 수행하기 어렵다. 따라서 수업장학과 동료장학이 복합적인 형태로 운영되는 경우가 많은 것이 현실이다.

또한 위의 다섯 가지 교내 자율장학의 기본 형태는 개념상으로는 구분이 가능하지만 실제로는 서로 약간씩 중복된 형태로 운영된다. 수업장학과 동료장학은 현재 학교상황에서 상당 부분 복합된 형태로 운영된다. 즉 교장과 교감이 주도하는 임상장학이나 수업 연구라 하더라도 동료교사들의 참여가 권장되는 형태로 운영되는 경우가 많다. 각종 자체연수도 동학년 협의회나 동교과 협의회 등의 동료장학과 연결이 되는 경우가 많다.

약식장학은 비교적 교장·교감의 주관적인 계획에 의해 실시되는 비공식적 형태이다. 그럼에도 교장·교감은 약식장학의 시행 계획이나 방법 등을 자체연수 시간을 통해 전달하거나 사전에 공개함으로써 장학의 다른 형태들과 연관을 맺게 할 수 있다. 약식장학을 실시한 후 그 결과를 중심으로 자체연수 때나 동학년·동교과 협의회 때에 관련되는 정보나 지식을 상호 교환하거나 또는 임상장학으로 발전시킬 수 있다. 이는 약식장학, 자체연수, 수업장학이 서로 연결되는 면이 있음을 뜻한다.

2) 지구 자율장학

지구 자율장학은 현재 지구(지역)(별) 자율장학회, 자율장학위원회, 자율장학협의회, 자율장학연구회, 협동장학회, 교과연구(협의)회 등등 명칭을 달리 하면서 다양한 형태로 이루어진다. 지구 자율장학은 "지구(지역)내 인접한 학교들 간 또는 교원들 간에 교육활동의 개선을 위하여 학교와 교원들의 자율적인 참여와 협력을 기초로 하여 추진되는 상호 협력적인 장학활동"이다. 지구 자율장학의 경우에는 ① 교육 프로그램 및 교육 정보 교환, ② 교육 연구 및 특색 사업의 공동 협의·추진, ③ 교육 현안의 협의·조정, ④ 협동적 교육·학예 활동 협의·추진, ⑤ 학예·친목활동 협의·추진 등을 포함하여 다양한 활동이 이루어진다. 지구 자율장학의 구체적인 활동은 〈표 12-3〉과 같다.

교사들이 교과지도와 학생지도를 하는 학교현장을 중심으로 하여, 함께 생활하고 있는 교장, 교감, 교사들 간 상호 이해와 신뢰 및 협조를 바탕으로 한 자율적인 장학활동이 더욱 활성화되어야 한다. 더욱이 지방교육자치제의 정착과 더불어 교육활동이 실제로 전개되고 있는 학교 현장에서 학교경영의 자율화, 민주화, 전문화를 위한 노력의 한 구체적인 모습으로서 자율장학은 의미가 크다.

자율장학은 단위학교의 교직원들이 공동 참여와 협조를 통하여, 스스로 계획하고, 실천하고, 평가해 보는 일련의 순환적인 활동으로서, 다양하고 지속적으로 변화·발전해 나가는 '열려있는' 개념이다.

〈표 12-3〉 지구 자율장학의 구체적인 활동

구분	활동
① 교육 프로그램 및 교육정보 교환	• 교육활동 방문 · 참관 및 교육 프로그램의 교환 • 수업 연구 · 시범 수업 공개 및 참관 • 학교경영 우수사례 발굴 · 전파 • 교육활동 및 학사일정 등에 대한 정보 교환
② 교육연구 및 특색 사업의 공동 협의 · 추진	• 공동 연구 및 공동 과제 협의 · 추진 • 학교별 과제 분담 연구 및 발표회 • 교과교육연구회 활동 • 특색 사업 공동 추진 • 합동 연수 · 강연회 · 세미나 · 발표회 등 개최
③ 교육 현안의 협의 · 조정	• 학교별 교육 현안의 협의 · 조정 • 지구 교육 현안의 협의 · 조정
④ 협동적 교육 · 학예활동 협의 · 추진	• 공동 교육활동 협의 · 추진 • 공동 교외 생활지도 협의 · 추진 • 공동 학예활동 협의 · 추진 (합창대회, 문예백일장, 체육대회, 미술대회, 창의적 체험활동 발표회 및 전시회, 과학경진대회 및 전시회, 기념일 행사 등 각종 학예 · 경연 대회 및 행사 등에 대한 협의 · 추진)
⑤ 교직원 학예 · 친목활동 협의 · 추진	• 학교 간 교직원 실기대회, 전시회, 발표회 등 학예활동 협의 · 추진 • 학교 간 교직원 체육대회, 등산대회, 동호인활동 등 친목활동 협의 · 추진

출처: 이윤식(2022: 307).

5. 장학의 발전 방향과 과제

장학의 발전 방향은 간단히 말하면, '현장중심의 장학, 교사중심의 장학'으로의 발전이라 하겠다. 장학이 교육활동 개선에 직접적으로 도움을 주도록 지도 · 조언 · 지원 · 격려 중심의 성격을 갖도록 해야 할 것이다. 이를 위하여 다음과 같은 노력이 요망된다.

첫째, 장학의 학교 현장 중심화를 위한 노력이 요망된다. 장학의 본질적 기능은 학교 현장에서 교육활동의 개선을 도와주는 것에 있다. 따라서 장학은 교육활동의 본질과 원리에 대한 존중을 기초로 하여, 교육활동이 실제로 전개되고 있는 단위학교 현장의 상황과 교직원들의 필요와 요구를 존중하는 방향으로 발전되어야 한다.

둘째, 장학의 전문화를 위한 노력이 요망된다. 장학담당자는 장학과 관련된 제반 영역에 관하여 충분한 전문적 태도·이해·지식·기술을 갖추어야 한다. 뿐만 아니라 학교 현장에서 교사들을 대상으로 장학 기능을 수행해야 하는 교장·교감도 교사들에게 보다 전문적이고 효과적인 장학을 제공하는 데 필요한 지식과 기술을 갖추어야 한다.

셋째, 장학의 민주화를 위한 노력이 요망된다. 장학은 교사의 자발적인 자기발전 의지를 기초로 하여 장학담당자와 교사 간에 민주적이고 협력적인 상호작용을 통하여 이루어질 때 그 효과가 극대화될 수 있다.

넷째, 장학 여건의 충실화를 위한 노력이 요망된다. 장학담당자와 교사들이 장학활동에 적극적으로 참여하여 실질적이고 효과적인 장학활동이 전개되기 위해서는 필요한 시간적 심리적 여유와 물적 재정적 여건이 적절히 마련되어야 한다.

우리나라에서는 앞에서 언급한 바와 같이 2010년 이후부터 이상과 같은 취지를 구현하려는 노력이 구체적으로 나타나고 있다. 예를 들면, 진동섭 등(2003, 2005)은 교육 개혁의 새로운 접근방법으로 학교컨설팅을 창안했는데, 그것의 기본 취지와 원리는 장학의 새로운 형태로 컨설팅장학을 탄생시키는 데 기여했다. 새로운 형태의 교사 전문성 개발 이론과 원리를 담은 학교컨설팅에 대해서는 이어서 논의하려고 한다.

제3절 학교컨설팅

교사의 전문성 개발은 다양한 활동을 통해서 이루어진다. 교사 양성 교육, 현직 연수, 장학, 평가 등의 활동은 본질적으로 예비 교사와 현직 교사들의 전문적 지식, 기술과 역량을 함양하기 위한 것이다. 학교컨설팅과 전문적 학습 공동체는 2000년경 교사의 전문성을 함양하기 위한 과업으로 우리나라의 교육계에 등장했다. 먼저 학교컨설팅에 관해서 살펴본다.

학교컨설팅은 2000년경 우리나라에서 창안된 이론이다. 당시 서울대학교의 진동섭 교수와 대학원 지도 학생들은 교육 개혁의 새로운 접근방법에 관해서 공부를 했는데, 그 결과물로 2003년에 나온 것이 "학교컨설팅 - 교육 개혁의 새로운 접근방법"이라는 저서였다(진동섭 2003). 2000년, 즉 새천년(New Millennium) 진입을 전후해서 전 세계는 세계화, 정보화, 지식사회화와 같은 사회 변화의 소용돌이에 빠졌다. 이런 상황에서 우리나라 교육계는 학교 붕괴니 교실 붕괴와 같은 현상이 나타나서 그동안 지속적으로 추진해 오던 교육 개혁이 실패했다는 비판이 비등했다. 새로운 사회에 부응하면서 동시에 현안 문제를 해결할 수 있는 새로운 교육 체제를 만들어서 실천하는 일이 커다란 과제였다. 학교컨설팅이론은 이런 국가 사회적 맥락에서 형성되었다.

1. 학교컨설팅의 개념과 모형

가. 학교컨설팅의 개념

학교컨설팅은 '학교'(school)와 '컨설팅'(consulting)을 합성한 용어다. 학교에서 이루어지는 일을 컨설팅 관점을 가지고 접근해서 이해하고 파악하고 개선하려는 새로운 서비스다. 이러한 학교컨설팅을 이해하려면 우선 컨설팅에 대한 이해가 선행되어야 한다.

'컨설팅'하면 일반적으로 부동산 컨설팅을 떠올린다. 그러나 컨설팅이 이루어지는 분야는 경영 영역을 위시로 해서 의료, 회계, 건축, 금융, 설계, 엔지니어링, 법률 등 아주 많다. 이 중에서 역사가 가장 오래된 것은 의료 컨설팅이다(Mullin & Musella, 1984). 13세기부터 시작되었다. 전문직 중의 전문직인 의사도 새로운 의료 지식과 기술을 습득하기 위해서 동료 의사의 도움을 구했는데, 이것이 의료

컨설팅이다. 다양한 영역의 컨설팅은 공통점도 있지만 차이점도 있다. 컨설팅의 영역, 의미, 방법은 컨설팅이 이루어지는 분야마다 다양하다. 교육 영역에 컨설팅을 적용하려는 시도가 학교컨설팅이다. 가장 커다란 시사점을 얻은 것은 의사들 사이에서 이루어지는 의료컨설팅이었다.

컨설팅은 무엇을 대상으로 하느냐에 따라서 '사람'을 대상으로 하는 것과 '조직'을 대상으로 하는 것으로 구분할 수 있다. 전자의 예는 의료와 정신보건 분야의 컨설팅이다. 조직을 대상으로 하는 컨설팅의 예는 경영 컨설팅이다. 그러나 대상에 상관없이 컨설팅은 기본적으로 의뢰인(consultee), 컨설턴트(consultant), 컨설팅 과제 등 세 요인의 상호작용으로 구성된다. 컨설팅은 의뢰인과 컨설턴트가 특정 과제에 대해서 자문을 구하거나 제공하는 행위를 말한다(진동섭, 2003; 진동섭, 홍창남, 2006). 이런 컨설팅의 기본 모형은 [그림 12-4]와 같다.

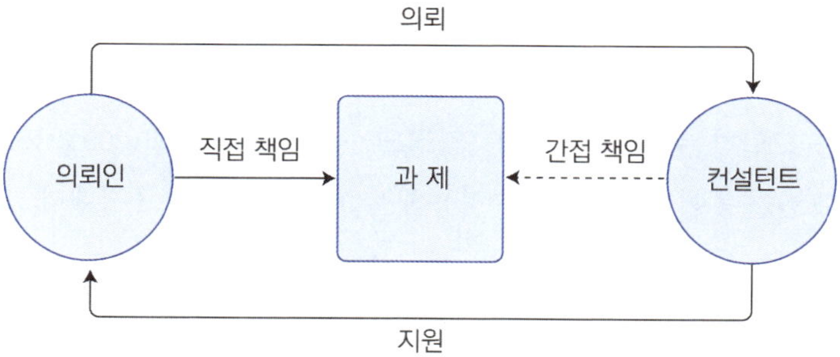

[그림 12-4] 컨설팅의 기본 모형

출처: 진동섭(2003: 37)의 내용을 수정·보완함.

컨설팅은 의뢰인이 직무를 수행하는 과정에서 도움이 필요해서 그것을 해결해 줄 수 있는 전문가를 찾아 도움을 요청하면서 시작한다. 컨설턴트는 전문적인 지식과 기술을 활용해서 의뢰인이 요청한 과제의 해결을 지원한다. 의뢰인은 자신의 문제를 해결하기 위해서 자발적으로 도움을 구하기 때문에, 컨설팅의 전 과정에서 주체가 된다. 따라서 의뢰인은 컨설팅 결과에 대해서 직접적인 책임이 있고,

컨설턴트는 간접적인 책임이 있다.

컨설팅이 우리나라보다 먼저 활성화되어 있던 미국의 경우, 교육 영역에 컨설팅을 적용한 것은 1950년대부터였다(Mullen & Musella, 1984). 당시에 학교 컨설팅이라는 용어가 사용되기는 했지만, 그것은 학교를 지원하는 다양한 활동들을 지칭하는 것으로서 개념을 명확하게 정의하고 사용한 것은 아니었다. 미국의 학교 컨설팅 활동을 유형화하면, 첫 번째 유형은 상식적인 의미로서 학교 구성원들에게 동료적, 수평적인 관계 속에서 제공하는 모든 형태의 지원을 말한다. 두 번째 유형은 주로 교육 심리학자들이 학교에서 주로 학생들의 학습과 적응을 도와주는 전문가에게 제공하는 심리적, 교육적 서비스를 말한다(Erchul & Martens, 1997). 세 번째 유형은 경영 컨설턴트나 컨설팅 회사가 단위학교의 교육과 경영상의 문제 해결을 지원하는 활동을 말한다. 이것은 학교조직을 대상으로 한 민간의 경영 컨설팅을 말한다(진동섭, 홍창남, 2006).

우리나라에서는 2000년경부터 컨설팅을 학교 조직에 도입하려는 시도가 이루어졌다. 국책교육연구기관인 한국교육개발원은 학교 평가의 일환으로 민간의 컨설팅 활동을 도입하는 연구를 했다. 김정원, 이인효, 정수현(2001: 27)은 이러한 노력을 '학교컨설팅'이라는 용어를 사용해서 다음과 같이 규정했다.

> 학교의 요청으로 특별한 훈련을 통해 전문적 자격을 갖춘 사람들이 학교운영 책임자와의 계약에 따라 독립적이고 객관적인 태도로 학교의 교육활동과 교육지원활동 상황을 진단하여 강점과 문제점을 확인·분석하고, 문제에 대한 해결안을 추천해주며, 해결안의 실행에 대한 도움이 요청될 때 도움을 제공하는 활동.

한국교육개발원과 비슷한 시기에 컨설팅 서비스에 대해서 관심을 가지고 연구하던 집단이 서울대학교 진동섭 교수와 대학원생들이었다. 이들은 교육 개혁의 새로운 접근 방식에 관한 연구를 수행하는 과정에서 컨설팅에 관심을 가졌다. 2003년 간행된 최초의 학교컨설팅 이론서인 '학교컨설팅 - 교육개혁의 새로운 접근방법에서 진동섭(2003: 51)은 학교컨설팅을 다음과 같이 정의했다.

> 학교교육을 개선하기 위해서 일정한 전문성을 갖춘 사람들이 학교와 학교구성원들의 요청에 따라 제공하는 독립적인 자문 활동으로서, 경영과 교육의 문제를 진단하고, 대안을 마련하며, 문제 해결과정을 지원하고, 교육·훈련을 실시하며, 문제해결에 필요한 인적·물적 자원들을 발굴하여 조직화하는 일.

한국교육개발원의 학교컨설팅은 학교 평가를 한 후 나타난 문제를 수정하거나 개선하기 위해서 학교에 제공하는 활동이다. 그러나 진동섭의 학교컨설팅은 학교 평가와는 무관한 것이다. 교사가 직무와 역할을 수행하는 과정에서 당면하는 문제와 과제 해결을 위해서 자발적으로 동료 교원들인 컨설턴트의 도움을 받으면서 이들 상호 간에 지식과 기술을 교류하고 집단 전문성을 키워 나가자는 활동이 학교컨설팅이다.

2008년 진동섭, 홍창남, 김도기 외(2008: 31)는 학교컨설팅의 목표를 보다 명확하게 규정하고, 의뢰인의 범위를 단위학교에서 학교체제로 확대하고, 컨설턴트의 풀(pool)을 확대해서 개념을 다음과 같이 수정했다.

> 학교의 자생적 활력 함양과 학교교육의 질 향상을 위하여, 단위학교와 학교체제 구성원들의 요청에 따라, 전문성을 갖춘 교육체제 내외 전문가들이, 문제와 과제의 해결을 도와주는 활동이다(진동섭, 홍창남, 김도기 외, 2008: 31).

학교컨설팅의 목표는 일선 학교의 자생적 활력을 키워서 교육의 질을 높이는 데 둔다. 의뢰인은 일선학교 교원뿐만 아니라 학교와 교육행정 및 연구기관의 구성원까지 포함한다. 이들의 요청에 따라서 컨설턴트들이 문제나 과제 해결을 도와준다. 컨설턴트로는 학교조직 외부의 전문가도 참여할 수 있다. 컨설팅의 대상은 의뢰인이 가지고 있는 문제(problem)와 함께 새롭게 대두하는 과제(task)도 있을 수 있다.

나. 학교컨설팅의 모형

이러한 학교컨설팅을 구성하는 요인들 간의 구조와 관계를 단순화해서 가시적으로 보여주는 형태, 즉 학교컨설팅 모형은 [그림 12-5]과 같다.

학교컨설팅은 의뢰인, 컨설턴트, 과업이라는 기본적인 요소 그리고 학교컨설팅 관리자와 학교컨설팅이 추구하는 목표 등 5가지 요소와 이들의 관계로 구성된다.

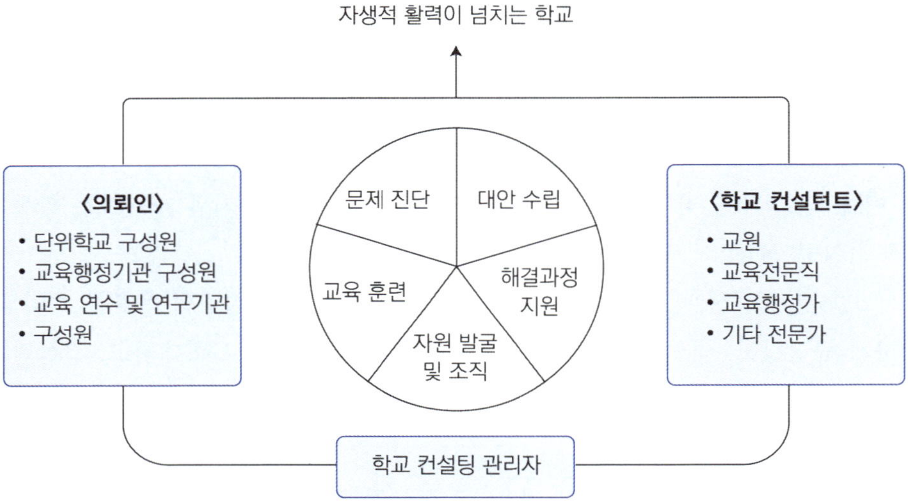

[그림 12-5] 학교컨설팅의 모형

출처: 진동섭, 홍창남, 김도기(2008: 32)의 모형을 수정·보완한 것임.

1) 목표

학교컨설팅의 목표는 학교의 자생적 활력을 함양하여 교육의 질을 높이는 데 있다. 이재덕(2017: 70)은 학교활력을 "교육목표를 공유하고 혁신을 추진하는 분위기 속에서 각종 정보와 의견을 왕성하게 교류하며, 환경으로부터 학습하고 환경 변화에 신속하게 대응하면서 조직을 변화시키고 생명을 유지시키는 조직 내부의 힘"으로 정의한다. 학교활력은 외생적 활력과 자생적 활력으로 구분할 수 있는데,

전자는 활력 생성과 유지의 자극과 동인이 학교 외부에 있는 것이고, 후자는 내부에 있는 것을 말한다. 학교컨설팅에서는 자생적 활력을 강조한다.

2) 의뢰인

의뢰인은 컨설팅을 요청하는 개인이나 집단을 말한다. 학교 구성원 누구든지 의뢰인이 될 수 있는데, 대표적인 의뢰인은 교사, 수석교사, 교감, 교장 등이다. 학교 구성원의 범위를 넓히면, 행정직원, 학부모, 학교경영에 참여하는 지역사회인사, 그리고 학생도 의뢰인이 된다.

3) 학교컨설턴트

학교컨설턴트는 의뢰인의 요청에 따라 컨설팅 서비스를 제공하는 사람이다. 학교컨설턴트는 의뢰인의 문제나 과제를 해결하는 데 필요한 지식, 기술과 경험을 구비해야 한다. 이것을 내용 전문성과 방법 전문성으로 구분할 수 있다. 전자는 의뢰된 문제나 과제에 관한 내용에 관한 것이고, 후자는 컨설팅 방법과 기술에 관한 것이다.

학교컨설팅의 취지에 비추어 볼 때, 가장 중요한 컨설턴트 자원은 교원들이다. 교원들이 서로 의뢰인이 되고 컨설턴트가 되어 각자의 전문성을 교환, 교류, 공유함으로써 집단적인 전문성을 키워서 교원의 지위를 높이자는 것이 학교컨설팅의 취지이기 때문이다.

4) 학교컨설팅관리자

학교컨설팅관리자는 특정 단위 조직 내에서 이루어지는 컨설팅을 전체적으로 계획하고 관리하는 사람이다. 학교컨설팅 관리는 한 명이 할 수도 있고, 팀이 되어 할 수도 있다. 컨설팅관리자의 가장 중요한 역할은 의뢰인과 컨설턴트를 연결해 주고, 이들 사이에 컨설팅이 원활하게 이루어지도록 제도를 만들고 지원하는 것이다.

5) 과업

학교컨설팅의 과업은 의뢰인의 문제나 과제를 해결하기 위해서 컨설턴트가 하는 일을 말한다. 중요한 과업으로는 ① 문제의 진단, ② 대안 수립, ③ 해결 방안 실행 지원, ④ 교육·훈련, ⑤ 문제 해결에 필요한 자원의 발굴·확보와 지원 체제 구축 등이다. 이들은 컨설팅의 목표를 달성하기 위해서 필요한 일련의 과정이다. 앞 단계는 다음 단계를 실행하기 위한 준비 단계의 성격을 가지고 있다. 그러나 각 단계는 그 자체로 독립적이며, 완결성을 갖는 단계가 될 수도 있다. 컨설팅 의뢰인과 컨설턴트와 협의해서 특정 단계에서 끝낼 수 있다(진동섭, 2003: 59).

2. 학교컨설팅의 원리, 절차, 유형

가. 학교컨설팅의 원리

학교컨설팅의 원리는 이론적 측면에서는 학교컨설팅의 본질을 규정하고, 실제적 측면에서는 학교컨설팅을 계획, 실행, 평가하는 과정에서 참고하는 기준이나 준거가 된다. 2003년 진동섭이 제시한 원리는 전문성, 독립성, 자문성, 일시성, 교육성, 자발성 등이었다(진동섭, 2003: 81-88). 이들은 이후 진행된 이론적인 논의와 실천 경험을 통해서 [그림 12-6]과 같이 자발성, 전문성, 자문성, 독립성, 한시성, 학습성 등으로 정리되었다(진동섭, 김효정, 2007).[2)]

1) 자발성

자발성의 원리는 의뢰인이 자신의 필요에 의해서 스스로 요청해서 이루어져야 한다는 것이다. 학교컨설팅은 학교 개혁의 성패는 교원의 자발적이고 주체적인 참여가 관건이라는 믿음을 가지고 있다. 학교컨설팅은 요청에서부터 컨설팅이

2) 학교컨설팅 원리에 관한 논의는 진동섭, 김효정(2007)의 내용을 바탕으로 재기술한 것임.

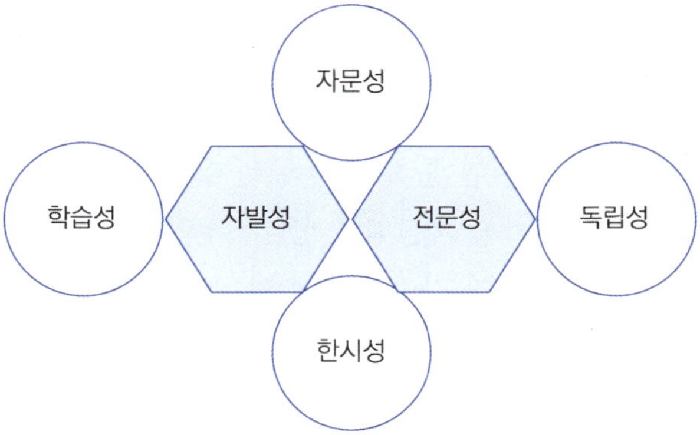

[그림 12-6] 학교컨설팅의 원리

이루어지는 모든 과정과 단계에서 교원이 주체가 되어야 한다.

2) 전문성

컨설턴트의 문제나 과제를 해결하도록 도와주기 위해서 필요한 것은 컨설턴트의 전문성이다. 컨설팅을 제공하는 사람의 직책, 직위나 직급이 아니라 그가 가지고 있는 컨설팅 내용 전문성과 방법 전문성이다. 이러한 전문성의 원리는 자발성의 원리와 함께 학교컨설팅의 양대 핵심 원리다.

3) 자문성

학교컨설팅은 의뢰인으로 하여금 당면한 문제나 과제를 스스로 해결하도록 지도하고 조언해야 한다는 원리다. 학교컨설턴트는 의뢰인을 대신하여 교육 활동을 하거나 학교를 경영하지 않아야 하며, 자문 역할에 충실해야 한다. 이러한 자문성의 원리는 학교컨설팅에 관한 의뢰인과 컨설턴트의 권한과 책임 관계의 특성을 함의한다.

4) 독립성

독립성의 원리는 컨설턴트, 의뢰인, 관리자 간의 관계에 관한 것이다. 컨설턴트는 의뢰인과 관리자와 상하 관계 혹은 예속 관계가 아니라 독립적인 위치에서 전문성에 기반을 두고 서비스를 제공해야 한다. 특히 컨설턴트와 관리자 관계가 문제가 될 수 있는데, 컨설턴트가 갑의 위치에 있는 관리자의 무리한 영향력으로부터 보호를 받아야 한다.

5) 한시성

한시성의 원리는 컨설팅은 기간을 정해서 수행해야 한다는 것이다. 컨설팅 기간은 컨설팅 과제와 여건에 따라 달라진다. 컨설팅 과제는 허용하는 기간과 조건에 맞게 설정하고, 정한 과제는 기한 내에 확실하게 해결해야 한다.

6) 학습성

학습성의 원리는 컨설팅이 의뢰인은 물론 컨설턴트에게 학습의 기회와 과정이 되어야 한다는 것이다. 학습은 배우는 사람과 가르치는 사람의 상호작용이기 때문에 쌍방향으로 일어난다. 컨설팅 과정은 의뢰인에게는 물론이고 컨설턴트에게도 의미 있는 학습의 기회가 될 수 있다.

이들 여섯 가지 원리들은 컨설팅 서비스를 계획하고, 실행하고, 평가할 때 기준이나 준거로 삼아야 할 가치들이다. 그러나 컨설팅 실제에서는 이러한 가치들을 모두 100% 반영하기는 어렵다. 컨설팅은 그것이 이루어지는 여건과 조건에 맞게 적절하게 우선순위와 비중을 조정해야 할 필요가 있다.

나. 학교컨설팅의 절차

학교컨설팅은 의뢰인이 당면한 문제와 과제를 해결하기 위해 학교컨설턴트에게 도움을 요청하면서 시작된다. 그리고 약정한 기간에 의뢰인의 문제나 과제를 해결하고 종료한다. 학교컨설팅의 이러한 일련의 활동과 과정을 구분해서 정리한 것이 학교컨설팅의 절차 모형이다.

학교컨설팅의 절차는 [그림 12-7]과 같이 ① 준비 단계, ② 문제와 과제의 진단 단계, ③ 해결 방안 구안 및 선택 단계, ④ 해결 방안 실행 단계, ⑤ 종료 단계의 5단계로 구성된다. 준비 단계는 학교컨설팅이 이루어지기 이전 단계로, 의뢰인과 학교컨설턴트가 만나서 학교컨설팅에 대해 준비하는 단계다. 문제와 과제의 진단 단계는 의뢰인이 가지고 있는 문제나 과제가 무엇인지 확인하고 규명하는 단계다. 해결 방안 구안 및 선택 단계는 문제나 과제를 해결할 수 있는 방법들을 강구하고, 이들 중에서 최선의 방법을 선택하는 단계다. 해결 방안 시행 단계는 선택한 방법을 실행하는 과정에서 컨설턴트가 의뢰인에게 도움을 주는 단계다. 끝으로 종료 단계는 의뢰인의 문제나 과제 해결을 위한 컨설팅을 마무리하는 단계다.

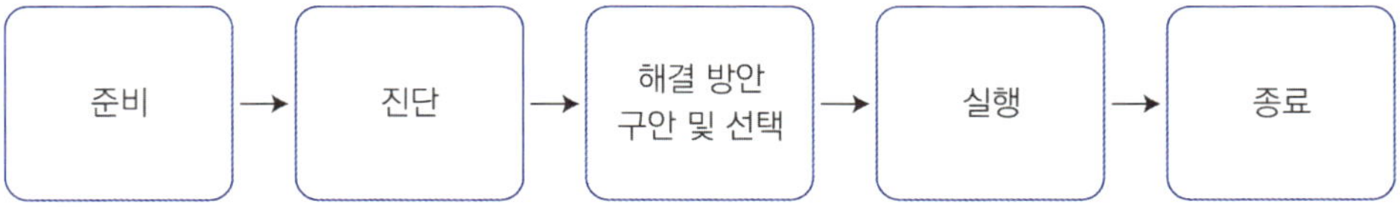

[그림 12-7] 학교컨설팅의 절차

출처: 진동섭(2003: 89)

컨설팅을 어떤 절차 혹은 단계를 거쳐 수행해야 하는지에 대해서는 하나의 정답이 있을 수 없다. 의뢰된 문제나 과제의 성격에 따라, 그리고 컨설팅이 이루어지는 상황과 여건에 따라 다르게 접근해야 하기 때문이다. 따라서 여기에서 제시하는 것은 학교컨설팅을 수행하는 일반적 절차다. 이 절차는 컨설팅 현실에 맞게 융통성 있게 수정해서 활용해야 한다.

다. 학교컨설팅의 유형

학교컨설팅의 유형은 분류의 기준을 무엇으로 삼느냐에 따라 여러 가지로 나눌 수 있다. 이러한 기준으로 생각할 수 있는 것은 컨설팅 영역, 과업, 운영 단위, 매체(혹은 방법) 등이 있다.

1) 학교컨설팅 영역별 유형

학교컨설팅의 영역은 학교의 교육과 경영 등 모든 영역이다. 학교구성원이 수행하는 직무는 교육과 경영에 관한 것이다. 이들이 문제나 과제로 생각하는 영역은 모두 컨설팅의 영역이 된다. 교원은 교육과정 운영, 학급경영, 학교경영, 학교와 지역사회 관계 관리 영역에서 직무를 수행한다. 교육행정직원은 교육행정, 연구, 연수 영역의 일을 담당한다. 교원과 행정직원의 직무 영역에 따라 컨설팅의 유형을 구분하면, 학교 교육과정 컨설팅, 학급경영 컨설팅, 학교경영 컨설팅, 교육행정 컨설팅, 교육 연구 컨설팅 그리고 연수 컨설팅 등이 있다.

학교컨설팅의 핵심 의뢰인 중 하나는 교사의 직무를 중심으로 구분하면, 수업컨설팅, 학급경영컨설팅, 학교경영컨설팅 등으로 구분할 수 있다. 수업컨설팅은 교육과정 계획, 교수-학습 활동, 학생 훈육(discipline) 등에 관해서 이루어진다. 학급경영컨설팅은 학급경영 계획, 실행과 평가에 관한 것이다. 학교경영컨설팅은 학교 발전 계획 수립, 학교 교육/경영 계획서 작성, 교내 조직, 인사, 재정, 건물·시설·사무 관리, 연구와 지역사회관계 관리 등에 관해서 이루어진다.

2) 학교컨설팅 과업별 유형

학교컨설팅의 절차는 "준비 → 진단 → 해결 방안 구안 및 선택 → 실행 → 종료"의 5단계로서 각 단계별로 수행해야 할 과업이 있다. 학교컨설팅의 특징 중 하나는 의뢰자의 요청과 컨설팅 상황에 따라 학교컨설팅의 5단계를 모두 거치지 않을 수 있다는 것이다. 준비 단계와 종료 단계는 건너뛸 수 없는 단계다. 이 두 단계 사이에는 진단 단계, 해결 방안 구안 및 선택 단계, 실행 단계가 있는데, 컨설팅은 이들 중 특정 단계에서 종료할 수 있다. 이러한 컨설팅은 각각의 단계에서 수행해야 할 과업에 대한 컨설팅이라는 의미로 '문제·과제 진단형 학교컨설팅', '해결 방안 구안형 학교컨설팅', 그리고 '실행 과정 지원형 학교컨설팅'으로 명명한다.

여기에 하나의 컨설팅이 추가되는데, 그것은 '교육·훈련형 학교컨설팅'이다. 의뢰인이 자신의 문제나 과제를 해결하는 데에는 관련된 지식, 기술, 혹은 방법을 알아야 하는데, 이것을 교육하고 훈련하는 일도 컨설팅에서 이루어져야 할 중요한 과업이다.

3) 학교컨설팅 운영 단위별 유형

학교컨설팅을 실시하는 단위는 좁게는 단위학교에서부터 넓게는 전국 단위, 그리고 국제 단위까지 확대할 수 있다. 학교컨설팅이 운영되는 조직의 범위에 따라서 유형을 구분하면, 학교 내에서 이루어지는 교내 컨설팅, 소지구 컨설팅, 대지구 컨설팅, 전국 컨설팅, 그리고 나아가서는 국가 간(국제) 컨설팅으로까지 확대할 수 있다. 여기에서 소지구 혹은 대지구라는 이름은 기존의 장학이 이루어지는 체제를 염두에 둔 것이다(김도기, 2005: 33-35).

4) 학교컨설팅 매체별 유형

컨설팅은 의뢰인과 컨설턴트가 오프라인(off-line)으로 할 수도 있고, 온라인(online) 매체를 활용해서 할 수도 있다. 전자는 오프라인 학교컨설팅, 후자는 온라인 학교컨설팅으로 부른다. 오프라인 학교컨설팅은 의뢰인과 학교컨설턴트가 직접 대면 접촉을 해서 수행하는 컨설팅을 말한다. 가장 일반적인 컨설팅 형태다. 온라인 학교컨설팅은 인터넷을 포함한 첨단 통신 매체를 활용해서 수행하는 컨설팅을 말한다. 오프라인 컨설팅과 온라인 컨설팅은 상호 간에 배타적인 관계가 아니라 상보적 관계를 가지고 있다. 이 두 방법을 적절하게 함께 활용함으로써 컨설팅 효과를 높일 수 있다.

3. 학교컨설팅의 문제와 과제

학교컨설팅이론은 20여 년의 역사를 거치면서 연구와 실천 측면에서 커다란 발전이 있었다. 연구 측면에서 보면, 학술 논문을 위시해서 연구 보고서와 현장 연구물 그리고 저서들이 간행되었다(진동섭, 2012: 14-15). 2003년부터 초기 10년간의 실적만 보더라도, 석사·박사 학위 논문은 60여 편에 달한다. 전문 학술지와 정기 간행물에 실린 논문은 90편이다. 단행본도 40여 편에 이른다. 한국교육개발원의 연구보고서와 일선 학교 교원들의 현장 연구 보고서는 70여 편이다. 요즈음 학교컨설팅, 수업컨설팅, 컨설팅장학 등과 같은 연구 주제를 검색하면, 대단히 많은 연구물들을 찾을 수 있다.

학교컨설팅 관련 사업도 짧은 기간 내에 전국으로 확산되었다. 교육부는 물론이고 전국 17개 시도와 지역교육청에서 지난 20여 년간 컨설팅 관련 사업을 시행하지 않은 곳을 찾기 어려울 정도다. 물론 모든 사업들이 '학교컨설팅' 이름으로 이루어진 것은 아니다. 컨설팅장학, 수업컨설팅, 교수학습컨설팅, 장학컨설팅, 컨설팅 학교평가 등등 다양한 이름으로 시행되기는 했지만, 학교컨설팅의 기본 모형, 원리, 절차 등을 시행 환경에 맞게 조정한 것들로 볼 수 있다.

그런데 새로운 이론이 현장에 소개되고 시행되는 과정에서 실천을 위한 여건이 조성되지 않았기 때문에 나타나는 부작용도 있었다. 가장 흔한 것은 교사들이 학교컨설팅이 무엇인지 이해하지 못하는 상황에서 교육청이 서둘러서 시행하려 했기 때문에 나타나는 문제였다. 학교컨설팅 시행을 위해서 필요한 교원 연수, 여건 조성, 재정 확보가 이루어지지 않았기 때문에 나타나는 문제도 있었다. 또 다른 문제는 기존의 '장학'과 '학교컨설팅'이 공존하는 상황에서 나타나는 혼란이었다. 이 두 과업 모두 기본적으로는 교원의 전문성 향상을 위한 것이기는 하다.

그러나 각각 이념과 원리, 시행의 맥락, 그리고 구체적 방법에 차이가 있는데, 이 둘을 혼합해서 '컨설팅장학'이라는 어중간한 형태로 시행하는 데에서 오는 문제이다.

장학이 위계적인 행정 체제를 기반으로 해서 행정가 중심으로 이루어진다면, 학교컨설팅은 단위학교자율책임경영제(School-Based Management, SBM)를 기반으로 해서 교사 중심으로 이루어진다. 컨설팅장학에는 '컨설팅'이라는 말이 들어갔지만 그것은 장학의 한 형태라는 본성은 벗어날 수 없다. 그리고 단위학교 자율장학과도 성격이 비슷하다. 학교컨설팅은 이런 장학의 한계를 벗어나기 위해서 나온 것이기 때문에 두 과업이 무리 없이 융합하기에는 어려운 점이 있다. 그렇다고 컨설팅장학의 무용론을 말하는 것은 아니다. 그것이 장학의 새로운 형태이든, 학교컨설팅의 새로운 형태이든지 간에 실행에 앞서 개념적으로 숙성하는 작업이 필요했다는 말이다.

학교컨설팅은 개혁의 기본 단위는 학교이고, 주체는 교원이고, 개혁의 원동력은 교원들이 서로 도와가면서 개발하는 전문성임을 강조하는 이론이고 실천이다. 지난 기간의 부작용과 문제를 해결하고, 이론과 실천의 완성도를 높이려면, 교원들의 더 큰 관심과 노력이 필요한 과제이다.

제4절 교사 전문적 학습 공동체

전문적 학습 공동체(Professional Learning Community, PLC) 아이디어는 미국과 영국에서 학습 조직(learning organization), 학습 공동체(learning community)와 같은 것들과 함께 1990년대 이래로 교직사회에 확산되었다. 이런 아이디어들은 교직 혹은 교사 문화, 특히 개인주의, 보수주의, 현재주의 문화가 학교나 교육의 개혁에 부정적인 영향을 준다는 인식하에 그것을 바꾸기 위한 노력으로 나타났다(정바울, 2014: 9; Lortie 1975; Hargreaves & Fullan, 2012). 우리나라에서는 2000

년대 들어와서 교육계에서 연구와 실천을 위한 노력이 전개되었다. 교사 전문적 학습 공동체는 학습 조직, 학습 공동체 등의 아이디어를 모두 함의하고 있다고 본다. 따라서 이 절에서는 그것에 초점을 맞추어 개념과 의미를 살펴보고 실천을 위한 노력이 어떻게 이루어졌는지에 대해서 알아본다.

가. 교사 전문적 학습 공동체의 개념과 의미

'전문적 학습 공동체'(professional learning community)라는 용어는 미국의 Shirley Hord가 만들어 쓰기 시작했다(Hargreaves & Fullan, 2012; 진동섭 역, 2014: 221). Hord는 교사들이 교육에 관한 실행 역량을 향상키기 위한 방법을 함께 탐구하고 실천하는 곳을 전문적 학습 공동체라고 보았다. Hargreaves와 Fullan은 이것을 이어받아서 PLC를 다음과 같이 3가지 요인으로 구성된 것으로 본다(Hargreaves & Fullan, 2012; 진동섭 역, 2014: 221-222). ① 공동체, ② 학습 공동체, ③ 전문적 학습 공동체 등이다.

공동체는 교사들이 일시적으로 구성한 팀이 아니라 공동의 목표를 가지고 지속적으로 관계를 유지하는 곳이라는 의미다. 학습 공동체는 교사들이 자신들의 문제 해결 방법 능력을 함양하기 위해서 집단적으로 학습을 하는 곳을 의미한다. 전문적 학습 공동체는 과학적 통계적 증거보다는 교사들의 전문적 경험적 판단을 강조하는 곳이라는 의미다. 이러한 전문적 학습 공동체의 의미를 정바울(2014: 10-11)은 다음과 같은 세 가지로 해석한다. 즉, "TF팀이 아닌 공동체", "불끄기(fire fighting) 방식의 비법 전수가 아닌 '학습'", 그리고 "'프로'들의 모임" 등이다. 그리고 전문적 학습 공동체를 "기본적으로 교사들 간의 협력을 통한 학교 변화와 전문성 신장"으로 규정한다(정바울, 2014: 9).

교사 전문적 학습 공동체는 '교사 학습 공동체'라는 용어와 함께 사용된다. 교사직이 전문직이라는 점에서 보면, 두 개의 용어를 혼용하는 것에 큰 문제는 없어 보인다. 교사 학습 공동체에 관해서 우리나라에서 일찍이 연구를 시작한 서경혜(2009: 244)는 그것을 교사의 전문성을 신장하고 학생들의 학습을 증진시키기 위해서 협력적으로 배우고 탐구하고 실천하는 교사 집단으로 정의한다. 이 교사 집단의 기본적인 특징은 가치와 규범을 공유하고, 교사와 학생의 학습에 중점을 두고, 구성원들 간의 협력을 강조한다(서경혜, 2009: 251).

최근에 박영옥, 이재덕(2022: 54)은 '교사 학습 공동체'를 "교사들이 스스로 조직한 공동체 내에서의 학습을 통해 전문성을 도모하고 학교의 변화를 추구하는 상향식 학교 개혁"으로 규정한다. 그들은 교사 학습 공동체가 상향식 학교 개혁의 접근 방법이라는 속성을 강조한다. 그러나 이외의 특성에 있어서는 다른 학자들과 다름이 없다.

요컨대, 교사 전문적 학습 공동체는 교육 개혁의 접근 방법으로 연구와 실천이 이루어진다. 이런 교사 전문적 학습 공동체의 목표는 첫째는 학교 개혁이고, 둘째는 교사의 전문성 향상이다. 교사의 전문성 향상을 통해서 학생의 학습을 증진시키고 이것은 학교 변화와 교육 개혁으로 연결된다. 교사의 전문성 향상의 요체는 전문직으로서의 교사들이 현장에서 함께 수행하는 탐구(inquiry), 학습(learning), 협업(collaboration)이라는 점을 강조한다.

나. 교사 전문적 학습 공동체의 현황과 효과

우리나라는 2000년대에 진입하면서 학교와 교육을 개혁하려는 노력이 정부 차원에서는 물론이고 일선 학교 차원에서도 일어났다. 이런 노력은 첫째, 지식정보화 사회의 도래, 둘째, 중앙정부 주도의 하향식 교육 개혁의 한계, 셋째, 지방교육자치제의 발전이라는 커다란 배경 속에서 이루어졌다. 따라서 개혁 방안을 구안하는 데 있어, 관심의 초점은 교육 현장인 학교(school), 교사(teacher), 그리고 지식(knowledge)에 모아졌다. 이런 맥락 속에서 교사 전문적 학습 공동체 아이디어는 자연스럽게 부각될 수밖에 없었다.

우리나라의 교사 전문적 학습 공동체 용어 사용에 관해서는 '교원 학습 공동체', '교사 학습 공동체'가 많이 사용되는데, 가장 많이 사용되는 것은 '전문적 학습 공동체'다(최민석, 박수정, 2019). 최민석, 박수정은 2019학년도 시・도 교육청 업무 계획을 분석하고, 모든 교육청이 전문적 학습 공동체 사업을 실시함을 발견했다. 이렇게 전국적으로 확산될 수 있었던 이유는 그것이 시・도 교육청의 혁신학교 사업과 밀접하게 관련되어 있기 때문이다. 혁신학교 사업은 2009년 경기도교육청에서부터 시행했고, 이후 진보 성향의 교육감이 관할하는 교육청으로 확산되었다. 교사 전문적 학습 공동체 모임은 혁신학교 운영의 핵심적인 장치의 하나이다. 박상완(2018: 112)은 이것이 "혁신학교의 운영 원리이자 핵심 추진과제이며, 혁신학교가 지향하는 교육을 구현하는 기능을 한다."고 본다.

우리나라에서 시행된 교사 전문적 학습 공동체 사업의 효과에 대해서는 연구의 양과 질 측면에서 한계가 있기 때문에 아직 단정하기는 어렵다. 교사 전문적 학습 공동체가 교사의 효능감, 전문적 지식 함양에 도움을 준다는 것을 밝히고 주장하는 연구도 있다(서경혜 2009; 이수연, 박경애, 2021). 최근 교사 전문적 학습 공동체에 관한 질적 연구와 소수의 사례에 대해서 수행한 연구들은 증가하고 있기 때문이 이들이 축적되면 교사 전문적 학습 공동체의 효과에 대해서 보다 확실하게 논의할 수 있을 것이다(이승호, 양민석, 한송이 등, 2016).

어떻든, 교사 전문적 학습 공동체 사업의 전국적인 확산에는 시・도교육청 정책결정자들의 강한 정책 의지가 영향을 주었다. 2015년을 기점으로 시・도교육청은 교사 전문적 학습 공동체에 관한 연수 과정을 개설하고, 교사 전문적 학습 공동체 모임을 연수 학점으로 인정해주고, 교원학습공동체 사업을 학교별 필수 사업으로 지정하는 등과 같은 제도적인 지원을 강화했다. 그리고 많은 교사들 역시 자신들의 자발성과 전문성 존중이라는 취지와 가치에 대해서는 긍정적인 태도를 가지고 참여한 것이 긍정적으로 작용했다.

다. 교사 전문적 학습 공동체의 유형

교사 전문적 학습 공동체를 구현하는 형태는 매우 다양하다. 교사 전문적 학습 공동체는 교사들이 자신들의 전문성 함양을 위해서 지속적으로 탐구하고 연구하고 학습하는 모임이다. 이런 목적으로 모인 모든 형태의 공식적 비공식적 교사들의 모임은 교사 전문적 학습 공동체로 볼 수 있다. 이들은 교사들의 협의 모임, 연구 모임, 학습 모임, 연수 모임으로 구분할 수 있다. 협의 모임에는 동교과 협의회, 동학년 협의회 등이 있다. 연구 모임에는 수업 연구회, 교과 연구회, 특정 현장 연구 모임 등이 있다. 학습 모임은 특정 주제나 내용에 대해서 함께 공부하는 모임이다. 연수 모임은 특정 교과, 주제 혹은 활동에 대한 연수가 이루어지는 모임이다. 교사 연수는 교사 전문성 함양을 위한 과업으로 교육행정, 특히 인사행정에서 큰 비중을 차지하고 있다. 교사 전문적 학습 공동체가 이런 교사 연수의 대안으로 논의, 시행되는 것은 대단히 커다란 변화를 의미한다. 어떻든, 앞의 다양한 유형들 간에는 서로 내용과 기능의 중복이 있을 수 있다.

교사 전문적 학습 공동체는 모임이 학교 안에 있는 것이냐 혹은 학교 밖에 있는 것이냐에 따라서 '학교 안 교사 전문적 학습 공동체'와 '학교 밖 교사 전문적 학습 공동체'로 구분할 수 있다. 이것은 모임이 이루어지는 장소나 공간에 따른 구분이 아니라 모임 구성원들이 동일 학교 교사들인지 아니면 여러 학교 교사들인지에 따른 구분이다.

학교 안 교사 전문적 학습 공동체는 구성원이 철학과 가치를 공유하지 않는 모임이고, 가입과 탈퇴가 자유롭지 않을 수 있고, 개개인의 경력과 배경이 비교적 다양할 수 있다(권재우 2014: 18). 반면, 학교 밖 전문적 학습 공동체 구성원들은 자신의 필요와 선택에 의해서 참가하기 때문에 학교 안 전문적 학습 공동체와는 다른 특성이 있다.

라. 전문적 학습 공동체의 과제

전문적 학습 공동체는 이념 혹은 이론이 아니라 현실 혹은 실천이 되어야 한다. 이렇게 되는 데에는 시간과 노력이 필요하다. 교사 전문적 학습 공동체는 전문직으로서의 전문성을 키우기 위한 교사의 자발적 평생 학습을 강조한다. 개인적인 학습이 아니라 집단적인 학습을 중시한다. 모든 새로운 이론과 과업이 그렇듯이 그것을 현장에 실행하기 위해서는 과정을 위한 계획을 잘 수립해야 한다.

어떤 시간 계획을 가지고 무슨 일부터 누가 어떻게 실행할 것인지에 대한 계획을 말한다.

우리나라의 교사 전문적 학습 공동체 아이디어는 2000년대 초 일선 학교 교사들에 의해 현장에서 조용하게 생겨나서 성장하고 있었다. 학교 안 혹은 학교 밖에 형성된 교사들의 비공식적이고 자율적인 연구와 학습 모임이었다. 이들은 교사 전문적 학습 공동체 이론이나 아이디어에 대해서는 존재조차 몰랐을 수 있다. 그런데 이것을 학자가 관심을 가지고 연구하고 교육정책결정자와 행정가들이 그 결과를 받아들여서 제도화하기 시작했다.

교육부와 시·도교육청은 새로운 정책과 제도를 넓은 범위에서 시행할 수 있는 정책 수단을 가지고 있다. 구체적인 정책으로 만들어 하부 기관이나 조직에 시행하게 할 수 있는 인력, 재정, 권력을 가지고 있다. 이것을 사용하면 보다 넓은 범위의 학교들을 효과적으로 개혁할 수 있다.

그런데 교사 전문적 학습 공동체는 교사가 주체가 되어 자발적으로 서로 협력해서 전문성을 키워서 학교를 개선하는 데 목표를 둔다. 기존의 교직과 교사 문화는 보수주의, 개인주의, 현재주의를 특징으로 한다. 현재 학교 교육과 경영 환경에서는 교사들이 자율적으로 무언가를 하기가 쉽지 않다. 교사 전문적 학습 공동체 이론과 아이디어를 현실과 실천으로 만들기 위해서는 이러한 본질적인 문제를 창의적으로 해결해야 한다.

이 점에서 전문적 학습 공동체의 아이디어가 다음과 같이 왜곡되는 것을 경계해야 한다. 즉, 전문적 학습 공동체라는 접근이 일선 교육행정기관이나 학교 현장에서는 본래의 취지와 특성에 충실한 형태로 시행되기보다는 제대로 이해하지 못한 채 피상적이고 기술적으로 실행될 수 있다. 더 나쁜 상황은 정책결정자나 행정가들이 개인적인 야심과 이익을 위해서 일과성 정책이나 사업으로 시행한다는 것이다(정바울, 2014: 9; Hargreaves & Fullan, 2012: 222).

질문 / 토의거리

1. 장학의 개념과 의의를 토대로, 장학을 보는 두 가지 관점으로서 역할로서의 장학(role)과 과정으로서의 장학(process)을 비교하여 설명해 보자.
2. 학교컨설팅의 개념, 원리, 절차를 세부적으로 설명해 보자.
3. 장학과 학교컨설팅을 개념적 측면에서 비교하여 말해 보자.
4. 최근 장학의 발전 방향으로서'현장중심의 장학', '교사중심의 장학'이 제안되고 있다. 본인이 생각하는 교원의 전문성 개발 방향을 장학, 학교 컨설팅 및 교사 전문적 학습 공동체와의 상호 유기적 연계성을 토대로 제안해 보자.

참고문헌

강영삼(1994). 장학론. 서울: 세영사.

고영희 등(1983). 수업장학 모형 개발 및 현장 적용 가능성 탐색 연구. 한국교육개발원.

권재우(2014). 존중과 배려의 전문적 학습 공동체 형성을 통한 학교혁신 사례. 교육정책포럼(교육정책네트워크), 통권 258, 17-21.

김도기(2005). 컨설팅장학에 관한 질적 실행 연구. 박사학위논문. 서울대학교대학원.

김정원, 이인효, 정수현(2001). 학교 교육개혁 지원을 위한 학교컨설팅 사업(Ⅱ). 한국교육개발원.

김종철(1982). 교육행정의 이론과 실제. 서울: 교육과학사.

김종철, 이종재(1994). 교육행정의 이론과 실제. 서울: 교육과학사.

남정걸(1997). 교육행정 및 교육경영. 서울: 교육과학사.

박상완(2018). 혁신학교 교사학습공동체에 관한 질적 메타분석. 한국교육, 45(4), 109-138.

박영옥, 이재덕(2022. 9. 16.). 교사학습공동체 확산 속성에 대한 질적 메타분석. (사)한국학교컨설팅연구회, 한국지방교육경영학회, 한국교원교육학회 공동 주최 강원도교육청 주관 2022년 추계 연합학술대회 및 제3회 강원교육정책 현장 연계 교직원(학교조언자) 역량 강화 연수 자료집, 52-73.

백현기(1964). 장학론. 서울: 을유문화사.

변영계(1997). 수업장학. 서울: 학지사.

서경혜(2009). 교사 전문성 개발을 위한 대안적 접근으로서 교사학습공동체의 가능성과 한계. 한국교원교육연구, 26(2), 243-276.

윤정일 등(1982). 장학행정제도 개선 연구. 한국교육개발원.

이수연, 박경애 (2021). 학습공동체에 참여한 초등교사들의 경험에 관한 질적 연구. 한국교원교육 연구, 38(2), 299-328.

이승호, 양민석, 한송이, 허소윤, 박세준, 박대권(2016). 학교 안 교사학습공동체가 학업성취에 미치는 영향: 혁신학교를 중심으로. 교육학연구, 54(2), 85-113.

이윤식(2022). 유치원 · 초등 · 중등 교원능력개발을 위한 자율장학론. 서울: 학지사.

이재덕(2017). 제3장 학교컨설팅의 목적과 지향점: 자생적 활력. 학교컨설팅의 이론과 실제. 서울: 학지사, 50-80.

정바울(2014). 전문적 학습 공동체 실천을 위한 세 가지 원리. 교육정책포럼(교육정책네트워크), 통권 258, 9-12.

정태범(1996). 장학론. 서울: 교육과학사.

조병효(1991). 현대 장학론. 서울: 교육과학사.

주삼환(1995). 교육환경 변화와 새로운 장학의 모습과 장학기능 개선방안 탐색. 한국교육개발원.

진동섭(2003). 학교컨설팅: 교육개혁의 새로운 접근 방법. 서울: 학지사.

진동섭(2012). 학교컨설팅의 회고와 전망. 한국교육행정학회 제165차 추계학술대회 "교육행정의 새로운 담론 탐색: 교육복지와 학교컨설팅을 중심으로" 기조강연논문, 13-34.

진동섭, 김도기(2005). 컨설팅 장학의 개념 탐색. 교육행정학연구, 23(1), 1-25.

진동섭, 김효정(2007). 학교컨설팅의 원리 분석. 교육행정학연구, 25(1), 25-50.

진동섭, 홍창남(2006). 학교조직의 특성에 비추어 본 학교컨설팅의 가능성 탐색. 한국교원교육 연구, 23(1), 373-396.

진동섭, 홍창남, 김도기(2008). 학교경영컨설팅과 수업컨설팅. 경기도 파주: 교육과학사.

최민석, 박수정(2019). 시·도 교육청의 전문적 학습 공동체 정책 실태 분석: 2019학년도 주요 업무계획을 중심으로. 학습자중심교과교육연구, 19(22), 1077-1097.

Darling-Hammond, L., Hyler, M. E., & Gardner, M. (2017). *Effective teacher professional development*. Palo Alto, CA: Learning Policy Institute.

Darling-Hammond, L., & McLaughlin, M. W. (1995). Policies that support professional development in an era of reform. *Phi Delta Kappan*, 76(8), 597-604.

Desimone, L. M. (2009). Improving impact studies of teachers' professional development: Toward better conceptualization and measures. *Educational Researcher*, *38*, 181-200. https://doi.org/10.3102/0013189x08331140.

Desimone, L. M., Porter, A. C., Garet, M. S., Yoon, K. S., & Birman, B. F. (2002). Effects of professional development on teachers' instruction: Results from a three-year longitudinal study. *Educational Evaluation and Policy Analysis*, *24*(2), 81-112.

Erchul, W. P., & Martens, B. K. (1997). *School consultation: Conceptual and empirical bases of practice*. New York: Plenum Press.

Fullan, M. (1990). Staff development, innovation, and institutional development. In B. Joyce (Ed.), *Changing school culture through staff development* (pp. 3-25). Alexandria, VA: Association for Supervision and Curriculum Development.

Garet, M. S., Porter, A. C., Desimone, L., Birman, B. F., & Yoon, K. S. (2001). What makes professional development effective? Results from a national sample of teachers. *American Educational Research Journal*, *38*(4), 915-945.

Guskey, T. R.(2002). Professional development and teacher change. *Teachers and Teaching*, *8*(3), 381-391.

Hargreaves, A and Fullan, M. (2012). *Professional capital: Transforming teaching in every school*. New York: Teachers College Press, Columbia University.
진동섭 역 (2014). 교직과 교사의 전문적 자본 – 학교를 바꾸는 힘. 파주, 경기도: 교육과학사.

Hord, S. M. (1997). *Professional learning communities: Communities of continuous inquiry and improvement.* Austin, TX: Southwest Education Development Laboratory.

Lim, S. B. (2021). Understanding the operation of two professional development: School PD and Non-school PD. Unpublished doctoral dissertation. The State University of New York at Buffalo.

Lortie, D. (1975). *Schoolteacher: A sociological study*. Chicago: University of Chicago Press.

Mullen, D. D., & Musella, D. F. (1984). Educational consultancy: Perception and reality. ERIC Database Number: ED 245 333.

Sancar, Raziye, Atal, Deniz, & Deryakulu, Deniz. (2021). A new framework for teachers' professional development. *Teaching and Teacher Education*, 101. Retrieved 2nd Sepember, 2022 from https://doi.org/10.1016/j.tate.2021.103305.

Sergiovanni, T. J., & Starratt, R. J. (1983). *Supervision: Human perspectives*(3rd ed.). New York: McGraw-Hill.

Seyfarth, J. T. (2002). *Human resources management for effective schools*(3rd ed.). Boston, MA: Allyn & Bacon.

Wiles, J., & Bondi, J. (1980). *Supervision: A guide to practice.* Columbus, OH: Charles E. Merrill.

제13장 학교경영 및 학급경영

교육행정조직은 중앙교육행정조직, 지방교육행정조직, 단위학교 등으로 중층적 구조를 이루고 있다. 그렇기 때문에 단위학교의 행정을 '학교행정'으로 불러왔었다. 그러나 사회와 교육 환경의 변화로 학교를 운영하는 데에도 경영의 관점과 접근방법이 필요하다는 생각이 확산됨에 따라 학교행정이라는 용어는 '학교경영'으로 자연스럽게 대체되어왔다. 이 장에서는 이러한 학교경영의 이론과 함께 학교경영에 영향을 주는 주요 정책과 제도에 대해서 알아본다.

그리고 학교 조직은 학급들로 구성된다. 학급은 교육과 경영이 이루어지는 기본 단위이다. 이런 학급도 경영의 대상이고, 학교경영이라는 넓은 맥락 속에서 학급경영이 이루어진다. 이 장에서는 학급경영에 대한 이해를 위해서 각각의 개념, 원리, 과업과 절차 등에 관해서도 살펴본다.

제1절 학교경영

이 절에서는 학교경영의 개념과 모형, 학교경영의 과정을 다룬다. 그리고 학교경영에 영향을 행사해 온 이론으로 단위학교자율책임경영제에 관해서 알아본다. 이어서 학교경영의 제도적인 장치인 학교운영위원회, 지난 10여 년간 학교경영에 영향을 주어 온 혁신학교 정책, 그리고 최근 논의가 이루어지고 있는 학교자치 등에 관해서 살펴본다.

1. 학교경영의 개념, 원리, 영역

가. 학교경영의 개념과 원리

학교경영은 학교단위, 특히 초·중등학교에서 교육활동에 참여하는 사람들이 교육목표를 효과적으로 달성하기 위해 계획·결정, 집행·지도, 통제·평가하는 일련의 활동을 지칭한다. 학교경영은 학교조직의 구성원들 간에 집단적 협동 행위가 효과적 효율적으로 이루어지도록 지원하는 것을 본질로 삼는다.

학교를 경영하는 데는 학교경영 과정에서 나타나는 문제와 새로운 과제 해결을 위한 지침이나 이념적 준거가 되는 원리가 필요하다. 이러한 학교경영의 원리는 교육행정의 원리에 합당해야 할 뿐만 아니라 학급경영, 학습지도, 생활지도의 원리까지 고려해야 한다.

학교경영의 원리는 여러 학자들에 의해 제시되어 왔다(서정화, 김세기, 김용숙, 1988; 정태범, 2002; 윤정일, 손기창, 조동섭 등, 2004). 서정화, 김세기, 김용숙(1988)은 합목적성의 원리, 자율성의 원리, 민주적 운영의 원리, 능률성의 원리, 과학성의 원리, 그리고 합법성의 원리를 제시했다. 정태범(2002)은 학교경영의 원리를 목표 지향적 측면과 수단·방법적인 측면으로 나누었다. 목표 지향적 측면의 원리로는 민주성의 원리, 타당성의 원리를, 수단·방법적 측면으로는 자율성의 원리, 효율성의 원리를 제시했다. 한편, 윤정일, 송기창, 조동섭 등(2004)은 민주성의 원리, 효율성의 원리, 합법성의 원리, 기회균등의 원리, 지방 분권의 원리, 자주성 존중의 원리, 안정성 유지의 원리, 전문성 보장의 원리로 규정했다.

이러한 원리들은 학교경영의 목표의 달성, 경영 과정, 경영 결과에 관한 것들로서 학자마다 다른 용어를 사용하기는 하지만, 의미는 크게 다르지 않다. 교육이나 경영 목표와 관련해서는 타당성의 원리, 과정에서는 민주성의 원리와 자율성의 원리, 결과에서는 효율성(효과성 포함)의 원리와 안정성의 원리 등으로 구분할 수 있다. 이들의 의미는 다음과 같다.

① 타당성의 원리: 학교경영은 목표에 합당하게 운영되어야 한다는 것이다. 말하자면 설정한 교육과 경영의 목표를 달성하는 데 있어 계획, 시행 과정, 방법이 상식, 균형적인 판단 그리고 이치에 맞아야 함을 의미한다.

② 민주성의 원리: 학교는 구성원들을 위해서 경영해야 하고 따라서 경영 과정에 그들을 참여시켜서 의사를 반영해야 한다는 것이다. 즉, 학교는 구성원과의 관계에 있어서 행정권의 남용을 최대한 제한하고 그들의 참여를 보장・확대하는 데 초점을 두어야 한다.

③ 자율성의 원리: 관리・운영에 필요한 규범과 규칙을 학교가 만들고, 상급기관이나 외부 조직의 지시나 통제 없이 자주적으로 운영하는 것을 말한다.

④ 효율성의 원리: 효율성이란 효과성(effectiveness)과 능률성(efficiency)을 동시에 표현하는 말로서 최소한의 투자와 노력으로 최대의 목표를 달성하는 것을 말한다. 학교교육의 책무성에 대한 학부모와 사회의 인식이 높아짐에 따라 효율성의 원리는 더욱 강조된다.

⑤ 안정성의 원리: 교육은 본질적으로 중장기적인 성격을 가지고 있기 때문에, 교육의 현장인 학교의 경영은 일관성 있게 지속적으로 이루어져야 한다는 것이다.

나. 학교경영의 영역

학교경영 계획을 수립하고, 권한과 업무를 분담하거나, 문제의 소재를 파악하기 위해서 학교경영 활동의 내용을 영역별로 구분하는 것이 필요하다. 그러나 학교경영의 영역을 명확하게 구분하기는 쉽지 않다. 따라서 학자마다 다양하게 영역을 구분한다. 1970년대에 강길수 등(1973)은 학교행정의 과업 차원에서 장학, 학교경영조직과 운영, 인사 관리, 시설 관리, 재정, 사무 관리, 지역사회 관계 등으로 구분했다. 학교 운영의 영역을 행정과 관리의 관점에서 구분한 것으로 볼 수 있다.

이형행(1990)은 학교경영의 영역을 비교적 상세하게 구분한다. 즉, ① 교육방침과 교육계획의 수립, ② 교직원의 복무, 현직연수, 후생복지 등의 인사 활동,

③ 시설 관리와 환경 정비 조성의 활동, ④ 문서 등 사무 처리 활동, ⑤ 입학, 퇴학, 졸업 등 학사 관리 활동, ⑥ 학생과 교직원의 보건, 위생 활동, ⑦ 학교 내의 건전한 인간관계를 위한 조정 활동, ⑧ 교육과정 운영과 학력 신장을 위한 제반 활동, ⑨ 지역사회 인사들과의 관계 유지 활동, ⑩ 학교교육 활동에 관계된 평가 분석의 활동 등이다. 교육 방침과 계획 그리고 교육과정 운영을 구체적으로 명시한 것이 특징이다.

정태범(2000)은 이러한 영역별 분류는 학교에서 어떤 경영활동이 이루어지고 있으며 누가 해당 영역에 책임을 지고 있는지를 파악하는 데 도움을 주지만, 이들이 어떤 체계를 갖고 어떤 연계 속에서 운영되고 있는지를 파악하는 데는 도움을 주지 못한다고 지적했다. 그리고 학교경영의 영역을 교육목표 관리, 학교조직 관리, 교육과정 관리, 교육조건 관리, 교육성과 관리로 나누었다.

이상과 같은 학교경영 영역을 종합해서 볼 때, 학교의 핵심적인 기능인 교육계획과 교육과정 운영 그리고 학생 지도 영역은 독립적인 영역으로 구분해야 한다. 여타의 학교 구성원 인사, 조직 관리, 시설과 재정 그리고 사무 관리 영역 등도 중요한 영역이다. 요컨대 여기에서는 학교경영의 영역을 학교경영 계획, 교육과정 운영, 학생지도(교과지도, 생활지도, 특별활동지도), 교직원 인사 및 능력개발, 재정 관리, 시설 관리, 재정 관리, 사무 관리, 그리고 지역사회 관계 등으로 구분한다.

2. 학교경영 모형

학교경영 과정은 계획-실천-평가의 3단계로 이루어지는데, 이러한 경영의 흐름을 도식화한 것이 학교경영 모형이다. 학교경영 모형은 학교에서 교육 목표 달성을 위하여 어떤 과정을 거칠 것인가를 보여준다(강경석, 최기만, 2003).

학교경영의 다양한 모형들이 여러 학자들에 의해 제시되어 왔다(정태범 외, 1995; Cuthbert, 1984; Sergiovanni, 1984; Bush 1996, 2011). 그러나 이들은 서로 용어를 중복해서 사용하거나, 같은 용어를 다른 의미로 쓰기도 하였기 때문에 혼란스러웠다(Cuthbert, 1984). 따라서 새로운 경영 모형의 개발이 필요하다. Bush(1996)는 초등학교와 중등학교 및 대학을 대상으로 수행한 실제 사례 연구를 바탕으로 여섯 가지 학교경영 모형을 추출하고, 목표, 조직 구조, 외부 환경, 리더십 등 네 가지 측면에서 학교경영의 성격을 분석하였다. Bush는 2003년에 개정해서 낸 3판에는 리더십 개념을 경영 모델과 통합했다. 새로운 문헌을 추가하고 불필요한 문헌은 삭제해서 개정한 4판에서 Bush(2011)가 제시한 여섯 가지 학교경영 모형, 즉 공식적 모형, 합의제 모형, 정치적 모형, 주관적 모형, 불확실 모형, 그리고 문화적 모형의 특징은 다음과 같다.

첫째, 공식적 모형(formal model)은 조직의 위계적 구조를 강조하며 합리적 접근을 통하여 조직 목적을 달성하고자 하는 모형이다. 가장 적합한 리더십은 관리적 리더십이다.

둘째, 합의제 모형(collegial model)에서는 구성원의 참여적 의사결정 과정을 기본으로 한다. 이 모형에서 기관 내 영향력은 모든 이들에게 광범위하게 분산되며 지도자도 한 명의 참여자에 불과하다고 본다. 변혁적, 참여적 혹은 분산적 리더십을 강조한다.

셋째, 정치적 모형(political model)에서 조직 구조는 학교의 가장 주도적인 집단이나 개인의 이익을 반영한다고 여겨진다. 조직의 정책과 결정이 교섭 과정을 통해 나타나는 것으로 가정하고 지도자를 단체 교섭 과정과 협상 과정의 가장 적극적인 참여자로 여긴다. 거래적 리더십을 강조한다.

넷째, 주관적 모형(subjective model)은 전체 조직이나 그 하부 단위보다는 조직 내의 각 구성원에게 초점을 두는 접근이다. 주관적 모형에서는 교육기관이나 집단의 목표보다는 개개인의 목표를 중시한다. 따라서 교육기관의 목표는 그 조직 내에서 가장 강력한 사람들의 목표로 여겨진다. 그리고 리더십보다는 개인들의 조직 내 기여도에 중점을 둔다. 포스트모던 혹은 감정적 리더십을 중시한다.

다섯째, 불확실 모형(ambiguity model)은 조직에서의 불확실성과 불예측성을 강조한다. 이 모형에서는 조직의 목표, 조직 구조, 외부 환경으로부터의 영향, 조직

〈표 13-1〉 학교경영모형들 간의 특징 비교

경영의 요소	모형의 형태					
	공식적 모형	합의제 모형	정치적 모형	주관적 모형	불확실 모형	문화적 모형
목표결정 수준	조직	조직	하위 단위	개인	불확실	조직 또는 하위 단위
목표결정 과정	리더가 결정	합의	갈등	불확실/ 리더에 의해 영향을 받을 수 있음	예측 불가	공통의 가치에 바탕을 둠
목표와 의사결정과의 관계	목표에 기초한 결정	합의된 목표에 기초한 결정	우세한 연합의 목표에 기초한 결정	개인적 목표에 기초한 개인적 행동	목표와 무관한 결정	조직 또는 하위 단위의 목표에 기초한 결정
의사 결정 과정의 성격	합리적	합의적	정치적	개인적	쓰레기통	공통 가치의 범위 내에서 합리적
구조의 성격	객관적 실체 (위계적)	객관적 실체 (수평적)	하위 단위 간의 갈등을 통해 설정됨	사람들 간의 상호작용을 통해 구성됨	불확실	문화의 물리적인 표현
환경과의 연계	책임 있는 리더에 따라 개방적 체제 또는 폐쇄적 체제	공유된 의사 결정을 통해 모호해진 책무성	이익집단으로 묘사되는 불안정한 외부집단	개인적 의미의 원천	불확실성의 원천	가치와 신념의 원천
리더십 형태	리더가 목표를 설정하고 정책을 발의함	리더는 합의를 추구함	리더는 참여자이며 동시에 중개자	불확실 통제의 한 형태로 인식될 수 있음	전략적이며 신중한 리더십	상징적인 리더십
리더십 모델	관리적 리더십	변혁적 참여적 분산적	거래적 리더십	포스트 모던 감정적	상황적	도덕적

출처: Bush, T. (2011). *Theories of educational management(4th Ed.)*. London: Sage Publications Ltd, 199.

내 의사결정 과정 등이 모두 혼란스럽고 규정하기 어렵다고 본다. 조직의 리더 역시 직면한 불확실성과 비예측성에 대한 어려움을 강조한다. 상황적 리더십이 중요하다.

여섯째, 문화적 모형(cultural model)은 조직문화의 계승과 보존을 목표로 삼는 접근법이다. 이 모형에서 조직의 외부 환경이란 학교 문화 형성의 근원이 되는 다양한 가치 체계와 신념 체계들이다. 문화적 모형의 리더는 오랜 세월 동안 성공적인 전문적 경험을 통해 형성된 가치와 신념 체계를 가지고 조직 문화의 지지대 역할을 한다. 즉, 도덕적 리더십을 강조한다.

이상 제시한 여섯 개 모형의 특징을 목표, 조직 구조, 외부 환경, 리더십 등의 측면에 따라 정리하면 앞의 〈표 13-1〉과 같다.

3. 학교경영의 과정

학교경영에서는 교육 목표를 달성하기 위해서 교육과정을 어떻게 효율적으로 운영할 것인가를 고려하면서 기획(planning), 실천(implementation), 평가(evaluation)를 포함하는 일련의 과정을 거친다. 학교경영의 과정을 도식화하면 [그림 13-1]과 같다.

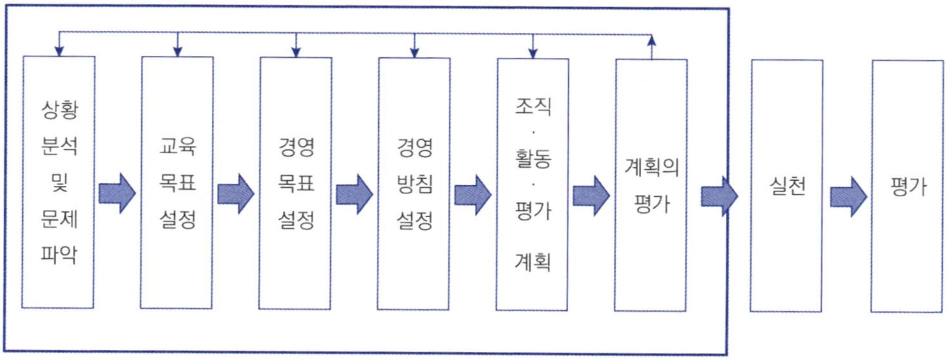

[그림 13-1] 학교경영의 과정

가. 학교경영 계획 수립

학교경영 계획의 수립은 계획 기간 동안 학교를 어떻게 운영할 것인가에 대해 구상하고 이를 구체화하는 작업이다. 학교경영 계획 수립은 상황 분석과 문제 파악, 교육 및 경영 목표의 설정, 조직 · 활동 · 평가에 대한 계획 등의 단계로 이루어진다. 각 단계별 활동을 살펴보면 다음과 같다(정태범 외, 1995; 박병량, 주철안, 2005; 정태범, 2002; 윤정일, 송기창, 조동섭 등, 2004).

1) 상황 분석 및 문제 파악

학교경영 계획을 작성하기 위해서는 먼저 학생들의 교육적 요구가 무엇이고 현재 학교 교육의 문제와 과제가 무엇인가를 분석한다. 이때 학교교육의 상위 목표, 지역사회의 실태, 학교의 여건 등을 고려해서 분석해야 한다.

2) 목표 설정 및 경영방침 설정

학교교육 목표는 중장기적인 안목에서 학생들이 궁극적으로 도달해야 할 인간상이나 행동 특성을 종합적으로 명시한 것이다. 학교교육 목표는 각 학교의 실정에 맞게 주체적으로 설정해야 한다. 학교경영 목표는 교육목표 달성을 위해 수행되어야 할 경영상의 기본 방향이다. 여기에 학교의 교육조건, 목표 달성을 위한 수단과 방법, 달성 가능한 목표치 등을 포함한다. 경영방침은 경영 목표가 더욱 구체화된 것으로서 경영 목표를 달성하기 위해 채택해야 할 활동의 원칙이다.

3) 조직 · 활동 · 평가 계획

학교경영 목표가 결정되면 각종 활동이나 과업을 수행할 부서를 만들거나 정하고 담당자를 배정한다. 활동 계획에는 학교조직이 경영 목표를 달성하고 경영 방침을 실천하기 위한 일련의 세부 활동, 즉 교육과정 운영, 교원의 전문성 개발,

교육 조건 관리 등이 포함된다.

계획 단계의 마지막 과정은 평가에 관한 계획을 수립하는 것이다. 이 단계에서는 설정된 목표를 달성하기 위해 ① 각 체제의 하위 요소들이 적절하게 투입되었는지(투입 평가), ② 투입에서 산출에 이르는 과정까지 상호작용이 적절히 이루어졌는지(과정 평가), 그리고 ③ 산출을 극대화했는지(산출 평가) 등을 검토하기 위한 계획을 수립한다.

4) 계획의 평가

계획이 실시되기 전에 이미 수립한 계획의 타당성을 다시 한 번 검토하고 평가하는 절차로 학교경영 계획의 마지막 단계이다. 이 단계를 거침으로써 자원과 노력의 낭비를 줄이고 학교교육의 효과를 높일 수 있다.

나. 학교경영의 실천

학교경영의 실천은 수립된 계획을 효율적으로 집행하여 경영의 성과를 극대화하고자 하는 모든 활동을 말한다. 이 단계에서는 계획된 과업을 수행할 조직을 합리적으로 편성하고 이 조직을 통해 과업을 효율적으로 관리・운영하게 된다.

1) 조직의 편성

학교조직은 학교경영 조직과 교육 조직으로 구분된다. 학교경영 조직은 다시 교무분장 조직과 운영협의 조직으로 세분된다. 교육조직은 교장-교감・수석교사-부장교사(학년부장, 교과부장)-학급담임교사(교과교사)로 이루어지는 조직 형태이다. 이것은 교육과정 운영을 직접 담당하며, 학급 조직, 교과 조직, 특별활동 조직 등이 있다.

2) 교육 지도 및 교육과정 관리

교육 지도는 학교 체제 내에서 가장 중요하고 핵심적인 일이다. 교육과정은 교육목표 달성을 위하여 학교에서 계획적으로 이루어지는 학생들의 모든 경험을 의미하며, 교과지도·특별활동·생활지도 등이 포함된다.

3) 지원·관리

교육과정 운영을 지원하는 모든 조건을 정비하는 활동을 말한다. 여기에는 인사, 시설, 사무, 내규, 장학, 환경 등에 관한 활동이 포함된다.

다. 학교경영의 평가

학교경영의 자율성과 책무성이 강조되면서 학교경영 평가의 중요성이 점점 더 부각되고 있다. 학교경영 평가를 목적에 따라 구분하면 진단 평가, 운영 평가, 기관 평가, 프로그램 평가 등으로 구분할 수 있다. 경영의 과정에 초점을 두어서 구분하면, 투입 평가, 과정 평가, 산출 평가로 구분할 수 있다(박병량, 주철안, 2005; 정태범, 2002). 투입 평가는 경영에 투입한 요소에 대해서 평가하는 것이다. 과정 평가는 학교경영의 실천 과정을 평가하는 것으로, 통상적으로 학교경영 영역별 활동을 평가 내용으로 한다. 산출 평가는 학교 경영의 결과에 대한 평가를 말한다. 교육과 경영 목표 달성도, 경영 영역별 성과와 업적 등에 대해서 평가한다.

4. 학교경영에 영향을 주는 주요 정책과 제도

학교교육의 질을 향상시키기 위해 경영을 개선하려는 정책적 노력은 세계의 거의 모든 국가에서 다양하게 지속적으로 이루어져 왔다. 이러한 노력들의 기반이 되는 이론은 단위학교자율책임경영제(School-Based Management: SBM)이다. 이것은 교육이 이루어지는 현장인 일선 학교에게 보다 많은 자율권을 부여하고 결과에 대해서 책임을 지도록 하자는 것이 핵심이다. 여기에서는 우선 단위학교자율책임경영제의 주요 내용을 살펴본다.

우리나라에서도 1990년도 중반부터 교육 개혁의 일환으로 학교 경영을 개혁하려고 노력해 왔다. 그러한 노력의 상징적이고 제도적인 결실은 학교공동체 조직관에 근거한 학교운영위원회 제도다. 이것에 대해서도 정리한다. 2010년대부터 시・도교육청이 도입한 혁신학교 정책은 학교 경영에 영향을 주어 왔다. 그리고 최근에는 학교자치 아이디어가 부상하고 있다. 이들의 특성에 대해서도 정리하려고 한다.

가. 단위학교자율책임경영제

1) 단위학교자율책임경영제 등장 배경과 개념

학교경영 혁신에 관한 하나의 접근법으로 1980년대 말부터 단위학교자율책임경영제가 부각되었다. 단위학교자율책임경영제(SBM)는 school-based management 혹은 school-site management를 번역한 용어인데, '단위학교책임경영제' 혹은 '단위학교자율경영제'로 번역해서 사용하기도 한다. 어떻든, 단위학교자율책임경영제는 교육과 학교 운영에 대한 권한이 상급 교육행정기관에 집중되어 있어서 일선 학교가 학생, 학부모 및 지역사회의 교육적 요구에 부응하는 데 한계가 있다는 인식에서 논의되기 시작했다(Murphy & Beck, 1995).

단위학교자율책임경영제는 학교 교육과 경영의 책무성을 높이기 위해서 교육행정기관의 의사결정 권한을 일선 학교로 이양하고 단위학교에서의 의사결정 권한을 행정가, 교사, 학부모가 공유하는 것이다. Caldwell(2005: 1)은 영국을 위시해서 미주 지역 그리고 아시아 태평양 지역의 주요 국가들이 시행하는 다양한 형태의 단위학교자율책임경영제를 연구하고 그것을 다음과 같이 정의했다. "교육 목표, 교육정책, 교육과정, 기준과 책무성에 관한 중앙집권적인 틀 속에서 학교 운영에 관한 중요한 결정 권한과 책임을 단위학교에 체계적으로 이양하는 제도"이다.

2) 단위학교자율책임경영제의 기본 전제

단위학교자율책임경영제는 다음과 같은 두 가지 기본 전제하에서 출발한다(David, 1989). 첫째, 학생과 가장 가까이 있는 사람들이 교육에 관해 가장 적절한 의사결정을 내릴 수 있다. 결국 교육 현장의 교사와 학부모가 학생(자녀)들에 대해서 가장 잘 이해하고 있기 때문에 이들의 권한이 확대되어야 한다는 것이다. 둘째, 학교의 변화는 구성원들이 주인의식을 가지고 각자의 직무에 충실할 때 가장 잘 일어난다. 이러한 주인의식은 구성원들이 학교 교육과 경영에 관한 의사결정 과정에 참여해서 권한을 행사함으로써 강화된다는 것이다. 요컨대 단위학교자율책임경영제는 일선 학교 구성원의 권한을 강화해서 주인의식을 갖도록 하고 최적의 의사결정을 하도록 함으로써 학교를 변화시키고 교육의 질을 높이기 위한 것이다.

3) 단위학교자율책임경영제의 모델

단위학교자율책임경영제는 의사결정의 주체 그리고 권한의 정도에 따라 크게 세 가지로 나눌 수 있다(진동섭, 김병찬, 2004; Murphy & Beck, 1995; Leitwood & Menzies, 1998a). 즉, 일선 학교로 이양된 권한을 누가 행사하느냐(교장, 교사, 혹은 학부모단체와 지역사회) 그리고 권한의 양과 범위에 따라서 행정적 통제 모델, 전문적 통제 모델, 지역사회 통제 모델, 균형적 통제 모델로 구분한다.

① **행정적 통제 모델**: 학교행정가 즉 학교장이 단위학교로 이양된 권한을 소유하는 형태이다. 상급 교육행정기관의 권한이 일선 학교로 넘어오기는 했지만, 교장이 아닌 다른 구성원 즉 교사나 학부모의 의사결정 권한은 제한된다.

② **전문적 통제 모델**: 학교장과 교사가 의사결정 권한을 공유하는 형태로서 교사에게 의사결정 권한이 이양되는 것이 아니라 교장과 공유한다. 따라서

의사결정이 이들의 합의나 투표에 의해 이루어지는 것이 보통이다.

③ 지역사회 통제 모델: 단위학교로 분권화된 권한을 학부모와 지역사회 인사가 소유하는 형태이다. 학교 경영에 대한 의사결정 권한이 제한되었던 학부모와 지역사회 인사의 주도적 참여를 보장하는 형태이지만, 이들이 교육에 관한 비전문가라는 점이 문제가 될 수 있다.

④ 균형적 통제 모델: 학부모와 교원(교사와 교장)이 권한을 균형 있게 공유하는 형태이다.

4) 자율책임경영의 영역과 유형

단위학교자율책임경영은 분권화의 정도에 따라 국가별, 지역별 그리고 학교별로 여러 영역에서 다양한 형태로 이루어진다(박세훈, 2000; Murphy & Beck, 1995; Caldwell, 2005). 그러나 가장 중요한 영역은 학교재정, 교원 인사, 교육과정, 조직 구조 영역이다. 학교 중심 교육과정과 교원 인사는 학교 예산에 의해 영향을 크게 받는다. 따라서 단위학교 예산 제도(School-Based Budgeting)는 여러 영역에서의 자율책임경영이 성공하는 관건이라고 볼 수 있다. 어떻든 단위학교자율책임경영의 영역과 유형은 국가, 지역, 학교별로 매우 다양하다.

5) 단위학교자율책임경영제의 효과

단위학교자율책임경영제가 어떤 효과가 있는지에 대해서는 목표를 무엇으로 설정하느냐에 따라 달라질 수 있다. 물론 그것의 궁극적인 목표는 학교 교육의 질을 향상시키는 것이다. 학교 교육의 질을 측정하는 지표로 가장 많이 사용하는 것은 학생들의 학업성취도이다. 1990년대부터 2000년대까지 단위학교자율책임경영이 학생들의 학업성취도 향상에 주는 영향에 대한 연구 결과를 종합하면, 분명한 직접적 혹은 간접적 효과는 발견할 수 없다(Murphy & Beck, 1995; Leitwood & Menzies, 1998b; Grauwe, 2004; Caldwell, 2005). 교육의 산출을 학업성취도와 함께 학생 출석률, 탈락률, 징계율과 같은 지표로 삼아서 효과를 연구해야 한다는 주장이 제기되기는 했지만, 자료 수집이 어렵다는 점 등으로 인해서 연구가 부족했다.

단위학교자율책임경영제의 효과를 학생의 교육적 산출이 아니라 교육과 경영의 과정 요인에 두고 연구할 수도 있다(Drury, 1999). 과정 요인의 예로는 구성원들의 권한, 자율성, 책무성, 만족감 혹은 효능감 등이 있다. 그러나 이들에 대한 영향 역시 기대에 미치는 수준이 아니라는 주장이다(Murphy & Beck, 1995; Leitwood & Menzies, 1998b; Grauwe, 2004).

6) 단위학교자율책임경영제의 의미와 시사점

단위학교자율책임경영제의 학생의 학업 성취도와 같은 성과에 대해서 긍정적인 평가가 이루어지지 않는다고 해서 그것의 가치와 의미를 과소평가하는 것은 성급하다. 긍정적 효과에 대한 분명한 결과를 얻지 못하는 것은 연구 방법과 자료의 문제도 있고, 제도 시행을 위한 요건의 문제가 있기 때문일 수 있다. 성과나 효과의 변인 설정과 자료 수집의 한계점 등은 전자에 관한 것이다. 그러므로 연구의 결과는 부분적이고 잠정적인 것으로 볼 수도 있다. 후자에 관해서는 일선 학교가 자율책임경영을 위한 역량이 갖추지 않은 상태에서 시행되고, 제도 결정 과정에서의 소모적인 갈등이 일어나고, 혹은 제도를 계획대로 실시하기 어려운 여건 속에서 시행된다는 등의 문제가 있다.

단위학교자율책임경영제의 효과에 대해서 의견이 엇갈린다 해도 상급 교육행정기관의 권한을 단위학교로 넘기고, 학교구성원들이 권한을 공유한다는 학교 경영의 원리는 충분히 명분도 있고 바람직하기도 하다. 단위학교자율책임경영제 실시의 일차적인 목표는 학생의 학업 성취도 향상이 아니라 교육체제의 권한 관계 변화, 단위학교의 자율성 확대 등에 있다는 주장도 있다(Grauwe, 2004; Caldwell, 2005). 단위학교자율책임경영제는 그 자체로 '도덕적 원리'로 의미가 있는 것이다. 그 가치를 구현하려는 다양한 정책적 제도적 노력이 현재까지 이루어지고 있음은 교육계가 그것을 인정하고 있다는 증거다. 단위학교자율책임경영제는 하나의 유형화된 프로그램이 아니다. 그것은 교육청과 학교에 따라서 다양한 모습으로 나타날 수 있는 학교 경영 개혁의 '플랫폼'이다(진동섭, 김병찬, 2004: 91-96). 단위학교자율책임경영제는 다양한 유형의 학교 경영 개혁 정책과 제도의 이념적, 이론적 기반이라고 본다.

나. 학교운영위원회 제도

단위학교자율책임경영제를 위한 제도적인 장치 중의 하나로 학교 내에 설치하는 각종 위원회가 있다. 학교운영위원회는 가장 전형적인 것이다. 우리나라에서는 1990년대 들어서 교육개혁을 추진하는 과정에서 그 아이디어가 제안되었다. 즉, 1995년 교육개혁위원회가 초・중등교육의 자율적 운영을 위한 학교공동체 구축 방안의 하나로 제시했다. 이후 지방교육자치에 관한 법률에 근거를 두고 1995년부터 시범적으로 실시했다. 그리고 법적 근거와 구성 및 운영에 관한 사항이 초・중등교육법으로 이관 제정되면서 1996년에는 국・공립 초・중등학교에, 2000년도에는 사립 초・중등학교에 설치되었다.

1) 학교운영위원회의 성격, 기능 및 구성

학교운영위원회는 학교 운영의 자율성을 높이고 지역사회의 실정과 특성에 맞는 다양하고 창의적인 교육을 할 수 있도록 만든 제도이다(초중등교육법 제31조). 학교운영위원회의 구성과 운영은 국・공립의 경우는 초・중등교육법시행령이 정하는 바에 따르도록 하고 있다. 사립학교의 경우는 이 시행령이 정하는 범위 안에서 정관으로 정하도록 되어 있다. 그러나 위원회의 구성과 위원 선출에 대해서는 국・공립의 관련 조항을 준용한다.

① 학교운영위원회의 성격 및 기능

모든 학교의 학교운영위원회는 심의기구이다(초・중등교육법 제32조). 학교

운영위원회의 주요 기능은 다음과 같다.

- 학교헌장 및 학칙 제정 또는 개정
- 학교의 예산안 및 결산
- 학교교육과정의 운영 방법
- 교과용 도서 및 교육 자료의 선정
- 교복 · 체육복 · 졸업앨범 등 학부모 경비 부담 사항
- 정규학습시간 종료 후 또는 방학 기간 중의 교육 활동 및 수련 활동
- 공모 교장의 공모 방법, 임용, 평가 등
- 초빙교사 추천
- 학교운영지원비의 조성 · 운용 및 사용
- 학교급식
- 대학입학 특별전형 중 학교장 추천
- 학교운동부의 구성 · 운영
- 학교 운영에 대한 제안 및 건의 사항
- 기타 대통령령이나 시 · 도의 조례로 정하는 사항
- 학교발전기금의 조성 · 운용 및 사용에 관한 사항(심의 · 의결 사항임)

사립학교의 학교운영위원회는 자문기구였으나, 2022년 3월부터 심의기구로 승격했다. 그러나 학교헌장과 학칙 제정 또는 개정은 자문 사항으로 남아 있다. 그리고 공모 교장이나 초빙 교사에 대해서는 심의 사항에서 제외된다. 인사권은 사립학교재단의 권한이기 때문이다.

학교장은 학교운영위원회의 심의 결과를 최대한 존중해야 하며 심의 결과와 달리 시행할 때에는 학교운영위원회와 관할청에 서면으로 보고해야 한다. 관할청은 학교장이 정당한 사유 없이 심의 결과와 달리 시행하거나 심의 결과를 시행하지 않을 때에는 시정명령을 내릴 수 있다.

한편, 학교발전기금 조성은 학교운영위원회의 의무적인 기능은 아니지만 중

요한 역할 중 하나이다. 학교발전기금은 기부자의 금품, 학교 내외의 학부모 조직이나 단체 구성원의 갹출이나 학교구성원이 아닌 사람들로부터 모금한 금품으로 이루어진다.

② 학교운영위원회의 구성

□ 학교운영위원회 정수

학교운영위원회는 교원 대표, 학부모 대표, 지역사회 인사로 구성한다. 위원의 수는 5명 이상 15명 이하의 범위 안에서 학교의 규모에 따라 달라진다. 학생 수 200명 미만의 소규모 학교의 경우 5인 이상 8인 이내, 학생 수 200명 이상 1천 명 미만의 중간 규모 학교에서는 9인 이상 12인 이내, 그리고 학생 수 1천 명 이상의 대규모 학교에서는 13인 이상 15인 이내로 규정한다. 운영위원의 구성 비율은 학부모위원 40~50%(특성화고등학교 30~40%), 교원위원 30~40%(특성화고등학교 20~30%), 지역위원 10~30%(특성화고등학교 30~50%)로 한다.

□ 학교운영위원의 자격

운영위원은 국가공무원 결격 사유에 해당되지 않아야 하고, 정당의 당원이 아니어야 한다. 다른 학교의 위원을 겸임할 수는 있다. 지역위원은 해당 학교가 소재하는 지역을 생활 근거지로 하는 사람이어야 한다.

□ 임기 및 선출 방법

위원의 임기는 2년이고 1차에 한하여 연임할 수 있다. 위원의 선출방식은 각각 다르다. 학부모위원은 학부모전체회의를 통하여 투표로 선출한다. 그러나 학교의 규모·시설 문제로 인해 전체 회의에서 선출하기 곤란한 경우 학급별 대표로 구성된 학부모대표회의에서 선출한다.

교원위원은 설립 유형에 따라 다르다. 국·공립학교의 경우 당연직 교원위원(교장)을 제외한 교원위원은 교원 중에서 선출하며 교직원전체회의에서 무기명투표로 선출한다. 사립학교의 경우 당연직 교원위원을 제외한 교원위원은 교직원전체회의에서 추천한 자 중에서 학교의 장이 위촉한다. 지역위원은 학부모위원 또는 교원위원의 추천을 받아 학부모위원 및 교원위원이 무기명 투표로 선출한다.

위원회에는 위원장과 부위원장을 각 1인씩 두는데, 교원 위원이 아닌 위원 중에서 무기명 투표로 선출한다. 임기는 1년이고 연임할 수 있다.

2) 학교운영위원회의 의의와 과제

학교운영위원회는 학교단위 자치기구로서 학교공동체 정신을 구현하는 제도적 장치라는 점에서 의의가 있다. 현행 학교운영위원회에 대해서는 긍정적인 평가와 부정적인 평가가 이루어진다(정수현, 박상완, 2005; 김병찬 2008; 김성열, 2021; 차성현, 2021; 한은정 2021). 학교운영위원회는 학교의 구성 주체이면서도 학교운영에 관한 의사결정에서 영향력을 발휘할 수 없었던 학부모, 지역주민, 교사들에게 참여의 기회를 부여하였고 교육에 관한 책무성을 새롭게 인식시키는 제도가 될 수 있음을 보여주었다. 그리고 학교가 다양한 구성원으로 이루어진 공동체라는 인식을 확산시키는 데 기여했다.

그러나 다른 한편으로는 학교운영위원회가 다양한 구성원들이 각자의 이해관계를 관철하려고 경쟁하는 곳이라는 인식도 존재한다. 이것은 공동체로서의 학교의 정체성 형성에 오히려 장애가 되고 있다는 비판도 있다. 이러한 점은 학교운영위원회의 잠재력을 위축시키거나 왜곡시키는 요인으로 작용한다. 학교운영위원회가 학교에 따라서 형식적으로 운영되고, 위원들의 참여 의지와 전문성이 부족한 것이 문제점으로 지적된다.

학교운영위원회에 관한 부작용을 극복하고 위원회 자체가 가지고 있는 순기능을 활성화시키기 위해서는 학교운영위원회 위원들이 스스로의 역할과 임무에 대해 성숙하고 적극적인 자세로 임해야 한다. 학교운영위원회 위원들은 위원회가 학교경영에 대한 학교장의 적극적인 동반자라는 것을 인식하고 학교교육에 대한 애정을 가지고 학교 발전을 위해 봉사하는 자세를 가져야 한다. 또한 위원들은 특정 집단 또는 개인의 이익이나 이해관계에 관여해서는 안 되며, 민주적인 토론

문화 조성을 위해 노력해야 한다(김병찬, 2008; 김성열, 2021; 차성현, 2021; 한은정, 2021).

다. 혁신학교 정책

혁신학교 정책은 2009년 경기도교육청이 13개 학교에 시행하면서 시작했다. 이후 2021년 현재 전국 17개 시도교육청의 2,165개 학교가 혁신학교 사업에 참여하고 있다(김성천, 강혜영, 고민숙 등, 2021: 77). 혁신학교 정책은 민주적인 학교 운영, 교사 학습 공동체, 창의적인 교육과정과 수업, 지역사회와의 연계를 특징으로 한다. 짧은 기간에 전국의 많은 학교에 확산됨으로써 찬성과 반대의 논란을 야기하면서 학교경영 전반에 커다란 영향을 주고 있다.

1) 혁신학교 정책 도입의 배경

혁신학교의 아이디어는 2000년에 들어서면서 경기도의 남한산초등학교를 위시해서 조현초등학교, 덕양중학교 등 폐교 위기에 처하거나 정상적인 운영이 어려운 작은 학교를 살리기 위해서 학교와 지역사회가 벌인 운동에서 시작되었다(김성천, 2018). 당시 우리나라에는 1991년부터 부활한 지방교육자치제가 자리를 잡아가고 있었고, 따라서 교육계에 분권과 자치의 가치가 확산되고 있었다. 정부는 1995년의 5·31 교육개혁안의 일환으로 초·중등교육의 자율적 운영을 위한 학교 공동체를 구축하는 사업을 추진했다. 교직사회는 진보적인 전국교직원노동조합원과 보수적인 한국교육단체총연합회원들이 분열되어 갈등하고 있었다.

이런 상황에서 2009년 경기도교육감을 주민이 직접 선출하는 선거가 있었다. 한신대학교 교수 김상곤이 진보 진영 후보로 출마해서 당선되었다. 혁신학교 정책은 무상급식과 학생인권조례 등과 같이 그가 내세웠던 공약의 하나였다. 김상곤이 교육감이 되어서 혁신학교 정책을 실시함으로써 혁신학교는 취약한 학교의 교사와 지역사회가 자발적으로 벌였던 학교 살리기 운동이 교육청에 의해서 제도화되기 시작했다(김성천, 2018). 이후 2011년에는 진보 교육감의 수가 6인으로 늘어났고, 이들이 경기도의 혁신학교 정책을 도입했다. 혁신학교는 진보 교육감의 수에 비례해서 늘어났다.

2) 혁신학교 정책의 내용

혁신학교 정책의 구체적인 내용은 시·도교육청마다 다르다. 혁신학교 이름도 경기도교육청은 혁신학교, 서울은 서울형혁신학교, 인천은 행복배움학교, 전남은 무지개학교 등 다양하다. 그러나 이들은 학교 문화와 경영 방식, 교육과정과 수업, 교사의 전문적 학습 공동체, 학교와 학부모/지역사회의 연계, 학교조직과 교육지원체제 등 차원에서 지향하는 가치가 공통점이 있다(박희진, 남미, 권동택, 2018). 경기도교육청에서 시작한 혁신학교 정책은 이후 다른 시도의 정책에 영향을 주어 시도교육청 간 동형화 현상을 보인다(박수정, 박정우, 2020; 김성천, 강혜영, 고민숙, 2021).

혁신학교는 단위학교의 교육과 경영의 총체적 혁신을 목표로 한다(서민희 외, 2021). 즉 학교 혁신의 '모델' 학교가 되기를 지향한다. 혁신학교 정책의 내용은 크게 민주적인 학교 운영, 교사 학습 공동체, 창의적인 교육과정과 수업, 지역사회와의 연계로 구분할 수 있다(이승호, 2017; 박희진, 남미, 권동택, 2018). 이 모든 영역이 학교경영과 관련이 있다.

혁신학교의 경영에서 강조하는 원리들은 학교 운영의 민주성, 교육과정 운영의 자율성, 교사 전문성 개발의 자발성, 학교와 학부모/지역사회의 협력성 등이다. 학교 운영의 민주성 측면에서 보면, 교장을 위시한 학교구성원 간의 수평적 관계와 교장의 민주적 봉사적 지도성을 강조한다. 교사 전문성 개발은 학습 공동체 이론에 기반을 둔다. 교사들의 자발적인 전문성 개발의 노력과 전문직으로서의 상호 협력을 강조한다.

3) 혁신학교 정책의 효과

혁신학교 정책의 효과에 대해서는 연구와 논의가 다양하게 이루어진다(김성아, 송경오, 2015; 유경훈, 2014; 김민규, 박세진, 2019; 허주, 정미경, 권순형 등, 2020; 서민희, 백병부, 이주연 등, 2021; 이인회, 2021). 정책 실시 이후 계속적으로 이루어지는 논란은 학업 성취도에 대한 영향에 집중되어 있다. 주요 이슈는 국어, 영어, 수학 중심의 전통적인 학업 성취도에 대한 효과, 그리고 이것과는 다른 새로운 학력, 역량, 비인지적 성취에 대한 효과에 관한 논란이다. 다른 이슈는 혁신학교 정책의 목표를 학업 성취도 향상에 둘 것인가 아니면 학교경영의 민주화, 자율화, 학교 문화의 변화에 둘 것인가에 대한 논란이다.

혁신학교 정책의 성과에 대해서는 연구자마다 다양한 주장을 한다. 이것은 연구 방법과 자료의 차이와 문제에 기인할 수 있다. 그러나 이에 못지않게 중요한 것은 연구자들이, 위에서 언급한 이슈에서 대해서 취하는 입장의 차이에서 나올 수 있다는 것이다.

혁신학교 정책을 보는 관점과 성향은 연구자들 사이에만이 아니라 교원들과 학부모들 사이에도 존재한다. 이러한 차이는 혁신학교 정책의 제도화 과정 속에 내재하는 것으로 볼 수 있다. 진보 성향의 교육감이 처음 도입했고, 같은 성향의 교육감이 당선되면 이어서 관할하는 시・도에 도입했다. 이들은 정책 협력 네트워크를 만들어 협력을 했다. 자연스럽게 보수 성향의 교육감이나 이해당사자들과 대립 구도가 형성된다. 이들 간에는 혁신학교 정책의 효과에 관한 생각이 다를 수밖에 없다.

어떻든, 학교경영의 측면에서 보면, 혁신학교 정책은 일반적으로 학교경영과 관련된 교사의 자발적인 전문성 향상, 민주적 소통과 협력적 문화, 그리고 교장의 민주적인 리더십에 영향을 준다는 점에서는 긍정적인 평가가 이루어진다.

한편, 혁신학교 정책을 시행하는 과정에서 나타나는 문제들도 있다. 예를 들면 "무늬만 혁신학교", 교내 교원들과 학부모들의 성향과 입장의 차이에서 나타나는 갈등, 교사들의 꾸며진 혹은 위장된 동료성, 학교 밖의 교원단체와 시민단체들의 부적절한 영향, 그리고 교육감의 교체로 인한 급격한 정책 변화 등이다.

혁신학교 정책은 긍정적 효과와 부정적 효과가 공존하고, 성과도 있고 과오도 존재한다. 이런 모든 측면은 앞으로도 일선 학교의 경영에 영향을 줄 것이기 때문에, 정책결정자와 교육행정가는 물론이고 현장의 구성원들이 잘 지켜봐야 한다.

라. 학교자치

학교경영에 영향을 줄 수 있는 정책과 제도로 2020년경부터 구체적인 논의가 진행되어 온 것으로 '학교자치'가 있다(김용, 2019). 학교자치의 개념은 아직 모호한 상태에 있다. 상식적이고 일반적으로 그것은 학교 단위에서 이루어지는 자치를 의미한다. 교육행정조직은 중앙교육행정기관, 지방교육행정기관, 단위학교 등으로 층을 이루고 있다. 지방교육자치는 지방교육행정기관을 단위로 해서 이루어지는 자치를 말한다. 교육행정의 보다 큰 권한을 지방교육행정기관이 행사함으로써 지방의 실정에 맞는 특색 있는 교육을 실시하도록 하는 제도다. 똑같은 논리로 학교자치는 교육과 행정의 권한을 단위 학교가 행사함으로써 학교의 실정과 학교 구성원의 요구를 반영해서 교육을 실시하도록 하는 제도다. 이러한 학교자치는 학교경영의 자율화와 민주화를 핵심적인 가치로 삼는다. 자율적인 경영에는 반드시 책임이 따른다. 책임이 따르는 권한이고 민주적 절차이다.

우리나라의 학교자치는 1980년대부터 시작되었던 교육 민주화 운동의 한 어젠다였다. 1990년대 중반부터는 학교공동체 구현을 목표로 해서 추진한 학교 자율화의 일환으로 추진되었다. 이런 학교 개혁의 이론적 기반은 앞에서 살펴보았던 단위학교자율책임경영제(School-Based Management, SBM)이다. 그리고 학교공동체 이론이다. 학교는 공동체로서 구성원들은 권한을 공유하고 의사결정에 참여하고 결과에 대해서 책임을 부담한다. 학교자치는 이러한 단위학교자율책임경영제와 학교공동체이론을 구현한 아주 다양한 유형과 형태들 중의 하나로 볼 수 있다.

학교자치를 실시하기 위해서는 다음과 같은 몇 가지 이슈에 대해서 입장이 정해져야 한다. 첫째, 학교자치는 자치권을 얼마나 행사할 수 있느냐에 따라 완전자치와 부분 자치로 구분할 수 있다. 이것은 기존에 중앙교육행정기관과 지방교육행정기관이 가지고 있던 권한 중에서 어떤 권한을 얼마나 이양하느냐에 따라 달라진다. 둘째, 학교경영의 중요한 과업으로 교육과정 운영, 조직, 인사, 재정, 시설과 사무관리 등이 있다. 이들 과업 각각에 대해서 단위학교가 얼마나 권한을 행사할 수 있는지가 결정되어야 한다. 셋째는 학교공동체 구성원들은 학생, 교사, 수석교사, 직원, 교장, 교감, 학부모, 지역사회인사 등 다양한데, 학교에 주어지는 권한을 이들에게 어떻게 배분하는지 결정해야 한다.

우리나라에서 진행되고 있는 학교자치 제도는 위와 같은 이슈들에 대해서 분명한 입장이 존재하지 않는다. 학교자치는 학교경영과 관련해서 교사를 위시한 구성원들의 지위, 이들 간 관계의 구조, 상호작용에 커다란 변화를 주는 것이고, 이들이 변해야지만 자치의 목적을 달성할 수 있다.

현재 우리나라 교육행정의 환경은 학교자치 본연의 취지를 구현하는 데에는 어려운 상황이다. 강력한 중앙집권적 행정 체제와 문화가 상존한다. 지방교육자치제가 본격적으로 시행한 지 30여 년이 지났지만, 아직 제대로 시행되지 못하고 있다. 지방교육자치단체의 중앙정부에 대한 재정 의존도는 아주 높다. 교원의 지위와 관련된 사항은 지방자치단체가 아니라 국가의 사무이다. 학교자치는 상급기관인 지방교육자치기관의 이런 여건을 고려해서 우선 제도를 전략적으로 구안해서 시행해야 한다.

그런데 지방교육자치단체인 시·도교육청은 2019년부터 학교자치에 대한 조례를 제정해 왔다. 2019년에는 광주광역시교육청을 필두로 해서 전라북도교육청, 경기도교육청, 2020년에는 전라남도교육청, 인천광역시교육청, 2021년에는 강원도교육청, 그리고 2022년에는 부산교육청이 제정했다. 주요 내용은 학생, 학부모, 교직원이 자치 기구를 설치할 수 있는 법적인 기반을 마련해주는 것이다.

학교자치 제도는 학교의 성격과 위상, 학교경영, 교원의 위상에 커다란 영향을 줄 수 있는 것이기 때문에 구체적인 방안을 마련하는 과정에 심혈을 기울여야 한다.

제2절 학급경영

교육행정과 학교경영이 추구하는 가치가 최종적으로 실현되는 곳은 바로 교사와 학생이 가장 많은 시간을 보내고 있는 학급이다. 학급경영은 일차적으로 교사의 직무다. 여기에서는 학급경영이 무엇인가에 대하여 살펴본 후에 교사가 적용할 수 있는 학급경영의 원리와 실제를 소개하고자 한다. 구체적으로, 학급조직, 학급환경 정비, 수업 경영, 학급경영 평가 등에 대하여 살펴보려고 한다.

1. 학급경영의 개념, 원리와 과업

가. 학급경영의 의의와 개념

1) 학급의 의의

학급경영을 이해하기 위해서는 먼저 학급에 대한 이해가 필요하다. 학급을 이해하려면 학교의 학년 조직표에 나타난 정태적인 특성부터 구성 요인들의 상호작용에서 드러나는 동태적인 특성까지 두루 살펴보아야 한다.

정태적인 관점에서 살펴볼 때, 학급은 학교 조직의 목적을 달성하기 위해 구성된 기본 단위이다. 많은 학생들을 효율적으로 가르치고 관리하기 위해서 구분한 단위가 학급이다. 학생 수가 아주 적은 지역의 학교들은 두 개 이상 학년을 묶어서 한 학급을 만들기도 하고, 학생 수가 아주 많은 지역의 학교들은 한 학년을 열 개 학급 이상으로도 구성한다.

동태적인 관점에서 살펴볼 때, 학급은 학습 집단이면서 교사와 학생의 공동생활 집단이다. 학교의 교육활동은 대부분 학급 단위로 이루어지기 때문에 학습 집단으로서의 학급은 그만큼 중요하다. 또한 학생들은 입학해서 졸업할 때까지 대부분의 생활을 학급에서 한다. 초등학교부터 고등학교까지 재학하는 동안, 부모와 함께 생활하며 가정에서 보내는 시간보다 학급에서 교사 및 급우와 함께 지내는 시간이 더 길 수도 있다. 그러므로 공동생활 집단으로서 학급이 가지는 의미는 매우 중요하다.

2) 학급경영의 의의

학생의 학업과 인격 형성은 학급경영 방식에 의해 큰 영향을 받는다. 이것은 학급경영의 중요성을 말해준다. 과거에는 가정이 교육의 중요한 기능을 분담하고 있었으나, 요즈음에는 핵가족의 증가, 맞벌이 부부 증가, 편부모 자녀 증가, 비교육적인 주변 환경 등으로 인하여 학교가 수행해야 할 기능이 확대되었다. 학교는 지식과 인성교육은 물론 탁아와 복지 및 보건 기능 등 다양한 기능을 수행한다. 이렇게 사회적 상황의 변화로 학급경영이 더욱 중요해짐에 따라 교사들의 어려움과 부담은 커진다(류방란, 이혜영, 2002). 상황은 이런데 학교경영에 관한 교육학자들의 관심이 높지 않고 따라서 연구도 소홀했다고 볼 수 있다(박남기, 2008; 조동섭, 김왕준, 2013).

3) 학급경영의 개념

학급경영의 개념은 학급경영을 보는 관점에 따라 다르게 정의할 수 있다. 그 관점은 사회의 변화에 따라 변한다. 2000년대 초반까지는 학급경영을 다음과 같이 세 가지 관점에서 이해했다(정태범 외, 1995: 510-514; 박병량, 주철안, 2012). 첫째는 질서 유지로서 학급경영이다. 이것은 학급경영을 좁게는 훈육과 동일시하는 것이고, 넓게는 문제 행동의 예방과 선도 및 학급 활동에 참여를 강조하는 것이다. 둘째는 조건 정비로서의 학급경영이다. 이 견해에 의하면 학급경영은 교육목적의 달성을 위해서 학급의 내적 환경과 학급의 제반 조건을 확립하고 유지하는 과정이다. 셋째는 교육 경영으로서의 학급경영이다. 이 견해에 의하면 학급경영은 계획, 조직, 조정, 지시, 통제, 의사소통 등의 조직 기능으로 정의할 수 있다. 학급조직도 다른 모든 조직과 마찬가지로 경영 기능을 수행한다고 보는 것이다.

이 중에서 첫째와 둘째 관점은 행정의 기본 단위로서의 학급의 성격을 강조한 것으로 볼 수 있다. 이런 관점은 점차 경영의 관점에서 학급경영을 보는 입장으로 변해왔다. 이것이 학급경영의 활동적이고 역동적인 측면을 이해하는 데 좀 더 적합하다. 이러한 관점에서 보면 학급경영은 학교교육 활동의 기본 단위로서의 학급을 대상으로 교수-학습 활동과 생활지도가 효율적으로 이루어지도록 인적·물적 자원을 활용하고 계획, 조직, 조정, 지시, 통제하는 활동이라고 정의할 수 있다.

교육행정학에서 학급경영이 차지하는 위상과 입지에 문제의식을 가졌던 박남기(2008)는 미국과 우리나라의 문헌을 분석해서 다음과 같은 4가지 관점을 제시했다. 수업경영적 관점, 학생의 행동경영적 관점, 학습 환경 조성 및 지원 관점, 통합적 관점 등이다. 통합적 관점에서의 학급경영은 "교사가 학급이라는 조직을 통해 교수학습의 목적을 달성하기 위하여 수행하는 제반 업무와 활동"이다(박남기, 2008: 25). 이런 구분은 수업을 학급경영 활동의 핵심으로 보는 수업경영적 관점을 부각시켰다는 점에서 의미가 있다. 그는 우리나라에서는 학습 환경 조성 및 지원 관점과 통합적 관점이 주류를 이룬다고 보았다.

신나라, 박수정(2017: 88)은 국내에서 이루어진 학급경영에 대한 연구 동향을 분석하고, 학급경영을 "교사가 학급의 목표를 달성하고 학급 학생의 교육적 성장을 위해 수행하는 제반 업무와 활동"으로 정의한다. 학급경영을 폭넓게 통합적 관점에서 규정한 것이다.

나. 학급경영의 과업

학급경영의 과업은 학급경영을 보는 관점에 따라 크게 두 가지로 분류할 수 있다. 첫째는 수업활동을 제외한 학급활동을 경영의 영역으로 삼는 입장이다.

이것은 질서 유지로서의 학급경영관과 조건 정비적 학급경영관을 가진 학자들이 취하는 입장이다. 학급활동에서 수업과 경영을 분리하고 경영활동을 수업을 위한 조건 정비와 질서 유지 기능으로 파악한다.

둘째는 수업활동과 경영활동을 구분하지 않고 학급활동 전체를 경영의 대상으로 삼는 입장이다. 이것은 통합적 관점에서 학급경영을 보는 학자들이 취하는 입장이다. 학급경영을 수업과 학생 행동 지도를 포함한 학급활동 전체를 대상으로 하는 활동으로 본다.[1] 통합적 관점에서 학급활동의 영역을 구분하면 다음과 같다. 즉, ① 학급경영 계획, ② 학급 조직, ③ 학급환경 정비, ④ 수업 경영, ⑤ 학생 행동 경영, ⑥ 학급사무 관리, ⑦ 학부모 관계 관리, ⑧ 학급경영 평가 등이다.

다. 학급경영의 원리

학급을 잘 경영하기 위해서는 학급경영의 방향과 지침을 제시하는 원리가 필요하다. 이 원리는 학급경영을 잘 수행하기 위해서 필요한 요건이라고 볼 수 있다. 담임교사는 학급을 경영할 때 학급경영의 원리에 입각하여 과업을 수행해야 한다. 최희선(2001: 279-280)은 학급경영의 원리로 자유의 원리, 협동의 원리, 노작의 원리, 창조의 원리, 흥미의 원리, 요구의 원리, 접근의 원리, 발전의 원리를 제시한다. 박병량, 주철안(2012: 458-459)은 교육적 학급경영, 학생 이해의 학급경영, 민주적 학급경영, 효율적 학급경영의 원리를 제시하고 있다. 그리고 권기욱(2003: 31-33)은 자유의 원리, 환경의 원리, 개별화의 원리, 존중의 원리, 참여의 원리, 흥미의 원리, 협동의 원리, 창조의 원리, 요구의 원리, 접근성의 원리, 발전의 원리를 제시한다. 이러한 원리들은 다음의 네 가지로 정리할 수 있다.

첫째, 교육성의 원리이다. 학급경영은 그 자체가 교육활동이기 때문에 모든 과업은 교육의 목적에 부합해야 한다. 모든 활동을 학생 개개인이 지적, 정의적, 신체적 발달을 이룰 수 있도록 계획하고 실천해야 한다.

둘째, 민주성의 원리이다. 학급경영은 민주주의 이념에 부합해야 한다. 교사의 독단을 지양하고 학생과 권한과 책임을 공유해야 한다. 학생의 인격을 존중하고

1) 우리나라의 교사, 특히 중등학교 교사는 교과 담임과 학급 담임의 역할을 구분해서 수행한다. 이점에 착안해서 이상철(2015)은 수업교실경영과 학급교실경영을 구분해야 한다는 새로운 주장을 한다.

대화를 통한 타협과 협력을 경험할 수 있어야 한다.

셋째, 효율성의 원리이다. 학급경영은 학급의 목표를 성공적으로 달성하되 최소한의 투입으로 최대한의 효과를 얻을 수 있도록 이루어져야 한다.

넷째, 통합성의 원리이다. 학급경영에서는 모든 과업이 교육 목적 달성을 위해 통합적으로 이루어져야 한다. 수업 경영과 학생 행동 경영의 양축은 긴밀한 관계를 맺고, 학급 조직과 환경 정비는 양축을 지원하고 보완하는 역할을 해야 한다.

2. 학급경영 계획과 실천

학급경영 계획은 학급의 교육목표를 효과적으로 달성하기 위해서 하는 준비 과정이다. 학급의 목표를 정하고 그 목표를 이루기 위해서 해야 할 일을 미리 계획해야만 모든 활동을 제때, 제 장소에서 실행할 수 있다. 학급경영 계획은 교사 자신과의 약속이자 학생과의 약속이다. 교사 스스로 일 년 동안 이루고자 하는 목표를 설정하고, 어떤 방침을 가지고 어떤 활동을 할 것인지 정한 다음 학생들과 학부모들에게 약속하는 것이다. 교사는 공표된 약속을 지키기 위해서 노력하고, 학생과 학부모는 학급경영에 대해 예측하고, 참여하고 협조할 수 있다. 또한 평가자도 될 수 있다. 이러한 모든 활동에 학급경영의 원리 즉, 교육성의 원리, 민주성의 원리, 효율성의 원리, 통합성의 원리를 충실하게 반영하도록 노력해야 한다.

가. 학급경영 계획의 수립 과정

학급경영 계획은 학교경영 계획과 학년경영 계획을 구체적으로 실천할 수 있도록 계획해야 한다. 계획은 학급의 현황을 파악하고 교육적 요구를 분석하는 일부터 시작한다. 여기에는 학교교육목표와 학년교육목표를 확인하고, 학생의 학습 실태와 가정 환경, 학부모와 지역사회의 요구를 파악하는 일이 이루어진다. 이때 학생 개인에 대한 자료 수집은 잘못하면 학생에게 부정적인 영향을 줄 수도 있기 때문에 유의해야 한다.

학급 현황과 요구를 바탕으로 학급경영의 목표를 설정하고 세부적인 활동을 계획한다. 각각의 활동은 목표와 일관성을 유지하도록 계획한다. 끝으로 학급경영의 목표 성취 수준을 파악하고 전 과정을 검토하기 위한 평가계획을 세운다. 이러한 과정은 [그림 13-2]와 같다. 학급경영의 과정에서 중요한 활동에 대해서 살펴보면 다음과 같다.

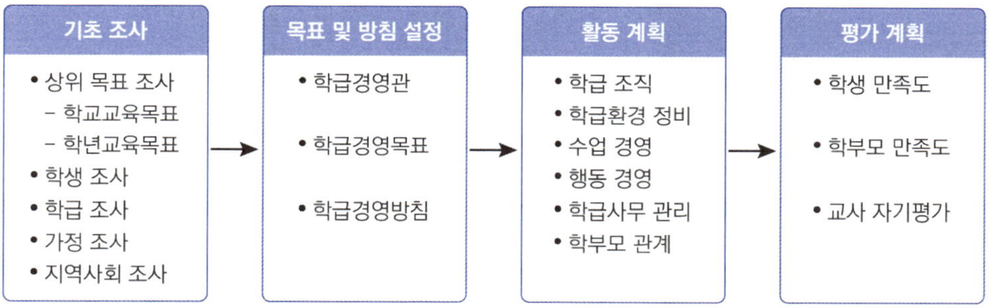

[그림 13-2] 학급경영 계획의 과정

나. 학급의 조직

1) 학급 조직의 개관

학급 조직은 학교조직 체계에서 교수-학습과 생활이 이루어지는 기본 단위이다. 그러므로 학급의 조직은 학급의 목표 달성을 위해서 타당한 그리고 효과적인 조직이 되어야 한다. 이를 위해 고려해야 할 원리, 기준, 방법은 다음과 같다.

① 학급조직의 원리

학급 조직은 학생이 잘 학습하고 생활하도록 구성해야 한다. 학급 조직의 원리에 대해서도 학자마다 생각이 다르다. 유길한 등(2005)은 전인적 발달의 원리, 개인차의 원리, 사회화의 원리, 능률화의 원리를 제시한다. 박병량, 주철안(2005)은 개인의 고른 발달을 돕는 집단, 개인차와 동질성을 동시에 갖는 집단, 도전감과 만족감을 주는 집단, 학업적 진보와 지적 통찰력의 발전을 제공하는 집단이 되도록 학급을 편성해야 한다고 주장한다. 이러한 원리들 가운데 보편적이면서 현장에서 필요하다고 생각하는 원리로는 타당성의 원리, 개인차의 원리, 적정화의 원리, 그리고 참여의 원리를 들 수 있다.

타당성의 원리는 학급은 교육 목적을 이루기에 적합하도록 조직되어야 한다는 것이다. 학급은 학생의 지적, 정의적, 신체적인 영역에서 고르게 발달할 수 있는 조직이 되어야 한다. 타당성의 원리를 강조하면 교사나 학생의 개인적 취향이나 선호도는 어느 정도 제한될 수도 있다.

개인차의 원리는 학생들의 개인차와 특성을 존중하고 이들 간에 협력과 조화를 이루도록 조직되어야 한다는 것이다.

적정화의 원리는 학급은 교사가 학생들의 개인차를 보살피는 데 적합한 인원 수로 조직되어야 한다는 것이다. 그리고 학급은 학습 집단이면서 생활 집단이므로 사회적 발달에 필요한 적정 학생 수가 확보되어야 한다.

참여의 원리는 학급은 구성원의 특성과 취향을 고려하여 조직해야 한다는 것이다. 또한 학급 내 조직에서도 교사의 일방적 지시에 의해 구성되기보다는 학생들이 스스로 조직을 형성하고 운영하도록 한다.

② 학급 편성의 유형 및 방법

학교의 학급 수와 학급당 학생 수는 교육감이 정하게 되어 있다(초・중등교육법시행령 제51조). 그리고 학급은 같은 학년, 같은 학과로 하되 학교장이 교육과정 운영상 필요한 경우에는 2개 학년 이상의 학생을 1학급으로 편성할 수 있다. 고등학교 이하 각급 학교에는 특수교육을 필요로 하는 학생을 위한 특수 학급을 둘 수 있다.

단위학교에서의 학급 편성 방법에는 단식 및 복식 학급 편성, 이질 및 동질 학급 편성, 과정별 학급 편성 등이 있다. 단식 학급은 1개의 교실, 혹은 1일 중에 하나의 학급을 할당하여 운영하는 학급이다. 현재 우리가 흔히 볼 수 있는 유형이다. 복식 학급은 1개의 교실 혹은 1일 중에 두 개 이상의 학급을 통합하여 운영하는 학급, 혹은 두 개 이상의 학년을 한 학급에 편성하여 운영하는 학급을 말한다. 이것은 농어촌 벽지 초등학교에서 볼 수 있다.

현행 학제에서 가장 기본적인 학급 편성 형태가 이질 집단 편성이다. 이질 집단은 지능이나 성적이 다른 학생들이 고루 섞이도록 학생을 배치하는 방법이다. 한편 동질 집단 편성은 지능이나 성적이 비슷한 학생들끼리 모이도록 학생을 배치하는 방법이다. 동질 집단 편성은 능력별 반 편성 또는 우열반 편성을 말한다.

과정별 학급 편성 방법은 전문계 고등학교에서 주로 나타난다. 공업고등학교, 상업고등학교, 농업고등학교 같은 전문계 고등학교는 학과별로 학급을 편성하는데 이를 과정별 학급 편성이라고 한다(윤정일, 송기창, 조동섭 등, 2004).

2) 학급집단 지도의 일반적 지침

학급집단의 기본적 특성을 바탕으로 학급을 구성하고 운영하는 데 고려해야 할 사항은 다음과 같다(박병량, 주철안, 2005: 439-440).

첫째, 모든 집단은 공동 목표를 달성할 수 있는 협동체로 조직한다. 집단 구성원에게는 집단의 목표를 확인시키고, 역할과 책임을 분담시키며, 의사소통 내지 지휘 체계를 수립한다.

둘째, 모든 집단에는 규칙과 규범이 있어야 한다. 학생들에게 집단 활동의 절차, 규칙 및 행동 규범을 주지시키고, 행동의 준거로 삼도록 한다.

셋째, 모든 집단에서 의사소통이 원활하게 이루어질 수 있도록 구조화한다. 학생과 교사, 학생과 학생 간에 의견, 생각, 감정 또는 정보를 자유롭게 교환할 수 있도록 조직한다.

넷째, 모든 집단은 구성원 모두가 참여할 수 있는 민주적이고 자율적인 형태로 조직하고 운영한다. 소집단 지도에서도 집단별 자율성이 신장될 수 있도록 조직·운영한다.

다. 학급환경 정비

학급환경에는 물리적 환경, 심미적 환경, 그리고 심리적 환경이 있다. 이들에 관해 살펴보면 다음과 같다.

1) 물리적 환경

교실의 조도와 소음 수준 그리고 공기의 질은 학생들의 행복과 학습 능률 향상을 위하여 중요하다. 학교의 일반교실, 특별교실, 도서실, 교무실 등 주요 학습공간의 조도는 용도와 기능에 맞게 조절해야 한다.

학교의 특성상 학생들이 교실이나 운동장에서 다양한 활동을 하기 때문에 소음 문제도 심각하게 고려해야 한다. 요즘에는 특히 프로젝션 텔레비전이나 마이크 사용이 증가하고 있으며, 학교가 대규모일 경우 소음 문제는 더욱 심각하다. 소음이 있는 곳에서 일하는 사람은 조용한 곳에서 일하는 사람보다 피로하기 쉽고 신경질적이며 초조하게 된다(신중식 외, 1995). 공부와 생활에 적당한 온도를 유지하고 맑은 공기로 환기시켜 주는 것도 중요하다.

2) 심미적 환경

교실의 벽면과 게시판에 전시와 게시를 함으로써 학생들이 교실을 아늑하고 아름다운 공간으로 느낄 수 있도록 해야 한다. 더불어 전시와 게시는 교과 학습과 연관되게 구성할 필요가 있다. 그리고 환경을 구성할 때 학생들이 참여해야 한다.

현장 교사들이 조언하는, 부분별 환경을 꾸미는 방법은 다음과 같다(우리교육, 2005: 218-220). 교실 앞면은 학생들이 가장 많이 바라보는 곳이다. 따라서 지나치게 화려한 장식으로 시선을 흩뜨리는 것은 피한다. 앞면은 비우거나 최소한으로 단장하는 것이 좋다. 게시판은 학생 작품을 전시하는 것에서 나아가 수업의 용도로 활용할 수도 있다.

3) 심리적 환경

학급의 환경하면 물리적인 환경이나 심미적인 환경만을 생각하게 된다. 그렇지만, 학급 분위기나 풍토와 같은 심리적 환경도 매우 중요하다(박병량, 주철안, 2005; 남정걸, 2006). 교사와 학생들이 서로 지원해 주는 학급의 분위기는 자긍심과 기본적 동기를 만족시켜 준다. 또한 그러한 학급은 학생들의 지적 능력을 최대한으로 발휘할 수 있는 기회를 준다. 그러나 경쟁심, 적의, 소외감 등의 학급 분위기는 많은 학생들의 불안과 걱정의 원인이 될 뿐만 아니라, 지적 발달에 기여하지 못 한다.

라. 수업 경영

1) 수업 경영의 개념 및 의의

수업 경영은 단위 수업을 계획, 실천, 평가하고, 단위시간에서부터 일일 수업-주별 수업-월별 수업-학기별 수업-연간 수업에 이르기까지 물리적·심리적 환경을 고려한 투입-과정-산출 등의 전체적인 운영을 의미한다(신상명 외, 2004: 113). 수업에는 교과지도, 특별활동, 재량활동이 포함된다. 이 세 가지 활동을 포함하는 수업은 학교에서 가장 많은 시간을 차지하므로 학생의 성장에 가장 큰 영향을 미친다. 또한 교과지도는 상급 학교로의 진학과 관련되기 때문에 학생, 학부모, 교사 모두에게 핵심적인 관심 영역이 되고 있다.

2) 수업 경영의 원리

수업 경영의 원리는 여러 가지가 있으나 그 가운데 참여의 원리, 수준별 수업의 원리, 통합의 원리는 핵심적인 원리이다.

수업 경영의 첫 번째 원리는 참여의 원리이다. 말이나 보여주기보다는 학생들이 직접 체험하거나 원리를 찾는 활동에 참여하도록 해야 한다. 또한 학생들이 스스로 학습을 계획해서 실천하도록 도와주어야 한다.

두 번째는 수준별 수업의 원리이다. 학급은 다양한 수준의 학생들이 한 곳에 모여 있는 곳이므로 구체적인 활동이 수준별로 이루어지도록 해야 한다. 기본 학습은 모든 학생들이 공통으로 수행하고, 그 이후에는 보충 학습과 심화 학습으로 나누어 학생 개인의 실력에 맞는 활동에 참여하도록 해야 한다.

끝으로 통합의 원리이다. 각 활동의 내용이 통합되도록 계획하고 지도해야 한다. 교과 간 유사한 원리가 연결되도록 지도하고, 이미 습득한 내용과 새로운 내용이 연결되도록 지도하며, 수업과 생활을 연결시켜서 지도해야 한다.

3) 수업 설계의 과정

교사가 실제로 수업을 계획할 때 '무엇을', '어떤 순서로', '어떻게' 해야 하는지 아는 것은 수업의 성패에 큰 영향을 미친다. 변영계, 이상수(2003)가 제시한 수업 설계의 과정은 [그림 13-3]과 같다.

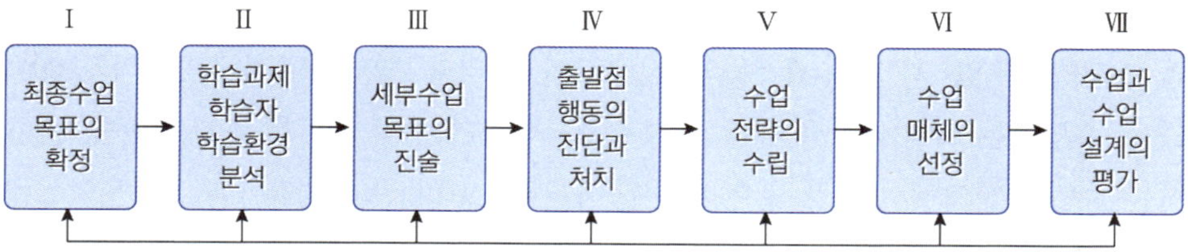

[그림 13-3] 수업설계의 과정

마. 학급경영 평가

1) 학급경영 평가의 개념 및 기능

학급경영 평가는 계획-실행-평가로 이어지는 경영 과정의 마지막 단계로서 학급경영 활동의 가치를 체계적으로 조사·판단하는 활동이다(정태범 외, 1995). 즉, 학급경영을 위한 계획에서 목표했던 바를 얼마나 실현했는지, 미진한 부분은 무엇이고 개선을 위한 요구는 무엇인지 확인하는 과정이라고 볼 수 있다.

학급경영 평가는 다음과 같은 기능을 가지고 있다(박병량, 주철안, 2005). 첫째, 경영활동의 성취도를 확인해 준다. 둘째, 학급경영의 문제점을 진단할 수 있다. 셋째, 교사를 포함하여 학급 구성원의 동기를 유발시킨다. 넷째, 학급경영의 개선을 위한 정보를 제공해 준다. 다섯째, 학급경영의 책무성, 특히 학급경영에 참여한 사람들의 책임을 확인해 준다. 여섯째, 학급경영에 대한 제반 의사결정을 하는 데 도움을 준다.

2) 학급경영 평가의 과정

학급경영 평가의 과정은 일반적인 평가의 과정과 유사하게 다음과 같이 네 단계로 나눌 수 있다. 첫째, 평가의 대상과 목적을 정한다. 이것은 평가가 이루어지기 전에 세우는 것이 중요하다. 둘째, 평가의 준거와 기준을 설정한다. 여기에는 절대적 기준과 상대적 기준을 사용할 수 있다. 셋째, 평가 준거와 기준에 관련된 자료를 수집한다. 자료 수집의 방법과 자료의 성격은 다양하다. 한 가지 간과하기 쉽지만 중요한 것은 교사가 일상적으로 하는 관찰의 기록이다. 넷째, 사정 및 평가 대상의 가치를 판정한다(박병량, 주철안, 2005: 501). 평가의 결과는 경영 개선의 자료로 활용한다.

질문 / 토의거리

1. 학교경영의 개념과 원리를 설명해 보자.
2. 학교경영의 모형의 특징을 구체적인 예를 들어 설명해 보자.
3. 학교경영에 영향을 줄 수 있는 정책이나 제도를 선정해서 어떤 영향을 주는지 논의해보자.
4. 학급경영의 개념과 원리를 설명해 보자.
5. 학급경영의 영역 하나를 선정해서 그것을 경영할 때 필요한 지침을 만들어 보자.

참고문헌

강경석, 최기만(2003). 학교 · 학급경영의 이론과 실제. 서울: 원미사.

권기욱(2003). 현대 교육사조를 반영한 최신 학급경영. 서울: 원미사.

김민규, 박세진(2019). 혁신학교가 학업성취도 향상에 미치는 연구. 교육행정학연구, 37(2), 149-174.

김병찬(2008). 학교운영위원회 제도의 명과 암: 초등학교 학교운영위원회 운영과정 사례 연구. 교육행정학연구, 25(4), 185-214.

김성아, 송경오(2015). 초등 혁신학교 교사가 인식하는 혁신특성요인이 정책 수용도에 미치는 영향 분석. 초등교육연구. 28(3), 52-54.

김성열(2021). 학교운영위원회 25년: 제도의 도입, 변화와 정착, 그리고 과제. 교육비평, 47, 6-52.

김성천(2018). 혁신학교 정책의 여섯 가지 차원의 딜레마. 교육문화연구, 24(2), 33-56.

김성천, 강혜영, 고민숙, 이현숙, 이형빈, 조미정, 홍섭근, 정영천(2021). 교육자치 30년 성과 분석과 과제 연구 (2021 서울특별시교육청 위탁연구). 서울특별시교육청, 한국교원대학교.

김용(2019). 학교 민주주의 구현을 통한 학교자치의 방향과 과제. 2019 제2회 교육정책네트워크 교육정책 토론회 “학교 민주주의 구현을 위한 학교자치, 무엇이 필요한가?”. 19-29.

남정걸(2006). 교육행정 및 교육경영. 서울: 교육과학사.

류방란, 이혜영(2002). 초등학교 교사의 생활과 문화. 한국교육개발원 RR 2002-5.

박남기(2008). 초등학급경영의 개념과 범위 그리고 영역 분석: 단행본, 승진규정, 학급교육과정 운영부를 중심으로. 초등교육연구, 21(1), 1-32.

박병량, 주철안(2005). 학교 · 학급경영(개정판). 서울: 학지사.

박병량, 주철안(2012). 교육행정 및 교육경영-학교 · 학급경영 중심. 서울: 학지사.

박세훈(2000). 단위학교 책임경영제의 조건과 성과에 관한 연구. 교육행정학연구, 18(4), 33-68.

박수정, 박정우(2020). 시 · 도 교육청의 혁신학교 정책 분석. 학습자중심교과교육연구. 20(9), 621-645.

박희진, 남미, 권동택(2018). 국내 혁신학교 기본가치와 운영 평가 비교 연구. 비교교육연구, 28(6), 131-152.

변영계, 이상수(2003). 수업설계. 서울: 학지사.

서민희, 백병부, 이주연, 심재휘(2021). 혁신학교 성과, 어떻게 볼 것인가?-성과 연구에 대한 메타분석을 중심으로. 교육현안보고서(정책분석편), 2021 1호. 한국교육개발원, 교육정책네트워크.

서정화, 김세기, 김용숙(1988). 학교경영. 서울: 갑을출판사.

신나라, 박수정(2017). 학급경영에 대한 국내 연구동향 분석(2000~2016). 교육행정학연구, 35(5), 85-110.

신상명 외(2004). 초등교사교육을 위한 교육학 기본과목(학급경영) 프로그램 개발. 교사-교육 프로그램개발과제, 2004-8-3. 서울: 교육인적자원부.

신중식 외(1995). 교육시설행정론 – 한국교육행정학회 교육행정학전문서. 서울: 도서출판하우.

우리교육(2005). 초등학급운영-학급운영 터잡기 1. 서울: (주)우리교육.

유경훈(2014). 학교혁신 과정의 양가성: 혁신학교 운영과정에 관한 문화기술적 사례연구. 박사학위논문. 경희대학교대학원.

유길한 외(2005). 초등교사교육을 위한 교육학 기본과목(학급경영) 확산 연구. 교사교육 프로그램 개발과제, 2005-8-3. 서울: 교육인적개발부.

윤정일, 송기창, 조동섭, 김병주(2004). 교육행정학원론. 서울: 학지사.

이상철(2015). 중등학교 교사의 학급경영과 교실경영의 재개념화 연구. 수산해양교육연구, 27(2), 783-790.

이승호(2017). 혁신학교 정책집행 과정 특징 분석. 박사학위논문. 서울대학교대학원.

이인회(2021). 3 혁신학교는 교육의 지형을 어떻게 바꾸고 있는가. 박수정 외(2021). 김용, 엄문영, 이인회, 이희숙, 차성현, 한은정(2021). 오늘의 교육 내일의 교육정책. 서울: 학지사, 53-70.

이형행(1990). 학교경영, 학교경영과 교장의 역할, 교장자격연수교재 '90-1. 한국교원대학교 종합교원연수원.

정수현, 박상완(2005). 학교운영위원회의 운영 실태와 성과 분석. 교육행정학연구, 23(2), 303-318.

정태범(2000). 학교경영론. 서울: 교육과학사.

정태범(2002). 학교경영의 발전과 과제. 서울: 양서원.

정태범 외(1995). 학교 · 학급경영론. 한국교육행정학회.

조동섭, 김왕준(2013). 학교행정 연구의 성찰과 과제. 한국교육행정학회 편. 한국 교육행정학 연구 핸드북. 서울: 학지사.

진동섭, 김병찬(2004). 단위학교 자율경영체제 연구. 한국교육개발원 수탁연구 CR2004-9-17.

차성현(2021). 12 학교를 움직이는 학교자치. 박수정 외, 김용, 엄문영, 이인회, 이희숙, 차성현, 한은정(2021). 오늘의 교육 내일의 교육정책. 서울: 학지사, 217-230.

최희선(2001). 학교 · 학급경영: 이론과 실제. 서울: 형설출판사.

한은정(2021). 13 학부모, 학교교육의 지원자에서 참여자로. 박수정, 김용, 엄문영, 이인회, 이희숙, 차성현, 한은정(2021). 오늘의 교육 내일의 교육정책. 서울: 학지사, 231-244.

허주 외(2020), 권순형, 이승호, 민윤경, 정규열, 양병찬, 김성천, 박성일(2020). 혁신교육 중 · 장기 발전 방안 연구. 한국교육개발원, 연구보고 RR 2020-02.

Bush, T. (1996). *Theories of educational management*. London: Paul Chapman.

Bush, T. (2011). *Theories of educational leadership and management*(4th Ed.). London: Sage Publications Ltd..

Caldwell, Brian J. (2005). *School-Based Management*. Paris: The International Institute for Educational Planning(IIEP), UNESCO.

Cuthbert, R. (1984). *The management process, E324 management in post compulsory education, Block 3, Part 2*, Milton Keynes: Open University Press.

David, J. (1989). Synthesis of research on school-based management. Educational Leadership, 48(8).

Drury, D. W.(1999). *Reinventing school-based management.* National School Boards Association.

Grauwe, A. D. (2004). *School-based management (SBM): Does it improve quality?*. Paper commissioned for the EFA Global Monitering Report 2005, The Quality Imperative, UNESCO.

Leithwood, K., & Menzies, T. (1998a). Forms and effects of school-based management: A review. *Educational policy*, 12(3), 325-347.

Leithwood, K., & Menzies, T. (1998b). A review of research concerning the implementation of Site-based management. *School effectiveness and school improvement*, 9(33), 233-285.

Murphy, J. & Beck, L. G. (1995). *School-based management as school reform: Taking stock*. Thousand Oaks, CA: Corwin.

Sergiovanni, T. J. (1984). Cultural and competing perspectives in administrative theory and practice, In T. J. Sergiovanni, & J. E. Corbally (Eds.), *Leadership and organizational culture* (pp. 1-17). Chicago: University of Illinois Press.

제14장 학교평가

오늘날 '평가만능시대'라고 불릴 정도로 사회의 모든 부문에서 평가가 시행되고 있으며, 평가에 거는 기대도 큰 것으로 보인다. 특히 자율, 경쟁, 분권, 탈규제 등의 가치를 추구하고 있는 소위 신자유주의의 물결 속에서 평가는 평가대상 세계에 대한 질 관리, 경쟁력 강화, 그리고 고객 만족을 위한 필수적인 요소로 여겨진다. 이러한 현상은 교육 분야도 예외는 아니다. 평가는 교육행정기관과 학교에 대해서도 이루어진다. 특히 학교평가는 교사의 전문성 향상과 학교 교육 서비스의 질을 높이기 위한 수단으로 널리 활용되고 있다. 학교평가는 학교경영의 중요한 영역이고 학교경영의 여러 측면에 커다란 영향을 주기 때문에, 이것에 대한 이해는 필수적이다. 이 장에서는 학교평가의 목적과 의의, 역사, 공과 및 쟁점, 그리고 발전 방향 등을 다룬다.

제1절 학교평가의 목적과 의의

모든 종류의 평가는 기술적·방법적 행위일 뿐만 아니라 정치적 행위이다. 평가를 위한 목적과 문제를 설정하고, 그 목적을 달성하기 위한 평가의 대상과 방법을 결정할 때 우리는 정치적 선택을 하고 있다. 그리고 그 평가 결과를 어떻게 해석하고 활용할 것인지, 그리고 평가 결과 가운데 어떤 것을 선택적으로 더 강조할 것인지 결정하는 일은 이미 정치적 맥락 안에 들어와 있는 것이다(김재웅, 2008; Weiss, 1991).

정부가 책임지고 있는 공공 부문에서는 선거에서 주민들의 표를 의식하고 있는 정치가들이 납세자들에 대한 책무성을 높이기 위한 수단으로 평가를 활용하고자 한다. 학교평가도 여기에서 예외가 아니다. 그러나 모든 평가가 그렇듯이, 평가의 목적은 책무성을 확인하는 데에 그쳐서는 안 되고, 평가대상의 전문적인 발달을 도와주는 데까지 나가야 한다. 학교평가의 경우, 교육기관으로서 학교가 학생 교육이라는 자기 역할과 책임을 어느 정도 충실하게 이행하고 있는가를 점검하는 동시에 이를 지원하는 과정으로서 책무성 관리와 교사 및 학생의 발달을 모두 포함해야 한다.

그러나 1990년대 중반 도입된 우리나라의 학교평가는 교사 및 학생 발달 측면과는 상관없이 관 주도로 책무성을 확인하는 장학의 형태로 이루어져 왔다. 즉 학교평가의 목적은 학교 구성원의 전문적 발달 및 학교의 질 향상이라는 본질적인 목적과 함께 책무성을 묻고 상벌을 주기 위한 목적의 두 가지로 구분되는데, 초기의 학교평가는 후자가 지배했다고 할 수 있다.

책무성 관점에서 볼 때, 평가는 책무 이행자가 자기 책무를 어느 정도 이행하고 있는지를 점검하고 확인하는 장치이다. 평가의 결과가 정해진 기준을 만족시키면 책무를 성실히 이행한 것으로, 그렇지 못한 경우에는 책무 이행에 부족한 점이 있는 것으로 본다. 이 점에서 평가는 책무 이행의 사후 확인 장치라는 의미와 함께 책무 이행자가 책무 이행에 관심을 지니도록 유도하는 사전 촉진 장치라는 의미도 있다.

그러나 책무성 중심의 학교평가가 의미를 지니려면 다음과 같은 사항이 고려되어야 한다(이차영, 2010: 48). 첫째, 학교의 성과가 학교 구성원의 노력과 능력에 따라 달리 나타나는 경우 그 책임을 학교에 물을 수 있지만, 그것이 학교의 노력과 능력 범위를 벗어난 외부 요인에 의해 영향받는 경우 학교에 대해 그 책임을 묻기 어렵다. 둘째, 학교에 책임을 묻기 위해서는 학교가 책무를 수행할 수 있는 자율권을 갖고 있어야 한다. 따라서 타율적으로 어쩔 수 없는 상황에서 어떤 결과가 나온다면, 그 결과에 대하여 학교에 책임을 묻기 어렵다. 셋째, 학교의 성과에 대해 학교에 책임이 있고 또 자율권이 허용되어 있었다 하더라도 학교 구성원(교장,

교사, 학생, 학부모 등)이 지는 책임의 몫은 서로 다르다는 점이 인정되어야 한다.

책무성 중심 학교평가가 갖는 문제가 제기됨에 따라, 2000년대 들어 학교의 질 개선, 구성원의 성장에 초점을 두는 대안적 모형들이 제시되었다. 예를 들어, 김정원(2001)은 단위학교 교육의 질 개선을 지원하는 질적 학교평가, 상호정보제공형 학교평가 모형을 제시하면서, 학교평가의 목적에 따라 크게 두 가지 유형으로 구분하였다. 첫째는 특정 학교가 어느 수준에 와 있는지를 절대적 또는 상대적으로 판정하기 위한 목적으로 이루어지는 관리 중심 평가이고, 둘째는 특정 학교가 지닌 문제점과 장점을 드러내어 그 개선 방안을 모색하는 성장 중심 평가이다. 김정원은 이 중 후자의 학교평가를 상호정보제공형 학교평가로 부른다. 여기서 상호정보제공형 학교평가란 평가 기준 도달 여부, 평가 결과에 따른 상벌 부과, 시정 명령, 인정, 통제 등을 목적으로 하는 것이 아니라, 학교의 상황을 학교 맥락에서 총체적으로 이해하고 학교의 장점과 문제점을 드러냄으로써 학교의 자발적인 개선 노력에 도움을 주는 평가를 말한다.

정수현(2003)은 교육공동체 구축을 위한 학교평가의 원칙으로 대화, 지속적인 학습과정, 돌봄의 과정, 참여와 헌신 유발과정 등을 주요 원리로 제시하고 있다. 이러한 원리를 적용한 학교평가는, 무엇보다도 "대화"로서 학교평가이다. 이는 참여관찰, 심층면담 등 질적 평가방법을 활용하고, 학교 자체평가를 동료 간의 대화, 자기반성의 계기로 활용함으로써 제재를 위한 평가를 지양한다. 둘째, "지속적인 학습과정"으로서 학교평가는 학교 자체평가를 활성화하는 동시에 외부 평가와의 보완을 통해서 자기합리화와 우물 안 개구리식 평가의 한계를 보완하며, 문제의 발견보다 지속적 성장을 지원한다. 셋째, "돌봄"으로서 학교평가는 학교를 이해하고 성장시키는 일을 핵심으로 하는 돌봄의 과정이며, 학교에 대한 총체적 관심, 개별 학교의 개별성 존중을 위해 학교가 처한 구체적인 상황, 특수한 맥락을 고려한다. 끝으로, "참여와 헌신"으로서 학교평가는 평가 과정에 다양한 이해관계자의 참여와 협상을 중시하는 한편, 세세하게 규정된 평가 영역, 기준, 방법을 활용하기보다는 평가과정에서 구성원과의 상호작용을 통해 이를 융통성 있게 선택하고 구성한다. 요컨대, 정수현이 말하는 교육공동체 개념에 근거한 학교평가는 책무성 제고보다 학교교육의 개선을 추구한다는 점에서 성장 중심 평가의 특징을 갖는다.

한 마디로, 학교평가에서 책무성 중심 평가와 성장·발달 중심의 평가는 상호 보완적인 관계임을 이해할 필요가 있다. 즉 학교평가에서 책무성 점검과 학교 개선은 공존할 수 있어야 하며, 책무성은 평가자인 국가 및 시·도교육청과 피평가자인 학교가 상호 공유하는 것이어야 한다. 또한 학교 자체평가와 외부 평가를 상보적으로 활용함으로써 내적 책무성과 외적 책무성을 동시에 보장할 수 있어야 할 것이다. 최근 들어 단위학교자율책임경영제(School-based management: SBM)가 중시되면서, 관 주도 학교평가에서 단위 학교 중심의 학교 자체평가로 전환되고 있는 우리나라의 경우, 내적 책무성이 좀 더 강조되는 경향을 보인다.

제2절 학교평가 정책의 역사

1. 학교평가 정책의 도입과 전개

1987년 한국교육개발원의 학교 자체평가에 관한 연구 결과를 기초로 당시 자율화, 민주화의 추세에 따라 몇몇 학교가 시범적으로 학교 자체평가를 실시하기 시작하였다. 그러나 학교를 하나의 기관으로 보고 외부 평가단에 의하여 학교를 체계적이고 종합적으로 평가하기 시작한 것은 1995년에 발표된 '5·31 교육개혁안'에서 학교평가를 건의한 이후이다. 이에 따라 1996년에는 교육청 평가의 한 요소로 학교평가를 포함하였다.

학교평가를 공식적으로 건의한 것은 1995년에 교육개혁위원회가 발표한 '5·31 교육개혁안'이다. 교육개혁위원회의 건의에 따라 시·도 교육청 평가의 일부로 학교평가를 도입하였다. 실제로 학교평가는 1996년도부터 시작된 시·도교육청 평가의 한 부분으로 편입되었다. 외국의 학교평가 정책이 대체로 교육수요자들의 학교성과에 대한 관심과 시대 변화에 부응하도록 학교를 변화시키려는 정부의 의도적인 노력, 그리고 학교 자체의 개선을 도모하려는 구성원들의 자발적 노력 등이 복합적으로 작용한 결과라면, 우리나라의 경우 중앙정부에 의해 주도됨으로써 학교 구성원들의 호응을 얻어내지 못한 측면이 있다(신현석, 2006).

교육부가 실시하는 시·도 교육청 평가의 결과에 따라 재정이 차등 배분되었는데, 바로 이것 때문에 시·도 교육청과 학교 현장에서는 학교평가에 대하여 관심을 가질 수밖에 없었다. 1997년 이후에는 시·도 교육청 평가기준에 교육청 주관 학교평가에 관한 사항을 포함함으로써 교육청 주관의 학교평가를 확대하는 계기가 되었으며, 이와 관련하여 초·중등교육법 제9조 제2항에 국가 수준 학교평가에 관한 법적 근거를 마련하기도 하였다.

국가 수준의 공통적인 학교평가 제도의 필요성이 제기되면서 2000~2003년까지는 시·도교육청 주관 학교평가와는 별도로 한국교육개발원 주관하에 국가 수준 학교평가가 시행되었다. 이 시기 학교평가는 "국가 수준 학교평가 도입기"로서 국가 수준과 시·도 수준에서 별도로 실시되었다(한국교육개발원 기관평가연구실, 2014). 국가 수준에서는 학교평가의 기획, 연수, 모니터링을 담당하고, 시·도교육청에서 학교평가를 실시하였다. 그러나 국가 수준의 평가와 시·도교육청 수준의 학교평가 간 중복성 문제가 심각하게 제기되었다. 이에 따라 2004년도부터는 학교평가 기능의 이원화를 통해 학교평가 시스템의 효율성을 높이고자 하였다. 즉 국가 수준에서는 기획, 연수, 모니터링 기능을 담당하고 실제 학교평가는 시·도교육청에서 담당하는 것으로 그 역할과 기능을 조정하였으며, "국가 수준의 학교평가 공통지표개발"(2004~2005)이 이루어졌다.

2006년 이후 2010년까지 학교평가는 공통 평가지표(국가 수준에서 학교교육의 질을 모니터하기 위해 개발)와 자체 평가지표(시·도교육감의 교육정책과 중점 사항을 평가하기 위한 지표로 시·도교육청에서 개발)를 토대로 시·도교육청 주관으로 이루어졌다. 이 시기의 학교평가는 "공통지표에 의한 학교평가 시기"로 볼 수 있다(한국교육개발원 기관평가연구실, 2014).

2011년부터 학교평가는 교육행정정보시스템, 학교정보공시 시스템과 연계하여 이들 자료를 최대한 활용하고, 학교 성과를 강조하는 등 학교평가 체제 변화를 모색하였다. 학교평가를 위한 학교의 업무부담 과중, 평가 결과에 대한 공정성, 객관성, 신뢰성 문제 등이 제기되면서 학교평가에 대한 학교의 부담을 완화하고, 평가 자료 수집 및 처리 방법을 개선하는 데 초점을 두었다. 이에 따라 학교평가는 학교정보공시, NEIS 등 행정정보와 공개정보를 활용한 교육성과 중심의 정량평가 위주로 하게 되었다(송존호, 홍창남, 2013). 2011년 3월 '초중등교육법 시행령' 개정으로 학교평가에서 시 · 도교육청의 자율성이 법적으로 보장되었으며, 학교평가 영역은 교육과정 운영 및 교수 · 학습방법, 교육활동 및 교육성과, 만족도 등 4개로 구분되었다. 이는 종전의 교육활동 중심의 평가에서 성과중심의 평가를 강화한 것으로 학교평가를 통해 학교교육의 성과를 확인, 보장하는 책무성 개념이 좀 더 강조된 것으로 볼 수 있다.

2012년부터는 학교평가에서 시 · 도교육청의 자율성이 보다 확대되었다. 시 · 도교육청별로 평가지표 선택뿐 아니라 지표 영역의 비중, 평가지표별 가중치 부여 등 자율적으로 정하도록 하였다. 그러나 2012년 학교평가에서 대부분 시 · 도교육청은 한국교육개발원 지표와 시 · 도교육청별 자체평가 지표를 병행하여 학교평가 지표를 구성하였다. 다만, 대전시교육청은 자체평가 지표만을, 경북교육청은 한국교육개발원 지표만을 활용하여 학교평가를 하였다.

2013년도에는 종래 교육부가 수립한 학교평가 기본계획 범위 내에서 시 · 도교육청이 자율적으로 학교평가를 했던 것과 달리 학교평가에 관한 권한이 모두 시 · 도교육청으로 이양되었다(이형범, 2013). 이에 따라 각 시 · 도 교육감은 평가주기 등을 고려하여 학교평가에 관한 기본계획을 수립 · 공표하고, 기본계획의 범위 내에서 학교평가를 할 수 있게 되었다. 또한 학교평가는 교육정보시스템에 저장된 자료와 공시정보 등을 이용한 정량평가를 기초로 하되, 정량평가만으로 정확한 평가가 어렵다고 인정되는 경우 정성평가의 방법을 병행할 수 있도록 하고 있다(초 · 중등교육법 시행령 제13조 3항).

학교평가에서 시 · 도 자율성을 확대한 이후 학교평가의 지표 및 평가방법 등은 시 · 도교육청에 따라 다른 것으로 나타나고 있다. 1996년 학교평가 시행 이후부터 현재까지 학교평가 제도의 주요 변화와 특징을 정리하면 다음 〈표 14-1〉과 같다.

〈표 14-1〉 시기별 학교평가의 주요 특징

<table>
<tr><th>구분</th><th>연도</th><th>주요 특징</th><th>비고</th></tr>
<tr><td rowspan="4">학교평가
준비기</td><td>1996</td><td>교육부가 시·도교육청 평가 항목의 하나로 학교평가 실시 여부를 평가하면서 시·도교육청에서 학교평가 실시</td><td rowspan="4">학교평가에 대한 이론적, 실제적 기반이 없는 상황에서 시도정책 역점 사항 이행 여부를 확인하는 데 중점을 두는 등 주로 행정적 목적으로 학교평가 활용</td></tr>
<tr><td>1997</td><td>초중등교육법(제9조 제2항) 개정을 국가수준 학교평가 법적 근거 마련</td></tr>
<tr><td>1998</td><td>초중등교육법 시행령(11조,12조)에 학교평가의 대상, 기준 명시</td></tr>
<tr><td>1999</td><td>교육부의 “교육발전 5개년계획 시안”에서 학교종합평가 실시 방안(1999.3) 제시</td></tr>
<tr><td rowspan="4">국가수준
학교평가
도입기</td><td>2000</td><td>전국 16개 시·도의 16개 학교에 대해 단위학교 당 약 5~6일 일정의 집중적인 현장 방문평가 실시</td><td rowspan="4">한국교육개발원에서 국가수준 학교평가 실행을 위한 모형을 개발하고, 관련 기초연구를 실시하면서 국가수준 학교평가가 구체화되기 시작함. 학교평가가 국가수준과 시·도교육청 수준으로 이원화됨.</td></tr>
<tr><td>2001</td><td>평가대상 학교를 48개교(시·도별 3개교)로 확대하여 학교종합평가 실시</td></tr>
<tr><td>2002</td><td>일반학교 48개교, 사후평가 16개교, 학교모형 연구학교 10개교, 자율학교 26개교, 컨설팅실시학교 6개교를 포함한 총 100개교에 대해 학교평가 실시</td></tr>
<tr><td>2003</td><td>학교평가 모형을 양적·질적 자료의 상보적 활용 형태로 전환하고, 전국 초·중·일반계고 756개교를 대상으로 설문조사 및 100개교에 대한 학교평가 실시</td></tr>
<tr><td>공통지표에
의한
학교평가
실시기</td><td>2004-
2010</td><td>국가수준에서 공통지표를 제공하고, 시·도 수준에서 이를 근거로 학교평가를 실시함
• 국가수준: 기획, 연수, 모니터링 실시, 교육과학기술부와 한국교육개발원이 공통평가지표 개발·보급, 연수 실시, 평가결과 수합한 보고서 발간
• 시·도교육청 수준: 학교평가 실시, 국가차원에서 개발된 공통평가지표와 자체개발한 시·도 자체지표 활용하여 이원적 체계로 평가 실시
• 모든 학교에 적용되는 공통지표와 시·도 자체지표로 구성(8:2), 평정방법은 전문가의 전문적인 판단에 상당부분 의존함.</td><td>학교평가 지원 사업이 시·도교육청 분담금으로 추진되고, 학교평가에 관한 주요 사항이 시·도교육청의 학교평가 담당자들로 구성된 「학교평가 운영위원회」를 통해 논의</td></tr>
</table>

<table>
<tr><th>구분</th><th>연도</th><th>주요 특징</th><th>비고</th></tr>
<tr><td rowspan="4">시 · 도
자율
실시기</td><td>2011</td><td>학교정보공시 · NEIS 등 행정정보와 공개정보 자료를 활용하여 교육성과 중심의 정량평가 위주로 학교평가 실시</td><td rowspan="4">2012년 3월 초 · 중등교육법 발효, 2013년 2월 초 · 중등교육법 시행령 개정안이 시행되면서 학교평가에서 시 · 도교육청 자율성이 법적으로 보장됨. 시 · 도의 교육 여건 및 특성을 고려한 자율적인 학교평가가 더욱 강조되고 있음.</td></tr>
<tr><td>2012</td><td>학교평가에서 시 · 도교육청의 자율성 보다 확대. 시 · 도교육청이 평가지표 선택, 지표 영역별 비중, 평가지표별 가중치 부여 등을 자율적으로 결정</td></tr>
<tr><td>2013</td><td>학교평가의 기본계획 수립과 실행의 권한을 모두 시 · 도교육청으로 이양함. 공개 정보 활용한 정량평가 중심의 평가 기조 유지. 학교평가가 교육적으로 기능하는 데 필수적으로 요구된다고 판단되는 핵심지표를 제시하여 각 시도의 지표 선택과 자체지표 개발을 위한 방향 제시</td></tr>
<tr><td>2014</td><td>학교평가 지표의 세부 항목을 조정함. 만족도 영역에서 교원 대상의 학교만족도 파악을 위한 설문 문항 추가함. 각 지표별 평가 방식(정량평가, 정성평가) 제시</td></tr>
</table>

출처: 한국교육개발원 기관평가연구실(2013: 6-12); 한국교육개발원 기관평가연구실(2014: 3-11)을 토대로 정리함.

학교평가가 시 · 도교육청의 자율에 맡겨지게 됨에 따라 대부분 교육청에서는 학교 자체평가를 방향으로 잡고 있다. 특히 2018년 이후에는 학교의 자율성을 존중한다는 차원에서 시 · 도교육청은 평가의 큰 틀만 제시하고, 구체적인 지표나 평가 방법은 개별 학교가 자율적으로 결정하도록 하고 있다. 이에 따라 대부분 교육청은 학교 자체평가의 결과에 따른 우수사례를 공유하고, 학교가 스스로 평가 결과를 바탕으로 교육의 질을 높일 수 있도록 지원하고 있다. 이제 학교평가의 패러다임이 책무성 중심에서 성장 · 발달 중심으로 바뀌었다고 할 수 있다.

2. 학교평가의 현황

현재 시행되고 있는 시·도교육청의 학교평가 현황을 ① 법적 근거, ② 학교평가의 목적, ③ 평가방법 및 주기, ④ 평가영역 및 평가지표, ⑤ 평가결과 공개 및 활용 등으로 구분하여 제시하면 다음과 같다.

가. 학교평가의 법적 근거

학교평가의 법적 근거는 초·중등교육법 제9조와 초·중등교육법시행령 제12조에서 찾을 수 있다. 초·중등교육법은 학교평가에 관한 법적 근거를 명시하고 있으며, 초·중등교육법 시행령은 학교평가 기본계획 수립, 절차 및 공개에 관한 사항을 규정하고 있다.

◆ 초 · 중등 교육법

《초 · 중등교육법 제9조: 학생 · 기관 · 학교 평가》

제9조 ② 교육부장관은 교육행정을 효율적으로 수행하기 위하여 특별시, 광역시, 특별자치시도, 특별자치도 교육청과 그 관할하는 학교를 평가할 수 있다.

③ 교육감은 교육행정의 효율적 수행 및 학교 교육능력 향상을 위하여 그 관할하는 교육행정기관과 학교를 평가할 수 있다.

④ 제2항 및 제3항에 따른 평가의 대상 · 기준 · 절차 및 평가 결과의 공개 등에 필요한 사항은 대통령령으로 정한다.

◆ 초 · 중등교육법 시행령

《초 · 중등교육법시행령 제12조: 평가의 기준》

제12조 ② 학교평가는 다음 각 호의 사항을 기준으로 실시한다.〈개정 2013.2.15.〉1. 교육과정 운영 및 교수 · 학습 방법

2. 교육 활동 및 교육 성과

3. 그 밖에 학교운영에 관한 사항으로서 교육부장관 또는 교육감이 필요하다고 인정하는 사항 [전문개정 2011.3.18.]

《초 · 중등교육법시행령 제13조: 평가의 절차 · 공개 등》

제13조 ② 교육감은 평가가 실시되는 해의 학년도가 시작되기 전까지 지방교육행정기관평가 및 학교평가에 관한 기본계획을 수립하고 이를 공표하여야 한다. 〈개정 2018. 10. 2.〉

③ 시 · 도교육청평가, 지방교육행정기관평가 및 학교평가는 법 제30조의4에 따른 교육정보시스템에 저장된 자료, 「교육관련기관의 정보공개에 관한 특례법」 제5조에 따른 공시정보 등을 이용한 정량(定量)평가의 방법으로 한다. 다만, 정량평가만으로 정확한 평가가 어렵다고 인정되는 경우에는 서면평가, 설문조사, 관계자 면담 등의 방법을 이용한 정성(定性)평가의 방법을 병행할 수 있다. 〈신설 2011. 3. 18., 개정 2018. 10. 2.〉

④ 교육부장관 또는 교육감은 특히 필요하다고 인정하는 경우를 제외하고는 평가결과를 공개하여야 한다. 〈개정 2013. 3. 23.〉

나. 학교평가의 목적

학교평가에 관한 국가 공통지표 개발과 학교평가 업무를 담당했던 한국교육개발원은 평가의 목적을 국가 수준 및 시 · 도교육청 수준의 거시적 목적과 학교 수준의 미시적 목적으로 구분하고 있다(한국교육개발원 기관평가연구실, 2014). 국가 수준의 학교평가는 학교가 균등한 교육여건을 조성하여 학생들의 교육받을

권리와 '교육의 평등'을 보장하기 위한 중요한 수단이 된다. 시 · 도교육청 수준에서 학교평가 결과를 바탕으로 선의의 '경쟁력'을 유발하고 우수한 사례를 발굴, 홍보함으로써 시 · 도교육청이 설정한 교육정책 실현에의 참여를 유도한다. 학교평가의 미시적 목적은 단위 학교에서 실천하는 교육활동 전반에 대해 진단하고, 이를 토대로 학교의 발전방안 수립에 환류하여 학교교육의 질을 높이는 데 있다.

학교 자체평가로 방향 전환이 된 지금은 위의 목적 가운데 미시적 목적이 훨씬 더 중요해졌다고 할 수 있다. 서울특별시교육청은 학교평가의 목적을 학교 교육공동체의 참여 · 소통 · 협력을 통한 자율과 책임의 학교 자치문화 조성, 학교교육활동의 '계획-실천-평가-환류'의 학교 자율 운영체제 확립, 학교의 자발적이고 지속적인 변화와 혁신을 통한 학교교육의 질 향상 등으로 설정하고 있다(서울특별시교육청 교육연구정보원, 2022).

다. 학교평가 방법 및 주기

학교평가의 방법은 학교평가의 주체에 따라 내부자가 하는 자체평가와 학교 외부 평가자가 주도하는 외부평가, 평가 방법에 따라 서면평가와 방문평가로 구분된다. 학교평가 시행 초기에는 외부 평가의 영향력이 컸다고 할 수 있으나 점차 학교 자체평가의 비중이 커지고 있다.

학교 자체평가 준비 단계에서는 학교 자체평가 위원회를 구성하고, 평가계획을 수립한 후 학교 자체평가 위원을 대상으로 연수를 한다. 학교 자체평가 위원의 역할은 첫째, 학교 자체평가 계획 수립 및 실시, 둘째, 평가 결과 분석 및 자체평가 보고서 작성, 셋째, 평가 결과 활용 방안 강구, 넷째, 기타 평가 관련 사항 처리 등이다. 학교 자체평가는 공통지표와 자율지표 관련 자료를 수집하고 이를 토대로 정성평가와 정량평가를 실시하며, 자체평가 지표별 평가 결과를 분석, 정리하고 보고서를 작성하는 과정으로 이루어진다. 서울특별시의 경우 다음과 같은 방법을 통하여 학교 자체평가를 실시하고 있다(서울특별시 교육청 교육연구정보원, 2022).

- 학교평가운영위원회를 구성하여 학교교육활동평가와 완전히 통합하여 실시
- 학교평가운영위원회는 학생, 학부모, 교원, 직원, 외부인사 등으로 구성
  ※ 단, 학생, 학부모, 직원, 외부위원은 반드시 각 1명 이상 포함(특수학교 학생위원 탄력적 운영)
- 학교평가운영위원회는 유사 위원회와 통합 운영 가능
- 부서별/학년별/주체별 토론회, 대토론회 등 다양한 방법으로 평가 결과를 반드시 공유하고 개선 방안 모색
- 학교평가 및 학교조직진단(SODI) 결과를 바탕으로 컨설팅(그룹컨설팅, 컨설팅장학, SODI컨설팅) 실시

학교평가는 학교의 평가 부담을 고려하여 1~3년 주기로 운영되어 왔다. 2011년 이후 학교평가에 관한 권한과 책임이 각 시·도교육청으로 이양되면서 학교평가 주기도 각 시·도교육청별로 교육감이 자율적으로 정하고 있다. 2011년도까지 학교평가는 대체로 3년 주기로 이루어졌으나 2012년부터는 학교평가를 매년 실시하는 시·도교육청이 증가하였으며, 2013년도의 경우 전체 16개 시·도교육청 중 10개 시·도교육청에서 학교평가가 매년 실시되는 것으로 나타났다. 2022년 현재는 2년 주기로 학교평가를 하는 제주도를 제외하고 모든 교육청이 매년 학교평가를 하고 있다.

라. 학교평가 영역 및 평가지표

학교평가의 내용은 책무 요구자와 책무 이행자를 매개하는 요소인 책무의 내용을 중심으로 구성된다. 학교평가지표의 내용과 영역별 비중은 시·도교육청이 자율적으로 결정할 수 있으나, 교육과정 및 교수학습 20점(20%), 교육경영 30점(30%), 교육성과 40점(40%), 만족도 10점(10%)을 권고하였다(이형범, 2013: 10; 한국교육개발원 기관평가연구실, 2014: 15). 이에 따라 대부분 시·도교육청은 한국교육개발원이 개발한 지표를 토대로 학교평가를 하되, 자체적으로 지역의 특성

을 반영한 지표를 자율적으로 활용하였다. 예를 들어, 2013년도 학교평가에서 서울, 대구, 인천, 충남교육청 등은 학교폭력 근절을 위한 노력, 진로·직업교육 활동의 충실도 등 각 시·도 및 단위 학교 수준의 중점 추진과제를 학교평가에 반영하였다. 대전교육청의 경우, 정성평가를 통한 학교 특색사업, 학교운동부 운영실적, 엄마품 온종일 돌봄교실 운영실적, 기관 표창 수상 실적, 공무원이 아닌 근로자 중 장애인 고용실적을 정량으로 평가하여 가산점을 부여하기도 하였다(이형범, 2013: 11).

서울특별시의 2022년도 학교평가 영역과 내용은 다음 〈표 14-2〉와 같다(서울특별시교육청 교육연구정보원, 2022).

〈표 14-2〉 서울특별시 2022년도 학교평가 영역 및 내용

영역	세부영역	평가지표	평가문항
Ⅰ. 학교자치문화	Ⅰ-1. 학교자율운영체제 Ⅰ-2. 학부모 및 지역사회 연계		
Ⅱ. 교육과정 운영 및 교수·학습 방법	Ⅱ-1. 교육과정 편성·운영 Ⅱ-2. 수업·평가 혁신 Ⅱ-3. 교원 전문성 신장		
Ⅲ. 교육 활동 및 교육 성과	Ⅲ-1. 인문·과학·예체능교육 Ⅲ-2. 책임교육 Ⅲ-3. 민주시민교육 Ⅲ-4. 안전하고 쾌적한 교육환경 Ⅲ-5. 행정·예산 Ⅲ-6. 기타(학교유형, 특성에 따른 세부영역)		

• 학교평가 영역은 법령에서 규정하고 있는 내용으로 제시
• 학교평가 세부영역은 서울특별시교육청 주요 정책 방향에 따라 학교교육활동을 체계적으로 유목화한 분류임
• 평가지표 및 평가문항은 학교가 자율적으로 구성(영역 및 세부영역은 학교에서 임의 수정 불가)

마. 학교평가 결과 공개 및 활용

학교평가 결과는 대체로 다음과 같이 활용된다: ① 학교평가 결과 '우수학교' 및 '미흡학교'에 대해서는 시·도교육청별로 행·재정적 지원 방안 수립·추진, ② 학교교육의 질 관리와 교육 개선의 피드백 자료로 적극 활용, 특히 개별 학교 교육계획 수립에 반영하고 장학자료 등으로 활용, ③ 학교 및 교원의 책무성 제고 수단으로 활용(예를 들면, 우수학교 표창, 교원 인사 우대, 국내외 연수 우선 추천, 미흡학교에 대한 지원 및 인사 반영 등으로 활용), ④ 우수사례의 발굴 및 일반화 노력 등(이차영, 2010).

학교평가 도입 초기에는 시·도교육청 수준에서 단위학교에 대한 학교평가 결과를 평가등급, 평가점수, 총평, 보고서 등의 형태로 제공하였다. 정량평가 중심의 학교평가 시행과 학교평가 결과 공시가 의무화되면서 대부분 시·도교육청은 개별 학교의 평가점수와 등급 및 평가결과 총평을 공개하였다. 예컨대, 대부분 시·도교육청에서 학교평가 결과에 따라 학교를 최우수, 우수, 보통, 미흡 등으로 구분하고 있으며, 미흡한 학교는 장려 대상교, 발전가능교, 개선요망 학교라는 명칭을 사용하였다. 그러나 일부 시도교육청(서울, 강원, 경기 등)은 학교평가 결과에 대한 평가등급제를 폐지하기도 하였다(이형범, 2013).

2010년도부터는 학교평가 결과를 학교정보공시제도와 연계하여 일반인에게 공개하여 학교평가가 갖는 책무성 확보 기제로서의 의미를 더욱 강하게 부각하는 방향을 취하고 있다. 서울특별시의 경우, 학교평가 결과에 대한 공개와 활용에 대하여 다음과 같이 기술하고 있다(서울특별시 교육청 교육연구정보원, 2022): ① 전년도 평가 결과 분석, 개선 방안 모색, ② 학교평가서 작성 및 제출, 학교 홈페이지 탑재, 정보공시, ③ 학교평가 결과 환류 및 차년도 학교교육계획 수립에 반영, ④ 학교평가 결과에 따른 컨설팅 요청 및 참여.

제3절 학교평가 정책의 문제와 주요 쟁점

1. 학교평가 정책의 문제

학교교육의 책무성 확보를 위해 도입된 학교평가 정책은 학교교육의 성과, 책임 등에 대한 인식을 환기하고 학교교육의 전 영역에서 다양한 자료와 정보를 수집·관리하는 계기가 되었다는 점에서 그 의의를 찾을 수 있다. 학교평가의 목적, 내용, 방법 등에 대해 다양한 비판이 제기되고 있음에도 불구하고 학교평가는 학교교육의 질을 무엇으로 볼 것인가, 학업성취도를 통한 학교평가의 가능성과 한계, 학교 개선의 의미와 그 방법에 대한 논의를 유발하였다는 점에서도 의의가 있다. 아울러, 학교평가는 평가 결과 우수한 학교에 대한 보상뿐 아니라 어려움이 있는 학교의 교육 실제를 확인하고 이들 학교에 대한 행·재정적인 지원의 필요성에 주목하게 하였다는 점에서 의의가 있다. 그러나 다음과 같은 문제점들은 여전히 해결되어야 할 과제로 남아 있다.

가. 학교평가 목적의 모호성

학교평가는 학교 구성원들의 자생적 필요에 따라 생긴 것이라기보다는 중앙정부가 추진한 교육개혁 과제의 하나로 도입된 정책이라는 점에서 근본적인 한계가 있다. 이에 대해 조석희 외(2006)는 학교의 자생적 필요, 현장에서 해결해야 할 절실한 문제를 해결하는 데 관련된 정책이 아니기 때문에 그 목적과 초점이 분명하지 않고 '구호적'인 성격을 띤다고 지적한다. 또한 학교평가의 목적, 초점이 명확하지 않거나 다차원적이며, 학교평가가 지향해야 할 목적에 대해서도 다른 관점이 제시되고 있다. 예를 들어, 학교평가는 학교교육의 질과 책무성을 보장하기 위한 장치로 보상과 제재를 강조하는가 하면(강상진·김현주, 2001), 학교교육의 개선을 위한 정보 제공, 지원에 초점을 두어야 한다는 주장이 있다(김정원, 2001;

정수현, 2003).

이에 따라 학교평가의 초점과 학교평가 실제를 이끄는 방향타 역할을 하는 평가 목적은 발견하기 힘든 실정이며(조석희, 김홍원, 김경성 등, 2006), 학교평가에 복합적인 목적들이 포함되어 있어 하나의 평가를 통해서 달성하기 어렵다는 문제가 제기된다(정택희, 2003). 이는 국가 수준에서 학교평가는 학생의 교육받을 권리 보장과 교육의 평등성 보장을 강조하고 있는 반면에, 시·도교육청 수준과 학교 수준에서 학교평가는 학교 간 '경쟁' 유발을 통한 학교교육의 질 제고, 학교의 책무성 제고 등이 보다 강조되고 있다는 문제와도 관련이 있다.

학교평가의 변천 과정을 통해 알 수 있듯이, 우리나라는 외부평가를 통한 외적 책무성 중심평가에서 내부평가를 통한 내적 책무성 중심 평가로 학교평가의 중심이 옮겨져 왔다. 학교 자체평가가 중심이 되기는 하였으나, 학교평가가 여전히 학교평가 도입 초기의 특징인 점수화, 서열화, 등급화 등과 연결하여 생각하는 경우가 많아 '경로의존성'을 벗어나지 못하고 있는 것으로 보인다(정수현, 김정현, 박소영, 2021). 경로의존성이란 한번 일정한 경로에 의존하기 시작하면 나중에 그 경로가 비효율적이라는 사실을 알고도 여전히 그 경로를 벗어나지 못하는 경향성을 가리킨다. 학교 자체평가는 학교 구성원의 자율적인 판단을 존중하는 가운데 성장, 발달을 꾀하는 평가이어야 하지만, 바뀐 형식과 달리 과거 외부평가 중심의 관료적인 평가 관행을 벗어나지 못하고 있다는 말이다.

나. 학교현장 개선에 기여하지 못하는 학교평가

학교평가에 대한 비판의 하나는 학교평가가 너무 형식적이고 학교 현장에 부담만 주고 있을 뿐만 아니라, 학교평가의 외양적, 결과 지향적 평가 방식으로 인해 학교 현장의 실제적 변화, 즉 학교 현장의 개선에 기여하지 못하고 있다는 것이다(정수현, 2003; 정택희, 2003). 정수현, 김정현, 박소영(2021)은 학교 자체평가의 형식적 운영을 디커플링(decoupling) 개념을 빌려 설명한다. 디커플링은 원래 한 나라 경제가 특정 국가 혹은 세계 전체의 경기 흐름과 독립적으로 움직이는 현상을 가리키는 경제학 용어이다. 이를 학교 자체평가에 적용하면 다음과 같다. 학교조직은 생존에 필요한 정당성의 확보를 위해 교육청에서 요구하는 학교평가라는 제도를 공식적으로 도입하기는 하지만, 그 제도를 의례적으로만 운영한다는 것이다. 이러한 학교평가의 형식적 운영 속에서 우리는 진정한 학교 개선을 기대하기 어렵다.

학교평가에 투입하는 시간과 노력에 비해 학교가 별반 달라지거나 나아지는 게 없다는 것은 학교평가의 실효성에 문제가 있을 뿐 아니라 학교평가에 대한 학교 구성원의 태도, 부정적 인식과 연계되어 있다는 점에서 주목할 필요가 있다. 정책에 대해서 구성원이 갖는 인식, 태도가 정책의 집행, 성과에 영향을 미칠 수 있기 때문이다(김재웅, 2007; 박상완, 김재웅, 2015).

다. 평가 기준 및 도구의 타당성

학교평가의 내용, 평가 기준과 관련하여 제기되는 문제는 학교 책무성을 확인·점검할 수 있는 가장 핵심적이고 필수적인 자료인 학생들의 학업성취도(강상진, 김현주, 2001; 조석희 외, 2006)가 학교평가에서 고려되지 못하고 있다는 점이다. 학생들의 학업성취도 결과가 공개되지 않아 학교 간 학력격차를 완화하거나 열악한 학교의 교육조건을 개선하려는 정책적 노력이 부족한 가운데, 국가수준 학업성취도 평가를 활용할 수 있는 여건이 마련된 이후에도 학교평가에 학업성취도 평가 여부, 반영 방법은 여전히 논란이 되고 있다.

또한 학교평가 영역과 기준이 획일적이어서 학교급별, 또는 학교유형별로 학교의 다양성, 특성을 반영하지 못하고 있다. 그리고 평가영역과 평가기준을 평면적으로 나열하고 각각 독립적으로 평가할 뿐 아니라 상호 연계되지 못하고 있다는 점도 평가지표의 적절성 문제로 제기되고 있다.

라. 학교평가 방법의 한계

강상진과 김현주(2001)는 현행 학교평가는 학교운영의 다양한 영역이 개별적으로 어떤 수준에 있는지, 학교의 기본적 여건이 최소 수준에 도달하였는가를 판단하는 데 유용하다고 본다. 그러나 교육활동의 결과에 대해 총괄적 책무를 부과하기 어려운 제한점이 있고, 단위 학교의 교육성과를 평가하는 접근 방법은 아니라는 점에서 한계가 있음을 지적한다. 즉, 우리나라 학교평가에서는 단위 학교 '교육활동의 성과'에 바탕을 둔 평가가 진행되지 못하고 있다. 따라서 전반적으로 학교평가에 대한 방법론적 논의가 빈곤하다는 것이다. 이들은 학교평가의 기준을 교육활동의 성과, 즉 학업성취도로 정의할 필요가 있음을 제안하고 있다. 현행 학교평가 방법은 학교가 교육적 노력으로 통제할 수 없는 변인의 영향을 제거한 상태에서 순전한 학교효과를 측정해낼 수 없다는 점에서 한계가 있다.

아울러 구체적인 평가방법과 관련하여 서면 평가 위주로 되어 있어서 교사들의 잡무가 증가하고 있고, 거짓말이라도 그럴듯하게 멋있게 꾸며낸 서류가 좋은 평가를 받는 문제도 제기된다. 실제로 학교가 어떤 활동을 하고 있는지와 상관없이 학교평가 업무를 담당한 교사가 어떻게 보고서를 작성하느냐가 더 중요하다. 학교가 평가를 잘 받기 위하여 많은 자료를 새로 만들어야 하는 과정에서 본래의 학교 모습보다는 서류로 꾸며진 학교를 평가하게 되는 결과를 초래할 수 있다(조석희 외, 2006). 유사한 맥락에서 정택희 등(2008)도 현재의 학교평가가 실적 위주의 평가로 이루어진다는 문제점을 제기하였다. 특히 이러한 평가 준비는 교사의 업무 부담뿐 아니라 수업이나 수업 연구 등 교사 본연의 업무를 방해할 수 있다는 점에서 문제가 된다.

2. 학교평가 정책의 쟁점

가. 학교평가에서 학업성취도 평가의 반영 여부

학업성취도가 학교평가의 주요 성과지표로 포함되어야 할 것인가에 대한 논란이 있다. 학교평가에 학업성취도 평가 결과를 반영해야 한다는 주장은 지속적으로 제기되어 왔다(강상진, 김현주, 2001; 강상진, 차인숙, 김성연, 2009; 강상진,

황정원, 2010; 김명숙, 2003; 김신영, 강태훈, 김정민 등, 2011; 정택희, 2003; 조석희 외, 2006). 이 입장의 주된 논리는 무엇보다도 학교의 교육성과를 확인, 점검할 수 있는 가장 핵심적이고 필수적인 자료 중 하나는 학생의 학업성취도라는 것이다. 또한 학교평가의 투입과 과정 변인들이 학교교육의 성과를 보장하는 것은 아니라는 점에서 학업성취도를 반영한 학교평가를 통해 교육의 투입과 과정 요인들이 교육의 성과에 미치는 영향을 분석하고, 이를 학교교육의 개선에 반영할 수 있어야 한다는 것이다.

반면, 학교평가에 학업성취도 평가 결과를 반영하는 것을 반대하는 사람들은 학교 간 지나친 경쟁을 유발하고, 학업성취도 평가에 대비하는 수업이나 지필평가 중심의 학교교육 편중 현상으로 학교교육이 파행적으로 이루어질 수 있다는 점을 우려하고 있다(김정민, 양정관, 김성식 등, 2009; 성기선, 2008; 정제영, 신인수, 이희숙, 2009). 학업성취도 평가를 학교교육 책무성 평가에 활용하기 위해서는 과정과 방법에 대한 교육 주체 간의 합의가 요구된다.

나. 절대기준 평가와 전문가 평가

현재 학교평가는 국가수준에서 정한 공통지표와 시·도교육청과 학교에서 정한 자율지표를 토대로 실적 중심의 계량화된 평가 기준 및 척도가 활용되고 있다. 이러한 지표 중심의 평가는 모든 학교를 대상으로 동일한 평가지표를 적용함으로써 학교 간 비교를 용이하게 하고, 객관적인 평가를 가능하게 한다는 점에서 의의가 있으나 학교의 특성과 요구를 반영하지 못한다는 점에서 한계가 있다. 이에 일부에서는 평가지표를 상세하게 설정하기보다는 핵심 영역만 제시하고 학교에서 자체적으로 학교의 강점과 약점을 파악할 수 있는 평가를 시행할 필요가 있다는 주장이 제기되고 있다(김성식, 정택희, 김주아 등, 2009; 김정원, 2001; 정수현, 2003). 상호 정보제공형 학교평가는 평가자와 피평가자(학교) 간 상호 대등한 관계에서 대화로서의 평가를 지향하며, 단위학교 스스로의 교육의 질 개선 노력을 지원하는 데 일차적 목적을 둔다(김정원, 2001). 이 때 외부평가자는 학교를 총체적으로 이해하려는 노력을 해야 하며, 평가자의 판단 결과는 책무성을 묻는 것이 아니라 학교가 주체적으로 활용할 수 있는 정보의 형태로 제시된다.

이러한 전문가 검토 모델에 기초한 평가 방식은 평가자의 전문적 판단에 기초하여 종합적이고 질적인 판단이 이루어지도록 한다는 장점이 있으나 평가자의 주관이 개입되어 객관성과 공정성이 저하될 가능성이 있다는 점에서 한계가 있다. 학교평가에서 계량적 지표를 모든 학교에 대해 적용할 것인가, 학교의 특성에 맞는 평가가 이루어질 수 있도록 학교 스스로 평가지표를 선택하게 할 것인가, 상대적으로 시간과 비용이 많이 소요되는 전문가 검토 방식의 학교평가를 어떻게 적용, 확산할 것인가 등이 쟁점이 된다.

다. 학교평가에서 국가와 시 · 도교육청의 역할 분담

학교평가와 관련하여 국가 수준의 역할과 시 · 도교육청의 역할에 대해 논란이 있다. 초 · 중등 교육의 실질적인 권한과 책임이 시 · 도교육감에게 이양된 상황에서 학교평가는 시 · 도교육감이 실시해야 한다는 주장(정수현, 유균상, 김미숙 등, 2003)과 지방자치시대일수록 국가 수준의 교육의 질 관리가 어느 때보다도 필요하며 국가 수준의 독립된 기관이 평가해야 한다는 주장(임연기, 2003)이 맞서고 있다. 후자를 지지하는 사람들은 학교평가의 권한이 시 · 도교육청으로 이양되더라도 교육청별로 보다 질 높은 평가를 할 수 있는 기본적인 인프라는 국가 수준에서 구축할 필요가 있다고 주장한다(김정민 외, 2009). 한편, 국가 수준의 학교평가와 시 · 도교육청의 학교평가가 연계되어 이루어져야 한다는 주장(김주후 외, 2004; 백순근, 2003; 정택희, 2003) 등도 설득력 있게 제시되고 있다.

라. 학교평가 결과의 활용: 우수학교 보상과 미흡 학교에 대한 지원

학교평가 결과를 학교에 대한 보상과 제재, 학교 성과급에 어떻게 활용하는 것이 교육적으로 적절한 것인지 검토가 필요하다. 학교평가의 결과에 따라 행 · 재정적 보상을 달리하는 것에 대해서는 한쪽에서는 평가결과가 미흡한 학교에 대해 더 많은 지원을 해 주어 그 학교에 다니는 학생에 대한 교육적 혜택이 나아지도록 하는 것이 공정하다고 보는가 하면, 다른 한쪽에서는 평가결과가 미흡한 학교에 대해 상대적인 불이익을 주는 것이 성과에 따른 보상의 원칙에 합당한 조치라고 본다.

아울러, 외적 책무성 확보 기제가 어떤 경우에 내적 책무성 촉발로 이어지는지를 알려주는 연구는 별로 없는 상태에서, 막연히 그러한 기대만을 갖고 외적 책무성 확보 기제를 동원하는 접근은 지양될 필요가 있다. 외적 책무성과 내적 책무성이 모두 중요하다는 관점에서 외적 책무성 확보 정책들이 어떻게 내적 책무성으로 연결되는지에 관한 연구가 필요하다.

학교평가가 여러 해 동안 실시되면서 나름 진화해 온 것은 사실이다. 그러나 학교평가 결과를 어떻게 활용해야 하는지에 대한 문제는 아직 해결되지 않고 있는 것으로 보인다. 모든 평가가 그렇듯이, 평가가 잘 활용되는 방향은 그 결과를 평가 대상자에게 알려주어 자기 점검과 반성의 자료로 삼아, 이후에 더 나은 행동을 하도록 유도하는 것이다. 그러나 과연 이러한 학교평가를 통하여 학교 현장이 "교육적으로" 더 의미있는 공간으로 달라지고 있는지 종합적으로 검토할 필요가 있다.

3. 학교평가의 개선방향

학교평가의 개선 방향은 크게 네 가지로 정리할 수 있다. 첫째, 학교교육의 질 제고와 학교 개선을 지원하는 데 초점을 두되, 학교 구성원 전체의 관심과 참여에 기초하여 이루어져야 한다. '교육 전문가주의(professionalism)' 입장에서 학교평가를 보는 교사들의 경우, 학부모가 학교평가에 참여하는 것을 불편하게 여기는 경향이 있는 것은 사실이나(배상훈, 조은원, 2020), 학교교육의 수요자로서 학부모가 학교평가에 적극적으로 참여할 수 있는 길이 보장되어야 할 것이다.

둘째, 학교평가 지표는 학교교육의 목적에 비추어 학교교육의 질을 평가하는 데 적합한 내용으로 재구성하고, 이와 무관한 지표들은 배제할 필요가 있다. 또한 학교평가 지표는 상세하게 정하기보다는 학교교육의 목적 실현 여부를 판단할 수 있는 핵심적인 지표로 간소화할 필요가 있다. 학교교육의 본질적인 측면에서 벗어나 외형적, 수치화가 가능한 비본질적인 측면에 초점을 두어서는 안 될 것이다. 외형적인 지표 중심의 학교평가는 학교교육의 질을 개선하기보다는 불필요한 업무를 가중시키고, "짙은 화장을 한 홍보자료"만 만들어 낼 뿐이라는 점에서 문제가 된다.

셋째, 학교평가의 방법은 양적 지표 중심의 평가에서 질적 평가 중심으로 개선될 필요가 있다. 질적 평가 중심의 학교평가 모형으로는 2000년대 초 한국교육개발원에서 실시한 "학교종합평가"를 들 수 있다. 이 모형은 단위 학교의 개선 노력 지원을 목적으로 비교적 장기간(3~6일) 학교에 머물면서 학교의 강・약점, 위험요소, 기회요소를 끌어내는 질적 평가 성격을 띤다(유균상 외, 2001). 이는 객관적 지표 중심으로 정부나 시・도 교육청의 정책 이행 정도를 확인, 점검하는 것과 달리 국가교육과정에서 정한 학교교육의 목적, 본질에 충실한 교육활동과 학생들의 의미 있는 학습 경험을 평가하는 것을 주목적으로 한다. 질적 평가를 위해서는 평가 영역에 따라 학교 구성원을 대상으로 한 면담, 참여관찰과 같은 평가기법이 활용될 수 있다.

넷째, 학교평가는 우수한 학교에 대한 칭찬보다는 미흡 학교에 대한 지원과 개선에 초점을 맞출 필요가 있다. 일정한 기준에 도달하지 못하는 학교에 적극적으로 지원하는 게 올바른 방향이라고 본다. 구체적으로, 교원 직무연수나 자격연수 내용으로 '학교평가'를 포함하고, 학교가 자체평가를 실시할 때 외부 전문가를 지원 요청할 수 있는 경로를 마련하며, 학교평가 결과에 근거하여 학교가 지원 프로그램을 신청하고 이용할 수 있도록 시스템을 마련한다. 또한, 학교 개선을 위한 지원의 내용과 형태를 다양화하여 학교가 실질적으로 필요한 부분을 이용할 수 있도록 다양한 프로그램을 제공한다. 예를 들면, 예산 지원이 필요한 학교는 이에 대한 학교평가 결과를 근거로 지원을 요청할 수 있게 하고, 학교마다 개선이 필요한 영역별로 우수학교나 우수교사, 연구소 등 전문기관의 컨설팅과 협력을 할 수 있는 기회를 제공한다.

질문 / 토의거리

1. 학교평가의 목적에 비추어 현재 이루어지고 있는 학교평가의 실태를 비판적으로 평가해 보자.
2. 학교평가의 쟁점을 목적, 방법, 결과의 활용 등으로 나누어 정리해 보자. 그리고 학생들의 학업성취도 결과를 학교평가의 중요한 지표로 삼아야 한다는 주장에 대하여 각자의 의견을 나눠보자.
3. 학교평가가 책무성과 구성원의 발달이라는 두 가지 목적을 균형있게 달성하기 위하여 어떻게 개선되면 좋을지 논의해 보자.

참고문헌

강상진, 김현주(2001). 학교효과의 측정과 학교평가방법 비교 분석. 교육학연구, 39(3), 1-26.

강상진, 차인숙. 김성연(2009). 학교교육의 책무성 제고를 위한 학교평가지수 산출모형 비교: 학업성취도를 중심으로. 교육평가연구, 22(1), 79-106.

강상진, 황정원(2010). 학교책무성 체제에서 학업성취도에 기초한 학교성과지표는 중등학교 학교평가 지표로서 적절한가?: 학교효과이론에 대한 타당도 검증. 교육학연구, 48(1), 23-52.

김명숙(2003). 국가수준 학업성취도 평가 연구의 주요 쟁점과 발전방향. 교육평가연구, 6(1), 241-264.

김성식, 정택희, 김주아, 권기안(2009). 학교평가 성과분석 및 개선 방안 연구. 한국교육개발원.

김신영, 강태훈, 김정민, 양길석(2011). 학교평가에서의 대규모 학업성취도 평가 결과 활용 방안. 교육평가연구, 24(1), 1-30.

김정민, 양성관, 김성식, 서남수(2009). 교육책무성 제고를 위한 학교 평가 및 지원 전략 연구(RR2009-30). 한국교육개발원.

김재웅(2007). 정책집행과정 분석모형을 통한 열린교육 실행과정 분석. 열린교육연구, 15(3), 1-25.

김재웅(2008). 교사평가의 정치학: 새로운 교사 평가제의 도입 및 시범운영 과정을 중심으로. 교육정치학연구, 15(1), 1-25.

김정원(2001). 단위학교 교육개선 지원을 위한 질적 학교평가모형: 상호정보제공형 학교평가. 교육학연구, 39(1), 217-248.

김주후 외(2004). 시도교육청 주관 학교평가 실태 분석. 교육평가연구, 17(2). 237-257.

박상완, 김재웅(2015). 학교평가 정책집행요인 분석. 교육정치학연구, 22(1), 85-116.

백순근(2003). 국가 수준 학교평가와 시·도교육청 학교평가의 연계방안에 대한 토론. 교육공동체 형성을 위한 학교평가의 중장기 전망과 과제 세미나 자료집. 한국교육개발원.

서울특별시교육청 교육연구정보원(2022). 2022 학교평가 가이드북. 서울: 서울특별시교육청 교육연구정보원.

성기선(2008). 학생들의 성취도 변화점수에 기초한 학교효과 평가 모형 개발 연구: 학교책무성 평가를 위한 다양한 접근 방법 비교. 교육사회학연구, 18(4), 115-139.

송존호, 홍창남(2013). 정량지표 중심의 학교평가에 대한 초등학교 교사의 인식. 지방교육경영. 17(2), 71-94.

신현석(2006). 학교책무성 강화를 위한 학교평가 결과 활용방안 탐색. 한국교육학연구, 12(2), 59-85.

유균상 외(2001). 학교종합평가 종합보고서. 수탁연구 CR 2001-38. 한국교육개발원.

이차영(2010). 학교 교육의 책무성에 대한 개념적 명료화와 발전과제. 교육연구, 18(3), 33-69.

이형범(2013). 자율화 이후 학교평가 지표 현황 (pp. 1-21). 2013학년도 시도교육청 학교평가위원 국내연수 연수자료집. 한국교육개발원.

임연기(2003). 국가수준 학교평가와 시・도교육청 학교평가의 연계 방안. 교육공동체 형성을 위한 학교평가의 중장기 전망과 과제 세미나 자료집. 한국교육개발원.

정수현(2003). 교육공동체 개념에 근거한 학교평가의 방향 탐색. 교육행정학연구, 21(2), 205-228.

정수현, 김정현, 박소영(2021). 학교자체평가에 대한 교사와 학부모의 인식: 학교자율경영제의 관점에서. 학부모연구, 8(1), 143-167.

정수현, 유균상, 김미숙, 김주후, 김병찬(2003). 학교평가 중장기 발전방안 연구. 한국교육개발원.

정제영, 신인수, 이희숙(2009). 학업 성취도에 기반한 교육의 책무성 평가에 관한 연구. 한국교원교육연구, 26(1), 241-260.

정택희(2003). 현행 학교 평가의 실태와문제점, 학교발전을 위한 학교평가의 방향과 과제, 제1회 교육 연구개발 연계체제 세미나자료집, 한국교육개발원.

정택희 외(2008). 2007년도 학교종합평가 사업보고서(CR2008-05). 한국교육개발원.

조석희, 김홍원, 김경성, 김규태, 김주아(2006). 학교 책무성 강화를 위한 학교평가 체제개발연구. 한국교육개발원.

한국교육개발원 기관평가연구실(2013). 2013학년도 학교평가지표 가이드북. 한국교육개발원.

한국교육개발원 기관평가연구실(2014). 2014학년도 학교평가지표 가이드북. 연구자료 CRM 2013-150. 한국교육개발원.

Weiss, C. H. (1991). Evaluation research in the political context: Sixteen years and four administration later. In M. W. MaLaughlin & D. C. Phillips (Eds.), *Evaluation and education: A quarter century*, Ninetieth Yearbook of the National Society for the Study of Education (Part II)(pp. 211-231). Chicago, IL: The University of Chicago Press. 7-32.

제15장 교육법

교육행정은 공적 활동으로 합법성의 원리에 기반해서 집행되어야 한다. 이전 장에서 다룬 모든 교육행정 실천 행위들은 정책과 제도의 형태로 이루어져 있으며, 정책과 제도는 제반 법률에 근거를 두고 있다. 따라서 교육행정가들이나 교육행정에 참여해야만 하는 교원들은 교육 관련 제반 법률(이하 교육법)에 대한 이해가 깊어야 한다. 이 장에서는 예비교사들의 교육법에 대한 이해를 도모하기 위해 교육법의 개념과 성격, 교육법의 체계와 내용, 교육 관련 주요 법령, 교육법령 및 판례의 검색 방법 등을 설명한다. 또한 교육법에 기반한 교원의 권리와 의무를 살펴본다.

제1절 교육법의 개념과 성격

1. 교육법 학습의 필요성

교육법은 일반적으로 교육에 관한 법을 통칭하는 개념이다. 교육기본법, 유아교육법, 초중등교육법, 사립학교법, 고등교육법 등이 이에 해당된다. 법치주의 국가에서 교육에 관한 사항이 법률로 정해지는 것은 당연하다. 교육에 관한 국가적인 차원에서 통일된 체계를 만들어야 하고, 국가 수준에서 실현하고자 하는 교육의 목표를 달성하기 위해서 그 내용을 법의 형식을 빌려 규정해 두어야 하기 때문이다. 교육을 위한 행정과 예산 지원의 근거를 마련하기 위해서도 교육법은 필요하다. 또한 교육관련 당사자들의 권리와 의무 등을 규정하여 분쟁 시에 해결의 근거가 되도록 하기 위해서도 교육법은 필요하다.

그렇다고 교원이 교육법을 꼭 알아야 할까? 모든 교육법을 다 알 필요는 없지만 교원의 역할 수행과 관련하여 직, 간접적인 지침이 되거나 영향을 주는 교육법은 반드시 알아야 한다. 교원은 정확한 교육법의 이해에 근거하여 교육행위를 해야만 한다. 그런데 교원이 되면 교육법을 학습할 기회를 따로 주지 않는다. 따라서 예비교사 시절에 교육법을 체계적으로 학습할 필요가 있다. 이외에 교원이 교육법을 알아야 하는 구체적인 이유는 다음과 같다.

첫째, 교원은 교육정책 집행자이기 때문이다. 제7장에서 배운 것처럼 교육정책은 교육에 대한 국가의 기본방침이다. 국가가 실현시키고자 하는 교육에 관한 기본 이념, 방향, 원칙을 설정해 놓은 것이 교육정책이다. 교과서정책, 특성화고정책, 돌봄정책, 교원정책 등이 국가 교육정책에 해당한다. 교원은 바로 이러한 교육정책을 실행하기 위해 채용된 전문가이다. 따라서 교육정책 집행자로서 교원은 관련된 법을 잘 이해하고 활용할 수 있어야 한다.

둘째, 교원은 교육제도 운영자이기 때문이다. 교육정책이 법제화되어 강제성과 공권력을 가지는 것이 교육제도로 설명된다. 학교제도(학제), 의무교육제도, 고교평준화제도, 입시제도 등이 교육제도의 예이다. 교원은 이러한 교육제도를 집행하는 존재이므로 법에 근거한 합법적인 제도 운영을 위해서 관련된 법을 정확히 이해하고 활용할 수 있어야 한다.

셋째, 교원은 결국 교육법 집행자이기 때문이다. 교육정책이나 교육제도는 모두 법률에 기반하고 있다. 국가 수준의 교육정책이나 교육제도는 법률과 명령, 시행규칙 등의 형태로, 지방자치단체 수준의 교육정책이나 교육제도는 자치법규나 자치조례 등의 형태로 근거가 확립되어 있다. 따라서 교원은 교육정책이나 교육제도 집행자로서 교육수요자에게 최선의 전문적 서비스를 제공하기 위해서는 교육법을 정확히 이해하고 잘 활용할 필요가 있다.

2. 교육법의 개념

교육법은 교육 및 교육행정과 관련된 법령과 규정을 통칭하는 개념이다. 즉, 교육법이란 교육에 관한 법규범이며, 학교 교육과 평생교육을 포함한 교육제도와 그 운영, 교육재정 및 교원의 지위에 관한 기본적인 사항을 규정한 법령과 규정을 말한다(김도기 외, 2021: 370). 법령과 규정 등은 법체계를 이루며 국가 수준의 법규와 지방자치단체 수준의 법규로 다시 구분된다. 이에 대해서는 뒤에서 자세히 다루기로 한다.

교육법은 교육에 관한 법체계를 의미하며 '교육'과 '법'의 합성어로 구성되어 있다(강인수 외, 1995). 따라서 교육이 갖고 있는 성격과 법이 갖고 있는 성격을 동시에 지니고 있다. 교육법에서 교육을 강조하면, 교육의 내적 사항인 교육의 목표와 교육과정 등에 관한 기준을 설정하고, 교육행정 제도와 교육기관의 기능을 규정하며, 교육 주체인 학생과 교원의 역할 등에 관한 교육의 외적 사항을 설정한, 교육에 관한 규범이 교육법이다(김도기 외, 2021: 370). 반면에 교육법에서 법을 강조하면, 교육의 사회적, 공공적, 조직적 활동으로서의 모든 교육활동을 규율하는 것이 교육법이다. 따라서 교육법은 교육에 관한 사항을 담은 내용이자 교육에 관한 법이라고 정의할 수 있다(강인수, 1995).

이러한 교육법은 시대 상황과 맞물려 지속적으로 변화하는 속성이 있다. 교육법의 형식이 바뀌거나 새로운 법이 추가되는 것도 변화의 한 형식이다. 가령, 초중등교육법이 교육기본법과 초중등교육법으로 분화되거나 유아교육법 등이 새로이 제정되는 것이 그 예이다. 법은 시대적, 사회적 상황을 반영하는 사회적 규범이므로 우리가 과거에 경험하지 못했던 새로운 사회적 제도, 문화가 형성되고 이것이 다수의 국민들에게 전파되어 개인 간, 개인과 공공 분야 간의 분쟁을 유발시킨다면 국가는 모종의 판단 기준을 정립해야 하고 이것이 법규의 형태로 형성된다(권순형, 안병훈, 문영빛 등, 2022). 결국 교육법은 꾸준히 변화되는 교육에 관한 사회적 규범이라고 할 수 있으며, 변화의 속성 때문에 교원은 교육법에 관한 지속적인 학습이 요구된다.

3. 교육법의 성격

교육법은 다른 법규들과 구분되는 특별한 성격을 지니고 있다. 윤정일, 송기창, 조동섭 등(2015: 236-237)은 교육법이 조장적 성격, 특별법이면서 일반법적인 성격, 특수법적 성격, 윤리적 성격을 갖는다고 하였다. 권순형 등(2022)은 교육법이 조장적 성격, 윤리적 성격, 특수법적 성격을 갖는다고 하였다. 여기서는 교육법의 조장적 성격, 윤리적 성격, 특별법적 성격, 특수법적 성격에 대해 알아본다.

가. 조장적 성격

조장은 '성장하도록 돕는다.'는 의미를 갖는다. 교육법이 조장적 성격을 갖는다는 것은 교육의 목적이 교육을 통한 개인의 행복과 존엄 추구이듯이 교육법이 그러한 교육 본연의 목적을 달성할 수 있도록 도와야 함을 강조하는 것이다. 우리나라 헌법 제10조(인간으로서의 존엄 및 행복추구권) 및 헌법 제31조 제1항(교육에 관한 기회균등)이 교육법의 조장적 성격을 잘 드러내는 예라고 할 수 있다(권순형 외, 2022).

또한 교육법은 교육에 관한 법률인 만큼 공권력을 행사하는 지휘·복종의 관계보다는 오히려 지도·조언·육성·이해와 전문적 기술성을 요해야 한다는 면에서 조장적 성격이 강조된다(윤정일 외, 2015). 즉, 교육법규는 인간을 육성하고 성장에 조력하는 교육에 관한 법규범이므로 권력보다는 비권력적 성격인 전문성에 의해 교육이 이루어져야 함을 강조하는 것이라고 할 수 있다(김도기 외, 2021: 371).

나. 윤리적 성격

교육법은 윤리적 성격을 지닌다. 교육법의 윤리적 성격이란 교육법이 다른 법에 비해 도덕적, 윤리적 가치를 특히 강조하고 있음을 의미한다(윤정일 외, 2015: 237). 국가와 민족에 대한 의무와 책임이 다른 법률에 비해 교육법에서 현저히 많이 강조되고 있는 것은 바로 이 윤리적 성격 때문이다.

교육기본법 제2조(교육이념)에서는 "교육은 홍익인간의 이념 아래 모든 국민으로 하여금 인격을 도야하고 자주적 생활능력과 민주시민으로서 필요한 자질을 갖추게 함으로써 인간다운 삶을 영위하게 하고 민주국가의 발전과 인류공영의 이상을 실현하는 데에 이바지하게 함을 목적으로 한다."라고 규정되어 있다. 이러한 법률의 내용은 교육의 '가치'를 다루고 있는 것으로서 교육법이 일반 법률과 다른 윤리적, 도덕적 가치를 지니고 있음을 보여준다(권순형 외, 2022).

다. 특별법적 성격

교육법은 교육에 관한 다른 법률에 대하여 특별법적인 성격을 지닌다. 즉, 교육법은 일반법에 대해 특별법의 지위를 가지며, 교육에 관한 다른 일반법이 교육법과 상충되는 경우에는 특별법인 교육법이 우선적 효력을 가진다(윤정일 외, 2015).

국가공무원법 제74조(정년) 제1항에서는 공무원의 정년을 60세로 규정하고 있다. 교육공무원인 교원은 국가공무원이기도 하기 때문에 이 규정에 따르면 만 60세가 되는 해의 6월 30일이나 12월 31일에 당연 퇴직을 해야 한다. 하지만 교육공무원인 교원들은 교육공무원법 제47조(정년) 제1항에 따라 만 62세가 되는 해의 8월 31일이나 그 다음해의 2월 말에 당연 퇴직을 한다. 특별법인 교육공무원법이 일반법인 국가공무원법에 우선하기 때문이다.

라. 특수법적 성격

일반적으로 법은 공법과 사법으로 구분된다. 법이 공공의 분야를 다룬다면 공법이라고 하고 개인 간의 생활관계를 다룬다면 사법이라고 한다. 가령, 헌법이나 형법은 공법에 속하고 민법은 사법에 속한다(권순형 외, 2022). 이 외에도 공익의 보호를 목적으로 한다면 공법이고, 개인의 이익을 보호하는 것이 목적이라면 사법으로 구분하는 주장과 국가 또는 지방자치단체와 개인 간의 관계를 다루는 법을 공법, 개인 간의 관계를 다루는 법을 사법으로 분류하는 주장이 있다(곽윤직, 2003: 3). 교육법은 공법과 사법 사이에서 구별이 쉽지 않은 속성을 지니는데 이를 특수법적 성격이라고 한다.

국공립학교에 재학 중인 학생과 국공립학교의 관계는 공법관계로 이해될 수 있으나, 사립학교는 국가나 지방자치단체가 설립·경영하는 것이 아닌 학교법인에 의해 설립·운영되므로 사립학교에 재학 중인 학생과 학교의 관계는 공법관계로 이해할 것인지 사법관계로 이해할 것인지 의문이 제기될 수 있다(권순형 외, 2022). 이러한 이유로 교육법은 특수법적인 성격을 지닌다고 할 수 있다.

제2절 교육법의 체계와 내용

1. 교육법의 체계

가. 법원(sources of law)

교육법은 교육을 규율하고 있는 법이다. 교육정책, 교육제도, 교육법의 집행자라고 할 수 있는 교원은 교육법을 잘 이해할 필요가 있다. 교육법을 잘 이해하는 방법은 두꺼운 교육법전에는 무엇이 담겨 있고, 그 주된 내용은 무엇인지를 잘 아는 것이다. 즉, 교육법전에 담겨 있는 교육법의 구성을 잘 알고 필요할 경우에 이를 잘 찾아서 올바르게 활용하는 것이 교육법을 잘 이해하는 것이다(조석훈, 2020).

필요한 교육법을 잘 찾기 위해서는 교육법의 원천을 알아야 한다. 교육법의 원천을 법원(sources of law)이라고 한다. 법원(法源)에는 성문법과 불문법이 있다. 성문법은 다시 헌법, 법률, 조약 및 국제법규, 명령, 조례와 규칙 등의 위계로 구분된다. 불문법은 관습법, 판례법, 조리 등으로 구분된다. 다음의 [그림 15-1]은 법원에 따른 교육법의 분류체계이다.

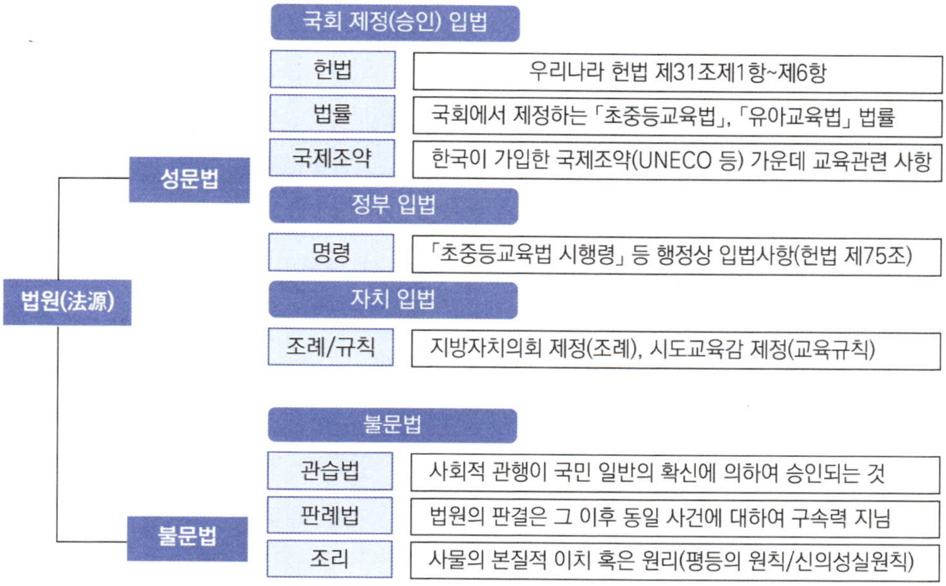

[그림 15-1] 교육법의 근원과 체계

출처: 권순형 외(2022: 239)

나. 성문법

성문법은 문자로 기술되어 있고 문장의 형식을 취하고 있는 법을 의미한다. 성문법은 일정 절차에 따라 제정된다. 우리가 알고 있는 헌법, 민법, 형법, 교육법 등의 대부분의 법은 성문법에 해당된다. 성문법에는 법, 규정, 명령, 조례, 규칙 등이 있다. 전술한 헌법, 민법, 형법, 교육법 등과 같이 법 명칭 뒤에 법이 붙으면 대부분 국회가 제정한다. 명령은 대통령을 비롯한 정부가 만들고 조례는 지방자치단체의 의회, 교육규칙은 시도교육감이 제정한다.

다. 불문법

불문법은 말 그대로 문자로 되어 있지 않은 법을 의미한다. 문자나 문장의 형식을 빌리거나 일정한 절차를 따라 제정되지 않은 법들을 총칭하여 불문법이라 고 한다. 불문법에는 관습법이나 판례, 조리 등이 있다. 불문법은 성문법이 미비한 경우에 보충적이거나 때로는 동등한 효력을 지닐 수 있다.

관습법은 사회적으로 스스로 발생한 일정한 관행이 사회의 법적 확신 또는 법적 인식을 갖추면서 많은 사람들에 의해 지켜질 정도로 지속된 것을 의미한다(곽윤직, 2003: 17). 즉, 관습법은 지속성, 일반성, 법적 확신의 요건을 갖출 때 효력을 갖는다. 현재의 세종특별자치시로 대한민국의 수도를 이전하려고 할 때 한국인들은 관습적으로 수도를 서울로 인식하고 있다는 관습헌법이 헌법재판소로부터 인정받아 신행정수도건설을 위한 특별조치법이 위헌으로 결정된 바 있다.

판례법은 법원의 재판을 통해 만들어진 법을 말한다. 법률에 쟁송중인 내용이 규정되어 있지 않다면, 기존의 유사한 쟁송에 관한 재판 결과가 판례로써 규범이 될 수 있는 것이다. 특히, 우리나라 법원조직법 제8조 제1항에서는 '상급법원 재판에서의 판단은 해당 사건에 관하여 하급심을 기속한다.'라고 규정하고 있기 때문에 동 규정에 의하여 동일한 사건에 관한 재판이라 하더라도 최고심이라 할 수 있는 대법원의 판결 또는 결정은 판례법에서 중요한 의미를 지닌다(권순형 외, 2022: 238).

조리는 사물의 본질적인 법칙 또는 사물의 도리를 의미하며 인간의 이성에 의하여 생각되는 규범으로 일반적인 사회인이 보통 인정한다고 생각되는 객관적인 원리 또는 법칙을 의미한다(곽윤직, 2003: 22). 조리는 성문법이나 불문법의 관습법, 판례법 등이 없을 경우에 개별적이거나 구체적인 사건의 법률적 판단의 기준으로 적용될 수도 있다.

2. 교육법의 내용

가. 헌법

우리나라는 성문법주의를 기본으로 한다. 헌법은 우리의 법 체계상에서 최상위의 효력을 갖는 교육법의 원천이다. 즉 헌법은 교육에 관한 최고 규범이기도

하다. 헌법은 대한민국의 정체성, 국민의 권리와 의무, 국회, 행정부, 법원 등 주요 기관 등의 권한과 역할, 선거 관리 등에 대한 주요 사항을 규정하고 있다. 헌법은 모든 하위 법률의 근거법으로, 모든 법률은 헌법이 정한 테두리 내에서 소관 사항을 정해야 한다.

교육법 역시 헌법이 정한 테두리 내에서 소관 사항을 정해야 한다. 헌법 제31조는 교육법의 근거가 된다. 헌법 제31조는 다음과 같은 여섯 개의 항으로 구성되어 있다.

〈헌법 제31조〉

① 모든 국민은 능력에 따라 균등하게 교육을 받을 권리를 가진다.

② 모든 국민은 그 보호하는 자녀에게 적어도 초등교육과 법률이 정하는 교육을 받게 할 의무를 진다.

③ 의무교육은 무상으로 한다.

④ 교육의 자주성, 전문성, 정치적 중립성 및 대학의 자율성은 법률이 정하는 바에 의하여 보장된다.

⑤ 국가는 평생교육을 진흥하여야 한다.

⑥ 학교교육 및 평생교육을 포함한 교육제도와 그 운영, 교육재정 및 교원의 지위에 관한 기본적인 사항은 법률로 정한다.

헌법 제31조 제1항에 의거하여 국민의 교육받을 권리와 교육기회균등 보장 등이 각종 하위 법률에 상세히 규정된다. 제2항 및 제3항에 의거하여 무상의 의무교육이 실시되고 있으며, 자녀의 의무교육에 관한 보호자의 의무가 부과된다. 제4항에 의거하여 교육자치제도 등이 운영되고 있고 대학 경영의 자율성이 보장된다. 제5항에 의거하여 국민평생교육진흥법 등이 제정되고 각 도시에 평생교육원 등이 운영되고 있다. 제6항은 교육제도 법정주의의 근거가 된다.

나. 교육기본법

교육기본법은 헌법 제31조를 바탕으로 교육에 관한 국민의 권리와 의무, 국가 및 지방자치단체의 책임을 정하고 교육제도와 그 운영에 관한 기본적 사항을 규정하기 위해 제정된 법이다. 교육기본법은 총3장, 29조문으로 구성되어 있다. 제1장 총칙은 교육제도와 운영의 기본 원칙을 제시하는 것으로, 여기에는 교육이념, 학습권, 교육의 기회균등, 교육의 자주성과 중립성, 교육재정, 의무교육, 학교교육, 사회교육, 학교 설립 등에 관한 내용이 규정되어 있다.

교육기본법 제2장 교육당사자에는 교육당사자의 권리와 의무에 대한 규정이 있다. 학습자, 보호자, 교원, 교원단체, 학교 등의 설립・경영자, 국가 및 지방자치단체 등이 규정되어 있다. 교육기본법 제3장 교육의 진흥에는 남녀평등교육의 진흥, 학습윤리의 확립, 특수교육, 영재교육, 유아교육, 직업교육, 과학・기술교육 등이 규정되어 있다. 이 외에도 교육의 정보화, 학교 및 교육행정기관의 전자화, 학생정보보호의 원칙, 학술문화의 진흥, 사학의 육성, 평가 및 인증제도, 보건 및 복지의 증진, 장학제도, 국제교육 등에 관한 내용도 규정되어 있다.

다. 유아교육법

유아교육법은 교육기본법 제9조에 따라 유아교육에 관한 사항을 정하기 위해 2021년에 최초 제정된 법률이다. 유아교육법은 총5장, 35조문으로 구성되어 있다. 제1장은 총칙으로, 유아교육법의 목적, 정의, 책임, 유아교육발전기본계획, 유아・보육위원회, 유아교육위원회, 유아교육진흥원 등을 규정하고 있다. 제2장은 유치원의 설립 등으로, 유치원의 구분, 유치원의 설립, 결격사유, 교육명령, 유치원의 병설, 유치원의 설립의무, 유치원의 규칙, 입학, 학년도, 교육과정, 유치원생활기록, 특수학교, 외국인유치원, 건강검진 및 급식, 유아 관련 자료제공의 제한, 응급조치, 지도・감독, 평가, 유아교육정보시스템의 구축・운영, 유치원운영위원회의 설치 및 기능, 유치원운영위원회의 구성・운영, 유치원운영위원회 위원의 연수, 유치원회계의 설치 및 운영 등을 규정하고 있다.

유아교육법 제3장은 교직원으로, 교직원의 구분과 임무, 유아의 인권 보장, 교원의 자격, 교사 자격 취득의 결격사유, 교원자격증 대여・알선 금지, 자격취소, 강사 등을 규정하고 있다. 동법 제4장은 비용으로, 무상교육, 유치원 원비, 비용의 부담, 방과후 과정 운영 등에 대한 지원, 보조금 등의 반환 등을 규정하고 있다. 동법 제5장은 보칙 및 벌칙으로, 유치원 명칭의 사용금지, 권한 등의 위임 및 위탁, 시정 또는 변경 명령, 위반사실의 공표, 휴업 및 휴원 명령, 유치원의 폐쇄, 청문, 벌칙, 과태료 등을 규정하고 있다.

라. 초・중등교육법

초・중등교육법은 초・중등교육에 관한 기본적인 사항을 규정한 법률이다. 모두 5장, 68조문으로 구성되어 있다. 제1장은 총칙으로, 학교의 종류, 국・공・사립학교의 구분, 학교의 설립과 병설, 설립별 지도 감독의 주체, 장학지도, 학교의 규칙, 학업 성취도 평가, 수업료 납부, 학교 시설의 이용에 대한 기본방향 등이 규정되어 있다.

제2장은 의무교육으로, 국가와 지방자치단체의 의무교육을 위한 시설 확보와 무상교육, 취학의무와 면제사항, 친권자에 대한 보조에 대한 사항 등이 규정되어 있다.

제3장은 학생과 교직원으로, 학생자치활동의 권장 보호 및 운영, 학생의 징계에 대한 사항이 규정되어 있다. 또한 초등학교・중학교・고등학교・공민학교・고등공민학교・고등기술학교 및 특수학교에 두는 교원의 종류(교장・교감 및 교사)와 규모에 따른 교감의 배치 기준, 전문상담교사의 배치 등, 교직원의 임무, 교원의 자격과 종류, 산학겸임교사 등에 관한 규정이 있다.

제4장은 학교로, 제1절에는 학교 교육과정, 수업, 학교생활기록부, 학년제, 조기진급 및 조기졸업 등, 학습부진아 등에 대한 교육, 교과용도서의 사용, 초・중・고등학교의 통합・운영, 학교회계의 설치, 학교회계의 운영에 대한 기본 방향이

규정되어 있다. 제2절에는 학교운영위원회, 제4절에서 제8절까지는 각급학교의 명칭과 종류에 대한 규정이 있다.

제5장은 보칙 및 벌칙으로, 학교 및 교육과정 운영의 특례, 권한의 위임, 관할청의 학교에 대한 시정 또는 변경 명령, 휴업 및 휴교명령, 학교 등의 폐쇄 명령 권한을 규정하고 있다.

마. 고등교육법

고등교육법은 대학을 대표로 하는 고등교육제도와 운영에 관한 기본적인 사항을 규정한 법률이다. 고등교육법은 전체 4장, 64조문으로 구성되어 있다. 제1장은 총칙으로, 학교의 종류, 국·공·사립학교의 구분, 학교의 설립, 지도감독, 학교규칙, 교육재정, 실험실습비 등의 지급, 학교 간 상호협조 지원, 학교협의체, 수업료에 대한 사항 등을 규정하고 있다.

제2장은 학생과 교직원으로, 학생자치활동, 학생의 징계, 교직원의 구분과 임무, 교원의 자격기준, 겸임교원 등에 대해 규정하고 있다.

제3장은 학교로, 학교의 명칭, 조직, 학년도, 교육과정 운영, 수업, 학점인정, 분교, 연구시설, 공개강좌 등의 총칙과 대학 및 산업대학, 교육대학, 전문대학, 방송·통신대학, 기술대학, 각종 학교 등을 규정하고 있다. 제4장은 보칙 및 벌칙으로, 시정 및 변경 명령, 휴업 및 휴교 명령, 학교의 폐쇄 등을 규정하고 있다.

바. 기타 주요 교육법령

교육을 하기 위해서는 앞에서 간략히 살펴본 바와 같이 헌법, 교육기본법, 유아교육법, 초·중등교육법, 고등교육법 등에 규정한 내용을 잘 알고 있어야 한다. 더불어 교육을 잘 하기 위해서뿐만 아니라 법률에 저촉되지 않으며 교육을 하기 위해서는 더 많은 교육관련 법령을 알아야 할 것이다. 다음의 〈표 15-1〉은 교원이 그 존재를 알아 두어야 하고 필요시 자세히 살펴볼 필요가 있는 법령들의 예시이다.

〈표 15-1〉 교육 관련 주요 법령

영 역	법 률	명 령
교원	• 교원의 노동조합 설립 및 운영 등에 관한 법률 • 교원지위향상을 위한 특별법 • 교육공무원법	• 교원 등의 연수에 관한 규정 • 교원소청에 관한 규정 • 교원 예우에 관한 규정 • 교원자격검정령 • 교육공무원임용령 • 교육공무원 징계령 • 교육공무원 징계양정 등에 관한 규칙 • 교육공무원 승진규정 • 교원지위향상을 위한 교섭 · 협의에 관한 규정
학교 설립 및 운영	• 초 · 중등교육법 • 고등교육법 • 사립학교법 • 유아교육법 • 장애인 등에 대한 특수교육법	• 고등학교 이하 각급 학교 설립 · 운영 규정 • 대안학교의 설립 · 운영에 관한 규정 • 연구학교에 관한 규칙
지방교육 및 재정	• 지방교육자치에 관한 법률 • 지방교육재정교부금법 • 교육세법	• 지방자치단체의 교육경비 보조에 관한 규정 • 지방교육행정기관 및 공립의 각급 학교에 두는 국가공무원의 정원에 관한 규정
교육 기타	• 평생교육법 • 학교폭력예방 및 대책에 관한 법률 • 공교육 정상화 촉진 및 선행교육 규제에 관한 특별법 • 영재교육진흥법 • 인성교육진흥법 • 진로교육법	• 교육과정심의회 규정 • 교육부와 그 소속기관 직제

3. 법 적용의 일반 원칙

법을 적용할 때에는 일반 원칙을 따른다. 이 일반 원칙은 교육법뿐만 아니라 모든 법에 적용된다.

첫째, 상위법 우선의 원칙이 있다. 모든 법에는 위계가 있고, 동일한 법내용의 경우, 상위법을 우선한다는 것이 상위법 우선의 원칙이다. 예를 들어, 헌법은 모든 법률에서 가장 상위에 있는 법이다. 따라서 모든 법률은 헌법에 위배되면 안 된다. 또한 명령이나 규칙은 법률에 위배되면 안 된다.

둘째, 신법 우선의 원칙이 있다. 말 그대로 나중에 제정된 법이 먼저 제정된 법보다, 그리고 동일한 법령의 경우 가장 최근에 개정된 법령이 기존 법령보다 우선한다는 것을 의미하는 원칙이다. 예를 들어, 2015개정 교육과정은 2020개정 교육과정의 고시로 그 효력을 상실하게 된다.

셋째, 특별법 우선의 원칙이 있다. 특별법 우선의 원칙이란 특별법이 일반법에 우선하여 효력을 가진다는 것을 의미한다. 예들 들어, 국·공립학교 교원은 교육공무원이면서 동시에 국가공무원의 신분을 지닌다. 이들은 일반법인 국가공무원법과 특별법인 교육공무원법 두 가지를 적용받아야 하는데, 1차적으로는 교육공무원법을 적용받고 2차적으로 국가공무원법을 적용받는다. 이것은 특별법 우선의 원칙이 적용되기 때문이다.

제3절 교육법 및 판례의 탐색

교원의 역할을 수행하다가 자신이 결정하고 실천하고 있는 일이 현행 법규에 적법한지 또는 위법한지 궁금할 수가 있다. 이때는 관련 법조문이나 판례 등을 스스로 찾아보고 궁금증을 해소할 필요가 있다. 법규를 제대로 살피는 것은 교육 수행 도중에 빈번히 발생되는 학생, 학부모 등과의 법적 다툼을 적극적으로 줄이는 방법이다. 이하에서는 컴퓨터, 스마트 기기 등을 활용하여 법조문과 판례 등을 검색하는 방법을 알아볼 것이다.

1. 교육 관련 법조문 검색 방법

우리나라는 IT 강국답게 많은 정보를 디지털정보로 변환하여 온라인으로 보유·공유하고 있다. 교육법도 마찬가지이다. 국회에서 만든 법률뿐만 아니라 정부입법인 시행령, 시행규칙 등도 디지털 정보로 구축되어 있다. 이뿐만 아니라 지방자치단체가 제정하는 조례나 교육규칙도 디지털 자료로 구축되어 있다. 따라서 과거처럼 두꺼운 교육법전을 검색하여 필요한 법조문을 어렵게 탐색할 필요가 없다. 인터넷 검색으로 관심 있는 법령이나 법조문을 얼마든지 탐색할 수 있다.

인터넷으로 법령을 탐색하려면 법령 제목이나 법조문을 검색하면 된다. 좀더 자세히 검색하려면 다음의 [그림 15-2]와 같이 국가법령정보센터(www.law.go.kr) 홈페이지에 접속하여 법령 제목이나 법조문 내용을 직접 검색하면 된다. 지방자치단체가 제정한 조례나 교육규칙도 이곳에서 검색할 수가 있다. 인터넷으로 법령이나 법조문을 검색하는 방법을 도식화하면 다음의 [그림 15-3]과 같다.

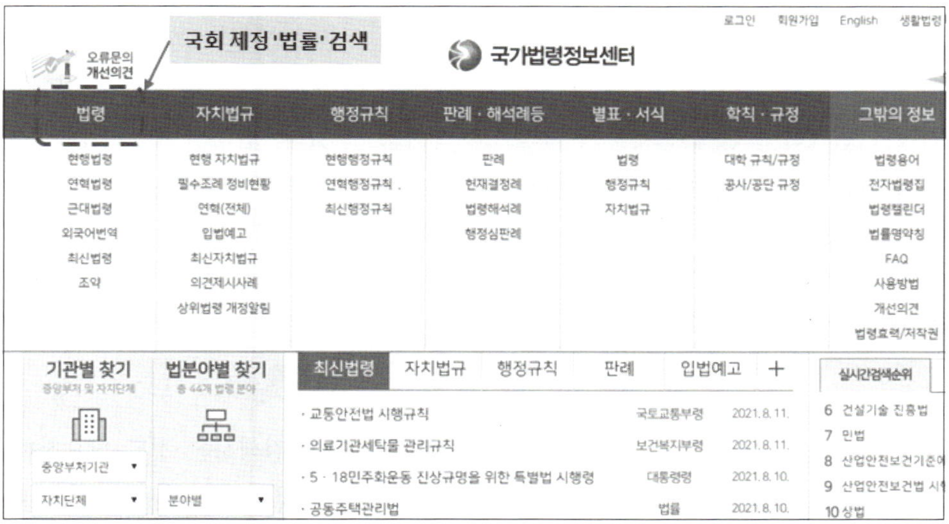

[그림 15-2] 국가법령정보센터 홈페이지

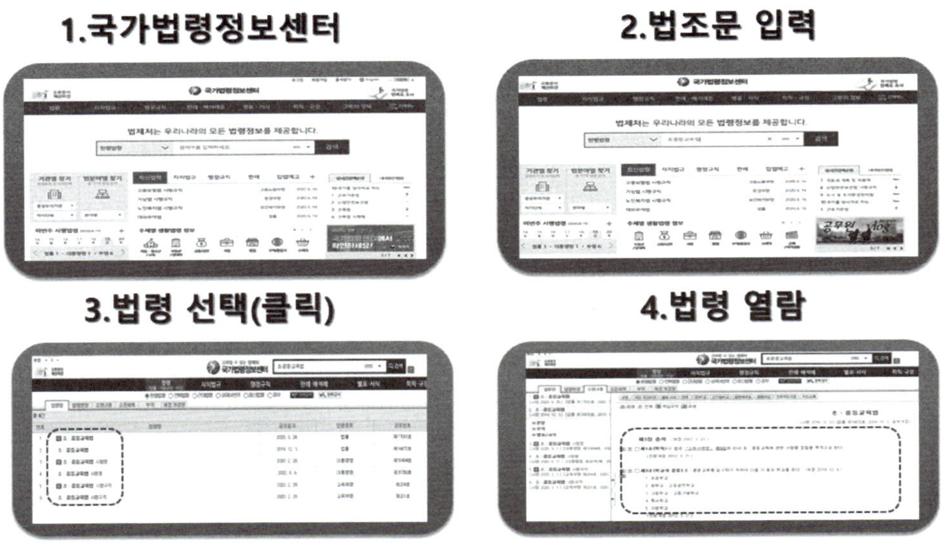

[그림 15-3] 교육 관련 법령 검색 방법

출처: 권순형 외(2022: 244)

먼저, 국가법령정보센터 홈페이지에 접속한다. 검색창에서 궁금한 법령 이름이나 법조문을 입력하여 검색한다. 검색 결과 제시되고 있는 법령 중에서 원했던 법령을 선택하면 법령 전체를 구체적으로 확인할 수 있다. 법령의 제·개정 시기, 전체 조문, 부칙 등을 제공하고 있으며, 관련된 법의 시행령이나 시행규칙도 확인할 수 있다.

2. 교육 관련 판례 검색 방법

법령으로 궁금증이 해소되지 않을 경우에는 판례를 검색하는 것도 필요하다. 모든 것이 법령으로 제정되어 있을 것 같지만 실제는 그렇지가 않다. 따라서 법령이 없을 경우에는 유사 사건에 관한 판례가 문제 해결의 실마리가 될 수 있다.

판례는 [그림 15-2]와 같이 국가법령정보센터 홈페이지에서 검색하거나 다음의 [그림 15-4]와 같이 대법원 종합법률정보(glaw.scourt.go.kr) 홈페이지를 통해서 검색이 가능하다. 이 홈페이지의 검색창의 검색대상에 판례를 체크하여 관심 있는 키워드를 입력하면 관련된 사건명이 검색된다. 이 키워드와 관련 있는 재판의 판시사항, 판결요지, 참조 조문, 전문 등의 정보를 확인할 수 있다.

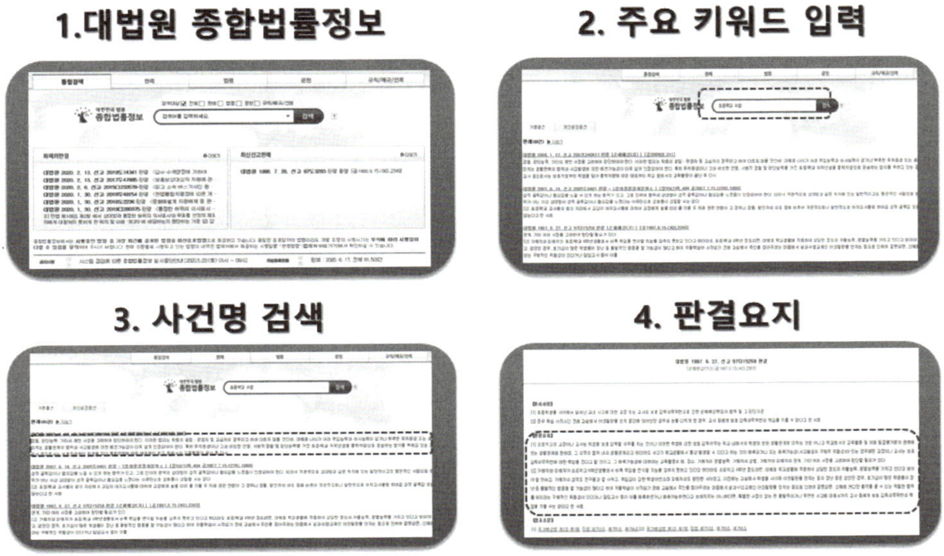

[그림 15-4] 대법원 종합법률정보를 이용한 판례 검색

출처: 권순형 외(2022: 245)

제4절 교원의 권리와 의무

교육법을 배우는 이유는 교육전문가로서 적법하게 교원의 직무를 올바르게 수행하기 위해서일 것이다. 이는 곧 교육전문가로서 행사해야 할 교원의 권리와 의무를 제대로 아는 것과 관련된다. 여기서는 교원의 권리와 의무를 간략히 살펴본다.

1. 교원의 권리

교원은 법률에 의해 학생을 교육할 직무상의 권리를 가진다. 이를 교권이라고 하기도 한다. 이러한 교육권은 궁극적으로 학습자의 학습권을 실현시키기 위한 수단적 권리이므로 학생의 학습권을 침해하면서까지 행사할 수는 없다. 요즘 일어나는 교권에 관한 다툼은 대체로 교사의 교육권과 학습자의 학습권의 충돌로 인해 야기되는 경우가 많다(김도기 외, 2019). 여기서는 교원의 권리만을 살펴보기로 한다.

교원의 권리는 크게 교수권, 신분상의 권리, 재산상의 권리로 구분된다. 교육할 권리로서 교수권에는 교육과정 편성권, 교재 선택권, 교육활동권, 교육방법 결정권, 평가권, 학생지도 및 징계권 등이 있다.

교원의 신분상의 권리에는 의사에 반한 신분조치를 당하지 않을 권리, 직무집행권, 교원의 단체 결성과 교섭협의권 및 노동조합결성권, 권고사직을 당하지 않을 권리, 불체포특권 등이 있다. 불체포특권은 교원의 지위 향상 및 교육활동 보호를 위한 특별법 제4조의 "교원은 현행범인인 경우 외에는 소속 학교의 장의 동의 없이 학원 안에서 체포되지 아니한다."에 근거한다.

교원의 재산상의 권리에는 보수청구권, 연금청구권, 실비변상청구권 등이 있다. 실비변상청구권은 국가공무원법 제48조에 근거하고 있으며, 보수 외에 직무 수행에 필요한 실비 변상을 받을 수 있는 권리를 의미한다.

이상에서 설명한 교원의 권리를 정리하면 다음의 〈표 15-2〉와 같다.

〈표 15-2〉 교원의 권리

영 역	내 용
교육할 권리 (교수권)	• 교육과정 편성권 • 교재 선택권 • 교육활동권 • 교육방법 결정권 • 평가권 • 학생지도 및 징계권
신분상의 권리	• 의사에 반한 신분조치를 당하지 않을 권리 • 직무집행권 • 처분사유설명서 교부권 및 후임자 보충발령 유예 • 재심청구 및 행정쟁송권 • 여교원의 동등신분 보장권 • 교원의 단체 결성과 교섭협의권 및 노동조합결성권 • 권고사직을 당하지 않을 권리 • 불체포특권
재산상의 권리	• 보수청구권 • 연금청구권 • 실비변상청구권

2. 교원의 의무

교원은 권리를 보장받을 뿐만 아니라 많은 의무를 지닌다. 교원은 국가공무원 신분으로 인한 의무와 교육 전문가로 인한 의무를 동시에 부여 받는다. 사립학교 교원은 국가공무원은 아니지만 사립학교법 제55조에 의거하여 국립학교 및 공립학교 교원에 관한 규정을 준용 받는다.

교원의 의무는 적극적 의무와 소극적 의무로 구분된다. 적극적 의무에는 교육 및 연구활동의 의무, 품위유지의 의무, 성실의 의무, 복종의 의무, 친절 공정의 의무, 종교 중립의 의무, 비밀 엄수의 의무, 청렴의 의무 등이 있다. 소극적 의무에는 직장이탈금지의 의무, 영리업무 및 겸직 금지의 의무, 정치운동 금지의 의무, 집단행위 금지의 의무, 영예제한의 의무 등이 있다.

이상에서 기술한 교원의 의무를 정리하면 다음의 〈표 15-3〉과 같다.

〈표 15-3〉 교원의 의무

영 역	내 용
적극적 의무	• 교육 및 연구활동의 의무 • 품위유지의 의무 • 성실의 의무 • 복종의 의무 • 친절 공정의 의무 • 종교 중립의 의무 • 비밀 엄수의 의무 • 청렴의 의무
소극적 의무	• 직장이탈금지의 의무 • 영리업무 및 겸직 금지 • 정치운동 금지 • 집단행위 금지 • 영예제한

질문 / 토의거리

1. 교육법과 교육정책, 교육제도, 교육행정의 관계에 대해 논의해 보자.
2. 법률, 명령, 자치법규, 행정 규칙의 개념과 제정 기관, 사례 등을 설명해 보자.
3. 교육법을 비롯한 법 적용의 일반 원칙을 설명해 보자.
4. 국가공무원법 제7장에 규정된 공무원의 복무에 대해 자세히 알아보자.
5. 교원의 권리와 의무는 어떤 법규에 근거하고 있는지 알아보자.

참고문헌

강인수, 안기성, 박재윤, 정태수, 안규철, 표시열(1995). 교육법론. 서울: 도서출판 하우.

곽윤직(2003). 민법총칙. 서울: 박영사.

권순형, 안병훈, 문영빛, 정창권(2022). 교육행정 및 교육경영. 서울: 창지사.

김도기, 권순형, 이정표, 김연일, 이동찬(2019). 교권침해 실태 분석 및 교권보호 방안 연구. 강원도교육연구원.

김도기, 금용한, 이재덕, 김지선, 정선화, 김제현, 김세영(2021). 예비교사와 초임교사를 위한 핵심 교직실무. 서울: 가람문화사.

윤정일, 송기창, 조동섭, 김병주(2015). 교육행정학 원론(6판). 서울: 학지사.

조석훈(2020). 학교와 교육법(제3판). 경기, 파주: 교육과학사.

찾아보기

『 인명 』

『 내용 』

『 기타 』

저자약력

진동섭

〈학력 및 경력〉

서울대학교 교육학과 학사 및 석사
미국 시카고 대학교 박사
前 한국교육학회 회장
한국교육개발원 원장
한국교원대학교 석좌교수
現 서울대학교 명예교수

〈주요 저서 및 역서〉

교육디자인 이론
학교컨설팅: 교육개혁의 새로운 접근방법
교직사회: 교직과 교사의 삶
한국 학교조직 탐구

이윤식

〈학력 및 경력〉

서울대학교 교육학과 학사 및 석사
미국 위스콘신 대학교 박사
前 한국교육개발원 교원교육연구부장
한국교원교육학회 회장
한국교육행정학회 회장
한국교육자선교회 회장
現 인천대학교 명예교수

〈주요 저서〉

유치원 · 초등 · 중등 교원능력개발을 위한 자율장학론
학교경영과 자율장학
한국의 교직과 교사 탐구
인간관계와 리더십

김재웅

〈학력 및 경력〉

서울대학교 교육학과 학사 및 석사
미국 일리노이 대학교 박사
前 한국교육개발원 책임연구원
한국방송통신대학교 교수
대통령 자문 교육개혁위원회 상임 전문위원
한국열린교육학회 회장
한국교육정치학회 회장
한국교육원리학회 회장
現 서강대학교 교수

〈주요 저서〉

교육정치학 탐구
평생교육경영학
홈스쿨링의 정치학
미국 공교육의 역사 새로 보기

김도기

〈학력 및 경력〉

서울교육대학교 학사
서울대학교 교육학과 석사 및 박사
前 한국교육개발원 부연구위원
한국학교컨설팅연구회 회장
現 한국지방교육경영학회 회장
한국교원대학교 교수

〈주요 저서〉

학교컨설팅의 이론과 실제
학교경영컨설팅과 수업컨설팅
수업컨설팅
예비교사와 초임교사를 위한 핵심 교직실무

제4판
교육행정 및 학교경영의 이해

2007년 8월 30일 1판 1쇄 발행
2009년 9월 25일 1판 5쇄 발행
2011년 2월 25일 2판 1쇄 발행
2012년 8월 30일 2판 3쇄 발행
2014년 2월 25일 2판 수정 1쇄 발행
2018년 2월 25일 2판 수정 4쇄 발행
2018년 8월 30일 3판 1쇄 발행
2022년 2월 28일 3판 5쇄 발행
2023년 1월 31일 4판 1쇄 발행
2025년 9월 20일 4판 4쇄 발행

저자와의 협의하에 인지생략

저 자 : 진 동 섭 · 이 윤 식
김 재 웅 · 김 도 기
발행인 : 한 정 주
발행처 : 교 육 과 학 사

경기도 파주시 광인사길 71
전화 (031)955-6956~8 / 팩스 (031)955-6037
Home-page : www.kyoyookbook.co.kr
E-mail : kyoyookbook@daum.net
등록 : 1970년 5월 18일 제2-73호

낙장 · 파본은 교환해 드립니다.
Printed in Korea.

정가 26,000원
ISBN 978-89-254-1752-3